[제4판]

노인복지론

[제4판]

노인복지론

원 석 조

지식터

제4판 머리말

본 4판에서는 제1장 고령화, 제2장 노인, 제7장 노인문제를 보강했다. 고령화는 새로 나온 UN 인구통계(2022년)의 내용을 참고하여 수정했다. 사실 고령화 관련 통계를 업데이트하는 것이 이번 개정판의 가장 큰 이유라 할 수 있다. 노인의 경우 노인의 욕구를, 노인문제에서는 노인차별과 노인학대를 조금 보충했다.

수정 보완한 내용이 많지 않아 개정판이라 하기 민망하지만, 노인복지에서 가장 기본적인 게 고령화 관련 데이터이기 때문에 부득불 그랬음을 이해해 주셨으면 한다.

2022년 3월

원 석 조 올림

제3판 머리말

개정판에서 고령화, 노인의 인권과 금융교육, 노인차별과 노인학대, 노인일자리사업, 노인장기요양보험, 기초연금 등 여러 부분을 수정했으나 여전히 부족한 면이 많아 3판을 낸다.

3판은 리모델링판이라 할 수 있다. 목차를 재구성하고 많은 부분을 새로 썼다는 점에서 그렇다. 목차를 세 파트로 나눈 것은 전과 동일하지만 파트의 제목을 일부 수정했고, 각 파트별로 장을 다음과 같이 재배치했다.

- PART 1 고령화와 노인 : 고령화, 노인, 노화, 노인의 여가활동, 노인의 자원봉사활동, 노인고용, 노인문제
- PART 2 노인복지서비스 : 노인복지의 개념, 노인케어, 장기요양, 호스피스, 한국의 노인복지시설, 사회복지사와 요양보호사
- PART 3 노인의 소득보장 : 공적연금, 국민연금, 기초연금, 퇴직연금

고령화와 노인 파트는 노인문제를 제외하고 거의 모두 수정했으며, 노인복지서비스 파트도 전면적으로 수정했다. 개정이 아니라 집필했다고 말할 수 있다. 노인의 소득보장도 많이 손질했다. 국민연금, 기초연금, 퇴직연금 등 우리나라 노인 소득보장제도가 많이 바뀐 것을 반영했다.

노화와 장기요양은 장으로 승격시켰다. 적극적 노화, 건강한 노화, 성공적 노화 등 노화에 적극적으로 대처하는 세계적인 추세와 고령화로 장기요양서비스의 중요성이 날로 커지는 상황을 고려한 것이다.

이렇게 새로 쓰고 고쳐 쓰다 보니 책이 조금 나아진 것 같다. 개정판 머리말에서 현실의 변화를 즉각적으로 반영하여 잘못된 정보가 제공되지 않도록 하겠다는 약속을 드린 바 있는데, 그 약속을 얼마나 지켰는지 걱정된다. 여하튼 앞으로도 꾸준히 수정·보완하여 책의 완성도를 높이기 위해 최선을 다하겠다는 다짐을 드린다.

2018년 2월

원석조 올림

제2판 머리말

본 서를 출간한 지 벌써 6년이 되었다. 그간 노인복지 분야에서는 몇 가지 중요한 변화가 있었다. 우리나라는 물론 전 세계적으로 고령화 추세가 심화되었고, 기초연금법이 개정되었으며, 노인일자리사업과 노인장기요양보험의 내용이 일부 변경되었다. 이런 사항들을 중심으로 본 서를 개정했는데, 정리하면 다음과 같다.

첫째, 제2장 고령화의 내용을 전면 수정했다. 고령화 현상을 기술하는 데 가장 중요한 관련 통계자료를 최신의 것으로 대체하고 자세히 기술했다. 그리고 고령화의 사회경제적 영향을 대폭 보완했다. 특히 최근 들어 유럽 여러 나라들이 고령화의 근본 대책으로 정년연장을 전향적으로 보고 있다는 사실과 그 이유를 설명했다.

둘째, 제3장 노인에서는 노인의 인권과 금융교육을 추가시켰다. 노인의 인권이 노인복지에 매우 중요한 사항임에도 이에 대한 관심이 약하다는 사실과 노후대책에 노후자금 마련이 가장 중요하고 따라서 노인을 위한 금융교육(재테크 교육)이 필요하다는 사실을 강조했다. 노인의 인권과 노인의 금융교육은 대부분의 노인복지론 교재에서는 다루지 않은 영역이다.

셋째, 제4장 노인문제에서는 노인차별과 노인학대 부분을 보완했다. 특히 갈수록 문제가 심각해지고 있는 노인차별 문제를 상술하는 데 주력했다.

넷째, 제11장 노인일자리사업, 제15장 노인장기요양보험, 제16장 기초연금도 수정했다. 노인일자리사업에서는 2016년 한국고용정보원이 발표한 베이비부머를 위한 도전 직업을 추가했고, 노인장기요양보험과 기초연금은 최근에 개정된 법과 제도에 초점을 두고 서술했다.

노인복지를 포함한 사회복지는 거의 매년 변화가 생길 정도로 역동적인 제도를 다루는 학문이다. 따라서 현실의 변화를 그때그때 즉각적으로 반영하여 수정·보완하지 않으면 독자들에게 잘못된 정보를 전달하게 된다. 이런 점을 감안해 초판 발간 이후 변화된 현실과 제도를 종합적으로 기술했다. 본서로 강의하시는 모든 분들과 수강하는 학생들에게 머리 숙여 감사드리며 앞으로도 이런 자세로 꾸준히 보완할 것을 약속드린다.

2017년 2월

원석조 올림

머리말

인구 고령화는 사회 전반에 영향을 주고 있다. 우리의 생활양식은 물론 노동시장과 공적연금을 포함한 사회보장제도 등에도 큰 변화를 주고 있는 것이다. 특히 고령인구의 증가는 청장년층의 부양부담을 증가시켜 사회보장연금을 둘러싼 세대갈등마저 야기할 가능성이 있다.

그러나 고령화를 부정적으로만 볼 것은 아니다. 공적연금의 연륜이 더해가면서 연금수급 노인, 즉 자립능력이 있는 노인의 수가 증가할 것인데, 이는 노인시장의 확대로 이어져 고령친화산업, 이른바 실버산업의 성장과 발전을 가져올 게 분명하며, 평균수명의 증가로 건강한 노인의 수도 늘어나 노인일자리 개발 및 취업알선 등 노인노동시장도 활성화될 것이 확실하기 때문이다. 노인분야는 요즘 유행하는 말로 블루오션인 것이다.

고령화는 대학의 사회복지학과에도 영향을 주고 있다. 노인복지에 대한 관심의 고조로 인해 노인복지론이 사회복지학과의 핵심과목으로 부상했고, 대학원 석·박사학위논문의 주제로 노인복지가 가장 많이 선택되고 있다.

본 서도 이런 추세의 산물이다. 최근 들어 대부분의 대학원 석·박사 학생들이 학위논문을 노인복지 관련 문제를 주제로 삼아 쓰고 있다. 다른 교수들도 마찬가지겠지만 필자도 이들을 지도하면서 상당한 양의 노인복지 관련 자료를 축적할 수 있었다. 이렇게 쌓인 많은 자료들, 특히 노인장기요양보험, 노인케어, 노인복지시설, 재가복지서비스, 노인자살이나 노인학대와 같은 노인문제 등에 관한 자료들이 있었기 때문에 본 서는 완성될 수 있었다.

본 서는 기존에 출간된 여러 노인복지론과는 몇 가지 점에서 다르다. 먼저 노인의 개념이 아니라 노인복지의 개념에서부터 시작했다. 거의 모든 노인복지론 책들이 노인복지가 아니라 노인의 개념을 상당히 세세하게 소개하는 것에서 출발하고 있다. 노인복지론이 아니라 노년학에 가깝다는 생각이 들 정도이다. 이에 반해 본 서는 노인복지의 개념부터 자세하게 다루었다. 다시 말해, 노인복지의 개념, 관점, 이념 등을 충분히 다룬 다음 고령화 현상, 노인의 정의, 노인의 특성 등 노년학적 개념들을 소개하였다는 것이다.

다음은 표를 적절히 활용했다는 점이다. 대부분의 노인복지 책들이 무미건조하다. 노인복지론 자체가 다소 그런 면이 있는 것 같다. 독자들의 이해를 높이기 위해 본문의 내용을 압축하여 표로 제시함으로써 내용의 무미건조함을 조금이라도 극복해 보고자 했다.

서술의 체계성을 견지하고자 노력한 것도 본 서의 특징이라고 감히 말할 수 있다. 현재 사회복지 저서의 필자들이 가장 중시하는 사회복지학 지침서에서 벗어나 노인과 노인복지, 노인복지서비스, 노인 소득보장 등 세 편으로 나눈 후 그 안에서 각 장들을 순서 있게 체계적으로 기술하였다.

필자의 이런 노력은 결국 노인복지에 대한 독자들의 이해를 높이는 데 목적이 있다. 본 서가 재미있지는 않겠지만 처음부터 끝까지 읽어가다 보면 자연스럽게 노인복지의 개념과 여러 분야에 대해 잘 이해하게 되었으면 한다.

이러한 필자의 의지가 과연 얼마나 반영되었는지 그리고 어느 정도 성공했는지는 결국 독자들의 판단에 맡겨야 한다는 사실을 잘 알고 있다. 막상 책을 출간하려니까 걱정과 우려가 앞선다. 직업병의 재발이다. 부족함이 많은지는 알지만 용기를 내어 탈고하였다. 독자 제현의 가차 없는 질정을 기대한다.

2010년 8월
원석조 올림

차례

차례

차례

PART 03 노인의 소득보장

Chapter 17 **퇴직연금** / 363

PART 01

고령화와 노인

CHAPTER

01 고령화

1 고령화 추세

고령화(population aging)는 유럽에서 시작되었다. 프랑스에서는 19세기 말에 이미 고령화가 사회적 이슈로 등장했다. 19세기만 해도 유럽 국가들은 출산율과 사망률 모두 높아 인구증가 속도가 완만했다. 하지만 20세기 들어 높은 출산율이 유지되는 가운데 사망률이 낮아지면서 인구증가 속도가 빨라졌다. 그리하여 20세기 초반 이미 65세 이상 노인이 인구의 7%를 점하는 고령화사회(aging society)에 도달했다.

2차 세계대전 후 베이비붐으로 출산율이 급증하여 고령화 추세에 잠시 제동이 걸렸지만, 1960년대부터 다시 출산율이 감소하면서 고령화 추세가 재현되었다. 20세기 중반 대부분의 유럽 국가들은 65세 이상 노인이 인구의 14%를 넘는 고령사회(aged society)가 되었다. 21세기 들어서는 출산율이 더욱 감소하여 65세 이상 노인이 인구의 20%를 넘어선 초고령사회(super aged society)로 진입했다(Kitashiro and Ollila, 2006 : 9).

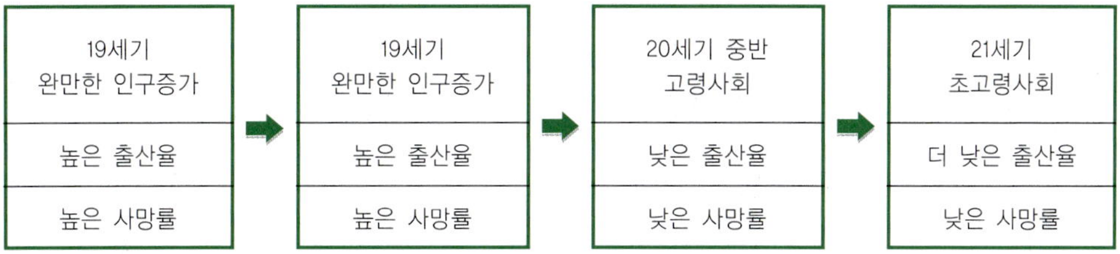

| 그림 1-1 | 유럽의 고령화 진행과정

고령화는 유럽을 넘어 범세계적 현상이 되었다. UN 인구통계에 의하면, 세계 65세 이상 노인은 2019년 7억 명을 넘어섰다. 2050년이면 15억 명으로 2.2배나 증가한다. 지역별로는 아프리카 사하라 남부, 아프리카 북부와 서아시아, 오세아니아의 증가율이 3배 이상으로 높고, 유럽과 북미가 1.5배, 호주와 뉴질랜드가 1.8배로 낮은 편이다.

〈표 1-1〉 65세 이상 노인 수 (단위 : 백만 명)

구분	2019	2050	증가율(배)
전 세계	702.9	1,548.9	2.2
아프리카 사하라 남부	31.9	101.4	3.2
아프리카 북부, 서아시아	29.4	95.8	3.2
중앙아시아, 남아시아	119.0	328.1	2.7
동아시아, 동남아	260.6	572.5	2.2
라틴아메리카, 카리브지역	56.4	144.6	2.6
호주, 뉴질랜드	4.8	8.8	1.8
오세아니아	0.5	1.5	3.0
유럽, 북미	200.4	296.2	1.5

출처 : UN, 2019b : 5의 표 1.

65세 이상 노인이 전체 인구에서 차지하는 비율은 2019년 9%를 넘어섰다. 전 세계가 고령화사회에 진입한 것이다. 이 비율은 2022년 9.7%, 2030년 11.7%, 2050년 16.4%가 될 것이다. 65세 이상 노인 비율을 지역별로 보면, 유럽, 북미가 18.7%로 가장 높고, 호주, 뉴질랜드가 16.6%로 다음이며, 동아시아, 동남아가 12.7%로 그 뒤를 이었다. 아프리카 사하라 남부(3.0%), 오세아니아(3.9%), 중앙아시아와 남아시아(6.4%)는 낮다.

〈표 1-2〉 65세 이상 노인 비율 (단위 : %)

구분	2022	2030	2050
전 세계	9.7	11.7	16.4
아프리카 사하라 남부	3.0	3.3	4.7
아프리카 북부, 서아시아	5.5	7.0	12.5
중앙아시아, 남아시아	6.4	8.1	13.4
동아시아, 동남아	12.7	16.3	25.7
라틴아메리카, 카리브지역	9.1	11.5	18.8
호주, 뉴질랜드	16.6	19.4	23.7
오세아니아	3.9	5.1	8.2
유럽, 북미	18.7	22.0	26.9

출처 : UN, 2022 : 8의 표 I.2.

고령화 정도와 속도도 상당하다. 2018년에는 인류 역사상 처음으로 65세 이상 노인인구가 5세 미만 아동인구를 추월하였다. 노인과 아동의 수가 역전된 것이다. 나아가 2050년이면 65세 이상 노인이 5세 미만 아동의 2배 이상이 되고, 12세 이하 아동의 수와 거의 같아진다(UN, 2022 : i-ii).

고령화 추세에서 의미 있는 것은 두 가지이다. 하나는 고령화 수준이 선진국이 중후진국에 비해 높다는 것이고, 다른 하나는 고령화가 선진국보다 중후진국에서 더 급하게 진행된다는 것이다. 2010~2050년 사이 65세 이상 노인이 선진국은 71% 증가하는 데 비해 중후진국은 250%나 증가할 것으로 예상된다. 선진국보다 중후진국 노인이 훨씬 빨리 증가한다는 것이다.[1)]

현재 세계 최고령국가는 일본이다. 일본은 아시아에서 예외적으로 고령화가 일찍 시작되었는데, 1970년에 65세 이상 노인 비율 7.1%로 이미 고령화사회에 진입했다. 이후 1994년 고령사회(14%), 2007년에 초고령사회(21%)에 도달했다. 고령화사회에서 고령사회로 이행(65세 이상 노인 비율 7%에서 14%로 두 배 증가)하는 데 24년밖

1) 대표적인 나라가 중국과 인도이다. 중국은 65세 이상 노인이 2011년 1억 1천만 명에서 2050년 3억 3천만 명으로 3배 증가하고, 인도는 2011년 6천만 명에서 2050년 2억 2천7백만 명으로 3.8배나 증가할 것으로 전망된다(US DHHS and WHO, 2011 : 5-6).

에 걸리지 않았다(Kitashiro and Ollila, 2006 : 10). 그리고 2030년이면 전체 인구의 1/3이 65세 이상 노인, 1/5이 75세 이상 노인이 될 전망이다. 그렇게 되면, 근로인구 2명이 65세 이상 노인 1명을 부양해야 한다(1960년 11.2명, 2009년 2.9명의 근로인구가 노인 1명 부양)(Muramatsu and Akiyama, 2011). 일본 고령화의 주된 요인은 2차 세계대전 후의 급격한 출산율 저하이다(1946년 4.46명 → 2021년 1.30명). 건강수준의 개선과 기대수명의 증가도 요인으로 작용했는데, 기대수명도 세계 최고 수준(2021년 84.6세)이다.

일본이 세계 최고령국가라면 한국은 고령화 속도에서 세계 최고이다.[2] 한국이 고령화사회에서 고령사회로 이행하는 데 걸린 기간은 18년에 불과했다(1999~2017년). 프랑스(115년), 스웨덴(85년), 미국(69년), 영국(45년) 등 선진국에 비해 월등히 빠르고 일본(24년)보다도 6년이 빠르다. 한국의 고령화도 출산율 감소와 평균수명 연장의 결과이다. 1960년에 52.4세에 불과하던 국민의 평균수명이 1980년에는 65.8세로 늘어났고, 1995년에는 73.5세, 2000년에는 74.9세, 2020년에는 83.5세로 증가했다. 출산율은 여성 1명이 가임기간(15~49세) 동안 낳을 것으로 예상되는 평균 출생아 수인 합계출산율을 기준으로 할 때 1980년 2.8명에서 2010년 1.2명으로 급감했고 2020년 0.84명으로 더 감소했다. 우리나라 출산율은 세계 최저이다.

2 고령화의 원인

고령화에 직접적으로 또 가장 큰 영향을 주는 것은 출산율의 감소와 평균수명의 연장이다(UN, 2019a). 출산율 감소는 전체 인구 크기를 줄이고, 평균수명의 연장은 노인 인구의 크기를 늘린다. 노인 인구수 ÷ 전체 인구수 = 고령화 비율이라 할 때 출산율 감소는 분모를 작게 만들고, 평균수명 연장은 분자를 크게 만든다.

장래 인구는 출산율에 달려있다. 20세기 중반 출산율은 아시아, 아프리카, 캐리비언국가가 높았다. 이들 지역 여성 1인이 출산한 자녀는 평균 5명이었다. 이에

2) 고령화 세계 최고속도 국가는 싱가포르다. 싱가포르는 고령화사회에서 고령사회로 이행하는 데 16년밖에 걸리지 않았다. 하지만 싱가포르는 인구가 550만 명에 불과한 도시국가이다. 따라서 영토국가들과 단순 비교할 수 없다.

비해 유럽은 1950~1955년 사이 이미 출산율이 3명 이하로 감소했다(UN, 2017).

최근 수십 년 동안 세계 출산율은 유의미하게 감소했다(1975~1980년 3.87명 → 2010~2015년 2.52명). 출산율 감소세는 이어질 전망이다(1990년 3.3명, 2021년 2.3명, 2050년 2.1명). 현재 비교적 출산율이 높은 나라들의 감소세가 현저한데, 앞으로도 그럴 것이고, 현재 출산율이 낮은 나라들은 약간 증가할 것으로 예상된다.

〈표 1-3〉 출산율 전망

구분	1990	2021	2050
전 세계	3.3	2.3	2.1
아프리카 사하라 남부	6.3	4.6	3.0
아프리카 북부, 서아시아	4.4	2.8	2.2
중앙아시아, 남아시아	4.3	2.3	1.9
동아시아, 동남아	2.6	1.5	1.6
라틴아메리카, 카리브지역	3.3	1.9	1.7
호주, 뉴질랜드	1.9	2.6	1.7
오세아니아	4.7	3.1	2.4
유럽, 북미	1.8	1.5	1.6

출처 : UN, 2022 : 15의 표 II.1.

출산율 감소는 영유아 사망률의 감소, 여성과 여성청소년의 교육수준 향상, 도시화로 인한 보건의료자원에의 접근성 개선, 여권신장, 여성의 노동 참가율 증가 등 여러 요인이 작용한 결과이다. 이런 요인들은 향후 저발전국가에서 더 분명히 나타날 것이다.

이미 출산율이 낮아진 국가, 즉 출산율 1.0~1.5명인 국가의 경우 비교대상이 없어 전망이 쉽지 않다. 이들 국가의 여성들은 오랫동안 평균 2명 정도의 자녀를 갖기를 원했다. 하지만 실제는 이보다 훨씬 낮은 출산율을 기록했다. 이런 갭이 발생한 이유는 자녀양육과 학업지속 간의 양립불가능, 질 높은 아동 케어의 결여, 출산력 저하, 성 역할의 불균형(가사와 양육) 등에서 찾을 수 있다.

장기적으로 인구규모를 유지할 수 있는 출산율은 2.0명이다. 출산율이 추세적으로 감소하고 있지만, 출산율 개선은 가능한 일이다. 성 평등, 여권 신장, 성과 재생산 관련 보건의료서비스의 발전에 따라 여성이 자신의 자녀수를 결정할 수 있는 힘이 세졌기 때문이다. 정부 정책과 프로그램을 잘 개발하면 출산율을 제고시킬 수 있다.

평균수명은 출산율과 반대로 증가하는 추세이다. 평균수명의 연장은 생활조건의 개선과 함께 공공보건과 의학기술의 발전에서 원인을 찾을 수 있다. 2021년 세계 평균수명은 71세다. 1990년에 비해 7년이 연장되었다. 2050년에는 더 늘어나 77.2세에 이를 것으로 예상된다. 1900년경 선진국 평균수명이 45~50세에 불과했던 사실에 비추어보면 놀라운 변화라 하지 않을 수 없다. 국가 간의 격차도 분명하다. 후진국의 평균수명은 세계 평균수명보다 7.4세나 적다. 아동과 여성의 높은 사망률, 폭력, 전염병 때문이다.

〈표 1-4〉 평균수명 전망

구분	1990			2021			2050		
	남	여	합계	남	여	합계	남	여	합계
전 세계	61.5	66.5	64.0	68.4	73.8	71.0	74.8	79.8	77.2
아프리카 사하라 남부	47.3	51.2	49.2	57.8	61.6	59.7	64.3	69.1	66.7
아프리카 북부, 서아시아	61.7	67.0	64.3	69.7	74.8	72.1	76.0	80.8	78.3
중앙아시아, 남아시아	58.1	59.9	58.9	65.9	69.6	67.7	74.9	79.4	77.1
동아시아, 동남아	65.6	70.7	68.1	73.6	79.6	76.5	79.4	84.1	81.7
라틴아메리카, 카리브지역	64.6	70.9	67.7	68.8	75.8	72.2	78.1	83.1	80.6
호주, 뉴질랜드	73.7	79.8	76.8	82.7	85.6	84.2	85.4	88.6	87.0
오세아니아	60.3	65.5	62.5	64.6	70.1	67.1	68.4	74.9	71.6
유럽, 북미	69.7	77.4	73.6	73.9	80.4	77.2	81.6	86.1	83.8

출처 : UN, 2022 : 19의 표 II.2.

Summery 고령화

구 분	내 용
고령화 추세	• 전 세계 65세 이상 노인인구 비율 2022년 9.7%, 2030년 11.7%, 2050년 16.4% • 전 세계 65세 이상 인구수 2019년 7억 명, 2050년 15억 명(2.2배 증가) • 노인과 아동의 수적 역전 : 2018년 인류 역사상 처음으로 65세 이상 노인인구가 5세 미만 아동인구를 추월 • 고령화 수준은 선진국이 중후진국에 비해 높고, 고령화 속도는 선진국보다 중후진국이 더 빠름 • 세계 최고령국가는 일본, 초고속 고령화 국가는 한국
고령화 원인	• 출산율 감소 : 세계 출산율 1975~1980년 3.87명에서 2010~2015년 2.52명으로 감소. 출산율 감소세 지속 전망. 1990년 3.3명, 2021년 2.3명, 2050년 2.1명 • 평균수명 증가 : 2021년 세계 평균수명 71.0세, 1990년에 비해 7년 연장. 2050년 77.2세

3 고령화의 영향

UN은 고령화가 21세기 가장 중요한 사회변혁(social transformations)의 하나가 되고 있고, 노동과 금융시장, 주택 · 교통 · 사회복지 관련 상품과 서비스의 수요, 가족과 세대 간 유대 등 사회의 거의 모든 부문에 영향을 미치고 있다고 했다.[3] 문화도 예외가 아니다. 문화는 삶의 주요 모멘트의 시기를 정하는데, 수명이 연장되면서 교육기간, 결혼적령기, 취업연령, 은퇴시기 등 삶의 전 과정이 변했다.[4]

고령화의 영향은 대체로 부정적이다. 빙하기의 도래에 비유될 정도로 인류의 삶을 위협하기 때문이다. 고령화는 의료비용과 공적연금 지출을 증가시켜 정부의 재정적자를 야기하고 나아가 경제성장에 걸림돌이 되고 있으며, 케어가 필요한 노인의 수를 증가시켜 가족과 사회의 부담을 가중시킨다. 또 고령화는 수요부족을 야기해 경제 활력을 소진시키고, 소비와 저축에도 부정적으로 작용하고 있다.

3) http://www.un.org/en/sections/issues-depth/ageing/ (UN 검색일 2017/12/12)

4) 삶의 과정도 문화적 구성물이다. 200년 전만 해도 삶의 단계에서 청년기(adolescence)는 존재하지도 않았다.

청년층에게 경제적 부담을 안기어 세대 간 형평성 문제도 제기되고 있다. 하지만 모두가 부정적인 것은 아니다. 고령화는 새로운 수요와 시장의 형성에 기여한다. 실버경제가 대표적이다.

1) 가족

노인 케어의 일차적 담당자는 가족이다. 출산율 감소는 노인을 돌볼 가족의 수를 감소시킨다. 가족의 노인 케어 잠재능력이 감소하는 것은 세계적 추세이다. 그리고 평균수명의 증가로 인해 세대가 동시에 고령화됨에 따라 가족구조가 수평적으로 확장되는 이른바 키다리가족(beanpole family)이 되고 있다. 사망률의 감소로 생존 초고령 부모와 같이 사는 50대, 60대가 꾸준히 증가하고 있다. 이로 인해 할아버지와 증조할아버지를 아는 아동이 늘어나고 있는데, 이는 전례 없는 현상이다.

독거노인도 증가하고 있다. 유럽 일부 국가는 65세 이상 노인의 40%가 독거노인이다. 부모는 자녀와 함께 살아야 한다는 유교적 전통이 남아있는 한국과 일본에서도 자녀와 살지 않는 노인가족이 증가하고 있다. 과거에는 독거노인을 사회적 고립 또는 가족의 유기로 간주했다. 하지만 이제는 노인 스스로 자녀로부터 독립해 살려 한다. 수명연장, 사회보장 확대, 자가소유율 증가, 노인친화적 주택, 커뮤니티 케어의 확충 등이 그 이유이다.

2) 저축과 소비

고령화는 저축을 감소시킨다. 미래를 위해 저축해야 하는 청년은 감소하고 소비로 사는 노인은 증가하기 때문이다. 저축의 감소는 투자의 감소로 이어져 경제에 부정적인 영향을 준다.

라이프사이클 이론에 의하면 사람은 가구를 형성하는 근로 초기에는 지출이 많아 저축을 적게 한다. 중년이 되면 노후를 대비해 저축을 많이 한다. 퇴직 후에는 소득이 감소함에 따라 저축을 줄인다. 인구구성에서 중년층이 많으면 저축률이 높고 소비율이 낮다. 그리고 퇴직자가 많아지면 저축이 감소한다. 그런데 저축이 감소한다 해서 소비가 증가하는 것은 아니다. 퇴직자는 근로자보다 적게 소비하기 때문이다.

이런 이유로 고령화는 소비를 감소시킨다. 대표적인 나라가 일본이다. 1980~2000년 일본의 25~44세 청년층 인구는 7.3% 감소한 반면에 45~64세 중장년층은 42.1%, 65세 이상 노인은 107.9%나 증가했다. 부양율(15~64세 인구 ÷ 65세 이상 인구 비율)도 악화되었다. 부양율이 2000년 3.92명에서 2015년 2.36명으로 크게 감소했고, 2025년에는 2.06명으로 더 감소할 것이다. 이처럼 급격한 고령화는 수요 부족을 야기했다. 수요 부족은 일본 경제를 장기침체에 빠트렸다. 고령화로 인한 수요 부족이 일본의 이른바 잃어버린 20년 또는 30년의 근본 원인이다.

3) 노동시장

고령화는 노동시장에 직접적인 영향을 준다. 첫째, 근로자 평균연령의 증가로 노동시장이 전반적으로 고령화되고 있다. 전체 인구 중 청년층은 감소하는 추세에 있다. 특히 개발도상국가가 그렇다. 둘째, 건강한 노인이 증가하고 있다. 건강한 노인의 증가는 고령근로자의 증가로 이어지고 있는데, 특히 사무직의 근로기간이 연장되고 있다. 셋째, 여성의 노동시장 참가율이 증가하고 있다. 넷째, 노동시장이 고령화에 적응하는 방향으로 나아가고 있다. 노동집약적 산업의 자본집약적 산업으로의 대체, 로봇과 인공지능 등과 같은 노동대체 기술의 발전이 그것이다.

고령화로 인한 노동력의 감소(생산가능인구인 청장년인구는 감소하고 비생산인구인 고령자는 증가)는 경제성장에 부정적인 영향을 준다. 노동력 감소가 경제성장 잠재능력을 약화시키기 때문이다. 또한 주 노동력인 청년의 감소는 경제 활력을 저하시키고 개혁 역량도 약화시킨다.

4) 연금

고령화의 직격타를 받은 것이 연금이다. 고령화는 연금수급자 수를 증가시켜 공적연금 재정에 심각한 압박을 가한다. 고령화의 진전으로 공적연금의 수지불균형이 심화되면 보험료 인상이 불가피하다. 보험료 인상은 기업의 인력수요에 부정적인 영향을 주고, 생산연령인구의 근로동기를 약화시킨다. 노동 수요와 공급의 위축은 공적연금에 재차 재정압박을 가하고 이로 인해 보험료를 추가로 인상해야 하는 악순환을 겪는다.

고령화가 연금에 미치는 영향은 연금제도의 유형에 따라 다르다. 현재 일하는 사람으로부터 징수한 보험료로 연금수급자에게 연금을 지급하는 부과방식연금(pay-as-you-go pension systems)은 지속가능성(sustainability)이라는 구조적이고도 심각한 문제에 직면해 있다. 고령화로 연금수급자는 지속적으로 증가하는 반면에 기여자는 감소하고 있기 때문이다. 소득의 일부를 자신의 계좌에 적립했다가 퇴직 후 돌려받는 완전적립방식연금(fully funded systems)은 불충분한 연금이 문제이다. 적립방식연금은 실제 연금수급까지 시간이 많이 걸리는데, 기여금을 충분히 적립하지 못한 베이비붐세대는 퇴직 후 생활에 충분한 연금을 받을 수 없다. 임의가입 적립방식연금(개인연금)은 연금 기여금 납부 지체(강제가입이 아니기 때문에 본인 사정에 따라 기여금 납부와 중단을 반복함으로써 발생)로 인해 노후생활을 영위하기에 부족한 연금을 받는 사람이 많다.

많은 나라들이 고령화로 인한 연금재정 악화에 대처하기 위해 노력하고 있다. 남미의 거의 모든 나라는 기존의 부과방식을 적립방식으로 대체했고, 러시아와 중국은 부과방식을 신설해 기존의 부과방식과 병행하고 있으며, 스웨덴은 확정급여방식(defined benefit systems)을 명목확정기여방식(national defined contribution)[5]으로 전환했다. 일부 선진국은 대중의 반대에도 불구하고 정년연장을 시도하고 있다.

5) 가입자가 낸 기여금이 가입자 개인계정(통장)에 적립되고 여기에 이자율이 가산된다. 그러나 개인계정에 실제로 돈이 적립되는 것이 아니라 가상적으로 적립될 뿐이다. 개인계정에서 현금지출이 이루어지는 것은 가입자가 퇴직하여 연금수급자가 될 때이다. 사전에 규정된 연금산식에 의거 정해진 연금액만큼 지급된다. 여기에 필요한 돈은 신규 가입자의 개인계정에서 충당된다. 이와 같이 개인계정이 개설되고 여기에 개인별 보험료가 적립된다는 점에서는 적립방식이지만, 급여가 개인계정에 실제로 적립된 돈이 아니라 타인의 적립금에서 지급된다는 점에서는 부과방식인 것이다. 그래서 '명목'확정기여방식이라고 한다.

5) 보건의료

20세기 초만 해도 인간의 건강을 위협하는 주요 요인은 전염병과 기생충 감염 질병이었다. 이런 질병은 주로 영유아의 건강을 해쳤다. 이제는 전염성 질병보다는 비전염성 질병이 성인과 노인의 건강을 위협하고 있다. 비전염성 질병이란 심장병, 암, 당뇨병 등인데, 이는 생활양식의 변화 및 고령화와 관련이 깊다. 이런 질병 치료에 소요되는 비용은 국가에 상당한 재정적 부담을 준다.

치매 노인의 증가도 심각하다. 알츠하이머병이 주요 원인인 치매는 장기간의 케어와 많은 비용을 요한다. 환자 가족에게도 큰 경제적 부담을 안긴다. 치매 발생률은 전 세계 85세 이상 노인의 25~30%로 추정되고, OECD 국가의 경우 65세 이상 노인의 7%가 치매환자이다. 고령화와 함께 치매 노인의 수는 급증할 게 확실하다. 치매 환자 증가는 범세계적인 현상이지만 선진국보다 후진국의 증가율이 점차 높아지고 있다.

한편 고령화로 선진국과 개도국 모두 세대 간 형평성(intergenerational equity) 문제가 발생하고 있다. 많은 선진국들은 노인 의료비로 많은 비용을 지출하고 있다. 이는 청년근로자 의료비 지출에 부정적 영향을 준다.[6] 노인 의료비는 결국 청년층이 대신 부담할 수밖에 없다. 경제성장이 충분히 이루어지지 않은 가운데 고령화가 급격하게 진행되고 있는 중국이 대표적이다.

6) 장기요양서비스

과거에는 거동이 불편한 노인은 가족이 돌봤다. 하지만 오늘날 가족의 케어를 받는 노인은 줄어들고 있다. 자녀수의 감소, 혼인율의 감소, 노인과 동거하는 가족의 감소(독거노인과 노인부부의 증가) 때문이다.

가족의 케어를 받을 수 없는 노인은 요양시설, 지역사회요양시설, 노인병원과 같은 장기요양서비스(long-term care services)가 필요하다. 장기요양서비스의 운영에는

6) 연금도 마찬가지이다. 연금 재정적자는 근로자들의 부담을 가중시키고 있다. 더 나쁜 것은 개도국 노인은 자신의 노후에 대비하지 못한 채 정년을 맞이하는 경우가 많다는 것이다.

상당히 많은 비용이 든다. 이로 인해 가족과 사회의 부담이 가중되고 있다. 후진국은 장기요양에 필요한 인프라 부족 문제에, 선진국은 가족의 노인 케어 역할이 감소하는 문제에 직면해 있다. 고령화는 장기적으로 장기요양 수요를 증대시킨다.

Summery 고령화의 영향

구 분	내 용
가족	고령화는 노인을 케어할 가족의 수를 감소시킨다. 가족구조가 수평적으로 확장되는 키다리가족과 독거노인이 증가하고 있다.
저축과 소비	고령화는 미래를 위해 저축해야 하는 청년은 감소시키고 소비로 사는 노인은 증가시킴으로써 저축을 감소시킨다. 저축의 감소는 투자의 감소로 이어져 경제에 부정적인 영향을 준다. 고령화는 소비도 감소시킨다. 노인의 낮은 소비성향이 원인이다.
노동시장	고령화는 노동시장을 고령화시키고, 고령근로자 수를 증가시키며, 노동력을 감소시킨다. 노동력 감소는 경제성장에 부정적 영향을 준다.
연금	고령화는 연금재정수입은 감소시키고, 연금재정지출은 증가시킨다. 고령화는 공적연금의 지속가능성을 위협한다.
보건의료	심장병, 암, 당뇨병 등 비전염성 질병이 성인과 노인의 건강을 위협하고 있다. 비전염성 질병은 생활양식의 변화 및 고령화와 관련이 깊다, 질병 치료에 소요되는 비용은 국가에 상당한 재정적 부담을 주고 있다.
장기요양서비스	가족케어가 감소하고, 요양시설, 지역사회요양시설, 노인병원과 같은 장기요양서비스가 증가하고 있다. 고령화는 장기적으로 장기요양 수요를 증대시킨다.

4 고령화와 실버경제

일반적으로 노인은 비생산적인 인구일 뿐만 아니라 국가와 시민에게 부담을 주는 피부양자로 인식된다. 노인이 대형 소비자집단으로 경제적인 잠재력을 갖고 있다는 사실은 간과되고 있다. 선진 복지국가 노인 상당수는 여유 있는 생활을 하고 있다. 자신이 소유한 집에서 독립적인 삶을 살고 있으며 장기요양시설을 필요로 하지 않는다. 저축, 재산, 주식 등 자산을 가진 부유한 연금수급자와 자기발전,

평생교육, 여행, 수준 높은 삶에 관심이 많은 적극적인 연금수급자(active pensioners)도 적지 않다.

고령화는 근로인구의 감소와 사회보장 지출의 증가라는 점에서 중대한 도전이다. 고령화는 복지국가의 지속가능성을 위협하고 있다. 반면에 자산을 가진 건강한 노인집단은 구매력을 가진 소비자집단으로서 실버경제(silver economy)와 실버시장(silver market)의 주체로 부상하고 있다. 이런 점에서 고령화는 기회이다.

1) 실버경제

우리나라는 실버경제를 한때 실버산업이라고 했다. 실버산업은 2006년 고령친화산업진흥법의 제정과 함께 고령친화산업으로 대체되었다. 실버산업은 일본제이다. 일본에서는 노인 관련 용어로 실버(은발 노인을 상징)란 말을 즐겨 사용한다. 영미국가에서는 실버 대신 mature를 넣어 mature market이라 한다. 실버비즈니스, 실버시장이라 하면 귀금속 은 시장과 혼동되기 때문이다. 하지만 유럽은 실버란 단어가 들어간 실버경제와 실버시장을 일상적으로 사용한다.

실버경제의 정의는 EC(유럽연합집행위원회)[7)]의 정의가 많이 인용되고 있다. EC의 실버경제 정의는 다음과 같다(EC, 2015b).

> 실버경제는 고령화와 50세 이상 연령층의 특정한 욕구와 관련된 정부지출과 소비자지출이 가져다주는 경제적 기회로서 넓게 보면 일반 소비경제의 한 부문이지만 특정 연령층의 소비 우선순위와 패턴의 유의미한 차이를 반영한다는 점에서 특수하다.

---

7) 유럽연합집행위원회(European Commission, EC)는 유럽연합(European Union, EU)의 행정부이다. 유럽연합의 중심기구로서 각종 정책 입안과 유럽연합의 이익 수호를 위해 활동한다. EU는 유럽의 정치경제적 통합의 실현을 목적으로 1993년 11월 1일 발효된 마스트리히트조약에 따라 유럽 12개국이 참가하여 출범시킨 지역 국제조직이다. 1957년 조직된 유럽공동체(European Community)가 전신이다.

이에 덧붙여 옥스퍼드 경제학사전의 실버경제 정의를 인용했는데, 그것에 의하면 실버경제는 50세 이상인 사람의 욕구를 충족시키는 모든 종류의 경제활동으로서 상품과 서비스 및 장래의 경제활동을 포함한다.

실버경제가 상품과 서비스를 포함한다는 것은 실버경제가 일반적인 소비자경제와 같다는 것을 의미한다. 하지만 실버경제는 우선순위와 패턴에서 일반 소비자경제와 유의미한 차이가 있는 특정한 틈새시장(niche markets)이다. 고령인구 중에는 쇠약하고 장애가 있는 사람이 많다. 따라서 노인을 대상으로 하는 실버경제는 기능적으로 취약한 사람과 접근성에 문제가 있는 사람, 예컨대 시각, 건강, 이동, 인지기능에 제한이 있는 사람을 주요 타깃으로 삼는다. 그런 점에서 틈새시장이라는 것이다.

아시아태평양경제협력체(APEC)[8]도 실버경제를 정의한 바 있다. APEC은 실버경제를 고령화와 50세 이상 인구의 특별한 욕구에 관련된 공공지출 및 소비자 지출과 연관된 기존 및 새로운 경제적 기회를 포함한 여러 요소를 포괄한다고 정의했다(APEC, 2017). 표현이 복잡하지만 앞의 EC 정의를 답습한 것이다.[9]

독일 프랑크푸르트대학 동아시아연구센터의 Storz와 Pascha(2011)는 실버시장을 세밀하게 정의했다. 이들은 실버시장이 새로 부상하는 시장(emerging market)인 것은 분명하지만 쉽게 경계 지을 수 있는 개념은 아니라고 하면서 다음과 같이 정의했다. 실버시장은 노인(때로는 50세 이상, 때로는 65세 이상)이 소비하는 상품과 서비스의 시장이다. 이 말은 모든 세대가 사용하는 상품과 서비스의 소비가 아니라 노인세대의 욕구와 관심을 충족시키는 상품과 서비스에 한정된다는 것을 의미한다. 실버 상품과 서비스에는 이런 노인 특정 상품과 서비스 외에도 보편적 디자인(UD : Universal Design)과 무장애 상품과 서비스(barrier-free products and services)도 포함된다. UD

8) APEC(the Asia Pacific Economic Cooperation)은 1989년 11월 아시아・태평양 지역의 경제협력 증대를 목적으로 설립된 역내 정상들의 협의기구이다.

9) APEC는 2017년 실버경제 촉진을 위한 기준과 쇄신의 필요성이란 워크숍에서 고령화사회는 노인(주 타깃은 50~75세)의 욕구를 충족시킬 수 있는 새로운 제품, 서비스, 기술을 요하고 있고, 안녕, 건강 및 의료, 노인 주택, 교육, 고용, 오락, 여행, 금융상품과 서비스 등을 위한 지출을 급격히 증가시키고 있음을 강조하면서 실버경제를 새로운 경제적 기회를 창출하는 기회와 쇄신의 동력으로 삼을 것을 제안했다(APEC, 2017).

는 노인, 장애인 등 특별한 욕구를 가진 사람도 사용할 수 있는 스펙트럼이 넓은 솔루션을 말하고, 무장애는 장애를 가진 사람을 위해 특별히 변형시킨 제품과 서비스를 말한다.

우리나라 고령친화산업진흥법은 고령친화산업을 "노인요양서비스 등과 같은 고령친화제품 등을 연구, 개발, 제조, 건축, 제공, 유통 또는 판매하는 산업"으로 정의하고 있다. 고령친화산업에 '산업'이란 용어가 들어간 것에서 알 수 있듯이 고령친화산업은 산업의 일종이다. 산업은 시장원리에 따른 이윤을 추구한다. 이 말은 고령친화산업을 통해 이윤을 얻어도 좋다는 것을 의미한다. 그러나 그 대상이 사회적 약자인 노인이란 점에서 맹목적인 이윤추구만 지향해서는 안 된다는 의미도 있다. 말하자면 이윤을 추구하되 일정한 공익성 또는 복지성도 담보해야 한다는 것이다.

Summery 실버경제, 실버시장, 고령친화산업의 정의

구 분	내 용
EC	실버경제는 고령화와 50세 이상 연령층의 특정한 욕구와 관련된 정부지출과 소비자지출이 가져다주는 경제적 기회로서 넓게 보면 일반 소비경제의 한 부문이지만 특정 연령층의 소비 우선순위와 패턴의 유의미한 차이를 반영한다는 점에서 특수하다.
APEC	실버경제는 고령화와 50세 이상 인구의 특별한 욕구에 관련된 공공지출 및 소비자 지출과 연관된 기존 및 새로운 경제적 기회를 포함한 서로 다른 여러 요소들을 포괄한다.
Storz와 Pascha	실버시장은 노인(때로는 50세 이상, 때로는 65세 이상)이 소비하는 상품과 서비스의 시장이다.
한국	고령친화산업은 노인요양서비스 등과 같은 고령친화제품 등을 연구, 개발, 제조, 건축, 제공, 유통 또는 판매하는 산업이다.

2) 유럽과 일본의 실버경제

유럽과 일본은 실버경제가 가장 발달한 지역이다. 유럽은 세계 최초로 고령화가 시작된 지역이자 고령화 수준이 가장 높은 지역이고, 일본은 세계 최고령국가이다. 유럽과 일본은 경제수준도 매우 높고, 노인이 대체로 부유한 편이다. 21세기 들어 유행하는 적극적 노화, 성공적 노화, 건강한 노화에 대한 관심도 매우 높다. 유럽과 일본은 실버경제를 선도하는 글로벌 리더이다.

(1) 유럽

유럽의 노인은 상품과 서비스의 구매력을 갖고 있고, 적극적이고 건강하며, 사회활동이 활발하다. 유럽의 노인은 경기호황기에 비교적 많은 보수를 받고 일했기 때문에 연금, 저축, 투자 면에서 여유가 있다. 따라서 노인을 타깃으로 하는 실버경제는 가능성이 충분하다.

유럽 노인의 소비성향은 몇 가지 특징이 있다. 이들은 근사한 제품, 즉 스마트하고 시각적으로 멋진 제품(cool products)과 고품질의 상품과 서비스를 선호한다. 이런 소비성향은 오래되었고 여전히 유지되고 있다. 이들은 기능적인 것에 가치를 둔다. 멋지고 예술적인 것을 좋아하는 청년층과 달리 사용하기 편리한 것을 좋아한다. 또한 이들은 노인용이란 라벨을 붙인 제품을 별로 좋아하지 않는다. 예컨대 전동휠체어보다 여가용 자전거나 자동차를 선호한다. 휠체어는 노인과 장애인에 대한 낙인을 연상시키는 제품이기 때문이다(EC, 2015a).

유럽의 실버경제 규모는 상당하며,[10] 실버시장의 상품과 서비스의 종류도 다양하다. 1990년대 중반부터 새로운 소비시장으로 주목받은 이래 실버시장은 현재까지 성장을 계속하고 있다. 1990년대 중반에서 2010년대 중반까지 약 20년 동안 60세 이상 노인의 소비지출 규모는 30세 이하에 비해 1.5배 이상 증가했다.

10) 실버경제 규모는 실로 막대하다. 2014년 메릴린치는 한 보고서에서 2020년 글로벌 실버경제의 규모가 15조 달러에 달할 것으로 추산했다. 메릴린치는 또 성장잠재력이 큰 실버경제로 헬스케어, 가정에서 독립생활을 가능하게 하는 생활제품 및 서비스, 온라인 제품과 서비스를 꼽았다.

실버경제는 자동차, 의복, 여행을 포함한 모든 부문의 주류경제에서 만성질환과 장애를 가진 사람의 독립생활을 가능케 하는 통합로봇시스템에 이르기까지 다양하다. 실버경제는 더 일할 수 있는 여건을 만들고, 퇴직 후에도 적극적인 삶을 살 수 있게 해주며, 보다 높은 수준의 삶의 질을 제공하고 있다. 실버시장의 상품과 서비스는 노인의 적극적 노화와 독립생활을 지원하는 데 초점이 맞춰져 있다.

실버시장의 제품과 서비스는 화장품과 패션, 여행, 스마트 홈, 서비스 로봇, 건강(의료기구, 의약품, 인터넷 건강 등), 안전, 문화, 교육, 기술, 오락, 교통, 은행 및 금융상품 등 여러 가지 종류가 있다. 이 중에서도 수요가 특히 증가하고 있는 시장은 독립생활(1인가구), 스마트 홈, 건강, 관광, 자동차, 로봇, 의료장비 등이다.

(2) 일본

일본은 실버시장의 최선봉자(a front runner)이다. OECD[11] 국가는 두 번째다. 일본은 가장 성숙한 실버시장을 보유하고 있다(Storz and Pascha, 2011).

일본 실버시장의 힘은 일본 노인의 경제력에서 나온다. 일본 노인은 건강하고 부유하다. 이들은 일본 경제가 호황기일 때 많은 보수를 받고 장기간 일을 했으며 퇴직 시 적지 않은 퇴직급여(일시금)도 수령했다. 저축을 포함한 보유자산도 상당하다. 이들은 건강, 금융, 여행, 여가활동에 관심이 많다. 구매력도 매우 높다. 소비자로서 일본 노인은 매우 복합적이고 관심도 다양하다. 일본의 가장 적극적인 구매층은 좋은 건강상태, 활발한 사회적 소통, 경제적 여유를 갖춘 이른바 행복한 노인이라고 한다. 이들은 신상품, 패션, 명품, 브랜드에 관심이 많다.

일본에서 고령자와 기업의 중간에서 고령자와 기업마케팅을 연결하는 사업을 하는 시니어콤(Seniorcom)이라는 회사가 2007년 회사소개를 하는 자료에서 일본의 시니어마켓에 대해 일곱 가지 핵심 관심을 적시한 바 있다. 조금 오래된 자료지만 일본의 시니어 소비자의 성향을 파악하는 데 참고가 된다(Chéon, 2011).

---

11) 경제협력개발기구(Organization for Economic Cooperation and Development, OECD)는 1961년 9월 선진국 간의 정책 협력과 경제사회발전 공동모색을 목적으로 파리에서 창립되었다. 2차 세계대전 후 유럽의 경제부흥협력을 위해 설립된 유럽경제협력기구(OEEC)가 전신이다.

- **효율적인 소비시간** : 쇼핑하는 데 많은 시간을 쓰는 것을 좋아하지 않는다. 시간낭비라 생각한다.
- **생활의 리사이클링** : 평생교육이나 문화강좌 등 새로운 것을 추구한다. 부모 라이프스타일에서 남편과 아내 라이프스타일로 관점이 바뀐다.
- **진짜** : 가짜를 싫어한다. 정말로 가치 있는 진짜(real thing)를 좋아한다.
- **공동체** : 같은 취미를 가진 사람의 그룹에 참여하길 원한다.
- **마음의 평화** : 건강한 영혼과 건강한 몸에 대한 관심이 높다.
- **유대감** : 타인과의 유대를 원한다. 친구 만들기 같은 행사에 관심을 보인다. 손자와 노는 것도 좋아한다.
- **젊음** : 나이보다 젊게 보이길 원한다. 노인으로 분류되면 기분이 상한다.[12)]

일본 실버시장의 상품과 서비스의 특징을 한 실버시장 전문가는 시장 영역별로 다음과 같이 분석했다(Chéon, 2011).

- **노인과 케어 제공자의 삶의 질을 개선하는 상품과 서비스** : 보행기, 노인용 기저귀, 복도나 화장실 손잡이, 모던한 디자인의 노인 스마트폰, 개선된 의수족, 노인 독서용 안경, 노인이 선호하는 도시락(편의점 판매), 대화하는 로봇, 노인용 냉동식품, 젊어 보이게 만드는 화장품 등 아주 다양하다.
- **금융서비스, 저축 등 미래를 대비한 자금** : 재테크, 저축, 미래 자금(국내외 여행 목적)을 마련하기 위한 금융상품이다.
- **사회생활과 소통** : 요리, 외국어, 정원관리, 스포츠 관련 학원 시장이다. 학원을 통해 사회생활을 하고 타인과 소통한다.
- **여행** : 퇴직자는 자녀 양육과 교육, 주택 대출, 가정관리 책임 등 모든 면에서 자유롭기 때문에 여행에 나설 수 있다. 시간적 여유가 있어 먼 곳까지 장기간 여행이 가능하고 비수기 여행도 가능하다. 일본 노인은 경제적으로 부유하고

12) 미국 노인도 노인범주에 포함시키면 싫어한다. 미국 노인은 노인 소비자(senior consumers)라 하면 싫어한다. 분별 있는 소비자(mature consumers)로 불리길 원한다(Chéon, 2011).

건강상태가 좋으며 교육수준이 높아 해외여행도 가능하다. 부부 가구, 1인가구도 여행에 유리하다. 일본 노인은 단체여행도 선호한다.

- 기타 : 상품 판매시장(온라인, 오프라인), 광고시장, 인터넷과 사회적 네트워크 시장도 실버시장의 한 부분이다.

Summery 유럽과 일본의 실버경제

구 분		내 용
유럽	소비자	• 유럽의 노인은 상품과 서비스의 구매력이 있고, 적극적이고 건강한 사람이 많으며, 사회활동이 활발함 • 근사한 제품, 즉 스마트하고 시각적으로 멋진 제품과 고품질의 상품과 서비스를 선호함
	실버시장	• 실버경제는 자동차, 의복, 여행을 포함한 모든 부문의 주류경제에서 만성질환과 장애를 가진 사람의 독립생활을 가능케 하는 통합로봇시스템에 이르기까지 다양함 • 실버시장의 상품과 서비스는 화장품과 패션, 여행, 스마트 홈, 서비스 로봇, 건강(의료기구, 의약품, 인터넷 건강 등), 안전, 문화, 교육, 기술, 오락, 교통, 은행 및 금융상품 등 여러 가지 종류가 있음
일본	소비자	• 일본의 노인은 건강하고 부유함. 일본 경제가 호황기일 때 많은 보수를 받고 장기간 일을 했으며 퇴직 시 적지 않은 퇴직급여(일시금)도 수령. 저축을 포함한 보유자산도 상당함 • 건강, 금융, 여행, 여가활동에 관심이 많고, 구매력도 매우 높음
	실버시장	노인과 케어 제공자의 삶의 질을 개선하는 상품과 서비스, 금융서비스, 저축 등 미래를 대비한 자금, 사회생활과 소통, 여행 등 다양한 상품과 서비스가 소비되고 있음

3) 한국의 고령친화산업

우리나라에서 고령친화산업에 대해 정부차원에서 최초로 논의한 것은 2002년 7월 국무총리실 노인보건복지대책위원회의 종합계획 '실버산업활성화방안'이다. 동 위원회는 2004년 1월 국정과제보고를 통해 실버산업활성화를 국정과제로 제안하였다. 2005년 1월에는 고령화 및 미래사회위원회에서 고령친화산업지원법(가칭)을 제정하겠다는 방침을 정했으며, 동년 4월(가칭)고령친화산업지원법(안)이 마련되었다.

그 후 산업분야별 민간전문가와 산업체가 참여한 협의와 관계부처 실무협의를 거쳐 2005년 7월 보건복지부와 산업자원부 공동으로 고령친화산업지원법의 제정을 제안했으며, 2006년 공청회를 거쳐 동년 12월 고령친화산업진흥법으로 명칭이 변경되어 국회를 통과하였다.

고령친화산업진흥법은 고령친화산업을 노인요양서비스 등과 같은 고령친화제품 등을 연구, 개발, 제조, 건축, 제공, 유통 또는 판매하는 산업으로 정의하였다. 그리고 "고령친화제품 등"이라 하여 고령친화산업의 제품과 서비스를 규정하고 있다. 고령친화제품 등이란 노인을 주요 수요자로 하는 제품 또는 서비스로서 다음과 같은 것들을 말한다.

- 노인이 주로 사용하거나 착용하는 용구 · 용품 또는 의료기기
- 노인이 주로 거주 또는 이용하는 주택 그 밖의 시설
- 노인요양서비스
- 노인을 위한 금융 · 자산관리 서비스
- 노인을 위한 정보기기 및 서비스
- 노인을 위한 여가 · 관광 · 문화 또는 건강지원서비스
- 노인에게 적합한 농업용품 또는 영농지원서비스

정부는 고령친화산업에서 노인요양서비스를 중시하는 것 같다. 고령친화산업을 "노인요양서비스 등과 같은 고령친화제품 등을 연구, 개발, 제조, 건축, 제공, 유통 또는 판매하는 산업"으로 정의한 것에서 알 수 있다. 유럽과 일본이 실버경제를 건강하고 경제적으로 여유가 있는 노인이 선호하는 제품과 서비스, 노인의 삶의 질을 개선하는 새로운 기술이 접목된 제품과 서비스에 초점을 둔 것과 대비된다.

정부가 노인요양서비스를 중시한 것은 우리나라 고령친화산업이 1990년대 유료양로원에서 시작된 사실과 관련이 있다. 당시 유료양로원사업에는 대기업, 레저업계, 건설업계, 사회복지법인, 종교단체 등 다양한 주체들이 참여하였는데, 이들은 중상류층 노인을 대상으로 고급 대형 양로원을 설립하여 분양하였다. 대부

분 입소보증금이 수억 원대에 달해 서민층은 입주가 불가능했다(지금도 마찬가지이다). 그리고 노인장기요양보험의 도입으로 케어가 필요한 노인을 대상으로 한 요양원, 노인전문병원, 주야간보호시설, 단기보호시설, 재가봉사센터 등 노인케어 관련 노인복지시설이 급격히 증가한 것도 이유가 되었다.

한편 우리 주변에서도 여러 가지 형태의 실버제품을 만날 수 있다. 예를 들면 노인용 기저귀, 미끄럼방지 양말, 전동 휠체어, 요실금 팬티, 노인전용 신발, 물 없이 사용하는 샴푸와 비누, 의자 부착 보행기, 목욕의자 등이 있다. 특히 노인용 의료보조기기가 많은데, 매트, 안마기, 찜질기, 부항기, 체중계, 혈압계, 저주파치료기, 관절밴드, 구급함세트 등이 그것이다. 하지만 고령친화산업의 제품과 서비스는 제조업 전체 매출에서 차지하는 비중이 미미하고, 제조업체도 대부분 영세한 중소기업이다.

금융업계에서도 고령친화상품을 많이 개발해 판매하고 있다. 각종 연금신탁, 연금보험, 건강보험 등이 그것이다. 노인이 보유한 주택을 담보로 매월 연금을 지급하는 역모기지론(reverse mortgage loan)도 판매하고 있다. 역모기지론 기간이 종료되면 해당 주택은 대출해준 금융기관에 귀속된다. 여가와 교육 분야의 경우는 노인 대상 컴퓨터 교육, 취미클럽, 운동클럽, 국내외 여행, 골프 등을 들 수 있다.

Summery 한국의 고령친화산업

구 분	내 용
고령친화산업의 정의	• 노인요양서비스 등과 같은 고령친화제품 등을 연구, 개발, 제조, 건축, 제공, 유통 또는 판매하는 산업
고령친화산업의 제품과 서비스	• 노인이 주로 사용하거나 착용하는 용구 · 용품 또는 의료기기 • 노인이 주로 거주 또는 이용하는 주택 그 밖의 시설 • 노인요양서비스 • 노인을 위한 금융 · 자산관리 서비스 • 노인을 위한 정보기기 및 서비스 • 노인을 위한 여가 · 관광 · 문화 또는 건강지원서비스 • 노인에게 적합한 농업용품 또는 영농지원서비스

5 고령화 대처방안

고령화는 노동인구는 감소시키고, 사회보장 재정지출은 증가시킨다. 연금폭탄(pension bomb), 복지붕괴(welfare collapse), 노동력 부족사태(labour shortages), 세대 간 충돌(generation clashes) 등 이를 일컫는 용어들은 매우 자극적이다. 위기의식을 반영한 것으로 이해된다. 고령화에 대처하기 위해 각국 정부는 노인 근로 촉진, 정년연장, 연금개혁, 사회보험 민영화 등 다양한 노력을 전개하고 있다. 이 중에서 가장 주목받고 있는 것이 정년연장이다.

1) 정년연장

20세기 후반 유럽에서는 조기퇴직이 노동력 문제해결의 윈-윈 전략이었다. 조기퇴직은 청년에게는 보다 많은 일자리를, 노인에게는 보다 많은 여가를, 정부에게는 낮은 실업률을 선사했다. 사용자는 조기퇴직을 고령근로자를 퇴출시키는 수단으로 활용했고, 근로자는 별 손해 없이 노동시장에서 일찍 나가는 기회로 생각했다. 조기퇴직제도에 내재된 이데올로기, 즉 노동시장에서 나이든 사람은 쓸모가 별로 없고 젊은 사람의 일자리를 막는 존재라는 관념은 상당기간 위력을 발휘했다.

하지만 조기퇴직제도는 사회보장, 특히 연금시스템을 위기에 빠트렸다. 조기퇴직이 연금지출은 증가시키고 수입은 감소시켰기 때문이다. 연금은 사회보장의 가장 많은 부분을 차지하기 때문에 연금지출의 증가와 수입의 감소는 복지국가의 재정적 기초까지 위협하였다. 세대 간 계약(generation contract), 즉 근로인구가 퇴직인구를 부양하는 계약도 위기에 빠졌다. 보험 관점에서도 연금 자산을 아직 일해도 되는 건강한 조기퇴직자에게 주는 것이 정당한가라는 의문이 제기되었다. 정부는 조기퇴직연금을 삭감함으로써 조기퇴직에 제동을 건 한편 근로자의 정년을 연장하는 방안을 적극 검토하기 시작했다.

정년연장에 가장 반대한 세력은 근로자였다. 2010년 프랑스에서 발생한 근로자의 대규모 정년연장 반대시위가 좋은 예이다. 당시 백만 명 이상의 근로자가 거리로 나와 글로벌 경제위기가 아니라 사르코지 대통령의 정년연장(60세에서 62세로) 정책에 반대하는 시위를 벌였다. 2011년에는 인도(58세에서 60세로 연장), 그리스, 아프리카 나이지리아 등지에서도 정년연장에 반대하는 시위가 발생했다. 정부의 정년연장 시도에 근로자가 강하게 반발한 것이다(Ehnes, 2011 : 19).

하지만 근로자의 정년연장에 대한 태도가 바뀌고 있다. 선진국 근로자 중 정년연장을 원하는 사람이 늘어나고 있고, 중진국과 후진국 근로자도 유사한 입장을 보이고 있다. 이는 각종 여론조사를 통해 확인되고 있다. 근로자가 정년연장(근로연장)에 찬성하는 이유는 개인에 따라 다르지만(사실 복잡하고 개인차가 심하다), 주된 이유는 노후불안이다. 경기후퇴기에는 기업의 빈번한 정리해고 때문에 근로자는 자신의 퇴직 전망(안전한 퇴직)에 대해 불안해한다. 언제 해고될지 모르기 때문이다. 고령근로자일수록 불안감이 더 크다. 정년연장은 이런 불안감을 해소한다. 노후자금을 충분히 저축하지 못한 근로자가 증가한 것도 원인이다. 공적연금이 가장 확실한 노후대비책이었지만 연금재정적자의 누적으로 지속가능성에 심각한 문제가 발생하자 많은 정부가 연금지출을 줄이는 개혁을 단행하였다. 이로 인해 퇴직자가 받는 연금액이 정지하거나 감소하였다. 이를 보충하기 위해서는 더 일해야 한다. 노후 의료비 불안도 있다. 고령화로 더 오래 살아야 하는데 그만큼 의료비도 늘어난다. 따라서 퇴직 전에 더 많은 의료비를 마련해야 한다. 더 오래 일하는 것이 가장 확실한 대안이다(Ehnes, 2011 : 20).

사용자는 오래 전부터 정년연장에 반대했다. 고령근로자는 높은 임금에 비해 생산성이 떨어지고, 고령근로자 한 명의 인건비면 젊은 근로자 두 명을 고용할 수 있다고 생각한 것이다. 하지만 고령화와 출산율 감소로 청년근로자가 갈수록 감소하자 상황이 바뀌었다. 노동력 부족은 임금 상승으로 이어질 게 명백했다. 이런 상황에서 정년연장을 마냥 반대하는 것은 현명한 자세가 아니었다.

하지만 노동력 부족과 임금 상승이 예상됨에도 사용자는 여전히 정년연장에 소극적이다. 정년연장의 긍정적 효과에 대한 확신이 부족하기 때문이다. 자본가의 정연연장 찬성을 유도하기 위해서는 인센티브가 필요하다. 임금피크제가 좋은 방법이다. 연금수급개시연령의 연장도 좋은 인센티브가 된다. 일본은 정년연장 유도를 위해 연금 수급개시 연령을 60세에서 65세로 올렸다. 동시에 정년을 65세로 연장했다. 그 효과는 즉각적이었다. 60~64세 고령근로자의 경제활동참가율이 2006년 71%에서 2009년 77%로 증가하였다(Bloom et al., 2011 : 37).

사실 정년제도는 시대변화에 맞지 않다. 건강한 노인 때문이다. 고령화로 노인만 늘어나는 게 아니라 건강한 노인도 늘어나고 있다. 고령인구가 대규모 의료비와 케어비용을 발생시키는 병자집단이라는 것은 사실이 아니다. 현대 노인들은 이전 세대보다 건강하고 활동적이며 생산적이다. 의료기술이 발전하고 의료진에의 접근성이 개선되어 노인의 건강수준도 크게 향상되었다. 건강한 노인들은 이전 세대에 비해 더 오래 일할 수 있다. 통상적인 정년 이상 일을 할 수 있는 신체적 · 정신적 능력을 보유하고 있다. 교육수준도 이전 세대보다 높다(Healy, 2004).

노인의 직무성과 저하도 과학적이고 객관적인 사실이 아니다. 노인은 인지기능의 저하로 청년에 비해 직무처리 속도와 정보처리 능력이 떨어지고, 그로 인해 직무성과가 낮다고 생각한다. 하지만 연령과 생산성 간의 관계에 관한 확실한 증거는 없다. 노인의 오랜 숙련과 경험에 기반을 둔 지식과 직무기술은 청년보다 나을 수도 있다. 노인의 직무능력 저하는 노인에 대한 스테레오타입일 가능성이 크다.

하지만 정년제도 때문에 일정한 연령이 되면 무조건 퇴직해야 한다. 건강한 노인이 증가하고 있음에도 정년은 연장되지 않았다. 이로 인해 정년 후의 삶이 늘어났다. 서유럽 국가의 경우 정년 후의 삶의 기간이 평균 20년 정도이다. 건강한 노인을 정년을 이유로 노동시장에서 강제 퇴역시키는 것은 사회적 자원낭비이다. 현재 OECD 국가의 정년은 대부분 60~65세 사이에 있다.[13] 개발도상국은 이보다 더 이르다. 정년연장의 여지가 충분하다는 것이다.

정년연장을 가장 절실히 원하는 것은 정부다. 정연연장이 정부의 가장 큰 부담인 공적연금의 재정적자문제를 근본적으로 해결해 주기 때문이다. 정년이 연장되면 연

---

13) 1965~2005년 사이 선진국 43개 국가 기대수명은 평균 9년이 증가한 반면에 법정 정년은 불과 6개월만 연장되었다. 법정 퇴직연령연장은 대부분 최근에 이루어졌다.

금 기여금 납부기간이 그만큼 길어져 수입이 증가하고, 연금지급 개시연령이 지연되어 그만큼 지출이 감소한다. 수입은 늘고 지출은 줄어드는 일석이조의 대안인 셈이다. 하지만 정부가 정년연장을 무조건 추진할 수는 없다. 정년연장이 일자리를 둘러싼 세대갈등을 야기할 수 있기 때문이다. 정년이 늘어나면 고령근로자에게는 유리하지만 청년 일자리는 감소하기 마련이다. 따라서 정부는 정년연장에 신중한 입장을 취할 수밖에 없다.

한편 유럽은 고령근로자의 경제적 유용성, 특히 숙련성에 주목(재조명)해 2000년부터 고령근로자 일자리 확대와 정연연장에 대해 논의하기 시작했다(Kitashiro and Ollila, 2006 : 11). 2000년 유럽회의(the Council of Europe)[14]은 리스본전략(Lisbon strategy)을 채택하고 55~64세 고령근로자 취업률 제고를 통한 전체 취업률 70% 달성을 목표로 제시했다. 2000년 유럽연합집행위원회(EC : European Commission)는 고용평등에 관한 일반적 기준을 마련했는데, 기회평등의 원칙에 따라 고령근로자 고용차별을 야기하는 취업 장벽을 제거할 것을 권고했다. 2001년 EC는 스톡홀름 정상회의에서 고령근로자 취업률 50% 달성을 목표로 제시했다. 2002년 EC 바르셀로나 정상회의에서는 정년을 60세에서 65세로 5년 연장하는 것을 목표로 제시했다. 2004년에는 고령근로자 취업률 제고와 정년연장을 재확인한 동시에 고령근로자 고용 유지 및 취업률 제고를 위해 고령근로자 고용을 유지하거나 고령근로자에게 새로운 고용 기회를 주는 기업에게 인센티브를 주고, 근로자 평생학습을 포함한 기술개발 프로그램을 실시하고 공공부문에서의 고령근로자 고용을 확대할 것을 권고했다. 이런 노력에 힘입어 EU 국가의 고령근로자 취업률은 개선되었다.

---

14) 1949년 인권과 민주주의, 법치주의, 중동부 유럽지역에 대한 지원을 목적으로 설립되었다. 현재 회원국은 46개국이며 본부는 프랑스 스트라스부르에 있다. 조직은 각료위원회(각국 외무장관), 의원회의(각국 국회의원), 지방자치단체협의회, 사무처 등으로 이루어져 있고, 유럽인권재판소(European Court of Human Rights)와 유럽인권위원회(European Commission of Human Rights) 등의 독립기구를 두고 있다. 1950년 "인권 및 기본적 자유에 대한 유럽협정"과 1989년 "고문과 비인간적 처벌 등의 금지에 관한 협정"이 중요한 성과이다.

2) 노인 인력의 활용

정년 후 어떤 형태로던 일을 계속하려는 노인은 세 가지 유형이 있다. 첫째, 재정적 필요가 있는 노인이다. 노후생활에 필요한 돈을 벌기 위해 일하는 노인이다. 둘째, 일 자체를 즐기려는 노인이다. 셋째, 재정적 필요와 일을 즐기려는 욕구를 동시에 가진 노인이다. 퇴직 전에 경영자에 속했던 노인들이 이 유형에 많다(Parry and Harris, 2011 : 4-5).

이 세 유형 중 둘째와 셋째 유형은 돈이 절실하게 필요한 것은 아니고 일 자체를 즐기려는 노인이며 일할 수 있을 정도로 건강도 뒷받침된다. 이들을 일하게 만들면 노인도 좋고(자아실현이라는 점에서) 사회도 좋다(노인인력의 활용이라는 점에서).

노인 자원봉사가 가장 좋은 예이다. 건강하고 교육수준이 높은 노인집단은 사회에 필요한 자원봉사자 인력 풀로 활용할 수 있다. 이들의 능력과 적성을 잘 살리면 다양한 영역에서 자원봉사자로 활동하게 만들 수 있다. 노인의 케어 활동도 무시할 수 없다. 노인이라도 손자, 가족 중 환자, 친구를 케어할 수 있고, 젊은 노인(young old)이 초고령 노인(oldest old)을 케어할 수 있다. 이들이 없으면 근로능력이 있는 누군가가 이 일을 해야 한다는 면에서 생산적인 일이다.

노인 수가 사회적으로 의미 있을 정도로 증가하면, 다시 말해 노인이 소수자집단에서 다수자집단이 되면 노인은 사회적 짐이라는 관념은 지속될 수 없다. 오늘날 노인, 특히 베이비부머 세대는 교육수준이 높고 경제적 여유가 있으며 투표권을 가지고 있다. 사회적 영향력이 큰 노인집단이라는 것이다. 따라서 노인친화적 변화(elderly-friendly changes)를 지향하고, 세대 간 충돌(clash of generations)을 피할 수 있는 방법을 모색해야 한다. 노인인력의 활용은 노동력 부족에 대처하기 위한 현실적이고 유용한 대책이다. 인적 자본에의 투자와 새로운 직업의 창출 차원에서 노인고용을 확대해야 한다.

3) 유연근로

고령근로자의 일자리 유지는 직무유형에 좌우된다. 대부분의 직무는 분발능력(exertion)을 요구하지 않는다. 분발능력은 노인이 청년보다 부족한 게 사실이다. 하지만 분발능력이 부족하고 이동능력에 제한이 있는 노인이라도 직무유연성을 개선하면 근로가 가능하다. 유연근로(flexible working)를 적용하면 된다는 것이다(US DHHS and WHO, 2011 : 20).

유연근로는 근로시간의 탄력적 운용, 근로범위의 축소, 근로 의무사항의 축소 등 근로 시간, 내용, 장소의 융통성을 높인 근로방법으로 파트타임근로나 재택근로가 대표적인 예이다. 유연근로는 취업을 원하는 노인에게 적합하다. 원하는 시간에 일할 수 있어 스트레스를 줄일 수 있기 때문이다.

근무시간단축은 노인고용 유지에도 유용하지만 줄어든 시간만큼 청년근로자를 새로 고용할 수 있어 일자리를 둘러싼 세대갈등을 줄일 수 있는 전략이기도 하다. 경기불황기에는 사용자에게도 유리하다. 풀타임 정규직 근로자 채용을 줄일 수 있기 때문이다(Parry and Harris, 2011 : 7).

Summery 고령화 대처방안

구 분	내 용
정년연장	• 정년제도는 시대변화에 맞지 않음 • 현대 노인들은 이전 세대보다 건강하고 활동적이며 생산적 • 통상적인 정년 이상 일을 할 수 있는 신체적 · 정신적 능력을 보유 • 건강한 노인을 정년을 이유로 노동시장에서 강제 퇴역시키는 것은 사회적 자원낭비
노인 인력의 활용	• 노인인력의 활용은 노동력 부족에 대처하기 위한 현실적이고 유용한 대책 • 건강하고 교육수준이 높은 노인집단은 사회에 필요한 자원봉사자 인력 풀로 활용 가능 • 노인의 케어 활동 : 손자, 가족 중 환자, 친구, 초고령 노인 대상. 노인의 케어가 없으면 누군가가 이 일을 해야 한다는 면에서 생산적
유연근로	• 근로시간의 탄력적 운용, 근로범위의 축소, 근로 의무사항의 축소 등 근로 시간, 내용, 장소의 탄력성을 높인 근로방법(파트타임 근로나 재택근로가 대표적) • 취업을 원하는 노인에게 적합

6 고령화에 대한 인식의 전환

고령화를 위기로만 볼 게 아니라 새로운 기회로 간주해야 한다는 인식이 점차 확산되고 있다. Beard 등(2011 : 13)은 고령화가 인류의 중대한 도전이긴 하지만 동시에 다음과 같은 새로운 기회를 제공한다고 했다.

첫째, 근로기간이 늘어나고 근로가 유연해지고 있다. 청장년층 중심의 전통적인 취업 연령 시스템을 지지하는 사람이 점점 줄어들고 있다. 성숙한 연령층이 갈수록 가치 있는 자원으로 인식되고 있다. 노인의 노동시장 참가가 점점 더 조장되고 있다.

둘째, 노인의 자원봉사 참여와 지역사회 기여이다. 점점 더 많은 노인이 지역사회 자원봉사활동에 참여하고 있다. 활동 분야도 교육과 건강에서부터 환경과 노숙자 문제까지 다양하다. 이제는 시민참여의 형태를 띠고 있다.

셋째, 노인이 가진 사회적 기술의 유용성이다. 노인은 청년에 비해 소통에 유능하고 즉각적인 정서적 반응에 덜 민감하다. 노인의 사람 다루는 기술(people skills)은 서비스 부문에서 가치를 발휘한다.

넷째, 노인을 위한 환경의 재설계이다. 노인친화적 환경(age-friendly environments)의 구축은 노인의 사회적 참여를 촉진시킬 뿐만 아니라 환경 설계 비즈니스도 혁신시킬 것이다. 노인에 초점을 둔 새로운 건축과 재건축은 건설과 교통 연관 산업의 고용기회를 확대시킨다.

다섯째, 새로운 시장과 소비자이다. 선진국의 경우 60세 이상 노인이 부의 50%를 소유하고 있다. 개발도상국에서도 유사한 현상이 나타나고 있다. 이는 실버시장의 무한한 가능성을 의미한다.

여섯째, 세대 간 소득이전이다. 노인 세대는 젊은 세대의 짐이 된다는 일반적인 관념과 달리 대부분의 소득이전은 노인 세대에서 젊은 세대로 내려간다. 부모와 조부모 세대는 자녀가 인생을 좋은 조건에서 시작하기를 원한다. 노인 납세자가 자신들은 혜택을 보기 어려운 사회적 인프라의 구축에 드는 비용의 부담에 반대하는 경우는 별로 없다. 세대 간 부담보다는 세대 간 이타주의라고 해야 한다.

일곱째, 케어와 가족 응집력이다. 노인, 특히 여성노인은 무상으로 케어 노동을 한다. 여성노인의 케어 노동은 청년층이 노동시장에서 더 많이 일할 수 있도록 도움을 주고 경제적 비용을 절감시킨다. 근로가능 인구는 감소하면서 여성의 경제활동참가가 증가하는 사회의 경우 여성노인의 케어 노동은 유용성이 더 커진다.

사실 노인이 실제로 사회에 기여하는 바는 적지 않다. 〈표 1-5〉에서 보듯이 노인은 가족에게 정서적 · 경제적 · 실질적 도움을 주고, 지역사회에 자원봉사를 제공하며, 근로자, 투표자, 소비자, 납세자로 사회에 기여하고 있다. 노인이 사회에 짐이 된다는 인식을 넘어 그들의 사회적 유용성에 주목할 필요가 있다. 노인에 대한 인식의 전환이 필요하다는 것이다.

〈표 1-5〉 노인의 사회적 기여

가족과 친지	지역사회	사회
정서적 도움 경제적 도움 실질적 도움	자원봉사	근로자 투표자 소비자 납세자

출처 : Healy, 2004 : 3의 표 1.

스위스 제네바에 본부를 둔 세계경제포럼도 노인이 경제적으로 생산적인 자원이고 사회에 새로운 기회를 주는 존재란 사실을 인정해야 하며, 이러한 인식을 바탕으로 노인의 인권을 보장하고 욕구를 충족시켜주는 데 정부가 앞장설 것을 권고하였다(Beard et al., 2011 : 7).

첫째, 노인은 가치 있고 생산적인 경제적 자원이다. 구시대적 공공정책, 예컨대 법정정년으로 노인의 근로유인을 없애거나 억압해서는 안 된다.

둘째, 고령화는 사회에 새로운 기회를 제공한다. 건강하게 오래 사는 노인은 과거에 비해 더 생산적이다.

셋째, 윤리적·인도주의적 관점에서 볼 때 노인에 대한 자원의 투입은 정당하고, 공정하며, 정의롭다는 인식을 확산시켜야 한다.

넷째, 노인은 보건의료와 같은 사회적 자원에 대해 요구할 수 있는 기본권을 갖고 있다. 이러한 요구는 1948년 UN 인권선언(the Universal Declaration of Human Rights)과 같은 국제규범에 기초해 있고 또 정당화되고 있다.

다섯째, 사회적 통합, 평화, 형평성 및 안전을 위해서는 모든 인간집단, 특히 노인과 같은 취약집단의 욕구에 귀를 기울여야 한다. 그러면 사회적 응집력과 세대 간 응집력이 강화될 것이다.

여섯째, 정부는 보건의료부문에서 노인을 포함한 전 국민을 위해 기본적인 역할을 해야 한다. 왜냐하면 정부 규제를 덜 받는 보건의료 민간시장은 사회경제적으로 한계가 있기 때문이다. 인간을 위험에 빠트리는 전염병에 대한 통제도 마찬가지이다. 보건의료 제공자로서 정부는 자신의 정보를 활용해 보건의료 소비자를 보호할 수 있다.

고령화를 노인과 청년 간의 세대갈등 요인으로만 볼 게 아니라 새로운 기회로 보는 사고가 필요하다. 노인이 사회적 짐이 아니라 사회에 기여하는 존재란 사실을 널리 알려야 한다. 나아가 노인이 장점을 발휘할 수 있도록 사회적 인프라를 구축해야 한다(Ehnes, 2011 : 19).

Summery 노인에 대한 인식의 전환

구 분	내 용
고령화가 주는 새로운 기회	• 근로기간이 늘어나고 근로가 유연해짐에 따라 성숙한 연령층이 갈수록 가치 있는 자원으로 인식되고 있음 • 노인의 자원봉사활동과 지역사회활동에 참여가 증가, 시민참여의 형태를 띠고 있음 • 노인이 가진 사회적 기술의 유용성. 노인의 사람 다루는 기술은 서비스 부문에서 가치를 발휘 • 노인 친화적 환경에 초점을 둔 새로운 건축과 재건축은 건설과 교통 연관 산업의 고용기회를 확대시킴 • 새로운 시장과 소비자. 실버시장의 무한한 가능성 • 세대 간 소득이전 • 케어와 가족 응집력. 여성노인의 케어 노동의 가치와 유용성
노인의 새로운 가치와 정부의 역할	• 노인은 가치 있고 생산적인 경제적 자원 • 고령화는 사회에 새로운 기회 제공 • 윤리적 · 인도주의적 관점에서 노인에 대한 자원의 투입은 정당하고, 공정하며, 정의로운 것 • 노인은 보건의료와 같은 사회적 자원에 대해 요구할 수 있는 기본권 보유 • 사회적 통합, 평화, 형평성 및 안전을 위해서는 모든 인간집단, 특히 노인과 같은 취약집단의 욕구에 귀를 기울여야 함(사회적 응집력과 세대 간 응집력의 강화) • 정부는 보건의료부문에서 노인을 포함한 전 국민을 위해 기본적인 역할을 해야 함

CHAPTER

02 노 인

1 노인의 정의

노인은 역연령(曆年齡. chronological age)과 기능연령(functional age)으로 정의된다. 역연령은 나이를 기준으로 노인을 정의하는 것이고, 기능연령은 심신의 기능변화에 따라 노화현상이 일정 단계에 도달한 사람을 노인으로 규정하는 것이다.

1) 역연령

노화는 생물학적인 변화이기 때문에 인간이 통제할 수 없는 역동적인 현상이다. 인간이 몇 살이 되면 노인이 되는지에 대한 일반적인 합의도 없다. 따라서 특정한 연령을 잣대로 삼아 그 이상을 노인으로 규정하는 것은 자의적이다. 그럼에도 어느 나라건 일정 연령 이상을 노인으로 정의한다. 이유는 사회적 필요성 때문이다.

사회적 필요성의 대표적인 예가 공적연금이다. 공적연금은 가입자 전원에게 예외 없이 연금을 지급한다. 그러기 위해서는 누구나 납득할 수 있는 기준이 있어야 한다. 그것이 연령이다. 일정한 연령에 도달한 모든 가입자에게 연금을 일률적으로 지급하는 것이 가장 합리적인 기준이다. 19세기말부터 유럽 국가들은 근로자의 노후 생계보장을 위해 공적연금을 도입하였다(세계 최초가 독일의 1889년 노령폐질보험). 아울러 공적연금을 지급하기 위해 연금 수급자격 연령을 정했다(대개 60~65세).

사회적 필요성의 두 번째 예는 퇴직연령이다. 근로자는 연령에 관계없이 가급적 오래 일을 해 가족의 생계를 유지하고 노후를 위해 저축하고 싶어 한다. 반면에 사용자는 근로능력이 쇠퇴하고 보수도 많은 고령근로자를 해고하고 대신 잠재능력이 있고 보수도 적은 청년근로자를 채용하고 싶어 한다. 이처럼 퇴직연령에 대한 사용자와 근로자의 이해관계는 다르다. 따라서 퇴직연령에 대한 규정이 필요하다.

근로자의 퇴직연령은 공적연금이 정해준 것이나 다름없다. 민간기업이 공적연금 상의 연금 수급개시 연령을 회사의 퇴직연령으로 삼았기 때문이다.[1] 연금수급연령(pensionable age)이 퇴직연령(retirement age)이 된 것이다. 사용자의 이해관계를 반영한 것이지만, 근로자도 퇴직 후 공적연금이 보장되자 회사의 퇴직규정을 수용했다.

현재 대부분의 선진국은 65세 이상을 노인으로 정의한다.[2] 선진국이 65세 이상을 노인으로 규정한 것은 공적연금 수급연령(65세)의 영향을 받은 것이다. 공적연금 수급연령이 곧 퇴직연령이란 점에서 노인의 역연령을 공적연금 수급연령에 맞춘 것은 합리적이다. 다시 말해서 퇴직 후 연금을 받는 사람을 노인으로 규정하는 것은 무리가 없다는 것이다.

아프리카 국가들은 노인을 50세 또는 55세로 정하고 있다. WHO[3]는 아프리카 노인에 관한 연구에서 노인을 50세 이상으로 정한 바 있다.[4] 아프리카의 높은 영아사망률과 사망률, 낮은 평균수명을 고려할 때 합당한 것으로 생각된다.

UN은 노인의 역연령을 명시적으로 정의한 적은 없지만, UN 인구보고서가 60세 이상을 노인 범주에 넣고 있는 것을 볼 때 사실상 60세 이상을 노인으로 정의한다고 봐도 무방할 듯하다.

---

1) 정부가 근로자의 연령을 기준으로 노인을 정의한 것은 1875년 영국이 공제조합을 통제하기 위해 제정한 우애조합법(the Friendly Societies Act)이 최초인 것 같다. 이 법은 노인을 50세 이상으로 규정했다. 당시 유럽의 평균수명은 50세 이하였다.

2) http://www.who.int/healthinfo/survey/ageingdefnolder/en/ (WHO 검색일 2017/11/18).

3) 세계보건기구(World Health Organization, WHO)는 UN 전문기구로서 보건과 위생 부문의 국제적인 협력을 위하여 1948년 설립되었다. 건강과 질병에 관한 국제표준을 제시하고 전염병의 확산을 통제하는 등 인류의 삶에 많은 기여를 하고 있다.

4) http://www.who.int/healthinfo/survey/ageing_mds_report_en_daressalaam.pdf (WHO 검색일 2017/11/18).

65세 이상 노인을 연령별로 세분하기도 한다. 예를 들어 미국의 인구통계국은 노인을 2개 범주로 나누고 있는데, 65세 이상을 old, 85세 이상을 oldest-old로 분류하고 있다.[5)] 노년학자도 노인을 세분한다. 60~69세를 young old, 70~79세를 middle old, 80세 이상을 very old로 분류한 학자도 있고(Forman et al., 1992), 65~74세를 young-old, 75~84세를 middle-old, 85세 이상을 oldest-old로 분류한 학자도 있다(Zizza et al., 2009).

한편 우리나라의 경우 과거에는 만 60세 회갑을 넘긴 사람을 노인으로 간주했다. 그러나 근대화·현대화와 함께 유교적 관념이 약화되고, 고령화가 심화되면서 회갑의 의미는 퇴색하고 말았다. 노인 하면 자신의 직업에서 은퇴한 사람을 연상하는데, 우리나라 민간기업과 공무원의 정년은 60세이다(민간기업 정년은 원래 55세였음). 하지만 60세 퇴직자를 노인으로 생각하는 사람은 거의 없다. 우리나라 국민정서상 회갑을 넘긴 사람 또는 60세 이상 은퇴자를 노인으로 정하기는 어렵다는 것이다.

우리나라 노인 관련 법령을 보면 노인의 역연령이 상당히 다양하게 규정되어 있음을 알 수 있다. 예를 들어 노인복지법과 국민기초생활보장법에서는 65세 이상을 노인으로, 고령자고용촉진법에서는 55세 이상을 고령자로 규정하고 있고(50~55세는 준고령자), 국민연금법의 노령연금 수급기준은 65세(원래 60세였으나 단계적으로 65세로 인상)이다. 이처럼 노인 관련 법령은 55세, 60세, 65세 등 서로 다르게 노인연령을 규정하고 있다.

평균수명의 증가와 함께 노인의 역연령은 올라갈 것이 거의 확실시 된다.[6)] 선진국의 경우 60~70세 노인의 상당수가 활동적이고 건강하다. 취미생활이나 자원봉사와 같은 사회활동도 열심히 한다. 하지만 75세 이상이 되면 정신적·신체적 기능이 현저하게 쇠퇴한다. 이런 사실은 이론적으로 최대 75세까지 정년연장이 가능하다는 것을 의미한다. 그렇다면 노인의 역연령도 상향조정될 수 있다. 세계 최고령국가 일본에서는 이미 2000년대 중후반에 현행 65세 역연령이 비현실적이라고 하면서 노인의 역연령을 75세 이상으로 재규정하자는 주장이 학계에서 제기된 바 있다(Orimo et al., 2006; Tokuda and Hinohara, 2008).

5) https://www.census.gov/prod/cen2010/briefs/c2010br-09.pdf (US Census Bureau 검색일 2017/11/19).

6) 미국은 이미 사회보장연금 수급연령을 67세로 높였다.

2) 기능연령

기능연령은 1951년 제2회 국제노년학회(the International Association of Gerontology)에서 정의한 노인의 개념이 가장 대표적이다. 그것에 따르면 노인은,

첫째, 환경변화에 적절히 적응할 수 있는 조직기능이 쇠퇴하고 있는 사람이다.
둘째, 생체의 자체 통합능력이 감퇴하고 있는 사람이다.
셋째, 인체기관, 조직, 기능이 쇠퇴하는 시기에 있는 사람이다.
넷째, 생체의 적응능력이 점차 약화되고 있는 사람이다.
다섯째, 인체조직의 예비능력이 약화되어 환경변화에 제대로 적응이 안 되는 사람이다.

노년학자 L. Breen(1960)도 기능연령으로 노인을 정의했다. 그에 의하면, 노인은 생리적·생물학적 측면에서 퇴화기에 있는 사람, 심리적인 측면에서 정신기능과 성격이 변화되고 있는 사람, 사회적인 측면에서 지위와 역할이 상실되어 가고 있는 사람이다(이혜원, 1996 : 12-13). 말하자면 노인은 생물학적·심리적·사회적으로 기능이 감퇴된 사람이라는 것이다. 매우 간결하고 함축적인 정의이다.

노인에 대한 기능적 정의는 시간의 흐름에 따른 개개인의 다양한 기능적 변화를 고려한다는 장점이 있다. 그러나 노화는 개인차가 크기 때문에 기능적으로 노인을 정의하기는 역연령으로 정의하는 것보다 훨씬 어렵고, 전 국민에게 보편적인 기준을 적용해야 하는 국가정책에 적용하기도 곤란하다.[7)]

---

7) 노인을 사회문화적 구성물(old age as a social and cultural construct)로 보는 관점도 있다. 사회문화적 관점은 남녀 성을 생물학적으로 구분하기보다는 사회적으로 만들어진 성, 즉 젠더로 정의하는 것처럼 노인을 사회가 만든 개념으로 보는 것이다(UN, 2012). 하지만 이런 관점의 연구는 매우 미진하다.

Summery 노인의 정의

구 분	내 용
역연령	• 특정한 연령을 잣대로 삼아 그 이상을 노인으로 규정하는 것은 자의적. 그럼에도 일정 연령 이상을 노인으로 정의하는 것은 사회적 필요성(공적연금의 연금수급 연령, 회사의 퇴직연령) 때문임 • 서구 65세, 아프리카 50~55세, UN 60세. • 한국 : 민간기업 근로자와 공무원 60세, 노인복지법과 국민기초생활보장법 65세, 고령자고용촉진법 55세, 국민연금법의 노령연금 수급연령 65세
기능연령	• 환경 변화에 적절히 적응할 수 있는 조직기능이 쇠퇴하고 있는 사람 • 생체의 자체 통합능력이 감퇴하고 있는 사람 • 인체 기관, 조직, 기능이 쇠퇴하는 시기에 있는 사람 • 생체의 적응능력이 점차 약화되고 있는 사람 • 조직의 예비능력이 약화되어 환경변화에 제대로 적응이 안 되는 사람

2 은퇴와 정년퇴직

1) 은퇴와 정년퇴직의 개념

은퇴(retirement)는 노화로 더 이상 일을 할 수 없게 되어 현직에서 물러나는 것이다. 소득의 원천인 직업생활을 중단하는 것이기 때문에 개인의 일생을 은퇴 전과 은퇴 후로 나눌 정도로 대단히 중요한 삶의 한 단계이다. 은퇴는 자영업자와 근로자 모두에 해당하는 보통명사이다. 일하는 모든 사람에게 닥치는 문제라는 것이다.

은퇴는 근로자의 임금과 자영업자의 소득이 중단되는 것이다. 그렇지만 대부분의 근로자는 퇴직 후 어떤 형태의 연금이든 수령한다. 연금은 정부의 공적연금일 수도 있고, 기업과 금융시장이 주도하는 직업연금일 수도 있으며, 개인이 자력으로 불입하는 개인연금일 수도 있다. 자영업자는 우리나라 국민연금 같이 공적연금이 없는 경우 개인적으로 금융권의 민간연금에 가입했으면 몰라도 그렇지 않다면 연금을 받을 수 없다. 연금이 없는 자영업자는 노후의 경제적 문제를 스스로 해결해야 한다. 근로자나 연금에 가입한 자영업자라도 해도 연금이 노후생활을 영위하기에 불충분한 경우도 있다. 이들 역시 노후에 경제적인 생활 곤란을 겪게 된다.

은퇴는 은퇴 이후의 삶에 많은 영향을 미친다. 수입의 감소로 인한 경제적 어려움, 신체적 건강상태나 정신적 건강의 악화, 사회적 네트워크의 단절, 직업적 지위의 상실로 인한 자아개념의 약화, 삶의 만족도 감소 등 부정적인 영향이 있을 수 있다. 반면에 여가활동이나 자원봉사활동에 참여하는 등 긍정적인 면도 있다. 고령화는 긴 은퇴생활을 예고한다. 연장된 은퇴기를 인생 제3기라고 한다. 은퇴 후 거의 한 세대를 더 살아야 한다. 노인을 현자라 한다. 살면서 축적된 여러 가지 경험으로 현명한 판단을 할 줄 아는 사람이라는 뜻이다. 현자답게 노후대비를 잘 해놓아야 한다.

한편 은퇴와 거의 같은 것이 정년퇴직(mandatory retirement)이다. 은퇴가 농민이나 도시자영업자의 자발적인 퇴장을 포함한 넓은 의미의 퇴직이라면, 정년퇴직은 회사원이나 공무원 등 공식조직에서 일하던 사람이 회사의 규정이나 국가의 법령에 따라 본인의 의사와는 무관하게 또 근로능력과는 상관없이 일을 그만두는 것이다. 정년퇴직은 강제적 은퇴(compulsory retirement)라 할 수 있다.

정년퇴직은 몇 가지 유형이 있다. 연령정년, 근속정년, 계급정년이 그것이다. 연령정년은 규정에 의거 일정한 연령에 도달하면 자동적으로 퇴직시키는 것이고, 근속정년은 정해진 근무기간이 종료되면 자동적으로 퇴직시키는 것이며, 계급정년은 일정기간 승진하지 못하고 동일 계급에 머물 경우 퇴직시키는 것이다. 명예퇴직도 있다. 명예퇴직은 정년연령에 도달하지 않는 근로자가 퇴직을 원하면 법정 퇴직금 이외에 일시금, 가산퇴직금 또는 위로금을 추가로 지급하는 등 우대조치를 하여 정년 전에 사직의 형태로 근로계약관계를 종료시키는 것이다. 회사의 명예퇴직 규정이 정한 근속연수나 연령 등 일정한 기준을 충족시켜야 명예퇴직을 할 수 있다.

2) 정년제의 역사

정년제는 20세기 미국과 유럽 등 선진산업국가에서 시작되어 2차 세계대전 후 전 세계로 확산되었다. 산업화 이전, 즉 초창기 공장들은 전통적인 장인의 기술과 지식에 의존했고, 사용자는 고령근로자를 보호할 의무가 있다는 온정주의적 사고가 있었다. 따라서 근로자는 완전 노쇠할 때까지 일하는 것이 일반적이었다. 당연히 정년제라는 관념도 없었다.

하지만 산업화는 이런 상황을 변화시켰다. 산업화는 숙련 근로자 중심의 소규모 생산양식을 분업, 기계화, 과학적 관리, 능률향상에 중점을 둔 대량생산방식으로 바꿔놓았다. 그러자 고령근로자는 생산성이 낮고 임금만 높은 존재가 되고 말았다. 사용자는 고임금 고령근로자를 저임금 청년근로자로 대체하길 원했다. 고령근로자를 반발 없이 정리해고(강제퇴직)하는 방법이 정년제였다.

근로자는 정년제에 부정적이었다. 근로자의 개별적 근로능력을 무시하고 일정한 연령에 도달하면 무조건 퇴출시키는 정년제가 불합리했던 것이다. 하지만 정년제는 고용보장의 수단(근로기간의 보장)이 될 수 있었다. 분업화된 공장에서 자신이 맡은 일만 하는 근로자에게는 고용안정이 무엇보다 중요했는데, 정년제가 생기면 적어도 정년에 도달할 때까지는 정리해고 불안 없이 일할 수 있었다.

이처럼 사용자와 근로자는 서로 이해관계와 동기가 달랐지만 정년을 두자는 데는 의견이 일치했다. 사용자는 정년을 근로기간의 상한선(정년 이상 일할 수 없다)으로, 근로자는 정년을 근로기간의 하한선(최소한 정년까지 일할 수 있다)으로 여겼지만, 어쨌든 정년이 필요하다는 생각은 같았다. 회사별로 정한 정년은 대개 55~60세였다. 여기서 보듯이 정년제는 노사합의가 있었기 때문에 가능했다.

정년제가 공적연금의 영향을 직접적으로 받았다는 사실도 중요하다.[8] 퇴직연령에 관한 명확한 또는 과학적 기준이 없는 가운데 정부가 법으로 규정한 공적연금 수급연령은 민간기업이 퇴직연령을 정하는 데 유력한 근거가 되었다. 이에 대해

8) 근로자를 대상으로 한 공적연금은 1889년 독일 노령폐질보험(사회보험)이 세계 최초였다. 독일식 공적연금은 인근 국가로 확산되었다. 미국은 1935년 사회보장법 제정과 함께 사회보장연금을 실시했다.

근로자도 반대하지 않았다. 정년으로 임금 지급이 중단되어도 곧바로 연금을 받을 수 있었기 때문이다. 연금이 퇴직으로 가는 징검다리가 된 것이다. 미국과 유럽의 공적연금의 수급연령은 대부분 65세였다. 민간기업은 이를 참고해 대개 60~65세 사이에서 정년을 정했다.[9)]

한편 미국에서는 1980년대 중반에 조기퇴직(early retirement) 바람이 불었다(곧 유럽으로 확산). 조기퇴직은 근로자가 정년이 되기 전에 퇴직하는 것을 일컫는 말인데, 사회보장연금의 완전연금(full pension) 수급연령이 65세란 점에서 완전연금을 받기 전에 퇴직하는 것이기도 했다.[10)]

조기퇴직을 부추긴 요인은 두 가지였다. 하나는 사회보장연금의 조기연금과 다른 하나는 민간기업의 퇴직보너스였다. 조기퇴직연금은 1961년 사회보장연금 수급규정의 개정으로 신설되었다(62세부터 조기연금 수급가능. 단 완전연금에서 25% 감액). 민간기업의 퇴직보너스는 기업이 생산성이 떨어지는(떨어진다고 생각한) 55~60세 고령근로자를 퇴사시키기 위한 방법이었다. 조기연금을 받을 수 있는 데다 회사가 퇴직보너스까지 지급하자 조기퇴직을 선택한 근로자가 늘어났다(Clark and Quinn, 2002).

사실 이보다 더 큰 요인은 연금의 실질적 인상이었다. 공적연금 시행 초기에는 소액이었던 연금은 제도적 성숙기에 접어들면서 보험료 산정기준인 임금과 보험료율의 인상으로 꾸준히 상승하여 퇴직근로자의 노후 생계비와 여가생활비를 충당할 수 있는 수준으로까지 인상되었다. 연금액 인상은 근로자의 조기퇴직 욕구를 자극했다. 퇴직을 앞당겨 새로운 삶(제3기 인생)을 시작하려는 근로자가 증가하였다.

하지만 조기퇴직 바람은 그리 오래가지 않았다. 1990년대 초부터 조기퇴직 추세는 역전되기 시작해 2000년대 초반 들어 종말을 맞았다.[11)] 이유는 1990년대 미국 거시경제의 호황과 조기퇴직연금의 삭감에 있었다. 경기호황으로 일자리가 늘

9) 1990~1995년 사이 선진국의 근로자 평균 퇴직연령은 60세를 조금 넘었다. 독일 60.4세, 스웨덴 62.3세, 일본 64.7세, 미국 62.1세였고, 여성은 독일 59.1세, 스웨덴 62.4세, 일본 62.3세, 미국 62.6세였다.

10) 조기퇴직은 고령근로자 취업률 변화를 통해 알 수 있다. 1950년 46%였던 65세 이상 노동인구 취업률이 1989년에는 17%까지 하락했고, 평균 퇴직연령도 1950년 67세에서 1980년대 중반 62세로 떨어졌다. 조기퇴직은 사회보장연금 수급연령에서도 확인된다. 1980년대 사회보장연금 평균 수급연령은 완전연금 수급연령 65세보다 2.5세 적은 62.5세였다(Quinn and Burkhauser, 1994).

11) 65세 이상 노동인구 노동시장참가율이 1980년 12.6%에서 2000년 12.8%로 증가했고, 2006년에는 15.5%로 더 증가한 것이 이를 말해준다.

어나고 근로조건이 개선되자 퇴직동기가 약화된 데다가 정부가 조기퇴직연금액을 삭감하자 조기퇴직 추세에 제동이 걸리고 만 것이다. 이런 단기적인 이유 외에 고령화라는 장기적 추세도 영향을 미쳤다. 길어진 노후의 삶에 대비하기 위해서는 더 많이 일해 더 많은 생활자금(의료비 포함)을 저축해 놓아야 했기 때문이다.

3) 한국의 정년

우리나라 민간기업의 정년은 60세이다. 원래 55세였으나 2013년 「고용상 연령차별금지 및 고령자고용촉진에 관한 법률」을 개정하여 정년을 60세로 연장(종전에는 55세)하였고, 이를 의무조항(종전에는 권고조항)으로 변경하였다. 정년연장은 2016년 공기업, 공공기관, 지방공기업, 상시근로자 300인 이상 사업장에 적용되었고, 2017년 국가 및 지방자치단체, 상시근로자 300인 미만 사업장에도 적용되었다.

공무원 정년도 60세이다. 원래 공무원 정년은 직능별, 직급별로 차이가 있었다(행정직의 경우 5급 이상 60세, 6급 이하 57세. 경찰직의 경우 경정 이상 60세, 경감 이하 57세). 하지만 2008년 국가공무원법(1963년 제정)을 개정해 6급 이하 공무원의 정년을 60세로 상향조정하였다. 이로써 공무원의 정년이 60세가 되었다. 교육공무원과 대학교수는 예외규정에 따라 각각 62세, 65세가 정년이다.

Summery 은퇴와 정년

구 분	내 용
은퇴	• 노화로 더 이상 일을 할 수 없게 되어 현직에서 물러나는 것 • 생활주기상의 통과의례로서 직업적인 일을 중단하고 특별한 직업이 없는 생활을 시작하는 전환점
정년	• 회사원이나 공무원 등 공식조직에서 일하던 사람이 회사의 규정이나 국가의 법령에 따라 본인의 의사와는 무관하게 또 근로능력과는 상관없이 일을 그만두는 것(강제적 은퇴) • 정년퇴직의 유형 : 연령정년, 근속정년, 계급정년 • 한국의 정년 : 민간기업 회사원과 공무원 60세, 교육공무원 62세, 대학교수 65세

3 노인과 가족

1) 가족 기능의 변화와 노인

산업화는 사회구조뿐만 아니라 가족구조도 변화시켰다. 전통적인 가족을 핵가족으로 만든 것이 대표적이다. 핵가족은 전통적인 가족의 구조와 기능을 바꿔 놨다. 부모와 자녀가족의 분리가 그것이다. 자녀가족의 부모세대로부터의 분리는 자녀가족의 직업적 지위와 경력을 위해 어쩔 수 없는 선택이었다. 하지만 자녀가족의 분가는 노인부양이라는 가족의 전통적 기능을 약화시켰고, 노인 부모를 고독하게 만들었다.

21세기 들어서는 이혼의 증가와 고령화로 1인가구가 증가했다. 이혼으로 싱글이 된 사람과 고령화로 독거노인이 증가한 데 따른 것이다. 1인가구의 증가도 가족의 구조와 기능을 변화시켰다. 1인가구에는 가족구성원 간의 역할분담이라는 개념이 없고, 가족의 자녀양육과 사회화 기능도 필요 없다. 1인가구는 가족의 기본적인 기능조차 없기 때문에 노인부양의 기능도 없다.

가족구조와 기능의 변화는 가족의 케어 기능에도 큰 변화를 주었다. 자녀가 부모를 케어하는 전통이 약화되고 사회가 이를 대체(아직 완전 대체는 아니지만)하게 되었다. 과거에는 나이 든 부모를 노인시설에 보내는 것을 부모와 자녀 모두 기피했지만, 노후의 삶이 길어지고 누군가의 케어, 특히 전문가의 케어가 필요한 초고령노인의 수가 늘면서 노인시설에서 노인을 케어하는 사람이 증가하고 있다.

부모를 케어하는 방식도 변화가 생겼다. 바쁜 직업생활에 때문에 부모를 직접 케어할 수 없게 된 자녀가 케어의 비용을 대고, 케어를 관리(managing care arrangements)하게 된 것이다. 예컨대 케어인력을 부모의 집에 보내 케어하게 할 수도 있고, 부모의 신체적·정신적 건강상태를 고려해 가장 적합한 노인시설을 선택할 수도 있다.

가족의 케어 방식에도 변화가 왔다. 노인의 배우자 케어와 노인의 손자녀 케어가 증가한 것이다. 자녀의 케어를 받기 힘든 상황에서 고령화된 노인부부가 서로를 케어하는 배우자 케어가 자연스런 일이 되었다. 손자녀 케어는 맞벌이와 관계가 깊다. 맞벌이 부부에게 자녀 양육은 상당한 부담이다. 이때 이웃에 사는 노부모가 자녀를 케어해 주면, 직업생활 유지에 큰 도움이 된다. 단 이 경우 부모와 자녀의 거주지 거리가 멀면 안 된다. 노인의 손자녀 케어에서 가장 결정적인 요인이 지리적 근접성이다.

하지만 이런 변화에도 불구하고 가족은 여전히 케어의 중심에 있다. 노인시설이 크게 증가하고 노인요양보험이 실시되어 케어비용의 사회화가 이루어지고 있지만 여전히 노인을 케어하는 주체는 가족이다. 노인케어실태에 관한 조사연구를 보면, 가족케어가 시설케어보다 많은 것으로 나타난다. 가족이 노인을 케어하는 방법은 가사, 교통, 쇼핑, 개인적 케어, 정서적 지지(신뢰, 경청, 정보 제공, 변호, 법적·경제적 조언), 경제적 보조 등 매우 다양하다. 노인이 자녀와 손자녀를 케어하는 방법도 가사, 손자녀 돌봄, 정서적 지지와 조언, 경제적 지원 등 다양하다.

한데 가족의 노인케어에는 무급노동이라는 이슈가 있다. 비공식적 가족케어의 비용을 추산하긴 쉽지 않지만 엄청난 규모임에는 틀림없다. 가족이 케어하지 않으면 사회가 케어해야만 한다는 현실을 고려하면, 가족케어가 사회에 기여하는 바는 결코 작지 않다. 가족케어를 위해 가족의 일원이 직업을 포기해야만 한다면, 이는 가족의 경제적 기회를 박탈하는 것이나 마찬가지다. 자발성 여부에도 논란이 있다. 가족 일원이 가족을 케어하는 것이 모두 자발적인 선택인지에 의문을 제기하는 것이다. 아무런 보상 없이 가족을 케어하는 가족을 사회가 배려하는 센스가 필요하다.

이혼으로 인한 독거노인도 가족관계, 즉 세대 간 관계와 자녀의 부모 케어에 영향을 준다. 노인 부부가 이혼할 경우 대체로 자녀가족은 노모와 동거하거나 연락을 주고받는 경우가 많다. 이것은 남성노인이 가족으로부터 소외될 가능성이 큼을 의미한다. 게다가 부모가 이혼하면 자녀의 부모부양에 대한 책임의식이 줄어드는 것이 보통이다. 이혼한 노부에 대한 부양의식이 약해진다는 것이다. 남성노인이 가족과 관계를 두절하고 혼자 살 경우 고독, 우울, 자살의 위험이 커진다.

고독은 사회적 접촉의 박탈, 사회적·정서적 경험의 공유 결여, 타인과의 실제적 상호작용과 원하는 상호작용 간의 격차로 정의되지만, 핵심은 접촉(contact)이다.

노인 고독도 자녀가족과의 접촉이 핵심이다. 자녀가족과 접촉을 유지하면 노인 고독은 사라진다. 노인과 자녀가족과의 접촉에서 가장 큰 변수는 지리적 거리이다. 노인과 자녀가 멀리 떨어져 살면 자주 만나기 어렵고, 자주 만나지 못하면 정서적으로 멀어진다. 단 노인과 자녀 간의 접촉이 반드시 대면관계일 필요는 없다. 소통기술의 발전으로 전화는 물론, 화상전화, SNS 등 여러 가지 방법으로 대화할 수 있다. 소통방법의 다양화가 대면접촉을 줄인다는 보고도 있다. 여하튼 노인과 자녀가족 간의 빈번한 소통은 노인의 고독을 없애고 삶의 질을 개선하는 데 중요한 변수임에 틀림없다.

Summery 가족 기능의 변화와 노인

구 분	내 용
사회변화와 노인	• 산업화 · 핵가족화로 부모와 자녀가족이 분리됨 • 부모와 자녀가족의 분리는 가족의 노인부양 기능을 약화시킴 • 이혼과 고령화로 인한 1인가구의 증가는 가족의 전통적 기능을 무력화시킴
가족의 케어 기능 변화	• 가족구조의 변화는 가족의 케어 기능에 변화를 줌 • 부모 케어방식의 변화 : 자녀가족의 부모 케어 관리, 노인의 배우자 케어와 손자녀 케어의 증가 • 가족 케어의 이슈 : 가족 케어는 무급노동. 경제적으로 엄청난 규모지만 사회적 보상은 없음
독거노인	• 원인 : 배우자의 사망 또는 이혼 • 노인 고독의 핵심은 자녀와의 접촉. 자녀와의 접촉은 노인 고독 해결의 지름길 • 접촉방법 : 대면접촉, 전화, SNS

2) 노인의 이혼과 재혼

노인은 부인과 자녀와의 관계에서 변화를 겪는다. 퇴직 때문이다. 퇴직 후 경제적으로 자립해서 사는 노인도 많지만, 나이가 더 들면 배우자나 자식에게 의존하게 되는 경우도 많다. 배우자나 자식에게 의존해 사는 노인은 상당한 압박을 느낀다. 물론 다 그런 것은 아니지만 무기력한 존재로 낙인 찍혀 이혼당할 수도 있고,

결혼한 자녀로부터 외면당할 수도 있다. 최악의 경우 버림받기도 한다.

노인의 이혼은 사실 흔치 않은 일이다. 인생의 황혼기에 평생 해로한 배우자와 이혼한다는 것은 상상하기 어렵다. 자녀 입장에서도 노부모의 이혼은 달갑지 않은 사건이다. 노부부 사이에 갈등이 생겨도 이혼까지 가는 경우는 별로 없다.

예외적인 것이 황혼이혼(december divorce)이다. 황혼이혼은 결혼생활을 20년 이상 지속한 부부가 이혼하는 것 또는 65세 이상 노부부가 이혼하는 것을 말한다. 황혼이혼은 일본에서 시작되었다. 남편이 정년할 때까지 기다렸다가 남편의 연금을 이혼과 함께 반분하기 위한 것이 주된 이유이다. 우리나라에서도 황혼이혼이 나타나고 있다. 이유는 일부종사 · 여필종부(一夫從事, 女必從夫)라는 유교적 가치관의 약화에 있다. 여성노인이 먼저 이혼을 제기하는 비율이 높은 데서 이를 알 수 있다.

황혼이혼과 함께 노인 재혼에 대한 관심도 커지고 있다. 마음에 안 맞는 남편이나 아내와 장기간 동거하다가 이혼을 하게 되면, 심리사회적으로 독립해서 마음에 맞는 새로운 배우자와 새로운 삶을 시작하고 싶은 생각이 드는 것은 인지상정이다. 배우자를 상실한 노인이 재혼을 통해 새로운 인생 동반자를 찾기도 하고, 소수지만 자녀가 홀로 된 노인의 재혼을 주선하는 경우도 있다.

노인 재혼의 주요 이유는 심리적 고독감의 해소, 자녀에 대한 부담의 경감, 질병 시 간호해줄 사람, 사랑과 성적 욕구의 충족, 경제적 안정, 독립의 추구 등 다양하다. 노인 재혼은 청년층의 결혼과는 다른 면이 있다. 결혼 당사자인 노부모가 자녀의 동의를 구하고, 중매혼이 많으며, 자녀가 없는 배우자를 선호하고, 재산문제로 인한 갈등을 피하기 위해 정식결혼보다는 동거를 선택하거나 계약결혼을 하는 경우가 많다.

Summery 황혼이혼과 노인의 재혼

구 분	내 용
황혼이혼	• 결혼생활을 20년 이상 지속해 온 부부가 이혼하는 것 또는 65세 이상 노부부가 이혼하는 것 • 일본 황혼이혼의 주된 사유는 연금(남편의 연금을 이혼과 함께 반분) • 황혼이혼은 유교적 가치관의 약화와 관련
노인의 재혼	• 노인 재혼의 이유 : 심리적 고독감의 해소, 자녀에 대한 부담의 경감, 질병 시 간호해줄 사람, 사랑과 성적 욕구의 충족, 경제적 안정, 독립의 추구 등 다양 • 노인 재혼의 특징 : 결혼 당사자인 노부모가 자녀의 동의를 구하고, 중매혼이 많으며, 자녀가 없는 배우자를 선호하고, 재산문제로 인한 갈등을 피하기 위해 정식결혼보다는 동거를 선택하거나 계약결혼을 하는 경우가 많음

4 노인의 성

1) 성적 건강

WHO는 2002년 제네바에서 열린 기술자문회의에서 성적 건강의 정의(Defining Sexual Health)라는 제목의 보고서를 냈다. 거기서 성(sex), 성욕(sexuality), 성적 건강(sexual health), 성적 권리(sexual rights)에 관해 다음과 같이 정의했다(WHO, 2002).

- 성은 인간을 여자 또는 남자로 구분하는 생물학적 특성이다. 생물학적 특성이 양쪽 특성을 가진 사람도 있다는 점에서 상호 배타적인 것은 아니지만, 남자와 여자를 구분한다.
- 성욕은 인간의 중심적 측면으로 성, 젠더, 성적 취향, 에로티시즘, 쾌락, 친교, 재생산 등을 포괄한다. 인간은 생각, 환상, 열망, 신념, 태도, 가치, 행위, 실천, 역할, 관계를 통해 성욕을 경험하고 표현한다. 성욕은 생물학적·심리적·사회적·경제적·정치적·문화적·윤리적·법적·역사적·종교적·영적 요인의 영향을 받는다.

- 성적 건강은 성욕과 관련된 신체적 · 정서적 · 정신적 · 사회적 안녕 상태이다. 질병, 역기능, 쇠약의 부재만 의미하는 것이 아니다. 성적 건강은 쾌락적이고 안전한 성, 강제 · 차별 · 폭력으로부터 자유로운 성뿐만 아니라 성욕과 성관계에 대한 긍정적이고 정중한 접근을 요한다. 성적 건강을 위해서는 성적 권리가 보장되어야 한다.
- 성적 권리는 인권의 하나로서 국내법과 국제 인권 문건과 선언 등에 이미 인정되어 있다. 성적 권리는 강제 · 차별 · 폭력 없이 성욕에 관한 정보를 찾고 주고받을 수 있는 권리, 파트너를 선택할 수 있는 권리, 성행위 여부를 결정할 수 있는 권리, 합의에 의한 성관계와 합의에 의한 결혼의 권리, 만족스럽고 안전하며 즐거운 성생활을 추구하는 권리를 포함한다.

이상과 같은 WHO의 성 관련 용어의 정의는 노인의 성에 관한 우리의 관심과 대응에 많은 시사를 주고 있다. 이 정의들은 노인의 성욕, 노인의 성적 건강, 노인의 성적 권리에 관해 우리가 알아야 할 기본적인 사항뿐만 아니라 노인의 성적 건강과 성적 권리 보장의 중요성에 대해서도 말하고 있다.

2) 노인의 성에 대한 편견

노인의 성에 관해서는 세 가지 고정관념이 있다(Kessel, 2001).

- **노인은 성욕이 없다**(sexuality simply does not exist) : 노인은 성욕이 없을 뿐만 아니라 성적 매력도 없다. 성적 매력은 젊음과 아름다움에 좌우된다. 젊은 사람은 노인을 성적 존재로 받아들이기 어려워한다. 노인을 성적 존재로 보는 것은 자신의 부모를 성적 존재로 보는 것과 같기 때문이다.
- **노인의 성욕은 웃기는 일이다**(sexuality is funny) : 노인의 성욕을 빗댄 농담이 많다. 노인의 약한 성적 능력과 성행위 실패를 주로 한 농담이다. 노인의 성욕을 희화화한 것이다. 이런 농담이 노인의 성에 대한 고정관념을 만들어낸다.

- **노인의 성욕은 역겹다**(sexuality is disgusting) : 노인의 성욕을 역겹다고 생각하고 바보 같은 것으로 치부한다. 노인이 성에 대해 관심을 보이면 도덕적으로 타락한 사람이나 호색한으로 보는 시각이 있다. 노인 스스로 성을 입에 담기 싫어하기 때문에 생긴 고정관념이다.

노인의 성에 대한 이런 고정관념은 노인의 성에 대한 편견을 만든다. 하지만 노년기에도 성생활을 하고 있고 성적 관심이 청년과 차이가 나지 않는다는 것을 밝힌 실증적 연구가 아주 많다. 성욕은 보편적인 것이고, 나이와 관계없다. 다만 노화로 성기능이 점진적으로 감퇴할 뿐이다. 이런 고정관념이 편견에 불과하다는 것이다(Kessel, 2001).

하지만 노인이 성욕과 성적 관심이 있더라도, 현실적인 제약 때문에 욕구충족이 쉽지 않다는 것이 문제이다. 성기능장애는 의학적으로 치료 가능하다. 약물이나 수술로 치료가 된다. 하지만 배우자가 없는 경우 성적 파트너를 찾기 힘들고, 노인시설에 있는 경우 이동, 프라이버시 등 각종 제약을 받는다.

성은 프라이버시이기 때문에 민감한 주제이다. 노인의 성은 더하다. 일반인은 물론 보건의료 전문직도 노인을 성적 제한이 있는 사람(발기부전, 호르몬 변화)으로 생각하는 사람이 적지 않다. 하지만 노인의 성을 터부시하는 것은 변하고 있다. 노인의 수가 증가하고 있기 때문이다. 사회적 다수를 차지하는 노인의 성적 욕구를 사회가 터부시하여 무시할 수는 없는 것이다. 고령화와 함께 신체적·정신적으로 건강한 노인과 사회활동에 활발하게 참여하는 적극적인 노인의 수가 늘어나고 의학의 발전으로 노인의 성기능장애가 치료가능한 수준이 된 지금 적극적이고 건강한 노인의 성욕(active and healthy sexuality)에 관한 담론이 나올 때가 되었다.

3) 노인의 성적 욕구

노년기에는 생물학적 노화로 인해 성기능과 성충동이 크게 감소한다. 성기능이 있다 하더라도 주변의 편견과 무관심으로 인해 노인이 성욕을 표출하기가 쉽지 않다. 성욕 자체를 수치심으로 생각하는 노인도 있다.

그러나 노인에게도 성적 욕구가 존재하며, 성기능장애가 없는 노인도 많다. 여성노인의 경우 폐경기가 되었다고 해서 성과의 결별을 의미하지는 않는다. 폐경기는 자녀를 낳을 수 없다는 신호에 불과하다. 노인의 성은 자연스러운 현상이다. 성적 욕망과 관심을 표현하는 것은 부도덕한 것이 아니다(박석돈 외, 2009 : 326).

노인의 성적 장애는 발기부전과 같은 생리적·신체적 요인과 노인의 성에 대한 부정적인 사회인식에 따른 심리적 위축 때문에 발생한다. 노인이 성적 충동을 해소하는 방법으로는 자위행위, 이성과의 성관계, 회피, 관심전환, 성매매 이용 등 다양한 것으로 알려져 있다(임춘식 외, 2008 : 323).

한편 노인의 성적 욕구는 몇 가지 유형이 있다(오진주, 1998; 임춘식 외, 2008 : 316 재인용).

- **욕구완전소실형** : 성에 관해 아무 생각이 없고 아무런 느낌도 없는 경우
- **욕구감소형** : 외부 자극이 있을 때만 반응을 보이거나 가끔 욕구를 느끼지만 그렇게 강하지 않은 경우
- **욕구지속형** : 젊을 때와 비교해 변함없이 성적 욕구를 가지고 있는 경우
- **욕구억제형** : 사회적 통념을 받아들여 성적 욕구는 있어도 억제하는 것이 바람직하다고 생각하는 경우

노인의 성적 욕구는 남성노인의 성생활 유형을 통해서도 파악할 수 있다(이현심·김승용, 2009 : 226).

- **충족형** : 현재의 성생활을 나름대로 충족시키고 있는 형
- **집착형** : 어떻게 해서라도 성적 욕구를 해소하고 즐겨야 한다는 형
- **갈망형** : 간혹 시도를 해보면서 젊은이들을 부러워하고 나도 저렇게 해보고 싶다고 생각하는 형
- **체념형** : 자연스럽게 받아들이면서 이제는 어쩔 수 없다고 순응하는 형

4) 노인의 성 실태

성적 욕구에 관한 실증적인 연구를 종합해 보면, 노인의 교육수준, 배우자 유무, 경제력, 연령, 건강상태에 따라 어느 정도의 차이는 있지만 대체로 성적 욕구를 지속적으로 지니고 있다는 것을 알 수 있다(임춘식 외, 2008 : 316-319).

그리고 남성노인의 경우 배우자의 건강상태가 좋을수록, 여성노인은 본인의 연령이 낮고 건강할수록 성생활을 많이 하는 것으로 나타났다. 또한 성기능 저하와 연령과는 별 관계가 없고, 연령보다는 고혈압이나 당뇨병 등 성인병 유무와 관계가 있는 것으로 확인되고 있다. 요컨대 노인이라 하더라도 건강상태가 좋으면 성생활하는 데 별 문제가 없다는 것이다(박석돈, 2009 : 326).

최근의 연구에 따르면 노인의 성기능은 저하되지만 성에 대한 관심과 욕구를 지니고 있으며, 건강하고 성적 파트너가 있는 한 성생활을 유지하고 있는 것으로 확인되고 있다.

Summery 노인의 성

구 분	내 용
성적 고정관념	• 노인은 성욕이 없다 : 노인은 성욕이 없을 뿐만 아니라 성적 매력도 없다. 성적 매력은 젊음과 아름다움에 좌우된다. • 노인의 성욕은 웃기는 일이다 : 노인의 성욕을 희화화한 농담이 많다. 이런 농담이 노인의 성에 대한 고정관념을 만들어낸다. • 노인의 성욕은 역겹다 : 노인의 성욕을 역겹다고 생각하고 바보 같은 일로 치부한다. 노인 스스로 성을 입에 담기 싫어하기 때문에 생긴 고정관념이다.
성적 욕구	• 노인의 성은 자연스런 현상 • 노인도 성적 욕구가 있고, 성기능 장애가 없는 노인도 많음 • 여성노인의 경우 폐경기가 되었다고 해서 성과의 결별을 의미하지는 않음. 폐경기는 자녀를 낳을 수 없다는 신화에 불과
성 실태	• 성기능은 저하되지만 성에 대한 관심과 욕구를 지니고 있고, 건강하고 성적 파트너가 있는 한 성생활을 유지하고 있는 것으로 확인되고 있음

5 노인의 삶의 만족도

1) 삶의 만족도의 개념

20세기 후반 들어 많은 연구자들이 삶의 만족도(life satisfaction)에 관한 적절한 정의를 내리기 위해 노력했다. 특히 좋은 삶과 그것을 측정하는 방법에 관심을 두었는데, 삶의 질 측정에서 경제적 기준을 가장 중시했다. 직업만족도(job satisfaction)와 삶의 만족도 간의 관계에 초점을 두고, 직업만족도가 높아야 삶의 만족도가 높다는 사실을 실증적으로 규명하는 데 주력한 것이 좋은 예다(Roadburg, 1985).

하지만 1980년대 중반부터 일 이외의 다른 요인(가족, 건강, 결혼, 사회경제적 지위, 여가 등)이 삶의 만족도의 주요한 요인이라는 것이 밝혀지면서 행복은 돈으로 살 수 없다는 생각이 확산되었고, 물질적 충족보다는 인간의 삶의 방식에 더 큰 관심을 두게 되었다. 이와 함께 경제적 측면에 치중한 전통적 삶의 만족도에 대한 비판이 제기되었고, 직업만족도와 삶의 만족도 간의 관계에 관한 관심은 급속도로 식어버렸다.

삶의 만족도는 모든 연령층에 해당되지만, 노인을 대상으로 한 연구가 많다. 삶의 만족도가 노인의 행복에 매우 중요한 변수이기 때문이다. 노인의 삶의 만족도에 관한 연구는 1960년대 초반부터 꾸준히 이어져 왔다.

노인의 삶의 만족도에 관한 정의는 저명한 노년학자 B. L. Neugarten의 정의가 가장 유명하고 많이 인용되고 있다. 그는 노인의 삶의 만족도를 "과거부터 현재까지 자신의 삶을 만족스럽다거나 또는 행복하다고 평가하는 정도"라고 정의하였다(Neugarten et al., 1961). 일견 간단하게 보이는 이 정의는 세 가지 사항을 말하고 있다. 첫째, 삶의 만족도는 주관적이다. 만족이나 행복이 바로 주관적인 변수란 점에서 그렇다. 둘째, 삶의 만족도는 평가의 정도이다. 삶의 만족도는 평가에 따라 결정된다는 것인데, 삶의 객관적 조건이 좋지 않더라도 이를 좋게 받아들일 수 있고 또 그러면 삶의 만족도가 높게 나타날 수도 있음을 의미한다. 셋째, 평가의 대상은 과거부터 현재까지이다. 평가시점의 일시적인 만족이나 행복이 아니라 생애에 걸친 삶에 대한 평가가 삶의 만족도이다.

2) 삶의 만족도의 영향 요인

삶의 만족도에 영향을 미치는 요인은 많다. 삶의 만족도가 주관적인 것이기 때문이다. 여러 요인 중 정서적 요인과 연령 요인이 가장 많은 영향을 미치는 것으로 알려져 있다.

삶에 대한 주관적 인식에 영향을 미치는 정서는 희망(hope)과 낙관주의(optimism)를 들 수 있다. 희망과 낙관주의는 삶의 목표에 관한 인지적 과정(cognitive processes)이다. 다시 말해 삶의 목표를 어떻게 받아들이냐 하는 것이다. 희망과 낙관주의는 삶의 만족도를 높이는 요인이다. 반대로 절망(hopelessness)과 비관주의(pessimism)는 우울과 관련이 있고 삶의 만족도를 낮춘다. 자존감(self-esteem), 안녕(well-being), 전반적 행복도 같은 정서적 요인도 삶의 만족도에서 중요한 요소이다. 예컨대 자존감이 높거나 스스로 행복하다고 생각하는 사람은 삶의 만족도가 높다.

연령도 삶의 만족도에 영향을 주는 요인이다. 노인 중에는 현재의 생활에 만족하는 사람이 많다. 하지만 미래에 대한 희망은 별로 없다. 특히 남은 수명이 많지 않은 고령노인일수록 그렇다. 삶의 만족도와 희망 간의 관계를 볼 때 희망이 별로 없는 삶은 낮은 삶의 만족도로 이어진다고 말할 수 있다. 요컨대 노인이 나이가 들수록 삶의 만족도가 낮아진다는 것이다.

반대로 나이가 들수록 삶의 만족도가 높아질 수도 있다. 삶의 만족도와 지성(intelligence)과의 관계 때문이다. 노인이 되면 보다 현명해지고 식견이 깊어진다. 살면서 점점 더 많은 지식을 얻기 때문이다. 이렇게 되면 자신의 삶에 무엇이 중요한지를 알게 된다. 삶에 대한 성찰능력이 커진다는 것이다. 현명한 노인의 삶의 만족도가 높은 것은 당연하다.

이상과 같은 정서적 요인과 연령 요인 이외에 노인의 삶의 만족도에 영향을 미치는 요인은 많다.

- 가치 : 경제적 물질주의 가치관을 가진 사람의 삶의 만족도는 낮다. 끊임없이 더 많은 물질(돈)을 원하기 때문에 만족할 줄 모른다. 이런 가치관을 가진 사

람은 가족이나 타인의 사회적 지지도 받기 힘들다. 반면에 물질에 연연하지 않고 타인을 존중하는 가치관을 가진 사람의 삶의 만족도는 높다(知足常樂). 이들은 항상, 곤란에 빠졌을 때도, 타인의 사회적 지지를 받으며 살기 때문이다.

- 종교 : 노인이 되면 종교에 심취하는 사람이 많다. 종교를 갖게 되면 교회나 절에 나가 종교적 서비스를 받을 수 있다. 종교는 신자 간의 사회적 네트워크도 확장시킨다. 종교는 노인의 자원봉사활동도 매개한다. 종교공동체로부터 사회적 지지도 받을 수 있다. 신앙이 생기면 삶의 만족도는 높아진다.
- 문화 : 문화는 개인의 주관적 판단에 영향을 준다. 따라서 같은 상황이라도 문화에 따라 판단이 달라진다. 예컨대 개인주의 문화를 가진 사람은 집합주의 문화를 가진 사람보다 주관적인 만족도가 높다.
- 가족 : 가족 간의 유대감, 융통성, 부모의 지지는 삶의 만족도에 큰 영향을 미친다. 가족 간의 유대가 돈독하고, 가족관계가 탄력적이며, 부모의 지지를 많이 받을수록 삶의 만족도가 높다.
- 경력 : 자신의 경력에 만족하는 사람일수록 삶의 만족도가 높다. 무엇인가 의미 있고 생산적인 일을 하면 삶의 만족도가 높아진다.

3) 삶의 만족도 평가

삶의 만족도는 개인의 삶에 대한 감정과 태도를 사회적 기준에 맞춰 전반적으로 평가(긍정적 또는 부정적)한 것이다. 평가는 주관적이고 인지적이다(Diener, 1984).

삶의 만족도를 평가하는 이론적 관점은 두 가지이다. 하나는 밑에서 위로의 이론(bottom-up theory)이고, 다른 하나는 위에서 밑으로의 이론(top-down theory)이다. 전자는 객관적인 조건이나 상황을 중시하는 이론이고, 후자는 개인의 성격을 중시하는 이론이다.

밑에서 위로의 관점을 가진 연구자들은 행복은 인간의 기본적·보편적 욕구가 현실화되는가에 달려있다고 가정한다. 자신의 욕구가 실현되면 행복하고, 실현되지 않으면 불행한 것이다. 인간의 기본적·보편적 욕구가 현실화되는 것은 객관적 상황(objective circumstances)에 의해 좌우된다. 삶의 만족은 이런 객관적 상황에 대한 개인의 인지적 판단이다. 간단히 말해서 개인이 처한 객관적 조건이 좋으면 행복하고 객관적 조건이 안 좋으면 불행하다는 것이다. 삶의 만족에 영향을 주는 객관적 상황의 예로는 건강, 혼인상태, 경제적 또는 사회적 네트워크를 들 수 있다(Campbell et al., 1976).

이에 비해 위에서 밑으로의 이론은 개인의 성격을 중시하는 이론이다. 외향성(extraversion)과 행복, 신경과민(neuroticism)과 행복과의 관계가 좋은 예이다. 쉽게 말해서 객관적 조건이 좋지 않아도 개인의 성격이 외향적이면 행복하다고 생각하고, 신경과민 성격이면 객관적 조건이 좋아도 불행하다고 생각하는 것이다. 개인의 성격은 장기적으로 생활사건에 영향을 미침으로써 삶의 만족도에 영향을 준다(Diener, 1984).

이 두 이론적 관점은 주관적 안녕(well-being)에 관한 연구에서 매우 중요하다. 두 관점의 통합도 가능하다. 객관적인 상황(조건)이 안녕의 정도(삶의 만족 수준)에 영향을 주는 것은 부인할 수 없는 사실이지만, 개인의 인식(perceptions)이 그런 영향에 일종의 필터로 작용한다는 것도 명백한 사실이다. 그런 점에서 두 관점의 통합이 가능하다는 것이다(Brief et al., 1993). 결국 삶의 만족은 개인의 삶을 둘러싼 객관적 상황과 이에 대한 개인의 인식에 좌우된다는 말이다.

4) 삶의 만족도의 차원

노인의 삶의 만족도를 측정하기 위해 관련 학자들은 삶의 만족도를 몇 가지 차원으로 분석하였다. 대표적인 것이 Neugarten 등(1961)의 삶의 만족도의 하위차원이다. 이들은 삶의 만족도를 현재의 삶에 대한 만족도, 인생의 의미, 목적의 성취, 긍정적 자아상, 낙관 등 다섯 가지 차원으로 구분했다.

- **현재의 삶에 대한 만족** : 현재의 생활이나 활동에 어느 정도 만족하는가?
- **인생의 의미** : 자신의 삶이 어느 정도 의미 있다고 생각하는가?

- **목적의 성취** : 자신이 희망하는 삶의 목적을 어느 정도 달성했는가?
- **긍정적 자아상** : 사는 동안 자아에 대한 평가를 어느 정도 긍정적으로 유지해 왔는가?
- **낙관** : 일상에서 어느 정도 낙천적인 태도와 정서를 유지하는가?

Newkitten은 삶의 만족도를 네 개의 하위차원으로 구성하였다. 첫째는 자아성취감으로 전술한 Neugarten의 목적의 성취와 거의 같다. 둘째는 현실만족감인데, 현재의 삶에 대한 만족과 같다. 셋째는 자아존중감으로 긍정적 자아상에 대응된다. 넷째는 노화에 대한 태도이다. 노화에 대한 태도는 Neugarten의 하위차원에는 없다(박정애, 2002 : 26).

Burr 등(1979)은 삶의 만족도를 단순하게 2차원으로 구분했다. 첫째 차원은 개인이 자신의 인생에 대해 갖는 긍정적 기대와 기대충족 사이의 일치정도이며, 둘째 차원은 주관적으로 경험한 만족과 불만족, 행복과 불행, 즐거움과 괴로움이다(한형수, 2004 : 34).

우리나라에서도 노인의 삶의 만족도를 몇 가지 차원으로 나누어 접근한 연구들이 있다. 김익기(1997)는 한국노인의 삶의 만족도는 첫째, 과거, 현재, 그리고 미래의 삶에 대한 긍정적이고 낙관적인 태도, 둘째, 개인의 삶에 부여한 가치의 정도, 셋째, 긍정적 정서 및 생활전반에 대한 주관적 만족의 정도로 구성하였다. 정재훈(2002 : 53-54)은 삶의 만족도를 객관적 삶의 조건과 주관적 복지의식 사이에서 찾았다. 객관적 삶의 조건은 제3자의 관찰이 가능한 삶의 관계, 즉 소득, 주거 양식, 취업 조건, 가족 관계, 사회적 접촉, 건강, 정치 참여 등 영역을 포함한다. 주관적 복지의식은 주어진 삶의 조건 속에서 당사자가 스스로 판단하게 되는 삶의 만족도이며 만족, 희망, 공포, 행복, 고독, 기대, 요구, 능력, 불안, 갈등 등의 차원으로 나뉜다.

우리나라 노인의 경우 삶의 만족도는 성, 교육수준, 가구형태별로 차이가 나는 것으로 밝혀졌다. 남성노인이 여성노인에 비해, 교육수준이 높을수록, 자녀와 동거하는 부부와 노인부부가 삶의 만족도 점수가 높은 것으로 나타났다(김원배, 2009).

Summery 노인의 삶의 만족도

구 분	내 용
정 의	과거부터 현재까지의 자신의 삶을 만족스럽다거나 또는 행복하다고 평가하는 정도
영향 요인	정서적 요인, 연령 요인, 가치, 종교, 문화, 가족, 경력
평 가	• 자신의 삶을 사회적 기준에 맞춰 주관적 · 인지적으로 비교한 것 • 삶의 만족은 객관적인 삶의 조건과 이에 대한 개인의 인식에 의해 평가됨
차 원	• 현재의 삶에 대한 만족 : 현재의 생활이나 활동에 어느 정도 만족하는가? • 인생의 의미 : 자신의 삶이 어느 정도 의미 있다고 생각하는가? • 목적의 성취 : 자신이 희망하는 삶의 목적을 어느 정도 달성했는가? • 긍정적 자아상 : 사는 동안 자아에 대한 평가를 어느 정도 긍정적으로 유지해 왔는가? • 낙관 : 일상에서 어느 정도 낙천적인 태도와 정서를 유지하는가?

6 노인의 욕구

1) 욕구의 정의

욕구(need)는 상당히 주관적인 개념이다. 때문에 공공정책의 논의에서 욕구를 배제해야 한다고 생각하는 사람이 적지 않다. 경제학자들은 욕구보다 수요(demand) 개념을 선호한다. 수요는 자원이 희소한 조건에서 상품과 서비스가 배분되는 객관적인 기준이기 때문이다. 마르크스주의자들은 욕구를 실체가 아니라 사회가 만들어낸 사회적 구성물(social constructions)에 불과한 것으로 본다. 그들은 자본주의사회에서 욕구는 희소자원 배분의 아주 편의적인 기준이 되고, 국가의 자선정책(benevolent policy)을 정당화 하는 수단이 된다고 비판한다(Doyal and Gough, 1984 : 7).

욕구는 요구(want)와 유사하다. 그러나 다르다. Reid(1978 : 25-26)에 의하면, 요구는 필요한 무엇이 있으나 충족되지 못할 때 생기는 개인의 인지적 · 정서적 상태이고, 욕구는 무엇인가 필요로 하는 사람의 요구를 제삼자가 판단한 결과이다. 다시 말해 요구는 결핍된 상태이고, 욕구는 전문가의 판단에 의해 사회적으로 인정된 상태라는 것이다. 여기서 제삼자는 사회복지 전문가인 사회복지사, 사회복지학자, 사회복지행정가와 의식주 관련 욕구 전문가인 경제학자, 식품영양학자, 보건학자를 말한다.

Doyal과 Gough(1984 : 11-12)는 목표(goals)의 차이로 욕구와 요구를 구분했다. 욕구와 요구 모두 추구하는 어떤 목표가 있다. 욕구는 누구나 달성하길 원하는 보편적인 목표이다. 이를 일컬어 휴먼 욕구(human needs) 또는 기본적 욕구(basic needs)라 한다. 반면에 요구는 개인의 선호 또는 개인의 사회문화적 환경에 연유하는 목표이다. 보편적인 것이 아니라는 것이다. 요구의 목표, 즉 개인이 원하는 목표는 그 주관성 때문에 보편적인 욕구의 목표를 초과하기도 하고 미달하기도 한다.

Meenaghan 등(1982 : 168)은 욕구를 개인이 잠재능력을 충분히 발휘하는 것을 제한하는 어떤 조건이라고 정의했다. 또한 욕구는 사회적·경제적 문제와 건강관련 문제로 대별되고, 욕구가 있는 집단을 지리적으로 구분할 수 있으며, 욕구는 사회서비스를 통해 충족될 수 있다고 하였다.

Kettner 등(1999 : 37-39)은 욕구의 특성을 분석했다. 이들에 의하면, 욕구는 탄력적이고 상대적이며, 정치사회적 환경변화에 따라 달라지고, 자원의 정도나 기술발전에 의해서도 변한다. 요컨대 욕구는 주변 환경에 따라 탄력적으로 변하며, 고정불변이 아니라는 것이다.

Hil과 Bramley(1986 : 60)는 욕구에 대한 철학적 개념들을 분석하였는데, 그에 의하면 욕구는 개인이 어떤 기준에 따라 생활하는 데 필요한 상품과 서비스이다.

Weale(1983)도 이와 비슷하게 욕구를 음식, 거처, 피복, 보온물품 등 생활에 필요한 상품의 어떤 최저 량(a certain minimum quantity of goods)으로 정의했다.

Summery 욕구의 정의

구 분	정 의
Reid	• 요구 : 필요한 무엇이 있으나 충족되지 못할 때 생기는 개인의 인지 또는 정서 상태(결핍상태) • 욕구 : 무엇인가를 필요로 하는 사람의 요구에 대해 제삼자가 판단한 결과
Doyal과 Gough	• 요구 : 개인의 선호 또는 개인의 사회문화적 환경에 연유하는 목표 • 욕구 : 누구나 달성하길 원하는 보편적인 목표
Meenaghan 등	• 욕구는 개인이 잠재능력을 충분히 발휘하는 것을 제한하는 어떤 조건
Kettner 등	• 욕구는 탄력적이고 상대적이며, 정치사회적 환경변화에 따라 달라지고, 자원의 정도나 기술 발전에 의해서도 변하는 것
Hil과 Bramley	• 욕구는 개인이 어떤 기준에 따라 생활하는 데 필요한 상품과 서비스
Weale	• 욕구는 음식, 거처, 피복, 보온물품 등 생활에 필요한 상품의 어떤 최저 량

2) 욕구의 유형

욕구는 유형이 있다. 가장 고전적인 욕구 유형이 저명한 사회심리학자 Maslow (1954)의 욕구 5단계이다. 그는 인간의 욕구를 생리적 욕구, 안전욕구, 사회적 욕구 또는 소속욕구, 자아존중욕구, 자아실현욕구 등 5개 단계로 구성했다.

- **생리적 욕구**(physiological needs) : 의식주와 같은 가장 기본적인 욕구이다. 이런 욕구가 충족되지 않으면, 다음 단계로 나아갈 수 없다. 기본적인 것이기 때문에 사회는 구성원의 이런 욕구가 충족되도록 배려해야 한다. 개인의 편안함과 만족이 본질적 가치이고, 조직이나 공동체 및 사회가 제공하는 것은 부차적인 가치이다.
- **안전욕구**(safety needs) : 충족된 생리적 욕구를 박탈당하지 않으려는 욕구이다. 안전, 안정, 구조화된 환경을 포함한다. 개인은 직업 안정, 편안한 근로 환경, 연금과 보험, 이러한 혜택을 간수하기 위한 조직의 자유를 기대하고 추구한다. 이런 욕구가 충족되면, 개인은 마음의 평화를 얻는다.

- 사회적 욕구 또는 소속욕구(relationship needs) : 타인과 친밀한 관계를 유지하거나 정서적 만족을 추구하는 욕구이다. 사회화, 애정, 사랑, 우정을 포함한다. 사람은 개인적 또는 본질적인 보상을 위해 참여한다. 개인은 타인과의 상호작용 없이 살 수 없다. 따라서 사람은 사회적 욕구 충족을 위해 참여한다.
- 자아존중욕구(esteem needs) : 자신을 존중하고 싶은 욕구이다. 충분, 능력, 독립, 신뢰, 감사, 타인으로부터의 인정의 감정을 포함한다. 내부적 또는 본질적인 욕구의 충동을 받는다. 물질적 보상보다 타인의 인정이 더 중요하다.
- 자아실현욕구(self-actualization) : 인간의 잠재력을 최대한 발휘하고 이상을 실현하려는 욕구이다. 설명하기 가장 어렵다. 많은 부를 손에 쥔 성공한 비즈니스맨이 더 큰 성공을 위해 노력하는 것은 자아실현 욕구 때문이다.

Alderfer(1969)는 세 가지 기본 욕구에 관한 이론을 제시했다. 세 가지 욕구도 위계적이다.

- 존재 욕구(existence needs) : 물질과 조건에 의해 충족되는 욕구이다. Maslow의 생리적 욕구와 매우 유사하다. 음식, 거처, 보수, 안전한 근로조건을 포함한다.
- 관계 욕구(relatedness needs) : 소통, 교환, 타인과의 상호작용에 의해 충족되는 욕구이다. 타인으로부터의 피드백이 중요하다. 정확하고도 정직한 피드백, 예컨대 무조건적인 칭찬이나 인정보다 방향제시와 조언이 중요하다.
- 성장 욕구(growth needs) : 기술, 능력, 창조력을 완전하게 발휘하여 무엇인가 이루려는 욕구이다. Maslow의 자아존중욕구와 자아실현욕구를 합한 것과 같다.

심리학자 McClelland(1988)는 인간의 퍼스낼리티는 비교적 안정되어 있으며, 한번 형성되면 잘 바뀌지 않는다고 생각했다. 그래서 그는 동기에 위계적인 서열은 없다고 주장했다. 그는 욕구의 변화보다는 욕구의 행동적 결과에 관심을 두고 욕구를 세 가지로 구분했다.

- **성취 욕구**(need for achievement) : 성취 욕구가 있는 사람은 힘든 일에 도전해 극복하려는 강력한 욕망을 가지고 있다. 개인의 책임으로 성공적인 결과를 거둘 수 있는 상황을 선호한다.
- **우호관계 욕구**(need for affiliation) : 타인과 우호적인 관계를 수립하고 유지하려는 욕구이다. 다른 사람을 좋아하고 다른 사람도 자신을 좋아하길 원한다. 사회적 네트워크를 만드는 능력이 있다. 사회적 네트워크는 우호관계 욕구를 충족시킨다.
- **권력 욕구**(need for power) : 타인에게 영향력을 발휘하고 싶은 욕구이다. 이런 욕구를 가진 사람은 주변 사람에 큰 임팩트와 깊은 인상을 준다. Maslow의 자아존중욕구의 권력적 측면, 즉 타인의 주목과 개인적 위세를 얻기 위해 권력을 행사하는 것과 일맥상통한다.

Maslow와 Alderfer는 욕구가 위계적이라고 주장했다. Maslow는 낮은 수준의 욕구가 충족되어야 다음 단계로 넘어간다고 했다. Alderfer는 높은 수준의 욕구가 충족되지 않으면, 낮은 수준의 욕구 충족으로 후퇴한다고 했다. Maslow는 욕구가 일단 충족되면, 동기가 사라진다고 했다. McClelland는 욕구를 위계적이라고 보지 않았다. McClelland는 사람은 자신의 욕구에 부합되는 일을 찾아 행한다고 보았다. Maslow는 욕구가 한 단계씩 상승한다고 생각했다. McClelland는 동기를 유발하는 특정한 욕구가 있다고 했다.

Summery 욕구의 유형

유 형		내 용
Maslow	생리적 욕구	의식주와 같은 가장 기본적인 욕구
	안전욕구	충족된 생리적 욕구를 박탈당하지 않으려는 욕구
	사회적 욕구	타인과 친밀한 관계를 유지하거나 정서적 만족을 추구하는 욕구
	자아존중욕구	자신을 존중하고 싶은 욕구
	자아실현욕구	인간의 잠재력을 최대한 발휘하고 이상을 실현하려는 욕구
Alderfer	존재 욕구	물질과 조건에 의해 충족되는 욕구
	관계 욕구	소통, 교환, 타인과의 상호작용에 의해 충족되는 욕구
	성장 욕구	기술, 능력, 창조력을 완전하게 발휘하여 무엇인가 이루려는 욕구
McClelland	성취 욕구	힘든 일에 도전해 극복하려는 욕구
	우호관계 욕구	타인과 우호적인 관계를 수립하고 유지하려는 욕구
	권력 욕구	타인에게 영향력을 발휘하고 싶은 욕구

3) 사회복지 욕구의 유형

사회복지학자들이 욕구에 대해 논의할 때 가장 많이 또 기본적으로 인용하는 것이 영국의 사회정책학자 Bradshow(1977)가 제시한 사회적 욕구의 분류(taxonomy of social need) 또는 욕구의 모델(model of need)이다(Clayton, 1983 : 215). Bradshow는 사회복지 욕구를 표현된 욕구, 인지된 욕구, 규범적 욕구, 비교된 욕구로 유형화했다.

- **표현된 욕구**(expressed need) : 욕구를 가진 당사자가 실제로 표현한 욕구를 의미한다. 예컨대 정부의 복지서비스가 필요하다고 생각한 사람이 당국에 신청하는 행위를 할 때의 욕구이다. 표현된 욕구는 경제학의 수요 개념과 유사하다.
- **인지된 욕구**(felt need) : 욕구를 가진 당사자가 느끼는 욕구이다. 욕구의 주관적 인식에 기초해 있다. 인지된 욕구는 요구와 유사하다.

- **규범적 욕구**(normative need) : 전문가, 행정가, 사회과학자 등의 전문적인 판단에 따라 규정된 사회적 조건과 상황이다. 전문가들은 판단의 객관적 기준을 가장 중시하고, 표현된 욕구나 인지된 요구와 같은 주관적인 요소는 판단에서 배제하는 경향이 있다.
- **비교된 욕구**(comparative need) : 욕구를 가진 사람과 비슷한 처지에 있는 다른 사람의 욕구를 비교하여 전문가가 판단한다. 삶의 수준과 조건이 거의 같음에도 정부 서비스를 누구는 받고 누구는 못 받는 일이 없도록 하는 것, 즉 평등을 가장 중시한다.

Smith(1980)는 욕구를 단위, 원인, 측정자에 따라 구분했다.

- **욕구의 단위** : 개인적 욕구, 가족의 욕구, 지역사회의 욕구
- **욕구의 원인** : 물질적 환경에 관한 욕구와 개인적 충족에 관련된 욕구
- **욕구의 측정자** : 개인이 측정하는 욕구와 전문가가 측정하는 욕구

Gates(1980)는 욕구를 주체와 객체로 구별하였다.

- **욕구 주체** : 빈민, 아동, 노인, 장애인과 같은 사회적 약자
- **욕구 객체** : 의식주, 의료, 재활, 취업, 보육, 양로와 같은 재화와 서비스

패티(1988)는 욕구의 두 가지 차원, 즉 진단적 욕구(diagnostic needs)와 처방적 욕구(prescriptive needs)를 제시했다.

- **진단적 욕구** : 지역사회 구성원들의 경험을 참고한 욕구를 말한다. 예를 들면 "생필품을 구입하기에 부족한 소득을 가진 가난한 사람이 몇 명이다"라는 것이다.
- **처방적 욕구** : 문제를 완화하는 데 필요한 서비스를 참고한 욕구이다. 재정적 지원, 직업훈련, 고용상담 등이 예이다.

그런 다음 상기 Bradshow의 네 가지 욕구에 진단적 욕구와 처방적 욕구를 교차시켜 욕구를 〈표 2-1〉과 같이 유형화했다.

〈표 2-1〉 욕구의 유형과 차원

욕구의 유형	욕구의 차원	
	진단적 욕구	처방적 욕구
규범적 욕구	불충족 욕구에 대한 전문가의 판단	욕구를 가장 잘 충족시킬 수 있는 서비스의 형태를 전문가가 판단
인지된 욕구	잠재적인 클라이언트가 자신의 생활에서 인지하는 욕구, 결핍 등을 지적	잠재적인 클라이언트가 자신이 원하는 서비스 형태를 지적
표현된 욕구	해당 없음	현재의 서비스 시스템이 클라이언트의 욕구를 제대로 충족시키지 못함에 따라 기존 프로그램의 확장이나 프로그램의 신설이 필요하다는 것을 지적
비교된 욕구	지역사회 집단에서 문제가 발생하거나 문제가 확대됨에 따라 나타나는 욕구	한 집단의 서비스 이용률이 높아짐에 따라 더 많은 서비스나 접근성의 개선이 필요하다는 것을 지적

출처 : 패티, 1988 : 91의 표 4-1.

4) 노인의 욕구와 노인복지서비스

상식적으로 생각하면 노인도 인간이기 때문에 일반적인 욕구를 다 가지고 있다고 해야 옳을 것이다. 그러나 노인의 특성, 즉 환경변화에 대한 생리적 적응력이 감퇴된 존재로서 경제적 능력의 저하, 건강상태의 결함, 정서적 불안정 등 사회적·경제적·심리적으로 약화된 상태에 있는 사람이라는 점을 고려하면 노인의 욕구는 일반인의 욕구와 다를 수 있다.

이를테면 노인은 Maslow의 욕구 5단계 중에서 낮은 단계인 생리적 욕구가 가장 높은 단계인 자아실현욕구보다 더 클 것이다. 또한 노인은 통상 사회적 약자로서 가족이나 사회의 보호를 받아야 하는 존재로 인식된다는 점에서 Bradshow가 말한 규범적 욕구가 강할 수밖에 없다.

이처럼 노인의 욕구를 추상적으로 말할 수밖에 없는 이유는 서구의 사회복지학자나 사회과학자들이 노인의 욕구에 관한 이론이나 유형을 분석·제시하지 않고 있기 때문이다. 반면에 국내의 노인복지학자인 현외성은 노인욕구를 상당히 분석적으로 제시하고 있다. 〈표 2-2〉에서 보듯이 그는 노인욕구를 식품욕구, 주거욕구, 보건의료욕구, 노동욕구, 금융욕구, 교양·레저욕구로 구분한 다음 이에 상응하는 노인복지서비스와 주요 대상 노인집단을 자세히 제시하였다.

〈표 2-2〉 노인욕구와 노인복지서비스

노인욕구	노인복지서비스	주요 노인집단
식품욕구	식사배달서비스	노인가구 노인독거가구
주거욕구	유료양로시설 노인주택 노인촌락 등 3세대 주택	자녀와 별거 자녀와 동거
보건의료욕구	노인병원 요양시설 복지기구/서비스 개호용품/서비스 재가복지/서비스	치매노인 와상노인
노동욕구	고용촉진서비스	건강한 노인
금융욕구	자산, 자금신탁 개인연금	소득유지
교양·레저욕구	여행 노인교육 자원봉사 게이트볼 등	건강한 노인

출처 : 현외성 외, 2001 : 24의 표 1-6.

나아가 현외성은 전술한 Maslow의 욕구 5단계를 바탕으로 노인문제와 노인복지 대책을 유형화하였다. 생리적 욕구와 안전의 욕구는 노인의 빈곤문제와 건강 관련 문제와 연관되고 그 대책은 노인 소득보장, 주거보장 및 보건의료보장이 된다. 사회적 욕구 및 자아존중의 욕구는 노인의 역할상실 문제와 연결되고 그 대책은 노인복지서비스가 된다. 자아실현의 욕구는 노인의 소외와 고독문제에 연결되고 그 대책은 노인복지서비스이다.

〈표 2-3〉 노인욕구, 노인문제, 노인복지

노인욕구	노인문제	노인복지대책
생리적 욕구 안전의 욕구	빈곤문제 건강의 악화, 질병, 장애	소득보장, 주거보장 보건의료보장
사회적(사랑의) 욕구 자아존중(존경)의 욕구	역할상실문제	노인복지서비스
자아실현의 욕구	소외와 고독문제	노인복지서비스

출처 : 현외성 외, 2001 : 25의 표 1-7.

이상과 같은 노인욕구의 특성과 노인문제의 내용을 종합하면, 노인욕구는 대략 경제적 욕구, 건강관련 욕구(케어욕구 포함), 정서적 욕구, 주거 및 여가환경 관련 욕구, 가족관련 욕구로 정리할 수 있다.

7 노인의 인권

당연한 말이지만 인권은 노인에게도 중요하다. 서비스, 교육, 직업 기회에의 접근에서의 제한에서부터 노인학대, 노인방임, 노인 유기에 이르는 노인의 인권 침해에 유의해야 한다. 이런 인권 침해는 노인이 매우 취약한 집단이라는 사실을 일깨워준다. 노인의 증가는 노인차별의 확대로 이어지고 있다. 노인 중에서도 여성노인이 취약하다. 여성노인은 상대적으로 사회경제적 지위가 높고 교육수준이 높은 기혼 남성노인에 비해 빈곤, 사회적 배제, 장애, 무자녀, 고립 등 위험에 더 많이 노출되어 있다.

1948년 12월 10일 UN이 채택한 인권선언(the Universal Declaration of Human Rights)은 아동, 여성, 소수인종, 이민자, 장애인의 권리 보호를 선언했다. UN 인권선언은 제1조에서 "모든 사람은 태어날 때부터 자유롭고 존엄성과 권리에 있어서 평등하다. 사람은 이성과 양심을 부여받았으며 서로에게 형제의 정신으로 대하여야 한다"고 선언했다. 인간의 존엄성과 평등성을 강조한 것이다. 노인도 인간으로서 평등한 법적 보호의 권리, 재산권 보호의 권리, 교육의 권리, 취업의 권리, 정부와 의사결정에 참여할 수 있는 권리, 사회보장의 권리, 보건의료와 요양의 권리가 있다. 그러나 노인이 취약집단의 하나임에도 노인 인권 보장에 대한 국제적 관심은 그리 크지 않고, 노인의 인권을 보장하는 법과 제도는 대부분의 나라에서 미흡한 실정이다(Kalache and Blewit, 2011 : 89).

노인의 권리에 관한 최초의 국제적 문건은 1991년 12월 16일 UN 총회에서 채택된 노인을 위한 UN 원칙(the UN Principles for Older Persons)이다. 이 문건에서 UN은 개인의 성장과 발전을 생애에 걸쳐 보장해야 한다는 전제 하에 각국 정부에게 노인을 위한 사업에 다음과 같은 5개 원칙을 반영할 것을 권고했다(Kalache and Blewit, 2011 : 90; 보건복지부, 2000).

첫째, 독립(independence)이다. 노인들은,

- 소득, 가족과 지역사회의 지원 및 자조를 통하여 적절한 식량, 물, 주거, 의복 및 건강보호에 접근할 수 있어야 한다.
- 일을 할 수 있는 기회를 제공받거나, 다른 소득을 얻을 수 있는 기회에 접근할 수 있어야 한다.
- 직장에서 언제 어떻게 그만둘 것인지에 대한 결정에 참여할 수 있어야 한다.
- 적절한 교육과 훈련 프로그램에 접근할 수 있어야 한다.
- 개인의 선호와 변화하는 능력에 맞추어 안전하고 적응할 수 있는 환경에서 살 수 있어야 한다.
- 가능한 오랫동안 가정에서 살 수 있어야 한다.

둘째, 참여(participation)이다. 노인들은,

- 사회에 통합되어야 하며, 그들의 복지에 직접 영향을 미치는 정책의 형성과 이행에 적극적으로 참여하고, 그들의 지식과 기술을 젊은 세대와 함께 공유하여야 한다.
- 지역사회 봉사를 위한 기회를 찾고 개발하여야 하며, 그들의 흥미와 능력에 알맞은 자원봉사자로서 봉사할 수 있어야 한다.
- 노인들을 위한 사회운동과 단체를 형성할 수 있어야 한다.

셋째, 보호(care)이다. 노인들은,

- 각 사회의 문화적 가치체계에 따라 가족과 지역사회의 보살핌과 보호를 받아야 한다. 신체적, 정신적, 정서적 안녕의 최적 수준을 유지하거나 되찾도록 도와주고 질병을 예방하거나 그 시작을 지연시키는 건강보호에 접근할 수 있어야 한다.
- 그들의 자율과 보호를 고양시키는 사회적 법률적인 서비스에 접근할 수 있어야 한다. 인간적이고 안전한 환경에서 보호, 재활, 사회적 정신적 격려를 제공하는 적정 수준의 시설보호를 이용할 수 있어야 한다.
- 그들이 보호시설이나 치료시설에서 거주할 때도 그들의 존엄, 신념, 욕구와 사생활을 존중받으며, 자신들의 건강보호와 삶의 질을 결정하는 권리도 존중받는 것을 포함하는 인간의 권리와 기본적인 자유를 향유할 수 있어야 한다.

넷째, 자아실현(self-fulfillment)이다. 노인들은,

- 자신들의 잠재력을 완전히 개발하기 위한 기회를 추구하여야 한다.
- 사회의 교육적, 문화적, 정신적 그리고 여가에 관한 자원에 접근할 수 있어야 한다.

다섯째, 존엄(dignity)이다. 노인들은,

- 존엄과 안전 속에서 살 수 있어야 하며, 착취와 육체적 정신적 학대로부터 자유로워야 한다.
- 나이, 성별, 인종이나 민족적인 배경, 장애나 여타 지위에 상관없이 공정하게 대우받아야 하며, 그들의 경제적인 기여와 관계없이 평가되어야 한다.

한편 2002년 UN 총회 결의에 따라 수립된 마드리드 국제고령화행동계획(the Madrid International Plan of Action on Ageing)에서 노인 인권에 관한 의미 있는 방향이 정해졌다. 노인의 건강과 복지의 향상, 노인과 발전, 노인의 능력을 개선하고 지지하는 환경의 보장 등 세 가지 방향이 그것이다. 모든 노인차별이 제거되어야 한다는 것도 포함되었다. 마드리드 국제고령화행동계획은 국제 수준에서의 노인 인권 강화 노력을 촉구하면서 노인 인권에 대해 다음과 같이 지적했다. 첫째, 기존 국제 노인 인권 법은 노인의 권리를 충분히 보호하지 못하고 있다. 둘째, 노인차별이 없어지지 않고 있다. 셋째, 노인 인권 보호 조치는 노인의 삶을 근본적으로 개선한다. 넷째, 노인의 권리를 존중해야 노인의 자기발전에 기여하는 조건이 만들어진다. 다섯째, 기존의 노인 인권 보호 조치는 분산되어 있고 종종 접근하기가 힘들다(Kalache and Blewit, 2011 : 90-91).

국제 수준에서 노인의 권리를 강화해야 한다는 것에 대한 공감이 점진적으로 확산되면서 2010년 UN은 이민 근로자 및 그 가족의 인권 회의(the International Convention of All Migrant Workers and Members of their Families)를 통해 노인 인권 보장을 선언했고, 노인 인권에 대한 국제적 관심을 촉구했다.

인권의 기본정신은 연령, 시민권, 국적, 인종, 언어, 성, 능력에 관계없이 인간이라면 누구나 인권을 보장받아야 한다는 것이다. 그러나 노인 인권 선언 내용과 실제 사이에는 실행 갭(implementation gap)이 있다. 왜냐하면 UN이 노인 인권 보장을 선언했지만 이를 실행에 옮기도록 회원 국가들을 강제하는 법적 수단이 없고, 회원 국가가 이를 준수해야 할 의무가 있는 것도 아니기 때문이다.

Summery 국제노인인권선언

구 분	인권선언
노인을 위한 UN 원칙 (1991년)	• 노인의 권리에 관한 최초의 국제적 문건 • 노인을 위한 사업의 5개 원칙 제시 : 독립, 참여, 보호, 자아실현, 존엄
마드리드 국제고령화행동계획 (2002년)	• 2002년 UN 총회 결의에 의거 수립 • 국제 수준에서의 노인 인권 강화 노력 촉구 • 노인 인권의 문제점 적시 : ① 기존 국제 노인 인권 법은 노인의 권리를 충분히 보호하지 못하고 있다. ② 노인차별이 없어지지 않고 있다. ③ 노인 인권 보호 조치는 노인의 삶을 근본적으로 개선한다. ④ 노인의 권리를 존중해야 노인의 자기발전에 기여하는 조건이 만들어진다. ⑤ 기존의 노인 인권 보호 조치는 분산되어 있고 종종 접근하기가 힘들다.
UN 이민 근로자 및 그 가족의 인권 회의 (2010년)	• 노인 인권 보장을 선언 • 노인 인권에 대한 국제적 관심 촉구

8 노인을 위한 금융교육

2008년 미국 금융위기와 2012년 유럽 금융위기는 금융지식(financial literacy)의 중요성을 일깨웠다. 글로벌 차원에서 금융시장이 갈수록 확장되고 있으나 금융에 대한 일반인의 지식수준은 이를 따라가지 못하고 있다. 금융시장의 확장과 금융지식 간의 격차는 금융안정과 관련해 그 사회경제적 의미가 점점 더 커지고 있다. 금융지식 수준의 향상을 위해서는 무엇보다 금융교육이 필요하다. 소비자의 금융교육 수준이 낮은 것과 금융위기는 상관성이 있다. 금융교육을 강화해 소비자를 보호해야 한다.[12)]

12) OECD(the Organization for Economic Co-operation and Development)는 금융교육의 필요성을 강조하는 대표적인 국제조직이다. OECD는 2003년부터 금융교육의 원칙과 가이드라인 수립에 주도적인 역할을 했다. 2005년에는 금융교육의 원칙과 실제를 담은 보고서를 발표했고, 금융교육 국제 네트워크도 구축했다(http://www.oecd.org/dataoecd/7/17/35108560.pdf). 그리고 2011년 칸에서 개최된 G20회의에서 각국 지도자는 금융소비자 보호를 위한 원칙에 합의했다.

노인은 금융위기에 특히 취약하다. 지각능력과 판단능력이 저하된 노인은 청년에 비해 금융기술과 금융지식 및 금융위기 대처능력이 떨어지기 때문이다. 노인은 매우 복합적인 집단으로 소득, 교육, 성, 인종 등 다양한 특성을 지니고 있다. 건강이 좋지 않거나 장애가 있는 노인의 경우 사회적으로 배제되고 금융서비스에 대한 접근도 제한된다. 노인은 보호자(후견인)의 의도적인 권한 남용, 불법적 재산 이전, 사기와 절도 같은 금융 착취의 대상이 되기도 한다. 최선의 금융 의사결정에 필요한 지식을 업데이트 하는 능력이 약해 금융 착취에 대처하는 능력이 부족하기 때문이다(Laboul, 2011 : 103).

노인의 금융 취약성을 극복하기 위해서는 노인 대상 금융교육이 필요하다. 하지만 노인은 이동성이 저하되고 인터넷과 같은 교육매체에 대한 접근성이 약하기 때문에 금융교육이 쉽지는 않다. 인터넷이 유력한 대안이다. 인터넷은 금융교육에 적절한 수단이고 이동성 문제를 극복할 수 있기 때문이다. 하지만 노인의 인터넷과 이메일 이용률은 청장년에 비해 낮다. 인터넷 뱅킹 이용률도 낮다. 농촌 거주 노인은 금융 조언자를 만나기도 어렵다. 이런 점을 감안해 노인이 비교적 접근하기 쉬운 상대(예컨대 노인이 참여하고 있는 지역사회단체 소속 금융전문가)를 찾아야 한다. 아울러 다양한 교육보조수단과 자료를 활용해 교육효과를 높여야 한다.

교육내용에서는 연금시스템에 관한 교육이 가장 중요하다. 노인은 퇴직 전에 공적연금, 개인연금, 저축 등 다양한 방법으로 노후를 대비한다. 공적연금은 비교적 단순한 시스템이기 때문에 깊은 지식이 필요한 건 아니다. 개인이 투자 선택의 책임을 질 필요도 없다. 하지만 기업연금이나 개인연금과 같은 퇴직연금은 종류가 다양하고 수익률도 차이가 나기 때문에 이에 관한 지식이 있어야 한다. 많은 근로자들이 가입하고 있는 확정기여방식(기여는 확정, 급여는 미확정)의 경우 투자를 현명하게 해야 수익률이 높고 그렇지 못하면 수익률이 낮다. 따라서 전문가의 조언이 필요할 뿐만 아니라 가입자 본인 스스로 이런 상품에 대한 깊은 지식을 갖추고 있어야 한다. 무엇보다 기여금 액수, 투자처 선택 등에 대한 지식이 있어야 한다. 실패하면 그만큼 노후 자금이 줄어든다. 주식투자의 경우 포트폴리오 구성을 잘못하면 큰 손실을 본다. 위험자산인 주식에 투자할 때는 위기에 노출될 가능성이 그만큼 커진다.

노후자금의 부족은 노인이 직면하는 심각한 위기 중 하나이다. 수명연장으로 늘어난 생계비와 의료비 그리고 연금개혁에 따른 연금 삭감(연금급여 감액, 연금 수급 개시 연령 지연)은 노후자금 마련에 차질을 준다. 충분한 노후자금을 마련하기 위해서는 금융계획을 잘 짜야 하고 저축도 효과적으로 해야 한다. 노후자금은 장기간, 생애에 걸쳐 비축된다. 금융교육도 시간이 필요하다. 노후자금 준비가 이를수록 좋은 것처럼 금융교육도 빠를수록 좋다. 투자손실이 발생한 이후의 금융교육은 무용지물이다(Laboul, 2011 : 104-106).

Summery 노인을 위한 금융교육

구 분	내 용
노인의 금융 취약성	• 지각능력과 판단능력이 저하된 노인은 청년에 비해 금융기술과 금융지식 및 금융위기 대처능력이 떨어지기 때문에 금융위기에 취약함 • 건강이 좋지 않거나 장애가 있는 노인의 경우 사회적으로 배제되고 금융서비스에 대한 접근이 제한적 • 최선의 금융 의사결정에 필요한 지식을 업데이트 하는 능력이 약해 금융 착취에 대처하는 능력이 부족함 • 보호자(후견인)의 의도적인 권한 남용, 불법적 재산 이전, 사기와 절도 같은 금융 착취의 대상이 되기 쉬움
노인 대상 금융교육 시 유의점	• 노인이 비교적 접근하기 쉬운 상대, 예컨대 노인이 참여하고 있는 지역사회단체 소속 금융전문가가 교육하는 것이 효과적 • 연금시스템에 관한 교육이 중요. 기업연금이나 개인연금과 같은 퇴직연금은 종류가 다양하고 수익률도 차이가 나기 때문에 이에 관한 지식이 필요함 • 노후자금 준비가 이를수록 좋은 것처럼 금융교육도 빠를수록 좋음

CHAPTER

03 노 화

1 노화의 개념

노화(aging)란 시간이 지남에 따라 나타나는 인간의 생물학적·심리적·사회적 변화로서 성장이나 성숙에 반대되는 퇴행적 변화를 말한다. 노화과정은 정상적인 신체의 변화로 인해 나타나는 정상적 노화와 각종 질병과 같은 위험에 의해 나타나는 병리적 노화가 있다.

간단히 말해서 사람이 늙어가는 과정인 노화는 몇 가지 일반적인 특성이 있다. 노화의 일반적 특성은 생활과정(life course perspective), 다양성(heterogeneity), 탄력성(plasticity), 맥락(contextuality), 사회변화(social change) 측면에서 고찰할 수 있다(UN, 2002).

첫째, 노화는 삶의 과정의 한 부분이다. 인간은 아동, 청년, 성년 등 삶의 단계를 밟아 나아간다. 노화는 이런 삶의 단계의 하나이다. 치매와 같이 불행한 일도 삶의 과정의 하나일 뿐이다.

둘째, 노화과정은 다양하다. 노화과정의 개인차는 크다. 건강, 신체적 능력, 인지기능, 사회통합에서 차이가 난다. 생활양식 또는 누적된 불평등이 원인이다.

셋째, 노화과정은 탄력적이다. 삶의 역사가 노화과정에 영향을 미치는 것은 확실하다. 하지만 노화과정에 충분히 효과적으로 개입하면 노화를 역전시키거나 개선할 수 있다. 단 초고령 노인은 효과가 제한적이다.

넷째, 노화과정은 맥락이 있다. 노화는 환경적·문화적·사회적 맥락에 기원을 둔 요인의 영향을 받는다. 따라서 개인적 행동(건강을 위한 활동, 사회적 활동)뿐만 아니라 개인의 맥락(교육, 노동시장, 주택, 보건의료 정책을 통해 교육, 소득, 건강에 영향을 미치는 것)에서도 개입(성공적 노화를 위한 개입)이 가능하다.

다섯째, 노화과정은 사회변화의 영향을 받는다. 노화과정은 일련의 시간적 과정이다. 사회조건은 시간이 경과함에 따라 변한다. 20세기 노화는 21세기 노화와 많은 측면에서 달랐다. 평균수명이 변했고, 보건의료시스템과 사회적 네트워크와 같은 생활환경도 변했다.

노화는 삶의 질(quality of life)과 깊은 관련이 있다(UN, 2002). 삶의 질은 노화 연구에서 매우 중요하다. 삶의 질에 대한 연구는 두 가지 전통이 있다. 하나는 객관적인 삶의 조건이고, 다른 하나는 주관적 평가이다.

객관적 삶의 질은 유관 자원에 대한 접근성과 통제력으로 측정된다. 유관 자원이란 소득, 건강, 사회적 네트워크, 역량 등 개인이 자신의 목적을 달성하는 데 필요한 것들이다. 소득이 많고, 건강상태가 좋으며, 사회적 네트워크가 넓고 신뢰할 만하고, 교육을 통해 역량을 키운 사람은 객관적 삶의 조건에서 높은 점수를 받는다.

주관적 삶의 질은 개인의 인식과 평가를 중시한다. 개인은 자신의 삶의 상태를 자신의 가치와 기준에 따라 타인의 그것과 비교한다. 이는 동일한 객관적 상황이라도 다르게 평가할 수 있다는 것을 의미한다. 주관적 삶의 질은 주관적 안녕(삶의 만족도는 높고, 행복과 같은 적극적 정서는 강하고, 슬픔과 같은 부정적인 정서는 약하다)과 같다.

객관적 삶의 질과 주관적 삶의 질이 반드시 일치하는 것은 아니다. 객관적 삶의 조건은 양호하나 주관적 삶의 질은 낮은 사람도 있고, 반대인 경우도 있다. 객관적 삶의 질의 고저와 주관적 삶의 질의 고저를 교차시키면 |그림 3-1|에서 보듯이 네 가지 유형이 나타난다.

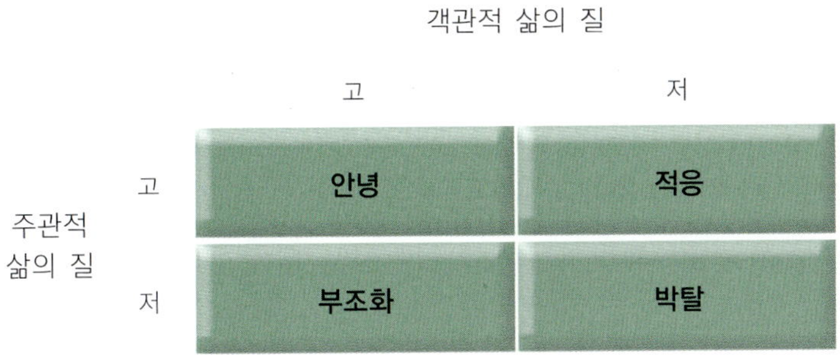

| 그림 3-1 | **객관적 · 주관적 삶의 질**

안녕(well-being)은 객관적 삶의 조건 수준과 주관적 안녕 수준 모두 높다. 박탈(deprivation)은 객관적 삶의 조건 수준과 주관적 안녕 수준 모두 낮다. 부조화(dissonance)는 객관적 삶의 질 수준은 좋지만, 주관적 안녕 수준은 낮다. 예컨대 소득, 건강, 사회적 네트워크 모두 좋지만, 자신이 느끼는 주관적 삶의 질은 낮은 사람이다. 적응(adaptation)은 객관적 삶의 질 수준은 낮지만 주관적 안녕 수준은 높다. 객관적 삶의 질은 좋지 않지만 자신의 삶에 만족하며 적응해 사는 사람이다.

2 노화이론

노화에 관한 이론은 무척 많다. 크게 보면 생물학적 노화이론, 심리적 노화이론, 사회적 노화이론으로 구분된다. 생물학적 노화이론은 프로그램이론과 비 프로그램이론이 있고, 심리적 노화이론은 인지이론과 퍼스낼리티 · 자아이론을, 사회적 노화이론은 활동이론, 유리이론, 지속이론, 선택이론, 사회적 붕괴이론을 포함한다.

- 생물학적 노화이론 : 프로그램이론, 비 프로그램이론
- 심리적 노화이론 : 인지이론, 퍼스낼리티 · 자아이론
- 사회적 노화이론 : 활동이론, 유리이론, 지속이론, 선택이론, 사회적 붕괴이론

1) 생물학적 노화이론

생물학적 노화이론은 프로그램이론(programmed aging theories)과 비 프로그램이론(non-programmed aging theories)이 있다. 이 두 이론은 생물 종마다 수명이 다른 것을 설명한다(Goldsmith, 2014).

(1) 프로그램이론

프로그램이론에 의하면 생물 종은 생물학적 자살 메커니즘 또는 자살 프로그램을 가지고 있다. 자살 메커니즘 또는 자살 프로그램은 진화적 장점을 획득하기 위해 종 특유의 가치에 맞게 생존기간을 제한한다. 생존과 재생산 기간이 늘어나면 생존기간의 진화와 유지능력을 제한하는 진화적 손해가 발생한다. 오래 살수록 손해라는 것이다. 따라서 모든 생물 종은 수명이 있다.

(2) 비 프로그램이론

비 프로그램이론에 의하면 노화는 신체가 자연적인 노후화과정, 예컨대 기계적 소모, 산화, 기타 손상에 대응하는 능력이 약화되기 때문에 발생한다. 신체의 노후화는 생물 종에게는 생존과 재생산의 진화적 과정만 있으면 되고 따라서 생존에 필요한 유지능력과 회복능력만 있으면 되는 존재로 진화했기 때문에 일어나는 것이다.

두 이론 중 과거에는 비 프로그램이론이 우세했다. 진화과정 메커니즘이 프로그램화되어 있다는 것이 이론적으로 불가능하다고 생각한 것이다. 대부분의 연구자들이 비 프로그램이론을 지지했다. 하지만 여러 가지 관찰과 증거가 비 프로그램이론보다는 프로그램이론을 지지하는 것으로 나타남에 따라 오늘날에는 프로그램이론이 비 프로그램이론보다 우위에 있다.

Summery 생물학적 노화이론

이 론	내 용
프로그램이론	• 생물 종은 생물학적 자살 메커니즘 또는 자살 프로그램을 가지고 있다. • 자살 메커니즘 또는 자살 프로그램은 진화적 장점을 획득하기 위해 종 특유의 가치에 맞게 생존기간을 제한한다.
비 프로그램이론	• 노화는 인체가 자연적인 노후화과정, 예컨대 기계적 소모, 산화, 기타 손상에 대응하는 능력이 약화되기 때문에 발생한다. • 신체의 노후화는 생물 종이 생존에 필요한 유지능력과 회복능력만 있으면 되는 존재로 진화했기 때문에 일어난다.

2) 심리적 노화이론

(1) 인지이론

인지(cognition)는 지각, 기억, 판단, 이성, 지성, 의사결정 등 모든 정신적 활동을 설명하는 심리적 능력이다. 인지이론은 인지의 변화로 노화를 설명한다. 인지이론은 유기체적 접근(organismic approach), 기계론적 접근(mechanistic approach), 맥락적 접근(contextual approach), 심리측정적 접근(psychometric approach)을 포함한다.

- **유기체적 접근** : 인지적 능력은 개인적 경험과 생물학적 능력을 반영하며 생애주기의 여러 단계에 따라 변한다. 인지구조가 질적으로 또 순차적으로 변하는 것이 노화이다.
- **기계론적 접근** : 인간은 외부환경에 직접적으로 반응하여 지적으로 발전하는 존재이다. 인간의 인지능력은 환경에 의해 형성된다. 기계론적 접근에서 노화란 인간의 인지능력이 환경의 변화에 의해 쇠퇴하는 것이다.
- **맥락적 접근** : 인지발달을 개방적인 인지시스템에서의 상호반응적 · 양방향적 과정으로 간주한다.
- **심리측정적 접근** : 삶의 전반에 걸쳐 발전하는 인지의 다양한 측면을 중시한다.

(2) 퍼스낼리티 · 자아이론

퍼스낼리티 · 자아이론은 인생 전반에 걸친 퍼스낼리티와 자아의 변화를 중시한다. 인간발달의 단계가 이론의 핵심이다. 대표적인 예가 Erikson의 인간발달이론이다. 이 이론은 아동기, 청소년기, 중년기, 노년기의 정체성 발달에 초점을 두고 있다. 퍼스낼리티가 개인의 행동과 태도에 대한 타인의 시각이라면, 자아는 개인이 자기 자신을 보는 시각이다.

Reichard 등은 노인의 퍼스낼리티를 성숙형(mature men), 흔들의자형(rocking chair), 무장형(armored men), 분노형(angry men), 자기혐오형(self-haters) 등 5개 유형으로 구분했다(김숙응 · 이의훈, 2007 : 133).

- **성숙형** : 친밀한 인간관계를 유지하는 균형 잡힌 유형이다. 노화와 은퇴의 장단점을 잘 이해하고 고려한다.
- **흔들의자형** : 타인의 도움에 의지하는 수동적이고 의존적인 유형이지만 가능하면 은퇴 후에 일을 하지 않고 편한 노후를 보내려 한다.
- **무장형** : 잘 통합된 방어메커니즘을 가지고 있으며, 독립성을 표현하기 위해 사회활동을 한다.
- **분노형** : 타인, 자신, 자신의 인생에 대한 불만이 많다. 좌절과 실패를 잘 참지 못하며, 공격적이다. 노화를 두려워한다.
- **자기혐오형** : 분노형과 비슷하다. 그러나 증오와 원한이 자기 자신에게 향한다. 자신을 실패자로 간주하고 자신의 나이에 대해 우울해 한다.

이와 유사하게 Neugarten도 노인의 퍼스낼리티 유형을 완성적 퍼스낼리티(integrated personalities), 방어적 퍼스낼리티(defended and armoured personalities), 수동적 · 의존적 퍼스낼리티(passive-dependent personalities), 비완성적 퍼스낼리티(unintegrated personalities)로 구분했다(김숙응 · 이의훈, 2007 : 133-134).

- **완성적 퍼스낼리티** : 일반적으로 만족스럽고 행복한 삶을 살고 있다. 무엇인가를 상실해도 새로운 것을 찾아내어 자신의 삶을 재조직할 수 있는 능력을 지니고 있다. 과거의 나쁜 기억이나 역할에서 벗어날 수 있는 퍼스낼리티 소유자이다.
- **방어적 퍼스낼리티** : 성취지향적인 퍼스낼리티로서 중년기에 머물러 있고 싶어 한다. 노화가 자신의 삶에 부정적인 영향을 미친다고 생각한다.
- **수동적 · 의존적 퍼스낼리티** : 소극적이고 타인의 도움을 원한다. 자신을 불행하다고 여기며 타인에 대한 의존욕구가 강하다.
- **비완성적 퍼스낼리티** : 인지에 손상이 있어 혼란스러워 하는 퍼스낼리티이다.

다음은 자아이론이다. 자아이론은 개인에게는 자아일관성 동기(self-consistency motives)가 있다고 가정한다. 자아일관성 동기란 자아 개념에 맞추어 행동하려는 동기를 말한다. 노인의 자아일관성 동기는 자신의 이미지를 유지하고, 노인은 취약하다는 이미지를 부정하려는 것이다. 다시 말해 노년기가 되어도 안정적이고 긍정적인 퍼스낼리티를 유지하고 싶어 하고, 노인에 대한 부정적인 이미지를 극복하기 위해 노력한다는 것이다.

Summery **심리적 노화이론**

이 론	내 용
인지이론	• 인지, 즉 지각, 기억, 판단, 이성, 지성, 의사결정 등 모든 정신적 활동의 변화로 노화를 설명 • 유기체적 접근 : 인지적 능력은 개인적 경험과 생물학적 능력을 반영하며 생애주기의 여러 단계에 따라 변하며, 노화는 인지구조가 질적으로 또 순차적으로 변하는 것 • 기계론적 접근 : 인간을 외부환경에 직접적으로 반응하여 지적으로 발전하는 존재라고 가정한다. 인간의 인지능력은 환경에 의해 형성된다. 노화란 인간의 인지능력이 환경의 변화에 의해 쇠퇴하는 것 • 맥락적 접근 : 인지발달을 개방적인 인지시스템에서의 상호반응적, 양방향적 과정으로 간주 • 심리측정적 접근 : 삶의 전반에 걸쳐 발전하는 인지의 다양한 측면을 중시
퍼스낼리티 · 자아이론	• 인생 전반에 걸친 퍼스낼리티와 자아의 변화를 중시 • 퍼스낼리티가 개인의 행동과 태도에 대한 타인의 시각이라면, 자아는 개인이 자기 자신을 보는 시각 • 노인의 퍼스낼리티는 다양하고, 노인은 자아일관성 동기가 있음

3) 사회적 노화이론

(1) 활동이론

활동이론(activity theory)은 노인에게 주어진 역할과 노인의 여러 가지 활동유형에 의해 노인의 심리적 안정과 사회적 행복이 결정된다고 보는 이론이다. 활동이론에 의하면 노화로 인해 자신의 역할을 포기하게 될 경우(예 은퇴) 그동안 자신이 했던 역할을 대신할 수 있는 새로운 역할을 찾는다. 노년기에 들어 할 수 있는 역할이 많으면 많을수록 노화로 인해 상실한 역할의 상실감을 극복하기 쉽고 행복할 가능성도 크다. 노인이 되어 역할에 변화가 오더라도 어떤 활동(예 여가활동)에 참여함으로써 삶의 만족도를 유지하려는 것은 자연스런 일이다(Lemon et al., 1972).

(2) 유리이론

유리이론(disengagement theory)은 활동이론의 정반대이다. 노인이 은퇴로 인해 자신의 역할을 상실하고 인간관계의 상당부분을 잃게 되더라도 새로운 생활방식과 새로운 사회적 관계에 적응을 하게 되면 새로운 균형을 찾게 된다. 노화에 이르더라도 노인에 맞는 새로운 기술들을 익히고 새로운 역할을 찾게 되면 문제가 없다. 그러나 이에 실패하면 자신을 사회로부터 유리시킨다.

유리이론은 노화로 인해 기능적 능력이 고갈된다는 점을 강조한다(Cumming and Henry, 1961). 기능적 상실은 노인이 생산적 활동에서 이탈하여 여가활동을 하게 되는 것을 설명한다. 유리이론은 노인의 행동변화에도 주목한다. 노인은 자신의 한계를 인식하고 사회가 자신을 직장에서 재배치(정년퇴직)하는 것을 받아들인다. 연령에 등급을 둔 사회(the age-grading of society. 예컨대 학교와 직장에서의 연령등급)가 노인의 사회적 행동을 변화시킨다는 것이다(Foner, 1975).

사회적 유리는 남녀 간에 차이가 있다. 남자는 가장으로서 수입을 얻을 수 있는 직업생활이 가장 중요하기 때문에 직업으로부터의 유리는 상당한 스트레스를 준다. 반면에 여성은 어머니, 아내, 근로자 등 다양한 역할을 수행하는 데 익숙해 있기 때문에 유리로 인한 스트레스를 남자에 비해 적게 받는다.

(3) 지속이론

지속이론(continuity theory)은 유리이론이나 활동이론과 달리 노화하는 개인이 활용하는 시간의 역할(the role of time)을 강조한다. 개인은 노화하면서도 자신이 하던 활동을 유지하려 한다. 생애에 걸쳐 시간을 활용하는 방식이나 타인과의 사회적 관계에서 놀라울 정도로 일관성을 보이는 데서 이를 확인할 수 있다(Atchley, 1989). 이 이론에 의하면, 나이가 듦에 따라 사회적 역할이 변하지만 사람은 자신이 항상 하던 일을 계속하고 가장 오래 알던 사람과 관계를 유지한다(평생친구). 이런 경향은 모든 연령층에서 공통적으로 나타난다.

(4) 선택이론

유리이론, 활동이론, 지속이론 모두 노화를 불변의 경험인 것처럼 가정한다. 하지만 노화는 획일적인 것이 결코 아니다. 아주 다양하다. 여기에 초점을 둔 이론이 선택이론(selectivity theory)이다. Baltes와 Baltes(1990)는 보상의 선택적 최적화모델(a model of selective optimization with compensation)을 제시했다. 이 모델은 노화를 자원(주로 인지적 자원)의 변화에 개인이 적응하는 과정으로 간주한다. 노인은 자신이 처한 환경 속에서 자신의 능력을 최적화할 수 있는 활동에 종사하고, 이것으로 더 이상 계속할 수 없어 중단한 활동(예 이전의 직업)을 보상받는다. 비유하면, 노인이 마라톤을 할 수는 없지만, 이웃과 함께 활기차게 산보를 즐길 수 있고, 그것으로 마라톤을 대신한다. 요컨대 노화로 이전에 갖고 있던 여러 자원을 잃게 되지만, 운동, 오락, 사회참여와 같은 제반활동을 통해 타인과 관계를 맺음으로써 보상받는다는 것이다.

(5) 사회적 붕괴이론

노인은 행동을 지도하는 지침의 결여, 역할 상실, 명분 상실, 준거집단(reference group)의 결여 등을 경험하면서 삶의 방향성을 상실한다. 사회적 붕괴이론은 은퇴자, 노인과 같은 새로운 역할에 직면한 사람들이 어떻게 반응하는지를 설명한다. 청장년기를 지난 사람에게 은퇴나 노인은 새롭지만 애매한 역할이다. 이런 애매한 역할에 적절히 대응하기 위해 새로운 규칙들을 찾게 된다.

Summery 사회적 노화이론

이 론	내 용
활동이론	• 노인의 역할과 활동유형에 의해 노인의 심리적 안정과 사회적 행복이 결정 • 노화로 자신의 역할을 포기하게 되면, 그동안 자신이 했던 역할을 대신할 수 있는 새로운 역할을 찾게 됨 • 역할이 많을수록 행복
유리이론	• 퇴직 후 역할을 상실하더라도 사회적응에 성공하면 새로운 균형을 찾게 되지만 이에 실패하면 사회로부터 유리 • 노화로 인해 기능적 능력이 고갈된다는 점 강조. 기능적 능력 상실은 노인이 생산적 활동에서 이탈하여 여가활동을 하게 되는 것을 설명 • 노인의 행동변화에 주목. 노인은 자신의 한계를 인식하고 사회가 자신을 직장에서 재배치(정년퇴직)하는 것을 받아들임
지속이론	• 개인은 노화하면서도 자신이 하던 활동을 유지하려 함 • 일생 동안 시간 활용하는 방식이나 타인과의 사회적 관계가 일관성을 보이는 데서 확인 가능
선택이론	• 노화는 인지적 자원의 변화에 개인이 적응하는 과정 • 노인은 자신이 처한 환경 속에서 자신의 능력에 맞는 활동을 선택함으로써 중단한 직업생활을 보상받음
사회적 붕괴이론	• 노인은 행동을 지도하는 지침의 결여, 역할 상실, 명분 상실, 준거집단의 결여 등을 경험하면서 삶의 방향성을 상실 • 은퇴자, 노인 등과 같은 새로운 역할에 직면한 사람들이 어떻게 반응하는지를 설명

3 성공적 노화

1) 성공적 노화 모델

성공적 노화는 노년기의 신체적 · 정신적 · 사회적 안녕(well-being)을 의미한다. 성공적 노화는 노인의 기능이 높은 수준이며 사회에 기여한다는 것을 강조함으로써 과거 노인에 대한 부정적 인식, 즉 노인을 사회의 짐으로 간주해 낙인을 가했던 인식에 변화를 준 새로운 관점이다.

성공적 노화에 대한 최초의 과학적 접근은 1961년 노년학자 Robert J. Havighurst (1961)의 연구이다. 그는 노인이 인생을 향유하고 만족스런 삶을 유지하도록 돕는 것이 노년학의 실질적인 목표라 하면서 성공적인 노화에 관한 이론을 만드는 것이 핵심이라고 주장했다.

성공적 노화에 관한 최초의 이론은 노화의 생의학적 모델(the biomedical model)이다. 1960년대 초에 나온 이 모델은 건강을 성공적 노화의 핵심으로 삼았다. 생활양식이나 심리사회적 요인(건강에 영향을 미치는 요인임에도)은 이 모델에서 배제된다. 하지만 사람을 정상적인 사람과 질병이 있는 사람으로 단순하게 분류한 것은 인간의 다양성을 무시한 것이다. 질병이 있는 노화(diseased aging)와 정상적인 노화(normal aging)를 구분하는 것은 유용할 수도 있으나 노화를 설명하기에는 불충분했으며, 정상적인 노화가 가능한지에 대한 의문도 제기되었다(Baltes and Baltes, 1990).

1960년대 후반에는 심리사회적 모델(the psychosocial model)이 등장했다. 생의학적 모델이 질병의 부재와 신체적 · 정신적 기능의 유지를 성공적 노화의 핵심으로 보았다면, 심리사회적 모델은 삶의 만족, 사회참여, 사회적 기능, 심리사회적 자원을 강조하였다. 과거와 현재의 삶에 대한 만족은 성공적 노화의 중요한 요소이다. 삶의 만족은 행복, 자아개념, 흥미, 용기, 사기, 기분, 전반적 안녕을 포함한다. 사회적 기능의 유지도 성공적 노화의 주요 요소이다. 사회적 역할 기능의 수준, 긍정적 상호작용, 타인과의 관계, 사회통합, 사회에의 호혜적 참여 등이 여기에 포함된다. 심리사회적 자원은 긍정적 외양, 자존감, 자기효능감, 삶에 대한 통제 센스,

자율성, 독립성, 효과적인 수습능력과 적응전략 등을 포함한다(Havighurst et al., 1968).

1970년대 들어서는 생물학적·심리적·사회적 요인이 개인의 건강상태와 질병의 위험에 영향을 준다는 사실이 밝혀짐에 따라 새로운 모델인 생물심리사회적 모델(the biopsychosocial model)이 나왔다(Engel, 1977). 생물심리사회적 모델은 노년기 개인의 건강과 기능적 상태를 단순히 건강과 질병 두 가지 유형으로 분류할 수 없다고 하면서 노인의 건강과 기능적 상태를 여러 차원을 가진 하나의 스펙트럼으로 보았다(Coyne and Downey, 1991). 이 모델 등장 이후 성공적 노화에 생물학적 개념과 심리사회적 개념이 통합되었다.

성공적 노화를 다차원적으로 고찰한 대표적인 것이 Rowe와 Kahn(1987, 1997)의 다차원 모델(the multiple model)이다. 이들은 성공적인 노화를 경험하는 사람의 공통적인 특성을 추출했는데, 장애나 질병이 없고, 인지적·신체적 능력이 높은 수준에 있으며, 타인과 유의미한 방식으로 상호관계를 맺고 있다는 사실을 발견했다. 이로부터 이들은 성공적 노화의 특성을 질병과 장애로부터의 자유(freedom from disease and disability), 높은 인지적·신체적 기능(high cognitive and physical functioning), 사회적·생산적 간여(social and productive engagement) 등 세 가지 차원(요소)으로 구분했다. 다시 말해 성공적 노화는 질병으로부터 자유롭고, 장애의 고통이 없으며, 지적으로 능력이 있고, 좋은 신체적 조건을 갖추고 있으며, 타인과의 상호작용이나 사회생활에서 이런 능력을 적극적으로 활용하는 것이다.

이들은 또 생의학적 모델의 한계를 극복하기 위해 정상적 노화를 일반적 노화(usual aging)와 성공적 노화(successful aging)로 구분하였다. 일반적 노화는 신체적·사회적·인지적 기능이 노화와 함께 정상적으로 쇠퇴하는 것이다. 성공적 노화는 이런 기능의 쇠퇴나 상실을 최소화하는 것이다. 말하자면 일반적 노화는 연령에 맞게 큰 병리적 문제없이 노화하는 것이고, 성공적 노화는 청장년층과 비교해서 기능면에서 별 차이 없이 노화하는 것이다. 성공적 노화의 요인은 음식, 교육, 운동, 영양, 사회적 지지 등 노화과정을 완화시키는 것들이다.

Summery 성공적 노화 모델

모 델	내 용
생의학적 모델	• 성공적 노화는 좋은 건강상태, 독립적인 삶, 높은 수준의 인지기능과 신체기능 • 생활양식이나 심리사회적 요인(건강에 영향을 미치는 요인임에도)은 배제 • 노화를 질병이 있는 노화와 정상적인 노화로 구분
심리사회적 모델	• 노년기 개인의 건강과 기능적 상태를 단순히 건강과 질병 두 가지 유형으로 분류할 수 없다고 비판 • 노인의 건강과 기능적 상태를 여러 차원을 가진 하나의 스펙트럼으로 간주 • 이 모델 등장 이후 성공적 노화에 생물학적 · 심리사회적 개념이 통합
다차원 모델	• 성공적 노화는 질병과 장애로부터의 자유, 인지적 · 신체적 기능, 사회적 · 생산적 간여 등 세 가지 차원을 가짐 • 성공적 노화는 질병으로부터 자유롭고, 장애의 고통이 없으며, 지적으로 능력이 있고, 좋은 신체적 조건을 갖추고 있으며, 타인과의 상호작용이나 사회생활에서 이런 능력을 적극적으로 활용하는 것 • 정상적 노화를 일반적 노화와 성공적 노화로 구분. 일반적 노화는 연령에 맞게 큰 병리적 문제없이 노화하는 것, 성공적 노화는 청장년층과 비교해서 기능면에서 별 차이 없이 노화하는 것 • 성공적 노화의 요인은 음식, 교육, 운동, 영양, 사회적 지지 등 노화과정을 완화시키는 것

2) 성공적 노화에 대한 비판

Rowe와 Kahn의 성공적 노화 개념은 노인의 사회적 가치를 높이는 데 상당히 기여했다. 이전까지 노인에 대한 사회적 인식은 대체로 부정적이었다. 노인을 질병이나 장애를 가진, 사회에 의존적인 존재로 인식한 것이다. 하지만 이들은 건강하고, 기능적이며, 사회참여를 지속하는 성공적인 노화를 통해 노인도 사회에 기여할 수 있는 존재란 사실을 밝힘으로써 노인에 대한 부정적인 고정관념을 깨트렸다. 그러나 그에 대한 비판도 만만치 않다.

Rowe와 Kahn의 성공적 노화 모델은 노인에게 비현실적인 노화관념을 주입한다. 질병에서 자유롭고 건강하며 활동적인 노인 모델을 제시하기 때문이다. 그러나 현실에서 이런 노인은 많지 않다. 성공적(successful)이라는 용어 자체가 승자와 패자를 내포한다. 건강하고 활동적이지 못한 노인을 성공하지 못한 사람으로 낙인찍는다. 이것은 노인차별일 수 있다.

성공적 노화는 사회구조를 고려하지 않는다는 점에서 개인주의적 개념이다. 실제로 노화는 개인과 역동적인 사회구조가 상호작용하는 사회적 과정이다. 노인의 삶은 평생교육, 차별반대정책, 여가, 자원봉사활동 기회 등 다양한 사회적 개입과 조치의 영향을 받는다. 따라서 성공적 노화도 사회와 환경의 영향을 받지 않을 수 없다(Foster and Walker, 2014).

성공적인 노화에 대한 이념적 비판도 있다. 노년학자, 케어전문직, WHO 등 국제조직이 사용하는 성공적 노화가 개인주의 원칙을 선호하는 자유주의 관념에 기초해 있다는 것이다. 말하자면 보건과 은퇴 영역의 신자유주의자들이 적극적이고 성공적인 생활방식에 관한 노년학적 관념에 영감을 받아 만든 용어라는 것이다. 사실 성공적 노화 개념이 노화에 대한 개인의 책임(흡연, 음주, 운동부족 등)을 강화함으로써 정부 책임을 개인에게 전가한 면이 없지 않다.

성공적 노화에 대한 보편적인 정의가 없다는 것도 한계이다. 성공적 노화를 측정할 수 있는 조작적 정의와 측정도구를 개발하기 위해서는 성공적 노화에 대한 합의된 정의가 있어야 하는데, 그것이 없어 연구의 진전에 제한을 받고 있는 것이다.

나아가 성공적 노화의 세 차원(요소)에 대한 비판도 강하다.

첫째, 장애와 질병이 없는 상태이다. 하지만 질병이 없는 노인은 비현실적이다. 나이가 들면서 질병과 장애가 생기는 것은 자연스런 일이다. 노인이 노력한다 해서 질병과 장애로부터 자유로워지는 것은 아니다. 노인의 삶에서 중요한 의미를 갖는 것은 온전함(integrity)이다. 만성질환이나 질병이 있는 노인이라도 거기에 적응해서 생산적인 방법으로 기능함으로써 유쾌한 삶과 높은 수준의 생활만족도를 유지할 수 있다. 이것이 진정한 신체적·정신적 건강이다. 성공적 적응(successful adaptation)이 곧 성공적 노화인 것이다. 자신의 만성질환이나 장애를 효과적으로 관리할 줄 아는 것이 성공적 노화의 핵심이다. 성공적 노화는 어떤 특권이나 권리가 아니다. 하나의 객관적인 조건일 뿐이다. 신체적 제한이 있는 사람도 얼마든지 생산적인 삶을 살 수 있다. 노인에게 진정으로 중요한 것은 주관적 삶의 질(subjective quality of life)이다. 성공적 노화에 관한 객관적인 신체적·정신적 기준을 충족시키지 못하더라도 자신이 성공적인 노화에 해당한다고 생각하는 노인이 많다. 건강과 안녕보다 삶의 질을 더 중시하는 노인이 많다는 것이다. 노인의 주관적 삶의 질은 쾌활함(resilience), 낙관주의(optimism), 정신적·정서적 상태(mental and emotional status)와 같은 심리사회적 요인의 영향을 많이 받는다(Bowling and Dieppe, 2006).

둘째, 인지기능(cognitive functioning)이다. 65세 이상이 되면 인지기능이 약화되는 것으로 알려져 있다. 하지만 실제로는 대부분의 노인이 자신의 인지기능을 잘 유지하고 있다고 한다. 성공적 노화를 위해서는 충분한 인지기능을 보유하고 있어야 한다. 성공적 노화에 필요한 인지기능을 유지하기 위해서는 기억과 실행 기능과 같은 신경심리학적 능력뿐만 아니라 인지체계도 보유하고 있어야 한다. 하지만 노인이 속도감, 주의력, 집중력, 기억력을 잃더라도 이전의 언어적 학습과 축적된 지식에서 나오는 응축된 지능(crystallized intelligence)이 있으면 삶을 안정적으로 유지할 수 있다. 비록 완전하지는 않지만 이런 상태에서도 노인은 퇴직 후의 삶을 효과적으로 보낼 수 있다.

셋째, 사회적 상호작용(social interaction)이다. 인간의 삶에서 사회적 상호작용은 매우 중요하다. 타인과 상호작용하는 능력은 성공적 노화에 필수적인 요소이다. 상호작용은 배우자, 가족, 친구 등 노인의 사회적 네트워크를 통해 이루어진다. 노인이 되면 네트워크 크기가 줄어든다. 하지만 네트워크에 남은 사람과의 상호작용 강도는 더 강해진다. 노인에게 사회적 네트워크가 필요한 이유는 두 가지이다. 타인의 정서적 지지(emotional support)와 일정한 관계 맺기(engagement)이다. 타인의 지지와 격려는 상호작용의 양보다는 질에서 얻어진다. 타인과의 질적 관계가 더 중요하다는 것이다. 그리고 사회적 상호작용은 고독(loneliness)과 관련되어 있다. 상호작용이 부족하면 고독해진다. 고독은 신체적 활동을 저하시키는 심각한 위험 요인이자 성공적 노화의 부정적 신호이다. 고독을 방지하는 것은 성공적 노화에 매우 중요하다. 이처럼 노인이 단순히 사회적 상호작용을 한다고 해서 성공적 노화가 달성되는 것이 아니다. 노인이 가진 사회적 네트워크의 질적 측면과 사회적 상호작용을 통한 고독의 극복이 전제되어야 한다.

Summery 성공적 노화의 세 가지 차원에 대한 비판

구 분	비 판
장애와 질병이 없는 상태	• 질병이 없는 노인은 비현실적 • 자신의 만성질환이나 장애를 효과적으로 관리할 줄 아는 것이 성공적 노화의 핵심(성공적 적응이 곧 성공적 노화)
인지기능	• 노인이 속도감, 주의력, 집중력, 기억력을 잃더라도 응축된 지능이 있으면 생애에 걸친 삶을 안정적으로 유지할 수 있음
사회적 상호작용	• 노인이 단순히 사회적 상호작용을 한다고 해서 성공적 노화가 달성되는 것이 아님 • 노인이 가진 사회적 네트워크의 질적 측면과 사회적 상호작용을 통한 고독의 극복이 전제되어야 함

4 적극적 노화

1990년대 들어 OECD와 ILO[1] 같은 국제조직은 적극적 노화(active ageing) 개념을 사용하기 시작했다. 당시 유럽은 인구 고령화와 근로자의 조기퇴직으로 인해 노동시장과 사회보장에서 상당한 곤란을 겪고 있었다. 유럽 각국은 부족한 노동력을 보충하기 위해 정년의 연장과 노동시장에서의 고령 노동력의 활용(유지)을 위한 전략을 모색했는데, 이를 위해서는 건강한 고령근로자의 노동력이 필요하다고 생각했고, 이를 정당화하는 근거로 적극적 노화 개념을 제시하였다.

2002년에는 WHO도 건강문제에 대한 예방적 접근을 위해 적극적 노화 개념을 수용했다.[2] 적극적 노화 개념은 더 확장되어 노인이 자원봉사자로서 자신이 속한

1) 1919년 베르사유조약에 따라 국제연맹과 함께 창립된 국제기구로서 1944년 필라델피아선언을 통해 완전고용과 생활수준의 향상, 고용의 확보, 직업훈련과 노동력 이동의 편의 제공, 최저임금과 노동시간 등 노동조건의 개선, 단체교섭권과 노사 간의 협력, 사회보장, 생명과 건강의 보호, 출산보호, 노동자의 영양·주택·레크리에이션의 향상, 교육과 직업의 기회균등 등 10개항의 활동목표를 설정했다. 국제노동법의 제정, 저개발국가에 대한 기술원조, 노동문제에 대한 조사연구 등의 활동도 하고 있다. 우리나라는 1991년 12월 152번째로 가입하였다. 각 회원국은 정부 2명, 노사 각 1명 등 대표 4명을 총회에 파견하며, 이사회는 정부 28명, 노사 각 14명 등 이사 56명으로 구성된다.

2) WHO. 2002. "Active Ageing : A Policy Framework." http://www.who.int/ageing/publications/active_ageing/en/ (WHO 검색일 2017/12/15).

지역사회에 기여하는 활동까지 포함하게 되었다. 다시 말해서 노인이 건강한 삶을 영위하는 것뿐만 아니라 공동체에 기여하는 것까지 적극적 노화 개념에 포함되었다는 것이다. 적극적 노화는 노인의 사회참여와 노인이 가진 잠재능력과 지식을 강조함으로써 노년기를 삶의 비활동기(the oldest phase of life with inactivity)와 동일시한 전통적 개념에 도전했다.

국제기구들의 이런 노력에 힘입어 적극적 노화 개념은 노년학뿐만 아니라 노화에 관한 국내적·국제적 논의에서 핵심적인 주제와 쟁점이 되었고, EU와 WHO는 적극적 노화를 주요 정책 의제에 포함시켰으며, 유럽 각국은 국내 사회정책의 한 부분으로 격상시켰다(Ney, 2005).

1) WHO의 정의

적극적 노화에 가장 많은 관심을 표명한 국제기구가 WHO이다. WHO(1999)는 일찍이 노화를 이해하는 데는 노화하는 과정(the ageing process)과 노화의 과정(the process of ageing)을 구분하는 것이 중요하다고 했다. 노화하는 과정은 노년기에 발생하는 보편적인 생물학적 변화로서 질병과 환경의 영향을 받지 않는다. 나이가 들면서 자연스럽게 늙어가는 것이다. 이를 정상적 노화(normal ageing)라 한다. 이에 비해 노화의 과정은 환경, 생활양식, 질병의 영향을 강하게 받는다. 노화로 인한 생물학적 변화와는 무관하다. 적극적 노화는 이 노화의 과정에 변화를 주자는 것이다. WHO는 생애에 걸친 신체적·사회적·영적 활동의 유지를 통해 노화 없는 노화의 과정(process of growing older without growing old)을 만드는 것이 적극적 노화라고 했다.

2002년 WHO는 적극적 노화에 관한 정책적 틀을 담은 보고서를 발표했다. 이 보고서에서 WHO(2002)는 적극적 노화를 "노년기 삶의 질을 향상시키기 위해 건강, 참여, 안전의 기회를 최적화하는 과정"으로 정의했다. 이 정의는 비록 짧지만 함축적이어서 적극적 노화에 관한 정의 중에서 가장 많이 인용되고 있다.

WHO의 정의에서 중요한 것은 건강의 기회와 삶의 질의 관계이다. 건강은 삶의 질을 개선해야 향상된다는 것인데, 이를 위해서는 보건의료 인프라의 확충을 통해 접근성을 개선하고 보건의료비용의 부담을 줄여야 한다. 그리고 이 정의는 건강 이상의 것, 즉 참여와 안전의 기회를 강조하고 있다. 참여는 고용, 정치, 교육, 예술, 종교 등과 같은 사회적 영역에서의 활동을 최적화하는 것이다. 이를 위해서는 노인이 이런 활동을 통해 사회에 기여할 수 있게 만드는 정책과 프로그램이 필요하다. 안전은 노인의 보호, 존엄성, 케어(신체적 · 사회적 · 재정적 욕구와 권리의 충족)를 보장하는 활동이다.

WHO는 또 노인이 삶의 과정을 통해 신체적 · 사회적 · 정신적 안녕의 잠재능력을 인식하고 사회에 참여하는 것이 적극적 노화이고, 적극적이란 단어는 사회적 · 경제적 · 문화적 · 정신적 · 시민적 일(affairs)에 참여를 계속하는 것을 의미한다고 했다. 그러므로 일을 그만두거나 아프거나 장애가 있는 노인이라도 가족, 친구, 공동체, 국가에 적극적으로 기여하는 사람이 될 수 있다. 적극적 노화의 목적은 건강한 수명을 연장하고 삶의 질을 높이는 데 있다. 건강은 신체적 · 정신적 · 사회적 안녕을 의미한다(WHO의 정의). 건강한 노인이 자율성과 독립성을 유지하는 것이 적극적 노화 정책의 핵심적 목표이다.[3)]

WHO의 적극적 노화는 건강한 노화, 생산적 노화, 성공적 노화를 포함한다는 점에서 다차원적이고, 다양한 노화과정과 다양한 노인집단을 고려하면서 삶의 질, 정신적 · 신체적 안녕, 사회참여를 포함한다는 점에서 포괄적인 접근이며, 삶의 질을 중시한다는 점에서 역동적이다.

WHO의 적극적 노화 정의는 독립성과 사회참여를 강조함으로써 수동적이고 의존적인 노인이라는 고정관념에 도전하고 대안을 제시하였으며, 노화의 쇠퇴와 상실 패러다임(the decline and loss paradigm)을 거부하고 그것을 구식으로 만들었다. 또 노인의 사회참여를 강조함으로써 직장에서의 연령차별에 대항하고, 연령의 다양성을 인정하며, 고용과 훈련에서의 유연성을 확대하는 데 기여했다.

---

3) http://www.who.int/ageing/active_ageing/en/ (WHO 검색일 2017/10/31).

2) UN 유럽경제위원회와 적극적 노화

UN 유럽경제위원회(Economic Commission for Europe)도 WHO와 유사하게 삶의 모든 영역을 고려하고 여러 관점에서 노화과정을 살펴야 할 것을 강조하였다. 예컨대 마드리드 국제노화활동계획 지역전략 회의(Regional Implementation Strategy for the Madrid International Plan of Action on Ageing)에서 UN 유럽경제위원회 회원국들은 노인의 사회적·경제적·정치적·문화적 참여를 확대하고, 노인의 지역사회에의 적극적 간여를 격려하고 세대 간 관계를 촉진시킴으로써 노인을 사회에 통합시켜야 한다는 입장을 표명했다(UN, 2002).

적극적 노화에 대한 이 입장은 몇 가지 측면에서 의미가 있다. 첫째, 적극적 노화는 개인뿐만 아니라 집단과 사회에도 초점을 둔다. 개인은 건강하고 적극적으로 나이 들어 갈 수 있고, 사회는 적극적 노화의 기회를 제공한다. 둘째, 적극적 노화는 노인의 삶의 질에 목표를 둔 하나의 과정이다. 적극적 노화는 한 번에 도달할 수 있는 상태가 아니다. 노화의 궤적을 개선하는 지속적인 것이다. 셋째, 조장 요인과 사회구조를 강조한다. 조장 요인과 사회구조는 노화과정을 결정하는 것으로 개인적 요인(유전적 특질, 개성), 사회적 요인(소득, 재화, 서비스, 권력의 불평등한 분배), 행동적 요인(생활양식), 환경적 요인(기후), 제도적 요인(노동시장 규제, 사회보장, 보건의료, 장기요양시스템)이 있다. 적극적 노화의 기회는 개인, 집단, 조직, 국가가 동참해 만들어야 한다. 넷째, 적극적 노화는 삶의 여러 영역을 포괄한다. 가장 중요한 삶의 질 영역은 건강, 사회통합, 사회적 참여이다. 건강이 적극적 노화의 주요 지표지만, 사회통합과 사회적 참여 기회가 보완되어야 완전해진다. 통합과 참여는 사회적·경제적·정치적 참여, 사회적 융합, 세대 간 관계를 포함하는 광의 개념이다.

Summery 적극적 노화의 정의

구 분	내 용
WHO	• 생애에 걸쳐 신체적 · 사회적 · 영적 활동을 유지시킴으로써 노화 없는 노화의 과정을 만드는 것 • 노년기 삶의 질을 향상시키기 위해 건강, 참여, 안전의 기회를 최적화하는 과정
UN 유럽경제위원회	• 적극적 노화는 노인의 삶의 질에 목표를 둔 하나의 과정 • 조장 요인(개인적 · 사회적 · 행동적 · 환경적 · 제도적 요인)과 사회구조 강조 • 삶의 여러 영역(건강, 사회통합, 사회적 참여) 포괄

한편 2015년 UN 유럽경제위원회는 적극적 노화 지표(Active Ageing Index, AAI)를 발표했다(UN, 2015). AAI는 노인의 적극적 노화 및 건강한 노화의 잠재력을 측정하는 도구이다. AAI는 네 영역으로 구성되어 있다. 고용(유급 활동을 통한 기여), 사회참여(무급의 생산적 활동을 통한 기여), 독립적이고 건강하고 안전한 삶, 적극적 노화 역량(적극적 노화를 위한 역량과 이를 가능케 하는 환경)이 그것이다. 앞의 세 영역은 노인의 다양한 활동과 독립적이고 건강하며 안전한 삶의 경험에 관련된 실제 경험에 관한 것이고, 네 번째 영역은 적극적 노화를 촉진하거나 방해하는 요인, 즉 적극적 노화를 위한 역량과 이를 가능하게 만드는 환경에 관한 것이다. 이런 네 지표를 구체적으로 측정하는 변수들은 〈표 3-1〉과 같다.

〈표 3-1〉 적극적 노화 지표

영 역	지 표	비 고
고용	55~59세 취업률	적극적 노화의 실제 경험
	60~64세 취업률	
	65~69세 취업률	
	70~74세 취업률	
사회참여	자원봉사활동	
	아동과 손자녀 케어	
	노인케어	
	정치적 참여	
독립, 건강, 안전	운동	
	헬스서비스에의 접근성	
	독립생활	
	재정적 보장	
	물리적 안전	
	평생교육	
적극적 노화에 필요한 역량과 환경	55세 시 잔여수명	적극적 노화 역량
	55세 시 건강한 잔여수명	
	정신적 안녕	
	정보통신(ICT) 사용	
	사회적 연결망	
	교육적 성취	

출처 : UN Economic Commission for Europe, 2015 : 13의 그림 2.1.

28개 EU 국가를 대상으로 AAI를 측정한 결과 스웨덴이 1위, 덴마크, 네덜란드, 영국, 핀란드, 아일랜드, 프랑스, 룩셈부르크, 독일, 에스토니아가 2~10위를 차지한 것으로 나타났다(UN, 2015 : 18). 북유럽 노르딕 복지국가들이 적극적 노화의 잠재능력이 높다는 것을 알 수 있다.

3) 유럽의 적극적 노화정책

유럽 각국은 1990년대 초부터 노화에 관한 정책에 관심을 두었다. 첫발은 1993년 유럽 노인의 해(the European Year of Older People in 1993)였다. 당시 유럽에서는 노인의 가치를 재평가하고 고령근로자에게 평등한 기회를 부여하자는 주장이 제기되었다. 1999년 UN도 노인의 해(the United Nations' Year of Older People 1999)를 선포하고, 노동력의 조기퇴직 문제와 공적연금 지출증가 문제가 심각해진 상황에서 고령근로자의 노동력의 활용을 위해 적극적 노화 개념을 받아들였다. 취업률 제고를 위한 고용전략과 적극적 노화전략이 맞아떨어진 것이다.

EC는 1999년 모든 연령층을 위한 하나의 유럽(Towards a Europe for All Ages)이란 보고서를 발표했다. 여기서 EC는 유럽이 직면한 네 가지 도전, 즉 근로연령층의 감소, 연금과 공공지출의 증가, 케어 수요의 증가, 고령층의 자원과 위기의 다양화를 적시하고, 이런 도전에 대응하는 전략도 네 가지로 제시했다. 첫째, 평생학습, 유연노동, 근로유인의 제고를 통해 유럽의 고용을 높인다. 둘째, 사회적 케어정책을 개선함으로써 조기퇴직 추세를 저지한다. 셋째, 건강정책과 노인케어 간의 관계에 관한 연구를 지원한다. 넷째, 직장에서의 연령차별과 배제에 대응하는 정책을 발전시킨다(EC, 1999). 그러나 고용을 너무 강조해 적극적 노화를 고용에 국한시켰고, 노인의 무급노동 가치를 무시한 채 논의를 생산적 노화(productive ageing)에 한정시켰다는 비판을 받았다(Boudiny, 2013).

적극적 노화는 고령근로자를 직장에 더 오래 머물게 하는 데 도움을 준다. 근로자가 더 오래 일하면 경제성장과 취업률 제고에 기여하게 되고 공적연금의 지속가능성 개선(연금 보험료를 더 많이 납부하고 연금을 더 늦게 수급함으로써)에도 도움을 준다. 하지만 고령근로자의 근로기간을 연장하는 것이 그들의 복지에 맞는지는 생각해 봐야 할 문제이다.

EC는 2009년에도 노화에 관한 보고서를 발표했다. 거기서 EC는 퇴직연령을 연장하고, 조기퇴직에의 접근성을 제한하며, 연금 보험료와 급여 간의 연계성을 강화함으로써 노동시장에서의 근로유인을 개선시켜야 한다고 주장했다. 노화에 관한 생산적 접근을 재차 강조한 것이다(EC, 2009).

적극적 노화에 관한 EU의 정책은 크게 보면 두 가지다. 하나는 근로생활의 연장에 초점을 둔 좁은 의미의 생산적 접근(a productivist approach)이고, 다른 하나는 적극적 노화를 보다 광범위하게 정의한 WHO와 UN이 지지하는 포괄적 접근(a comprehensive approach)이다. 유럽에서는 전자가 주류이다(Foster and Walker, 2014).

4) 적극적 노화와 활동이론

적극적 노화는 노인이 삶과 사회적 상호작용에 대해 적극적인 태도를 유지하는 것을 의미한다. 적극적으로 살면 노화가 지연되고 삶의 질이 향상된다. 활동성은 노인이 퇴직 이후의 삶에 적응하는 데도 도움을 준다. 적극적 노화의 활동성은 활동이론의 영향을 받은 것이다. 활동이론은 노화에 관한 초기 이론으로 Havighurst (1961)가 제시한 이론이다. 활동이론은 적극적 노화가 노인이 활동적이고 상호작용을 유지하면 얻어지고, 노인의 활동성과 삶의 만족도는 정의 관계에 있다고 가정한다. 다시 말해 노년기의 안녕은 사회적 참여 및 여가활동에의 참여에 의해 촉진된다는 것이다.[4]

하지만 이 이론은 노인의 건강상태와 경제적 상태의 불평등을 간과하고 있다. 건강과 경제는 노인이 적극적인 활동에 참여하는 능력과 새로운 도전에 나서게 만드는 열망에 제한을 가하는 요인이다.

활동이론은 일종의 기능주의이론이다. 퇴직자가 퇴직으로 잃은 역할을 새로운 역할을 찾아 이를 대체하는 것이라 할 수 있다. 노화의 활동이론은 오늘날 성공적 노화 패러다임에 여전히 영향을 미치고 있다.

---

4) 안녕은 성공적 노화의 객관적 평가에 대응하는 주관적 부분(the subjective counterpart)이다. 행복 또는 삶의 만족도와 같이 안녕은 주관적인 것이다.

5) 적극적 노화에 대한 비판

성공적 노화와 마찬가지로 적극적 노화도 비판을 받았다. 가장 강한 비판은 적극적 노화를 이상화함으로써 역효과를 야기하거나 억압적일 수 있다는 것이다. 적극적 노화를 이상화한다는 것은 노인의 근로능력을 과도하게 상정한 생산적 모델은 현실을 도외시한 이상적인 모델이라는 비판이고, 역효과를 야기하거나 억압적이라는 것은 적극적 노화를 조장하기 위해 노인의 정신적 역량을 무시하고 신체적 활동만 강조한다는 비판이다(Holstein and Minkler, 2007; Walker and Maltby, 2012). 다시 말해 노인의 적극적인 모습에 초점을 두고 노인차별을 제거하려는 노력이 자칫하면 노인의 신체상태를 무시하고 비현실적이고 억압적인 기준을 부과하는 위험이 있으며, 이것은 노인의 정체성과 자존감에 부정적인 영향을 준다는 것이다. 적극적 노화를 주장하는 학자나 정책입안자가 중년층이나 청년층에 맞는 적극성을 노인에게 무리하게 적용하려는 것이라는 비판도 있다(Foster and Walker, 2014).

적극적 노화 개념은 적극성을 바람직한 상태로 규정하고, 노인의 적극적인 활동이 노인 자신뿐만 아니라 사회적으로도 바람직하다는 생각을 갖도록 만들었고, 적극적인 노인이 이상적이라는 이미지를 조장했다(Katz, 2000). 또한 적극적 노화 개념은 이상적인 상태로 살지 못하는 노인의 가치를 저하시키는 규범적 기준을 암암리에 유포하고, 노화에 대한 개인의 책임과 자기 케어를 조장하는 한편 시민으로 하여금 적극적인 삶을 살도록 유도하는 측면도 있다.

노화과정은 다양하다. 노인의 다양성은 성공적 노화나 적극적 노화를 측정하기 어렵게 만든다. 노인의 다양성을 무시하면 성공적 노화나 적극적 노화 전략이 실패할 확률이 높다. 적극적 노화를 모든 사람, 지역, 국가에 보편적으로 적용시킬 수는 없다. 사회는 적극적 노화를 위한 제반 활동에 참여하는 노인 스스로 이것이 자신에게 적합한지 판단할 수 있도록 배려해야 하고, 노인은 자신이 처한 조건에 맞는 노화의 과정을 찾는 통찰력이 있어야 한다. 적극적 노화가 유일한 대안도 아니다.

Summery 적극적 노화에 대한 비판

- 노인의 적극적인 모습에 초점을 두고 노인차별을 제거하려는 노력이 자칫하면 노인의 신체상태를 무시하고 비현실적이고 억압적인 기준을 부과하는 위험이 있고, 이것은 노인의 정체성과 자존감에 부정적인 영향을 줌
- 적극적 노화는 시민으로 하여금 적극적인 삶을 살도록 유도하고, 노화에 대한 개인의 책임과 자기 케어를 조장하는 측면이 있음

6) 적극적 노화와 성공적 노화

바람직한 노화(ageing well)를 기술하는 개념은 많다. 성공적 노화와 적극적 노화뿐만 아니라 건강한 노화(healthy ageing),[5] 적정 노화(optimal ageing), 생산적 노화(productive ageing)도 있다(Foster and Walker, 2014).

이런 개념 중 국제사회에서 가장 많이 언급되는 것이 적극적 노화와 성공적 노화이다. 성공적 노화와 적극적 노화 개념은 1960년대 초 미국 노년학계에서 처음 나왔다. 이 두 개념은 노인과 사회가 서로 멀리하게 된다는 유리이론(the disengagement theory)에 대한 안티테제로 출발했다. 유리이론을 지지하는 사람들은 노인과 사회 간의 유리를 보편적이고 필연적이라고 주장했다(Cumming and Henry, 1961). 노년학 초기 노화이론인 유리이론은 노인과 사회 간의 유리에 대한 노인의 인식을 무시했다는 비판을 받았다(노인은 사회로부터 유리되었다고 생각하지 않는다). 성공적 노화와 적극적 노화 개념은 노인의 사회참여 역량을 인정하고 중시함으로써 유리이론을 전면 부정했다.

적극적 노화와 성공적 노화 개념은 상당히 유사하다. 무엇보다 건강을 중시한다는 점에서 그렇다. 건강상태 유지의 유용성은 명백하다. 노인이 건강하면 질병 치료비와 사회적 케어 비용을 절감할 수 있고, 고용을 더 유지할 수도 있다. 노인 고용은 공적연금 재정에 기여한다. 건강하면 지역사회 활동과 정치적 활동도 더 많이 한다(Foster and Walker, 2014).

---

5) EC는 건강한 노화를 "노인이 차별 없이 사회에서 적극적인 역할을 하고 독립적인 삶과 좋은 삶의 질을 향유할 수 있도록 신체적·사회적·정신적 건강을 위한 기회를 최적화하는 과정"이라고 정의했다(EC, 2007). 이 정의는 노인의 건강, 독립적인 삶, 삶의 질을 강조한 것이다.

적극적 노화와 성공적 노화 모델 모두 적극적 관점에서 출발한다는 점도 같다. 바람직하게 잘 늙는다는 것은 장애와 질병을 피하고, 정신적·신체적 능력을 유지하는 것이다. 그렇게 함으로써 생산적인 삶을 유지하고 사회에 참여할 수 있다. 성공적 노화의 핵심은 노년기에도 활동을 지속하고 중년기에 형성된 가치관을 견지하는 데 있다.

성공적 노화와 적극적 노화가 결함모델(the deficit-model)에 도전한 것도 같다. 결함모델은 나이가 들면 여러 가지 결함이 생겨 일자리와 연금을 맞바꾸게 되고, 일자리에서 퇴출되어 더 이상 생산적인 일을 하지 못하게 되면 노인의 사회적 가치가 줄어든다는 이론이다. 적극적 노화와 성공적 노화 개념은 이런 관행과 생각에 도전해 노인도 사회에 참여해 활동할 수 있다고 주장한다. 노화와 질병은 별개의 과정이고, 노화가 질병과 장애를 필수적으로 동반하는 것은 아니며, 노후에도 긍정적인 결과를 만들어낼 수 있다는 것이다. 무력한 존재인 노인을 무엇인가 할 수 있는 적극적인 존재로 바꾼 것이다.

Summery 적극적 노화와 성공적 노화의 공통점

- 건강을 중시한다는 점
- 장애와 질병을 피하고, 정신적·신체적 능력을 유지하는 것이 바람직한 노화라는 적극적 관점
- 결함모델에 도전하여 무력한 존재인 노인을 무엇인가 할 수 있는 적극적인 존재로 바꾼 것

CHAPTER

04 노인의 여가활동

1 여가활동의 개념

여가(leisure)의 어원은 라틴어 리세레(licere), 그리스어 스콜레(scole), 로마어 오티움(otium)에서 찾을 수 있다. 리세레는 허락되다(to be permitted), 자유롭게 되다(to be free)를, 스콜레는 정지·중지·평화·평온과 교육(education)이라는 두 가지 의미를 갖고 있으며(영어 school의 어원), 오티움은 아무것도 하지 않는 것(doing nothing)을 의미한다. 여기서 보듯이 여가는 아무것도 하지 않는 것이라는 의미와 한가한 가운데 무엇인가 의미 있는 것을 배운다는 의미를 동시에 가지고 있음을 알 수 있다. 말하자면 여가는 단지 남는 시간, 무료한 시간의 의미를 넘어 강제성 없이 여유롭게 시간을 활용한다는 것을 의미한다.

오늘날 학자들은 여가활동(leisure activity)을 여유로운 시간을 보내고 즐거움과 해방감을 주는 활동에 참여하는 것이라고 정의한다(Godbey, 1999). 여가활동을 개인이 선호하는 즐거운 활동으로서 자유로운 시간에 참여하는 것으로 정의하는 학자도 있다(Kelly, 1996). 여가활동의 특징은 자유를 표시하고 본능적 만족을 주는 것에 있다. 사람은 여가를 통해 스트레스를 해소하고 사회적·신체적 자원을 회복시킨다(Kleiber and Nimrod, 2009; Pressman et al., 2009).

여가활동의 목적은 다양하다. 긴장 완화, 즐거움, 레크리에이션, 유흥, 직업·가족·사회적 의무로부터의 자유로움 또는 사회적 참여와 창의력을 개발하기 위한 것이다. 여가의 가장 중요한 변수는 여가에 대한 태도이다. 여가에 긍정적인 태도를 지닌 사람이 여가에 적극적으로 참여한다.

여가와 가장 유사한 용어가 레크리에이션이다. 여가와 레크리에이션은 구분 없이 혼용되는 경우가 많다. 하지만 양자의 의미는 조금 다르다. 여가는 아무런 의무도 없는 자유로운 시간이다. 자유재량의 시간(discretionary time)이 여가의 핵심이다. 레크리에이션은 여가시간에 하는 활동의 하나이다. 보통 즐거움을 추구한다.

한편 일반적인 의미에서 여가는 시간, 활동, 제도로 구분해 고찰할 수 있다(안계일, 2004).

첫째, 시간으로서의 여가이다. 여가를 일과 생존을 위한 기초적 욕구가 충족되고 남은 잔여시간으로 보는 것이다. 하루 24시간 중 노동, 수면, 기타 필수적인 것에 소요된 시간을 제외한 잉여시간이다. 단순한 잉여시간 이상의 의미를 부여하여 자유와 재량의 시간으로 간주하기도 한다.

둘째, 활동으로서의 여가이다. 여가는 사회적 통제에서 벗어나 개인의 주관적 의지에 의해서 행해지는 비의무적 자유시간이다. 이 경우 여가는 노동, 가족, 사회 및 기타 의무가 실현되고 난 후에 자신의 의사대로 할 수 있는 활동인 동시에 휴식, 회복, 오락, 자기실현, 정신적 재생, 지식의 향상, 기술의 개발, 사회활동의 참여를 제공해주는 기회이다.

셋째, 제도로서의 여가이다. 여가의 본질을 노동, 결혼, 교육, 정치, 경제 등 사회제도와의 관련성에서 찾는다. 이럴 경우 여가는 경제적 기능과 반대되는 즐거운 기대와 일로서 회상할 수 있는 것, 사회적 역할을 수행하기 위하여 최대한 자발적이되 의무성은 최소화 한 것, 심리적 자유를 느낄 수 있는 것, 자신이 속한 시대의 사회문화적 가치에 위배되지 않는 것, 관심의 정도와 중요성이 다양한 것, 가끔은 놀이의 요소를 어느 정도 포함하고 있는 것 등이다. 그리고 여가는 노동으로부터 생기는 피로, 권태감, 압박감에서 해방됨으로써 에너지를 보충하여 재생산하는 수단이다.

Summery 여가활동의 개념

구 분	내 용
어 원	• 여가는 아무것도 하지 않는 것이라는 의미와 함께 한가한 가운데 무엇인가 의미 있는 것을 배운다는 의미를 동시에 가지고 있음 • 남는 시간, 무료한 시간의 의미를 넘어 강제성 없이 여유롭게 시간을 활용한다는 것을 의미
정 의	• 여유로운 시간을 보내고 즐거움과 해방감을 주는 활동에 참여하는 것 • 개인이 선호하는 즐거운 활동으로서 자유로운 시간에 참여하는 것 • 여가활동의 특징은 자유를 표시하고 본능적 만족을 주는 것. 여가활동을 통해 스트레스를 해소하고 사회적 · 신체적 자원을 회복시킴
목 적	• 긴장 완화, 즐거움, 레크리에이션, 유흥, 직업 · 가족 · 사회적 의무로부터의 자유로움 또는 사회적 참여와 창의력을 개발하기 위한 것
여가와 레크리에이션	• 여가 : 아무런 의무도 없는 자유로운 시간. 자유재량의 시간이 여가의 핵심 • 레크리에이션 : 여가시간에 하는 활동의 하나. 보통 즐거움을 추구

2 노인 여가활동의 특징

노후생활은 곧 여가선용이라고 할 만큼 여가활동은 노년기 삶의 만족도와 삶의 질과 직결되는 중요한 영역이다. 은퇴한 노인에게 여가는 곧 일상생활이기 때문이다. 노후생활의 상당 부분을 차지하는 여가시간을 효과적으로 보내지 못하면 무료, 우울, 소외, 고독감 등을 느낄 수 있다. 이런 점에서 노인의 여가활동은 의료보장이나 소득보장 못지않게 중요하다.

노인의 여가는 재생산의 수단 혹은 심신의 피로 회복 등을 목적으로 하는 청장년층의 여가와 근본적으로 다르다. 노인의 여가는 인생을 의미 있게 마무리 짓는 것에 초점이 맞추어져 있으며, 신체적 건강의 증진, 사회적 접촉기회, 삶에 대한 사기 및 만족감의 증진, 자신에 대한 신념과 자기 신체에 대한 자신감 부여, 유용감과 자기 가치성의 확신, 자율적인 생활에 대한 기술과 기능의 증진, 재미있고 즐거운 삶의 영위 등 노인에게 아주 많은 것을 가져다준다.

같은 맥락에서 퇴직 후 여가는 퇴직 전 여가와 많이 다르다. 퇴직은 일로부터 해방되는 것이다. 퇴직 후에는 보다 많은 자유, 즐거움, 새로운 출발, 정서적 안녕을 향유할 수 있다. 퇴직 전에는 일을 가장 중시하지만, 퇴직 후에는 여가를 가장 중시한다. 또 퇴직 전에는 자기 집과 좋은 차 소유를 추구하지만, 퇴직 후에는 멋진 여행과 같은 특별한 경험을 추구한다. 퇴직 후 여가는 두 가지 형태가 있다. 하나는 일상적 여가(everyday leisure)로서 스트레스를 없애고 건강을 향상시키는 것이 목적이다. 다른 하나는 특별한 여가(special occasion leisure)이다. 특별한 경험, 모험, 최고의 재미를 추구한다(Merrill Lynch, 2016).

퇴직 전 여가와 퇴직 후 여가의 차이를 정리하면 〈표 4-1〉과 같다. 표에서 보듯이 퇴직 전 여가는 오후, 주말, 휴가에 제한되어 있고, 긴장완화와 스트레스 해소를 위한 것이며, 여가를 통해 구조로부터 벗어나길 원하고, 건강이 여가를 크게 제약하지는 않으며, 일을 통해 소득을 올리지만 시간의 제약을 받고, 기술이 여가에 간여하며(사람은 플러그 뽑기를 원한다), 여가기간이 비교적 짧고, 일과 가족이 여가를 제약한다. 이에 반해 퇴직 후에는 여가시간이 풍부하고, 간여·연결·활동에 관한 것이며, 여가를 통해 구조와 비구조 양자 간의 균형을 추구하고, 건강의 제약을 받으며, 퇴직자는 소득의 제약을 받지만 시간으로부터는 매우 자유롭고, 기술이 사회적 연결을 통해 여가를 확장하며(플러그 연결을 원한다), 여가기간이 길고 여가에 몰입하고, 일과 가족으로부터 보다 자유로워지면서 새로운 자유와 융통성을 얻고 원하는 것을 할 수 있다.

〈표 4-1〉 퇴직 전 여가와 퇴직 후 여가

퇴직 전 여가	퇴직 후 여가
여가는 오후, 주말, 휴가에만 가능하다.	여가시간은 풍부하다.
여가는 긴장완화와 스트레스 해소를 위한 것이다.	여가는 간여, 연결, 활동에 관한 것이다.
여가를 통해 구조로부터 벗어나길 원한다.	여가를 통해 구조와 비구조 양자 간의 균형을 추구한다.
건강이 여가를 크게 제약하지는 않는다.	여가를 제약하는 것은 건강이다.
일을 통해 소득을 올리지만 시간의 제약을 받는다.	퇴직자는 소득의 제약을 받지만 시간으로부터는 매우 자유롭다.
기술이 여가에 간여한다. 사람은 플러그 뽑기를 원한다.	기술이 사회적 연결을 통해 여가를 확장한다. 플러그 연결을 원한다.
여가기간이 비교적 짧다.	여가기간이 길고 여가에 몰입한다.
일과 가족이 여가를 제약한다.	일과 가족으로부터 보다 자유로워지면서 새로운 자유와 융통성을 얻는다. 원하는 것을 할 수 있다.

출처 : Merrill Lynch, 2016 : 6의 표 4.

노인의 여가활동 여건은 좋아지고 있다. 대표적인 것이 이동수단(자동차, 기차, 비행기 등)이다. 이동수단은 노인 여가의 인프라의 하나이다. 여가 인프라가 잘 갖춰지면 노인 여가활동은 활성화된다. 최근 들어 교통수단의 발전은 눈부시다. 전기전자 기술과 인공지능 기술의 발전으로 더욱 기능적이고 안전한 차종이 개발되고, 기차의 속도가 획기적으로 빨라졌으며, 항공기 노선이 확장되고 있다. 이런 이동수단 여건의 발전은 노인의 여가활동에 크게 기여하고 있다. 아울러 건강한 노인이 증가하고 노인의 자가용 운전 기간이 연장되면서 자가용을 이용해 여행을 다니는 노인도 늘어났다. 노인의 여가활동 여건과 능력 모두 좋아지고 있다는 것이다.

3 노인 여가활동의 유형

노인의 여가활동은 정신적・신체적・사회적 여가활동으로 분류된다. 자세한 내용은 다음과 같다(장인협・최성재, 2003).

1) 정신적 여가활동

정신적 위안과 심리적 안녕을 위한 여가활동은 종교 모임, 가족 모임, 친지만나기, 향우회나 동창회 참석이 있다. 문예활동, 음악・노래교실, 전시회・영화・공연관람, 원예와 같은 취미활동과 컴퓨터・인터넷・채팅, TV 시청・라디오 청취, 장기・바둑, 화투・마작・카드놀이, 관광・여행과 같은 휴양 및 오락 활동은 즐거움을 줄 뿐만 아니라 치매 방지효과도 있다.

2) 신체적 여가활동

신체적 여가활동은 헬스, 에어로빅, 요가 등과 같은 실내 레저 스포츠 활동과 걷기, 골프, 게이트볼 등 실외 스포츠 활동을 포함한다. 신체적 여가활동은 건강증진, 스트레스 해소, 긴장과 불안감 해소, 정신적 휴식, 감정이완, 긍정적 사고에 도움이 된다.

3) 사회적 여가활동

사회적 여가활동은 사회활동과 봉사활동으로 나눌 수 있다. 사회활동은 공동체 활동을 통해 사회구성원으로서의 역할 담당 및 소신과 의지를 표현하는 활동이다. 자원봉사활동은 사회적 유용성을 느끼게 하고 고독을 없애며 의사소통 능력을 향상시킨다. 자원봉사활동은 자신이 속한 사회에 적극적으로 참여하여 사회적으로 필요한 일을 수행하기 때문에 사회통합에도 도움을 준다.

〈표 4-2〉 노인여가활동의 분류 및 종류

대분류	중분류	내 용
정신적 여가활동	종교·사교 활동	• 정신적인 위안 및 안녕과 심리적인 평안을 위한 활동 - 종교모임참석, 가족모임 등 • 정서적인 안정 및 사교를 위한 활동 - 동창회, 친목회, 실버미팅, 향우회 등
	취미·휴양 활동	• 취미활동 및 문화·예술 감상을 위한 활동 - 음악·악기·노래교실, 종이접기, 퀼트, 원예, 요리, 전시회·공연·영화관람 등 • 휴양 및 오락을 위한 활동 - 컴퓨터·인터넷·채팅,TV·라디오시청, 가사 돕기, 관광·여행하기, 독서·신문·잡지읽기, 장기·바둑, 화투·마작·카드놀이 등
	교양·학습 활동	• 교양 및 학력 증진을 위해 유·무료 교육기관을 통한 정기적인 수강, 실습 및 교육활동 - 서예·서화, 수지침, 어학공부 등 • 관람, 체험학습, 현장답사, 유적지 방문 등의 견학 활동 - 고적·유적지 방문, 주말농장, 현장체험학습, 드라이브 등
신체적 여가활동	실내 스포츠	• 실내에서 하는 레저 스포츠 활동 등 - 헬스·에어로빅, 요가·기공·단전호흡, 탁구, 수영, 스포츠 댄스, 당구·포켓볼 등
	실외 스포츠	• 실외에서 하는 레저 스포츠 활동 - 걷기, 골프, 게이트볼, 배드민턴, 자전거타기, 테니스, 등산, 승마, 산책, 낚시 등
사회적 여가활동	사회 활동	• 공동체 활동 또는 이를 통한 사회구성원으로서의 역할담당 및 소신과 의지를 표현하는 활동 - 노인대학, 경로당·노인복지회관, 시민단체 활동, 정당 활동
	봉사 활동	• 인생의 다양한 경험을 무보수로 사회에 환원하는 활동 - 교통 봉사, 복지시설 봉사, 자율방범활동, 민원안내 봉사, 역사·문화해설 봉사, 친목모임주선 참여 등

출처 : 장인협·최성재, 2006.

4 노인 여가활동의 장점과 한계

1980년대 들어 여가활동에 대한 학자들의 관심이 확대되었다. 사람들이 일보다 여가에 더 큰 관심을 두게 된 것의 영향을 받은 것이다. 여가가 삶의 의미 있는 측면으로 부상하고 여가에 대한 만족도가 삶의 만족도와 성공적 노화에 매우 중요하다는 사실도 밝혀졌다(McPherson, 1990).

타인과 여가활동을 함께하면, 타인으로부터 사회적 지지를 받을 수 있고, 스트레스를 해소할 수 있으며, 삶의 의미가 풍부해진다. 노인의 경우 부정적인 삶의 사건(배우자 상실 등)을 극복하고, 신체적인 제약조건에 적응하는 데도 여가활동은 효과적이다(Hutchinson and Nimrod, 2012; Janke et al., 2008).

노인 여가활동의 장점 중 가장 중요한 것은 여가활동이 노인의 삶의 질을 높인다는 사실이다. 실증적 연구에 의하면, 여가활동이 많은 노인의 삶의 만족도는 높고, 반대로 여가활동이 적은 노인의 삶의 만족도는 낮다. 여가가 노인의 삶의 만족도를 높인다는 것이다(Hawkins et al., 2004). 또한 여가활동이 노후 삶의 질 지표 중에서 가장 중요한 것으로 나타났다. 성, 교육, 종교, 혼인상태, 연령, 소득, 건강보다 여가활동이 더 중요하다(Russell, 1990).

노후의 가장 큰 문제점 중의 하나가 고독감이다. 여가활동은 노인의 고독감을 해소하는 데 도움을 준다. 운동이나 댄스 등의 취미활동은 노인의 고독감을 감소시키고 삶에 활력을 불어 넣는다. 그렇게 되면 삶의 만족도도 높아진다. 이 밖에도 노후의 여가활동이 노인의 삶의 질을 개선하고 삶의 만족도를 높인다는 실증적 연구는 셀 수 없이 많다. 노인의 여가활동 참여가 노인의 정신건강과 신체건강을 개선한다는 실증적 연구도 아주 많다. 요약하면, 노후의 여가활동은 노인의 삶의 질과 삶의 만족도를 높이고, 노인의 정신적·신체적 건강상태를 개선한다는 것이다.

여가활동이 친구 간의 우정을 돈독히 해준다는 것도 큰 장점이다. 노인에게 가까운 친구와 우정을 유지하는 것은 대단히 중요하다. 우정은 역경을 극복하는 데 동력이 되고, 상호존중과 평등에 기초한 소속감과 사회적 통합을 돕는다. 노인에게 여가는 우정의 양과 질을 증가시킬 수 있는 기회가 된다.

한편 여가활동의 형태에 따라 여가활동의 효과가 다르다는 연구들이 있다. 예컨대 노인의 여가활동을 정신적·신체적·생산적·레크리에이션 등으로 나눈 다음 건강과의 연관성을 분석한 연구에 의하면, 정신적 여가활동(독서, 집필 등)이 가장 대중적인 여가활동이었을 뿐만 아니라 건강증진에 가장 큰 영향을 준 것으로 나타났다(Paillard-Borg et al., 2009). 여가활동을 문화적 오락, 개인의 성장을 위한 생산적인 활동, 신체적인 옥외활동, 레크리에이션 활동, 친구와의 활동, 공식적 집단과의 활동으로 구분하여 삶의 질과의 관계를 연구한 것에 의하면, 친구와의 여가활동(친구 방문 등)이 삶의 질을 높이는 데 가장 크게 기여한 것으로 나타났다. 비공식적 사회활동(클럽에 놀러가기 등)이 개인의 안녕에 가장 큰 영향을 준다는 연구결과도 있다(Adams et al., 2011).

이처럼 노인 여가활동의 장점은 매우 많다. 하지만 노인 여가활동의 현실을 보면, 한계가 드러난다. 노인 여가활동에 관한 실증적 연구에서 보듯이 노인 여가활동은 TV 시청, 독서, 정원 가꾸기, 실내 취미활동, 친구와 대화, 산보 등 집안에서 보내거나 앉아서 하거나 말로 하거나 하는 등 소극적이고 노력을 덜 해도 되는 것들이 대부분이다. 반면에 신체적으로 적극적인 여가활동의 참여율은 낮다. 이런 사실은 노인 여가활동의 질적 개선이 필요하다는 것을 시사한다.

노인의 건강상태와 경제적 상태에 따라 노인 여가활동의 격차가 발생하는 것도 한계이다. 신체적으로 건강한 노인은 신체적 제약 없이 자신이 선호하는 여가활동에 참여할 수 있지만 건강에 문제가 있는 노인은 여가활동이 제한적이다. 이것은 어쩔 수 없는 문제이긴 하지만 노인 여가활동을 위해 정부가 예산을 투입해 만든 노인 여가활동 인프라를 건강한 노인만 이용한다면 생각해 봐야 할 일이다.

노인의 경제상태에 따라서도 여가활동에 차이가 난다. 경제적으로 여유가 있는 노인은 크루즈 여행도 할 수 있지만, 여유가 없는 노인은 여가활동 자체가 어렵다. 이것은 국가에도 해당한다. 선진국 노인 중에는 여가활동으로 해외여행이나 세계여행을 하는 사람도 있지만, 후진국 노인의 다수는 국내여행도 어려운 실정이다.

Summery 노인 여가활동의 장점과 한계

구 분	내 용
장 점	• 여가활동을 통해 사회적 지지를 받을 수 있고, 스트레스를 해소할 수 있으며, 삶의 의미가 풍부해짐 • 부정적인 삶의 사건(배우자 상실 등)의 극복과 신체적 제약조건에의 적응에 효과적 • 고독감 해소와 우정을 쌓는 데 도움
한 계	• TV 시청, 독서, 정원 가꾸기, 실내 취미활동, 친구와 대화, 산보 등 집안에서 보내거나 앉아서 하거나 말로 하거나 하는 등 소극적이고 노력을 덜 해도 되는 것들이 대부분 • 노인의 건강상태와 경제적 상태에 따른 여가활동의 격차

CHAPTER

05 노인의 자원봉사활동

1 자원봉사의 개념

일반적으로 자원봉사(volunteering)는 개인, 집단 또는 조직이 금전적 이득을 바라지 않고 자유선택 또는 자유의지에 따라 공동체를 위해 봉사하는 것을 말한다. 자원봉사가 개인의 자유의지에 따른 것임을 강조하는 이런 정의는 자원봉사의 본질을 잘 보여준다. 자원봉사의 어원은 라틴어 'voluntas'이다. voluntas는 자유의지(free will)란 뜻이다.

정기적으로 미국의 자원봉사 통계를 작성해서 시민에게 보고하는 미국 노동부 노동통계국이 정의한 자원봉사자(volunteers)는 "조직을 통하거나 조직을 위해 무보수(필요경비 제외)로 일하는 사람이다." 아주 간명한 정의지만 중요한 사항은 다 담고 있다. 즉 자원봉사자는 무보수로 일하는 사람이고, 조직을 통하거나 조직을 위해 활동한다는 것이다.

자원봉사가 조직을 통하거나 조직을 위한 활동이라는 것은 자원봉사가 공식적이고 조직적인 활동임을 의미한다. 자원봉사는 단순한 도움이나 보살핌과는 다르다. 도움이나 보살핌은 이웃이나 친구의 쇼핑, 아동 케어, 정원 손질 등을 돕는 것이다. 공식적 자원봉사조직에 속한 자원봉사자가 비공식적으로 친지에게 이런 봉사를 할 수도 있다. 하지만 이런 일은 조직화된 자원봉사활동을 하는 자원봉사자가 공식적으로 하는 일은 아니다.

한데 자원봉사를 이렇게 조직적인 활동에만 국한시키는 것은 문제가 있다. 자원봉사를 공식적 조직이나 집단을 통한 활동으로 국한하면 다양한 비공식적 자원봉사(informal volunteering), 즉 가족, 친구, 이웃을 지지하고 케어하는 것이 배제된다. 예를 들어 사적인 집안일을 하는 여성의 역할이 무시되거나 경시된다. 외국인의 자원봉사활동도 이와 비슷하다. 이들의 활동은 주로 자신의 인종집단 내부에서 이루어져 외부로 잘 안 알려지기 때문에 무시되기 쉽다. 노인의 가족 케어(배우자 케어, 손자녀 케어)도 무시되기 쉽기는 마찬가지이다. 하지만 비공식적 자원봉사도 사회에 기여하는 바가 적지 않다.

Summery 자원봉사의 정의와 공식적 · 비공식적 자원봉사

구 분	내 용
정 의	• 자원봉사자 : 조직을 통하거나 조직을 위해 무보수(필요경비 제외)로 일하는 사람(미 노동부 노동통계국)
공식적 · 비공식적 자원봉사	• 공식적 자원봉사 : 자원봉사조직을 통한 공식적 자원봉사활동 • 비공식적 자원봉사 : 가족, 친구, 이웃을 지지하고 케어하는 활동

2 노인 자원봉사자의 특징

미국 노동부 노동통계국(the Bureau of Labor Statistics)이 매년 발표하는 자원봉사보고서(Volunteering in US)는 미국 자원봉사 실태를 잘 보여준다. 이를 통해 자원봉사자의 특징을 어느 정도 파악할 수 있다. 2015년도 자원봉사보고서의 내용을 요약하면 다음과 같다.

- 자원봉사자 수는 약 6천3백만 명이고, 연간 평균 자원봉사 시간은 52시간이다.
- 여자가 남자보다 약간 많고,[1] 기혼자가 미혼자보다 많으며, 18세 미만 자녀를

1) 이것으로 여성이 남성보다 자원봉사를 더 많이 한다고 단정할 수는 없다. 왜냐하면 자원봉사 시간은 남성이 여성보다 많기 때문이다. 유럽은 남성이 여성보다 자원봉사활동 참여율이 높다(Hank and Erlinghagen, 2010).

가진 사람이 자녀가 없는 사람보다 많다.

- 35~54세 연령층의 참여율이 가장 높고, 20~24세가 가장 낮다.
- 백인, 흑인, 아시안, 히스패닉 순으로 많다.
- 교육수준이 높은 사람이 많고, 교육수준이 높을수록 많은 조직의 자원봉사활동에 참여하고 있다.
- 일하는 사람이 실업자보다 많다.
- 노인은 종교적 자원봉사활동을 다른 연령층에 비해 많이 한다.
- 자원봉사활동 종류별로는 음식물(수집, 준비, 배분, 서빙 등) 관련 일이 가장 많다. 다음은 가정교사나 교육, 일반적인 일(코치, 심판 등)이다.
- 남자는 일반적인 일을, 여성은 음식물 관련 일을 가장 많이 한다.
- 교육수준이 높은 사람은 전문적·관리적 사무 보조, 가정교사와 교육 관련 일을 많이 하고, 교육수준이 낮은 사람은 음식물 관련 일을 많이 한다.

자원봉사자의 이런 특징 중에서 주목되는 점은 교육수준이 높을수록, 소득수준이 높을수록, 일하는 사람일수록, 결혼한 사람일수록 자원봉사를 더 많이 한다는 사실이다. 이런 특징은 노인 자원봉사에서도 나타난다. 이유를 다음과 같이 설명할 수 있다. 고소득층은 보다 다양한 사회적 연결망을 갖고 있고, 자원봉사 요청을 더 많이 받고 있다. 그리고 부자는 높은 사회적 지위에 따라 공동체에 기여해야 한다는 사회적 의무감을 더 많이 느낄 것이고, 일을 하고 있는 사람은 일이 없는 사람보다 사회적 책임의식이 더 높을 것이다(Wilson and Musick, 1997; Morrow-Howell, 2010).

노인이 종교적인 자원봉사활동을 많이 한다는 사실도 눈에 띈다. 종교는 자원봉사활동의 중요한 동인이다. 종교활동을 열심히 하는 사람일수록 자원봉사활동도 열심히 한다(Krause, 2009; Haski-Leventhal, 2009).

미국은 노인보다 35~54세 연령층이 자원봉사를 더 많이 하고 있는데, 이는 유럽과 다르다. 유럽의 경우 일반적으로 노인의 자원봉사활동 참여율이 가장 높다. 이런 추세는 변함없이 이어지고 있다. 노인의 여가시간이 많다는 것이 이유가 되겠지만 그보다는 자원봉사활동이 노인의 삶의 질을 향상시키고 노인의 신체적 · 정신적 건강에 도움이 되기 때문이다. 노인의 자원봉사 동기도 청년층과 다르다. 청년층 자원봉사의 가장 큰 동기는 인간관계 맺기인 반면에 노인은 공동체에 대한 봉사의식과 책임의식이 가장 큰 동기이다.

3 노인 자원봉사활동과 건강

노인 자원봉사활동은 노인의 건강 증진에 기여한다. 노인 자원봉사의 가장 큰 장점은 신체적 · 정신적 건강이다. 자원봉사활동을 하게 되면 신체적 · 정서적 · 인지적 기능이 나아지고, 뇌 건강도 좋아진다. 삶의 질도 개선된다. 지역사회 활동에 자원봉사자로 참여함으로써 자신이 사회에 가치 있는 존재란 사실을 깨닫게 되고, 다른 사람으로부터 인정도 받게 되어 자기효능감과 자존감이 향상된다. 아울러 노인 건강 악화의 주요 원인인 우울과 절망도 낮추고, 나아가 수명도 연장한다. 노인 자원봉사활동이 노인 건강에 미치는 영향을 정리하면 다음과 같다(Krause, 2009; Lum and Lightfoot, 2005; Haski-Leventhal, 2009; Musick and Wilson, 2008).

- **정신적 건강** : 자원봉사자는 자원봉사활동을 통해 자존감과 자기통제감이 높아지는 것을 스스로 깨닫는다. 자신의 신체적 문제나 사적 문제를 잊어버리기도 한다. 이런 것들은 건강을 개선하는 요인이 된다.
- **신체기능의 개선** : 규칙적인 신체활동은 노인의 신체적 약화를 느리게 하거나 역전시키는 효과가 있다. 몸을 움직임으로써 신체적 기능과 유연성, 힘이 강화되기 때문이다.
- **인지기능의 개선** : 노인이 되면 인지기능이 쇠퇴한다. 기억력 쇠퇴, 기획 능력, 일상생활수행능력이 감퇴하는 것이 일반적이다. 자원봉사활동에 참여하면 기획능력이 자극받고 책임의식이 강화되는데, 이것은 인지기능의 쇠퇴를 막는데 도움이 된다.

- **우울의 감소** : 자원봉사활동은 심리적 안녕에도 좋다. 사회적으로 필요한 일을 함으로써 존재감을 가지게 되기 때문이다. 이것은 노인 우울을 예방하거나 감소시키는 효과가 있다. 자원봉사활동을 하는 노인이 일반 노인에 비해 우울 비율이 낮은 것은 입증된 사실이다.
- **수명 연장** : 노인 자원봉사활동은 사망률을 낮추고 기대수명을 높인다. 자원봉사활동을 하는 노인의 평균수명이 그렇지 않은 노인에 비해 더 높고, 건강상태도 더 좋으며, 사망률이 낮다는 것을 증명하는 실증적 연구가 적지 않다.

Summery 노인 자원봉사활동이 노인 건강에 미치는 영향

구 분	영 향
정신적 건강	자원봉사자는 자원봉사활동을 통해 자존감과 자기통제감이 높아지는 것을 자각함
신체기능의 개선	규칙적인 신체활동은 노인의 신체적 약화를 느리게 하거나 역전시키는 효과가 있음
인지기능의 개선	자원봉사활동에 참여해 기획능력이 자극받고 책임의식이 강화되면 인지기능의 쇠퇴를 막는 데 도움이 됨
우울의 감소	자원봉사활동을 통해 존재감이 생기면 우울을 예방하거나 감소시키는 효과가 있음(검증된 사실)
수명 연장	노인 자원봉사활동은 사망률을 낮추고 기대수명을 높임

노인 자원봉사의 장점은 매우 많다. 하지만 장점이 있으면 단점도 있는 법이다. 노인 자원봉사활동에도 부정적인 면이 있다. 역할 긴장(role-strain)이 그것이다. 역할 긴장은 여러 가지 역할을 동시에 맡게 되면 생긴다. 자신에게 부여된 역할이 시간, 에너지, 감정 등 자신이 가진 자원을 초과할 때 생긴다. 청년층이 노인보다 더 많이 느낀다. 하지만 노인도 너무 많은 자원봉사활동과 사회활동을 하게 되면 역할 긴장이 발생할 수 있다.

4 정부의 역할

노인의 자원봉사활동 참여는 사회적 차원에서도 긍정적 효과가 있다. 노인 자원봉사활동은 기술과 지식을 갖춘 노인의 잠재능력을 사회적으로 활용할 수 있게 한다. 이들의 생산적 활동은 사회에 경제적인 도움이 된다. 가족을 돌보는 것도 공익이다. 배우자와 손자녀를 케어함으로써 시설케어 비용을 절감할 수 있다. 노인 자원봉사는 노인의 신체적·정신적 건강을 유지시키는 데 도움을 주는데, 이는 경제적으로도 유익하다. 왜냐하면 노인 의료비 때문이다. 노인이 건강하면 노인 의료비가 감소한다. 나아가 노인 자원봉사활동은 노인에 대한 사회적 인식의 전환과 노인차별주의 의식의 약화, 사회적 배제의 방지에 기여하고, 사회적 연대감과 사회통합을 촉진시킨다.

이처럼 노인 자원봉사가 사회적으로 기여하는 바가 많기 때문에 각국 정부는 관심을 두고 이의 활성화를 적극 지원하고 있다. 정부가 노인 자원봉사활동에 주목한 것은 고령화 때문이기도 하다. 고령화로 노인의 수가 증가하고, 의학의 발전, 보건의료시스템의 확충, 영양상태의 개선, 평균수명의 증가로 이른바 건강한 노인(healthy aged)의 수가 증가하는 상황에서 자원봉사활동을 활성화시켜 노인 인력을 활용하는 한편 노인의 건강수준을 높임으로써 노인의료비 지출을 줄일 수 있다면 정부로서는 바랄 나위가 없는 것이다. 정부에게 노인 자원봉사활동의 활성화는 노인도 좋고 정부도 좋은 윈-윈 전략이다.[2)]

그러나 노인 자원봉사에 대한 정부의 적극적 관심에 대해 비판적인 시각도 있다. 정부가 건강한 노화와 적극적 노화 전략의 하나로 노인의 사회활동을 권장하면서 자원봉사활동도 적극 권유하고 있는데, 이것이 지나치면 노인을 불편하게 할 수도 있다는 지적이 그 중 하나이다. 가만히 집에 있으면 안 될 것 같은 분위기를 조성해 노인을 사실상 강제적으로 자원봉사에 나서게 만든다는 것이다.

---

2) 노인 자원봉사활동에 관심을 두는 조직은 정부뿐만 아니라 비영리조직과 지역사회집단도 있다. 정부, 비영리조직, 지역사회집단이 노인 자원봉사활동에 적극성을 보이는 이유는 다음과 같다(Morrow-Howell, 2010). 첫째, 정부 자원이 줄어드는 시점(정부 지원의 감소 또는 중단)에 욕구가 있는 사람에게 서비스를 계속 제공하기 위해서이다. 둘째, 교회, 지역사회집단, 정당과 같은 비영리조직을 지원하기 위해서이다. 셋째, 지역사회에 더 많은 사람들이 간여함으로써 시민사회를 강화한다.

정부가 공식적 자원봉사활동만 강조하는 것도 문제이다. 자원봉사를 공식화하는 데 주력하면 이에 부담을 느끼는 노인은 비공식적이거나 작업장 같지 않은 자원봉사 장소를 찾게 된다. 또한 정부가 공식적 자원봉사를 중시하면 자원봉사가 전문화로 나가게 된다. 정부의 재정적 지원에 의존하는 자원봉사조직이 정부의 방침에 따라 기능이나 기술을 갖춘 노인 위주로 프로그램을 만들거나 분야별로 전문성 있는 프로그램에 더 주력하게 된다는 것이다. 자원봉사의 전문화는 노인의 자원봉사 참여를 제한하는 부작용을 초래할 수 있다. 자원봉사는 민주적 참여, 공동체적 의사결정, 권한의 분산을 지향한다. 정부의 자원봉사 전문화는 이에 역행하는 것이다. 정부의 자원봉사 프로모션은 일상적인 자원봉사의 의미를 격하시킨다. 자원봉사자가 일상적인 자원봉사 경험을 통해 얻을 수 있는 장점을 정부가 공식적 구조를 통해 가져가 버리는 것이다(Roberts and Devine, 2004).

반대로 자원봉사의 개인적 장점을 너무 강조하다 보면 자원봉사가 공동체에 주는 장점과 공공의 선을 제한하게 되는데, 이 또한 바람직한 일은 아니다(Arai and Pedlar 2003). 자원봉사의 개인적 장점과 사회적 장점을 모두 취할 수 있는 균형 잡힌 정책이 필요하다. 이것은 정부의 몫이다.

Summery **노인 자원봉사활동에 대한 정부의 역할**

구 분	내 용
정부 역할의 필요성	• 노인 자원봉사가 사회적으로도 많은 기여를 하기 때문에 각국 정부는 관심을 두고 이의 활성화를 적극 지원하고 있음 • 정부에게 노인 자원봉사활동의 활성화는 노인도 좋고 정부도 좋은 윈-윈 전략
유의점	• 정부가 건강한 노화와 적극적 노화의 방법 중 하나로 사회활동을 권장하면서 자원봉사활동도 적극 권유하고 있으나 지나치면 노인을 불편하게 만듦 • 정부가 자원봉사를 공식화하는 데 주력하면 이에 부담을 느끼는 노인은 비공식적이거나 작업장 같지 않은 자원봉사 장소를 찾게 됨 • 정부가 공식적 자원봉사를 중시하면 자원봉사가 전문화로 나아가게 됨. 자원봉사의 전문화는 노인의 자원봉사 참여를 제한하는 부작용 발생

5 유럽의 사례

노인 자원봉사에 대한 선진국의 관심은 높고 지원도 많이 한다. 정부 입장에서는 노인 자원봉사의 다양한 기능이 매력적이기 때문이다. 유럽 각국이 노인 자원봉사에 관심을 많이 보이는 이유는 사실 고령화 때문이다. 노인 자원봉사활동의 활성화는 고령화 문제에 대처할 수 있는 유력한 방안이다. 유럽의 주요 노인 자원봉사조직을 소개하면 다음과 같다(Euro Health Net, 2012).

- **영국의 퇴직노년자원봉사프로그램**(Retired and Senior Volunteer Programme) : 50세 이상 퇴직자의 자원봉사활동을 지원하는 조직이다. 다양한 기술과 경험을 가진 퇴직자의 능력을 지역사회 봉사에 활용하는 데 목적이 있다. 모든 자원봉사자는 기본적으로 무보수이다. 프로그램을 운영하고 자원봉사자를 교육하는 전업직원도 있다. 보건, 환경, 문화유산 등의 영역에서 활동한다. 20개 지역에 약 만4천 명의 자원봉사자가 있다. 주요 활동은 틴에이저를 위한 멘토(Grandmentors), 멀리 떨어져 사는 퇴직선원들을 연결해주는 프로그램, 자전거 재활용사업, 홈리스를 위한 음식배달사업 등이다.
- **길드 네덜란드**(Gilde Nederland) : 네덜란드 전역에 60개 이상의 길드조직을 가진 자원봉사단체이다. 50세 이상의 퇴직한 사람들이 자원봉사자로 활동한다. 이들은 개인, 비영리조직, 기업을 상대로 자신의 지식과 경험을 바탕으로 무보수로 자문을 한다. 길드조직은 자전거투어, 통역봉사, 학생 통학 코치 등의 자원봉사활동도 한다.
- **세이 예스**(Say yes!) : 적극적 시민과 적극적 노인에게 자원봉사활동의 기회를 제공하고자 하는 슬로베니아와 독일의 자원봉사조직이 서로 교류하는 국가간 조직이다. 세대와 문화적 차원에서 양국의 자원봉사 경험을 교환한다.
- **노인자원봉사학습조직**(Learning through Volunteering in Senior Age) : 헝가리와 슬로바키아 평생교육단체 간의 상호협력 프로젝트로서 평생교육과 세대 간 소통을 목적으로 한다. 두 나라에서 자원봉사자가 파견되어 경험을 공유한다.

선진국에 비해 우리나라 노인 자원봉사활동은 많이 뒤처져 있다. 참여율이 낮고, 봉사활동 영역도 매우 제한되어 있으며, 노인의 자원봉사에 대한 인식과 정보 부족, 자원봉사 프로그램의 다양성과 전문성 부족; 노인 자원봉사 전문 인력의 부재와 체계적 관리의 부족, 노인 자원봉사활동에 대한 지원체계의 미비, 자원봉사에 대한 사회적 보상체계의 미비 등 상당히 많은 과제도 안고 있다.

CHAPTER

06 노인고용

1 조기퇴직의 종말

1990년대 모든 선진국에서는 근로자의 조기퇴직이 유행했다. 노조는 퇴직연령의 인하라 하여 긍정적으로 평가했다. 조기퇴직의 배경에는 경제발전과 사회보장 시스템의 변화가 있다. 경제성장과 그에 따른 장기간의 부의 증가는 근로자의 삶의 기준을 향상시켰고 일 이외의 삶의 비중을 높였다. 법정 퇴직연금의 도입도 근로자 조기퇴직의 한 요인이 되었다.

미국의 경우 2차 세계대전 이후 40년 동안 65세 이상 노인의 노동시장참가율이 꾸준히 하락했다. 근로자의 조기퇴직이 늘어난 것이 직접적인 원인이었다. 조기퇴직 증가는 지속적인 경제성장에 따른 소득증대에 기인했다. 쉽게 말해 미국인이 부유해져 일을 그만두고 퇴직해도 좋을 만큼 경제적으로 여유가 생긴 것이다.

사회보장시스템도 근로자의 조기퇴직을 부추겼다. 1990년대 선진국 고령근로자의 퇴직 경로는 대개 두 가지였다. 하나는 실업급여를 중간다리로 삼은 퇴직이다. 고령근로자가 회사에서 퇴출될 경우 일단 실업급여 수급자가 된 다음 나이가 더 들면 공적연금 수급자가 되었다. 퇴직 후 실업급여와 공적연금을 연이어 받았던 것이다. 다른 하나는 퇴직에 따른 국가 또는 기업의 조기퇴직제도의 혜택이었다. 조기퇴직자는 정부 사회보장연금의 조기퇴직급여와 기업이 주는 퇴직수당(일시금)을 받을 수 있었다.[1]

1) 1970년대와 1980년대 네덜란드에서는 질병급여와 장애급여를 근로자들이 퇴직하는 수단으로 삼았다. 일종의 편법적 방법이었다 (World Bank, 2008).

조기퇴직은 근로자의 환영을 받았다. 조기퇴직자를 대상으로 한 조사에 의하면, 퇴직 후 삶의 만족도와 행복감이 증가한 것으로 나타났다. 퇴직 후 삶에 대해 만족한다는 것은 근로자가 일을 그만두는 것을 좋아한다는 것을 의미한다. 또 조기퇴직 결정이 옳았음을 말한다. 2000년 미국 정년 퇴직자를 대상으로 한 조사를 보면, 퇴직 후 삶이 퇴직 전보다 나아졌다고 응답한 퇴직자가 나빠졌다고 응답한 퇴직자보다 두 배 가까이 많았다. 퇴직 시기를 자신이 선택할 수 있다는 점도 퇴직 만족도를 높인 요인이었다(Bender and Jivan, 2005).

하지만 이런 조기퇴직 바람은 오래가지 않았다. 조기퇴직은 퇴직 후 노후생활의 연장을 가져왔다. 퇴직 후 긴 삶은 많은 자원을 요한다. 조기퇴직자의 자원은 공적연금, 기업연금, 저축인데, 여기에 제동이 걸렸다. 고령화로 사회보장연금에 적자가 예상되자 정부는 연금수급개시연령을 상향조정하고 조기퇴직연금을 삭감했다. 이로 인해 연금수입이 감소했다. 기업연금 가입자는 전체 근로자의 반도 안 되었고, 저축률도 감소했다. 은행 금리의 지속적 하락도 금융자산을 가진 퇴직자나 근로자의 자원에 부정적으로 작용하였다. 퇴직자나 근로자 모두 노후에 필요한 자원을 충분히 확보하지 못하게 된 것이다.

정부도 조기퇴직에 큰 부담을 느꼈다. 조기퇴직자의 증가로 실업급여와 공적연금의 퇴직급여가 증가하였는데, 이는 고스란히 국가의 부담으로 귀착되었다(ILO, 1999). 게다가 고령화는 정부 부담을 한계에 달하게 만들었다. 고령화는 부양비율을 높인다. 청장년층은 더 많은 노인을 부양해야 한다. 사회보장의 경우 연금보험료 납부자는 감소하고 연금수급자는 증가한다. 공적연금 재정의 장기적인 지속가능성(the long term sustainability)에 빨간불이 들어왔다. 또한 고령화는 노인 의료비 지출을 증가시켜 건강보험 재정에도 악영향을 준다. 연금과 건강보험의 재정 악화는 사용자도 부담스럽다. 사회보험료의 사용자 부담이 증가하기 때문이다.

요컨대 상황이 변한 것이다. 근로자가 노후에 필요한 자원을 더 많이 확보하기 위해서는 일하는 기간을 늘릴 수밖에 없다. 일을 더해서 더 벌어야 하는 것이다. 미국에서는 1990년대 중반부터 62~79세 남녀 노인의 노동시장 참가율이 눈에 띄게 증가했다. 그 결과 노인의 근로소득이 크게 늘어났으며, 65~69세 노인의 근로소득과 사회보장소득이 거의 비슷해졌다(Leonesio et al., 2012).

2 고령근로자의 근로기간연장

정부는 시민이 더 오래 일하기를 희망한다. 공적연금 수급개시연령의 연장도 원한다. 노인이 일을 하면 사회보장 재정이 크게 개선된다. 사회보험 보험료를 더 오래 납부하고 수급기간은 줄어들기 때문이다. 노인이 일을 해서 건강해지면 의료비 지출이 감소하고 건강보험 재정도 좋아진다.

하지만 문제는 근로자도 사용자도 근로자의 근로기간연장(정년연장)을 달가워하지 않는 데 있다. 정부가 고령화, 노동력 부족, 경제성장률 하락, 노인의 경제적 안녕의 위협 등과 같은 도전에 대응하는 데 있어 근로기간연장이 아주 유력한 방안임에 틀림없지만, 근로자는 노동의 연장을 원하지 않고, 사용자는 고령근로자의 고용에 미온적이다. 관건은 양측을 어떻게 설득하느냐에 있다.

먼저 근로자의 입장이다. 고령화로 적극적 노화에 대한 관심이 커지면서 노인의 일에 대한 생각에 변화가 일고 있다. 퇴직 후 더 일해도 좋다고 생각하는 노인이 늘어나고 있는 것이다. 보수를 받는 일을 하고 싶어 하는 노인도 증가하고 있다. 선진국 노인도 마찬가지이다. 선진국 노인이 더 많이 원한다는 주장도 있다(돈을 벌려는 동기가 가장 강하다).[2] 다른 이유도 있다. 무엇인가 가치 있고 의미 있는 일을 원한다는 것이다. 타인과의 네트워크 구축도 원하는 바다. 퇴직자는 퇴직을 인생의 새로운 장을 여는 기회로 생각한다(World Bank, 2008).

다음은 사용자의 입장이다. 사용자가 고령근로자를 대하는 것은 양면적이다. 고령근로자를 기술력이 높고 근로윤리를 더 많이 갖고 있으며 믿을 수 있다고 생각하는 사용자도 있고, 훈련에 적합하지 않고 변화에 저항하며 신기술을 습득하는 데 소극적이라고 생각하는 사용자도 있다. 2005년 미국의 한 조사연구보고서에 의하면, 사용자가 고령근로자를 꺼리는 이유가 열 가지나 되었다. 잠재능력 부족,

2) 유럽 노인이 보수를 받는 일에 나선 것은 2000년대 후반부터 시작된 불경기 때문이다. 불경기에 대처하기 위해 많은 기업들이 정규직 근로자를 해고하고 파트타임 근로자를 채용했는데, 파트타임 일자리를 꺼린 청년 대신 노인들이 파트타임 일자리를 차지했다. 주택담보대출 상환이나 자녀교육비 부담에서 벗어난 노인에게 비정규직과 낮은 보수는 큰 문제가 아니었다(EC, 2015a).

활력 부족, 높은 사회보장비용(연금과 건강보험), 융통성과 적응능력 부족, 높은 봉급 기대, 건강문제로 인한 결근, 지식과 기술의 노후화, 청년근로자의 경력 장벽, 능력에 관한 의구심, 연령차별금지법령에 대한 우려 등이 그것이다(Lahey, 2005). 그렇다면 고령근로자의 생산성이 낮아서인가? 이는 오래된 논쟁점이다. 근로자가 나이가 들면서 근로능력이 떨어진다는 연구결과도 있고, 그렇지 않다는 것도 있다(OECD, 2006).

Summery 고령근로자 근로기간연장에 대한 근로자와 사용자의 입장

구 분	입 장
근로자	• 고령화로 적극적 노화에 대한 관심이 커지면서 노인의 일에 대한 생각에 변화가 생김 • 퇴직 후 더 일해도 좋다고 생각하는 노인과 보수를 받는 일을 하고 싶어 하는 노인이 증가하고, 가치 있고 의미 있는 일과 타인과의 네트워크 구축을 원하는 노인도 증가 • 퇴직자는 퇴직을 인생의 새로운 장을 여는 기회로 생각
사용자	• 사용자가 고령근로자를 대하는 것은 양면적 • 고령근로자를 기술력이 높고 근로윤리를 더 많이 갖고 있으며 믿을 수 있다고 생각하는 사용자도 있고, 훈련에 적합하지 않고 변화에 저항하며 신기술을 습득하는 데 소극적이라고 생각하는 사용자도 있음

World Bank[3]는 2008년 근로기간연장에 관한 실무보고서(Live Longer, Work Longer : Making it Happen in the Labor Market)를 발표했다. 여기서 World Bank는 근로자와 사용자의 근로기간연장 수용 방안을 제시했는데, 상당히 함축적이고 합리적이다. World Bank(2008)가 제안한 근로자의 근로기간연장 수용방안은 다음과 같다.

• **근로 인센티브의 개선** : 근로자에게 재정적 인센티브를 더 많이 준다. 세금우대를 통해 근로 지속을 유인한다. 고령근로자에게 적합한 일자리(일하는 시간을 줄인 파트타임 근로, 근로자가 일하는 시간을 선택할 수 있는 유연근로, 노인의 역량에

3) 브레턴우즈협정에 의해 1946년 6월에 설립된 Word Bank(세계은행)는 전쟁으로 파괴된 경제의 부흥과 저개발지역의 개발 원조를 위한 국제장기투자기관으로서 민간자본의 원활한 국가 간 이동과 국제투자의 합리적 촉진을 지향한다. 우리나라는 1955년에 가입했다.

맞는 일자리에 배치)를 제공한다(실제로 이를 적용한 결과 2000년대 초반 미국 노인 노동시장참가율이 크게 올라갔다).

• **노인 건강 개선** : 양호한 건강상태는 일을 더 오래하려는 의지를 북돋운다. 건강은 근로능력과 근로의지 양쪽에 영향을 미친다. 건강이 좋지 않으면 일을 그만두고 싶어진다. 근로자의 건강상태 개선은 근로기간 연장에 도움이 된다.[4)]이른바 건강한 노화 추구는 노인 건강 개선에 긍정적이다.

World Bank가 사용자로 하여금 고령근로자를 더 많이 채용하게 하는 방법으로 제시한 것은 다음과 같다.

• **제도적 장애물의 제거** : 유연한 임금결정(flexible wage determination)을 도입한다. 근로자의 생애주기별 생산성에 따라 임금을 유연하게 정하는 것이다. 나이가 들면 어쩔 수 없이 근로능력과 생산성은 하락한다. 임금시스템이 경직되어 있으면, 사용자는 고령근로자의 계속 고용보다 청년근로자의 신규 채용을 선호한다. 임금피크제와 같은 임금체계의 유연화는 사용자의 인센티브가 된다. 법률 규제 완화도 필요하다. 정리해고 조건을 까다롭게 하는 등 근로자 보호를 위한 법률과 지나치게 엄격한 연령차별금지법의 연령차별 규제조항도 사용자가 고령근로자의 채용을 주저하게 만든다.
• **고령근로자의 근로능력 개선** : 사용자가 고령근로자에 매력을 갖게 만들려면 고령근로자도 자신의 기술을 개선하기 위해 노력해야 한다. 직업교육이 필요하다는 것이다. 근로자 입장에서 더 일할 수 있다는 확신이 서면 자신의 기술을 향상시키기 위해 스스로 노력할 것이다. 자신에게 이익이 된다는 것을 알기 때문이다. 정부도 인적자본에 대한 투자 관점에서 고령근로자의 직업교육 강화에 관심을 갖고 지원해야 한다. 인적자본에의 투자는 근로자와 사용자 모두에게 도움이 되고 나아가 근로기간 연장에도 기여한다.

4) 노인의 노동시장참가와 노인의 건강이 관계가 깊다는 사실은 2005년 유럽의 건강, 노화, 퇴직에 관한 조사(the Survey of Health, Ageing and Retirement in Europe, SHARE)에서 증명되었다. 당시 11개 유럽 국가 50세 이상 18,000 가구를 대상으로 조사했는데, 대부분의 나라에서 건강상태가 좋은 노인일수록 노동시장참가율이 높은 것으로 나타났다(Kalwij and Vermeulen, 2005).

World Bank는 평균수명이 증가하고 건강한 노인이 많아지는 데도 조기퇴직으로 일하는 기간을 줄이는 것은 역설이라 했다. 또 근로자가 일을 더 많이 하는 것은 피할 수 없는 것(an imperative)이라 했다. 과한 표현이란 생각이 들지만, 근로기간 연장이 노동력 부족을 해소하고, 공공재정의 건전성을 강화시키며, 근로자 퇴직소득의 증가를 가져온다는 World Bank의 주장은 설득력이 있다.

3 노인고용차별

노인은 신체능력, 인지능력, 창조능력 면에서 청장년층에 비해 뒤진다. 그러나 장기간 근로하면서 축적된 전문지식, 숙련된 기술, 기능은 여전히 노동시장에서 유용하다. 그럼에도 노인취업과 노인고용을 가로막고 있는 것이 있다. 노인에 대한 고용차별이다.

고령근로자 차별(discrimination against older workers)은 오래된 문제이다. 완전고용이 실현된 2차 세계대전 후 황금시대에도 고령근로자는 차별의 대상이었다. 고령근로자는 고용, 일자리, 소득보장 면에서 불리하다. 고령근로자는 회사 구조조정의 일순위고, 회사의 퇴직규정에서도 불리하고, 정부 고용정책에서도 배제되기 쉽다.

고령근로자의 고용상의 차별은 직접적인 차별과 간접적인 차별이 있다. 직접적인 차별은 강제 퇴직 연령 규정, 취업 시 연령제한, 훈련에서의 연령상한선 규정 등이다. 간접적인 차별은 퇴직 압력이 대표적이다. 고령근로자는 퇴직연령 이전에도 퇴사 압력을 받는다. 회사가 은근히 퇴직을 종용하는 것이다. 회사 경영상의 애로를 빙자해 고령근로자만 직원 혜택을 중단하거나 축소하는 방법을 쓰기도 한다. 압박에 견디다 못해 퇴사를 해도 회사는 의원면직으로 처리한다.

고령근로자가 연령차별에 개인적으로 대처하기는 매우 어렵다. 특히 간접적인 차별일 경우 그렇다. 노인차별금지법이 있지만, 회사로부터 압력을 받았다는 사실을 입증해야 한다. 하지만 이것은 결코 쉬운 일이 아니다. 법으로 차별을 막는 데도 한계가 있다(ILO, 1999).

한편 국제사회에서 고용상의 연령차별금지는 이미 보편적인 노동원칙으로 자리 잡았다. ILO는 1980년 고령근로자에 관한 권고를 통해 "회원국은 연령과 관계없이 근로자의 평등한 기회 및 대우를 촉진하는 국가정책과 이에 관한 법령 및 관행의 틀 내에서 고령근로자에 관한 고용・직업상의 차별을 금지하기 위한 조치를 취하여야 한다"고 권고했다. EU는 2000년 고용・직업에서의 평등대우 기본원칙에 관한 지침을 제정하여 회원국에게 2007년 이전까지 연령 등을 이유로 하는 고용차별을 금지하는 법과 제도를 시행하도록 권고했다. 연령차별의 금지를 통해 고용기회의 확대, 고용안정성의 제고, 능력에 기초한 노동시장의 합리성을 추구한 것이다.

세계 최초의 연령차별금지법은 1967년에 제정된 미국의 고용상연령차별금지법(ADEA : the Age Discrimination in Employment Act)이다. 이 법의 목적은 연령보다는 능력에 기초해 고용을 촉진하고, 고용에서의 연령차별을 금지하며, 고용에서 연령이 문제가 될 경우 사용자와 근로자가 이를 해결하는 것을 돕는 데 있다. ADEA는 원래 40~65세 민간부문 근로자를 대상으로 했지만, 현재는 40세 이상 근로자 모두를 대상으로 한다. ADEA는 효과적이다. 특히 노골적인 연령차별을 막는 데 효과적이다. ADEA는 국제노동규범과 다른 나라의 고용차별 관련법에 상당한 영향을 미쳤으며, 많은 나라가 고용차별금지의 모델로 삼고 있다.

호주는 2004년에 연령차별금지법(the Age Discrimination Act)을 제정하였다. 동법은 고용영역뿐만 아니라 비고용영역에서의 연령차별을 포괄적으로 금지하고 있는 것이 특징이다. 영국은 2006년 고용평등(연령)규칙[the Employment Equality(Age) Regulation]을 제정하였다. 이 법은 고용영역에서 취업 가능한 모든 자에 대한 연령차별을 금지하고 있고, 직접차별과 간접차별 개념에 관한 법적 정의, 모집・채용에서 해고・정년에 이르기까지의 고용단계별 차별금지의 구체적 내용, 차별에 해당하지 않는 예외사유, 차별행위에 대한 구제 수단과 절차를 규정하고 있다. 일본은 1994년 고연령자 등의 고용안정 등에 관한 법률을 개정하여 60세 미만 정년의 설정을 금지하였고, 2004년에는 법 개정을 통해 65세(62세에서 65세까지 단계적 상향)까지의 안정적 고용을 확보하기 위해 사업주에게 고연령자고용확보조치(정년연장・정년폐지 또는 계속고용제도의 도입) 실시의무를 부과하였다.

우리나라도 고령화에 따른 고령인구의 노동력을 활용하기 위해 2009년 3월 「고용상연령차별금지 및 고령자고용촉진에 관한 법률」을 시행했다. 연령차별금지가 2009년에는 사원모집과 채용에만 적용되었으나 2010년부터 임금・복리후생・교육・훈련・배치・전보・승진・퇴직・해고 등에도 적용되었다. 1명 이상의 근로자를 사용하는 모든 사업장과 취업 가능한 모든 연령층이 차별보호의 대상이 되었다.

2013년에는 더 중요한 결정이 이루어졌다. 이 법을 개정하여 정년을 60세로 연장(종전에는 55세)하고, 이를 의무조항(종전에는 권고조항)으로 변경한 것이다. 정년연장은 2016년 1월부터 공기업, 공공기관, 지방공기업, 상시근로자 300인 이상 사업장에 적용되었고, 2017년 1월부터는 국가 및 지방자치단체, 상시근로자 300인 미만 사업장에도 적용되었다. 공공기관과 민간기업까지 정년이 60세로 연장된 것이다.

Summery 고령근로자의 고용차별과 고용상의 연령차별금지법

구 분	내 용
고령근로자의 고용상의 차별	• 직접적 차별 : 강제 퇴직 연령 규정, 취업 시 연령제한, 훈련에서의 연령상한선 규정 • 간접적 차별 : 퇴직 압력
고용상의 연령차별금지법	• 미국 : 1967년에 고용상연령차별금지법(ADEA) 제정. 세계 최초의 연령차별금지법. 국제노동규범과 다른 나라의 고용차별 관련법에 상당한 영향을 미쳤으며, 많은 나라들이 고용차별금지의 모델로 삼고 있음 • 호주 : 2004년 연령차별금지법 제정. 고용영역뿐만 아니라 비 고용영역에서의 연령차별을 포괄적으로 금지 • 영국 : 2006년 고용평등(연령)규칙 제정하여 고용영역에서 취업 가능한 모든 자에 대한 연령차별을 금지. 직접차별과 간접차별에 관한 법적 정의, 모집・채용에서 해고・정년에 이르기까지의 고용단계별 차별금지의 구체적 내용, 차별에 해당하지 않는 예외사유, 차별행위에 대한 구제 수단과 절차를 규정 • 일본 : 1994년 고연령자 등의 고용안정 등에 관한 법률 개정. 60세 미만 정년 설정 금지. 2004년 개정에서는 정년을 65세로 연장. 정년연장, 사용자에게 정년폐지 또는 계속고용제도의 도입 의무 부과 • 한국 : 2009년 3월 고용상연령차별금지 및 고령자고용촉진에 관한 법률 시행. 2010년 임금・복리후생・교육・훈련・배치・전보・승진・퇴직・해고에서의 연령차별 금지. 2013년 정년을 60세로 연장(종전에는 55세), 의무조항(종전에는 권고조항)으로 변경

4 한국의 노인고용정책

고령근로자의 근로기간을 연장하는 것과 노인에게 일자리를 찾아주는 것은 노인고용을 목적으로 한다는 점에서는 같지만 초점이 다르다. 고령근로자 근로기간 연장은 조직(주로 민간기업)에서 일하는 근로자를 대상으로 임금피크제나 유연근로(파트타임, 근로시간 단축, 근로시간 선택 등)를 통해 같은 직장 또는 유사 직장에서 더 일하게 만드는 것임에 비해 노인일자리사업은 조직(민간기업을 포함한 모든 조직)에서 퇴직한 사람에게 이전에 하던 일과는 관계없이 새로운 일자리를 제공하는 것이다.

우리나라 정부의 노인일자리사업은 노동부와 보건복지부로 이원화 되어 있다. 보건복지부는 노인일자리를 개발해 취업을 원하는 노인에게 제공하는 데 주력하고 있고, 노동부는 노인에게 적합한 일자리를 소개하고 필요한 경우 일자리에 필요한 기술을 교육・훈련하는 데 주력하고 있다.

1) 보건복지부의 노인일자리사업

보건복지부는 고령사회에 대비하여 노인의 능력과 적성에 맞는 일자리의 개발과 일자리 사업을 체계적으로 관리하는 주무부처이다. 이를 위해 노인취업 알선, 노인인력지원기관의 운영, 노인 일자리 마련사업 등을 시행하고 있다.

(1) 사업목적과 내용

일하기를 희망하는 노인에게 맞춤형 일자리를 제공함으로써 노인의 소득창출과 사회참여 기회를 제공하고, 일을 통한 소득보충, 적극적 사회참여 및 건강증진 등을 통해 노인문제 예방 및 사회적 비용 절감을 목적으로 한다. 아울러 노인인력 활용에 대한 사회적 인식을 개선하고, 민간의 참여를 도모하며, 은퇴전후 준비 및 노인생애교육 등 노인인력 교육 연계를 통해 일자리를 창출한다.

보건복지부 노인일자리사업은 노인복지법과 저출산고령사회기본법에 근거하고 있다. 노인복지법에 의하면, 정부는 노인적합 직종의 개발 및 보급시책을 강구하고 근로능력이 있는 노인에게 일할 기회를 우선적으로 제공하도록 노력하여야 한다. 그리고 노인적합 일자리의 개발・보급과 교육 훈련 등을 전담할 기관을 설치・운영하거나 법인・단체 등에 위탁할 수 있다. 그리고 저출산고령사회기본법은 정부가 노인에게 적합한 일자리창출 등 안정된 노후생활을 할 수 있도록 필요한 조치를 강구할 것을 규정하고 있다. 이러한 규정에 의거하여 보건복지부는 노인일자리사업을 시행하고 있는 데, 핵심사업은 일자리 창출사업이다.

(2) 노인일자리 유형

노인일자리사업의 노인일자리는 공공분야와 민간분야로 대별된다. 공공분야는 노인일자리 예산에서 참여노인 인건비와 부대경비를 전액 지원하고, 민간분야는 기업 등 노인인력 활용업체에서 인건비를 지급하고 노인일자리 예산에서 부대경비를 지원한다.

〈표 6-1〉 노인일자리 유형

구 분	유 형	내 용
공공분야	공익, 교육, 복지형	노인일자리 예산에서 참여노인 인건비와 부대경비 전액 지원
민간분야	인력파견형, 시장형, 창업모델형	기업 등 노인인력 활용업체에서 인건비를 지급하고 노인일자리 예산에서 부대경비 지원

가. 공공분야

공공분야의 노인일자리는 공익형, 교육형, 복지형이 있다.

공익형은 공공의 이익에 부합하고 사회적으로 유용성이 강한 일자리이다. 공익형은 지방자치단체 및 공공기관이 공공서비스 향상을 목적으로 실시하는 공공업무영역(환경, 질서유지, 시설관리 등)과 지역사회 현안 문제해결을 위해 창출한 일자리를 포함한다. 공익형 일자리의 대상은 전문기술이 없거나 고령 등으로 인해 사회에서 소외된 노인층이다. 지자체는 자신의 고유 업무영역에서 저비용 고효율의 노인일자리 창출을 통해 지자체의 행정비용을 절감할 수 있다. 나아가 지역사회 현안문제를 예방하고 완화하는 데도 도움이 된다.

〈표 6-2〉 공익형의 사업종류

분 류	세부사업명	세부사업 내용
미래세대 지원사업	아동안전보호사업	초등학교 등 · 하교길 및 학교주변의 교통정리, 어린이보호 및 순찰사업
	초등학교 급식도우미사업	초등학생들을 대상으로 급식지도 및 지원사업
지역사회 관리지원사업	지역사회 환경개선보호사업	지역내 주거환경 및 생태환경 등 보호, 개선사업
	지역사회 문화재관리지원사업	지역내 문화재 보호, 훼손방지 및 관람편의 제공사업
공공질서 계도지원사업	주정차질서 계도지원사업	주차 혼잡지역의 질서유지 및 계도지원사업
	지하철이용질서 계도사업	지하철역 이용질서 계도지원사업
공중이용 시설 관리지원사업	도서관 관리지원사업	국 · 공립 및 초중고등학교내 도서관 관리지원사업
	생활근린시설 관리지원사업	놀이터, 공원 및 공설운동장 등 관리지원사업
	의료 및 복지시설 관리지원사업	보건소, 양로원 및 복지기관 등 관리지원사업
기타 지역특화사업	행정조사지원사업	지역사회 기초자료 조사 및 지원사업
	기타(지역특화)사업	지역상황에 적합한 사업(예 산불예방사업, 지방세고지서 송달사업 등)

교육형은 경험과 교육을 통해 습득한 지식을 가진 노인이 다양한 계층을 대상으로 자신의 경륜과 지식을 전달함으로써 세대 간 문화전승의 효과를 살리고 교육대상자의 능력을 향상시키는 일자리이다. 교육형에는 학습형과 해설형이 있다. 학습형은 각종 교과목 및 특기과목 등의 학습을 필요로 하는 지역 내 교육기관 및 관련시설에 강사로 노인을 파견하는 것이다. 해설형은 지역 내 주요 문화재시설 및 자연생태 체험학습이 가능한 곳에 노인해설사를 파견하여 전문적인 해설을 실시하는 일자리이다. 교육형은 노인인적자원의 발굴과 개발을 통해 지역사회에 기여할 수 있는 기회를 부여하고, 참여노인의 전문능력을 향상시킬 수 있는 기회를 제공함으로써 자립 기반을 제공하는 데 목적이 있다.

〈표 6-3〉 교육형의 사업종류

분 류	세부사업명	세부사업 내용
학습지도 강사파견사업	1-3세대 강사파견사업	유아 및 초중학생을 대상으로 한 교육활동사업
	노-노교육 강사파견사업	동년배의 피교육생을 대상으로 한 교육활동사업
	체육건강 강사파견사업	체육(건강) 관련하여 시설 및 기관 등에서 실시하는 교육활동사업
	신문활용(NIE)교육사업	신문을 활용하여 초중학생들을 대상으로 교육활동사업
전문해설 및 안내지원사업	숲생태해설사업	지역 내 숲생태 정보 전달 및 해설사업
	문화재해설사업	지역 내 문화재 정보 전달 및 해설사업
	기타 안내지원사업	지역 내 예술관 및 박물관 등 공공시설에서 강의
기타 지역특화사업	해외이주자 지원사업	이주여성 및 노동자 등을 대상으로 한 다양한 문화적응 교육사업
	기타(지역특화)사업	기타 지역상황에 적합한 사업

복지형은 사회 · 경제 · 문화적 소외계층을 대상으로 제공되는 사회서비스 중에서 노인적합형일자리를 창출하여 노인에게 제공하는 것이다. 이 일자리는 사회복지 대상자의 복지 향상과 아울러 일자리를 필요로 하는 노인의 일자리와 소득을 창출할 수 있는 장점이 있다.

〈표 6-4〉 복지형의 사업종류

분 류	세부사업명	세부사업 내용
소외계층 돌봄지원 사업	거동불편노인 돌봄지원사업(노노케어)	건강한 노인이 거동이 불편한 요보호 노인의 일상생활을 관리 · 지원하는 사업
	생활시설이용자 돌봄지원사업	지내 사회복지시설(이용 및 생활시설 등) 이용자에 대한 관리 · 지원 사업
	노인학대예방사업	지내 노인보호전문기관 등과 연계하여 노인이용시설 등에서 교육 및 예방사업
	장애인 돌봄지원사업	지내 장애인 가정 및 장애인보호시설 등에서 일상생활을 관리 · 지원하는 사업
	아동 · 청소년 보호지원사업	지내 아동 · 청소년 비행우발지역에서 선도 및 상담지원 사업

주거환경 개선지원사업	주거환경 개선지원사업	지내 열악한 주거환경으로 불편함을 겪는 소외계층 가정의 주거개선 지원사업
문화복지 지원사업	문화복지 지원사업	복지소외지역 또는 각종 생활시설 등의 문화 소외대상자에게 다양한 문화체험 제공사업

나. 민간분야

민간분야는 인력파견형, 시장형, 창업모델형이 있다.

인력파견형은 수요처의 요구에 의해서 일정 교육을 수료하거나 관련된 업무능력이 있는 자를 해당수요처로 파견하여 근무기간에 대한 일정 보수를 지급받을 수 있는 일자리를 말한다. 인력파견형은 부수적 수입이나 어느 정도 높은 안정된 소득을 희망하는 노인들을 대상으로 한다. 시장진입에 성공한 일자리에 대한 재교육 또는 대체파견 등의 사후관리를 통해 안정된 민간분야 일자리가 계속 누적될 수 있도록 만드는 것이 중요하다.

〈표 6-5〉 인력파견형의 사업종류

세부사업명	세부사업 내용
시험감독관 파견사업	공공기관 및 민간기관의 자격 및 채용시험의 정부 · 보조감독위원으로 활동하는 사업
주례사 파견사업	전문주례인 양성 및 파견사업
주유원 파견사업	주유소에 파견되어 주유서비스 외 주유소 관리 및 제반업무 등을 수행하는 사업
경비원 파견사업	지내 아파트, 상가 및 공공기관 등 수요에 적합한 인력을 선발 · 교육후 경비원으로 파견하는 사업
가사도우미 파견사업	고령여성인력을 대상으로 전문가사 서비스 훈련 후 수요처에 파견하는 사업
청소 및 미화원 파견사업	지내 기업체, 공공기관 및 아파트단지 등에 적합한 인력을 선발교육후 미화원으로 파견하는 사업
식당보조원 파견사업	지내 일반식당, 구내식당 및 외식업체 등 인력수급이 요구되는 수요처에 파견하는 사업
농어촌일손도우미 파견사업	농번기 지역내 농가 및 과수업체 등에 파견하는 사업

시장형은 노인에게 적합한 업종 중 소규모 창업 및 전문직종 사업단을 공동으로 운영하여 창출되는 일자리로서 일정기간 사업비 또는 참여자 인건비를 일부 보충지원하고 추가 사업소득으로 연중 운영하는 일자리이다. 시장형은 장기적 근로와 안정된 소득을 희망하는 노인을 대상으로 하며, 점진적으로 국가지원에 대한 의존에서 벗어날 수 있는 자립기반을 마련하는 것이 관건이다.

〈표 6-6〉 시장형의 사업종류

분 류	세부사업명	세부사업 내용
제조 및 유통사업	식품제조 및 판매사업	공동 사업단 구성 및 창업 등으로 식재료를 활용, 식품 등을 제조하여 판매하는 사업
	특산물제작 및 판매사업	공동 사업단 구성 및 창업 등으로 지역특산물을 제조하여 판매하는 사업
	공산품제작 및 판매사업	공동 사업단 구성 및 창업 등으로 비누 등 공산품을 제작하여 판매하는 사업
	공동작업장운영사업	공동사업단을 구성하여 기업이나 업체와 연계시켜 관련 생산품 혹은 반제품을 생산 · 조달하는 사업
서비스사업	아파트택배	사업단 구성을 통해 아파트단지 내 택배물품을 배송 · 집하하는 사업
	지하철택배	지하철을 이용하여 지역내 수요처의 각종 수하물 및 서류 등을 배달하는 사업
	세차 및 세탁사업	공동사업단 구성을 통해 세차 혹은 세탁 등의 서비스사업
영농업	지역영농사업	유휴경지를 활용하여 농산물 등을 공동으로 경작하고 판매하는 사업

창업모델형은 2009년 신설된 유형으로서 구매력 있는 노인세대의 등장에 대비해서 노인창업을 유도하는 한편 노인창업 아이템의 발굴과 창업 장애요인 분석 및 제거를 통해 노인에게 적합하고 소득창출효과가 큰 사업 모델을 개발하여 노인 일자리를 창출하는 것이다. 창업모델형은 기존 민간분야 일자리 중 초기투자비가 많이 소요되고 일자리 파급효과가 큰 사업을 공모를 통해 선정 · 지원한다. 창업모델형의 목적은 정부가 노인들에게 시장(보호된 시장 포함)에 재진입하기 위한 기반을 마련함으로써 노인들의 지속적인 소득창출을 기하는 데 있다.

(3) 시니어클럽

시니어클럽은 지역사회에 일정한 시설과 전문인력을 갖추고 지역의 자원을 활용하여 노인적합형 일자리를 개발하고 이에 참여할 수 있는 여건을 조성하는 것을 목적으로 하는 노인일자리전담기관이다. 시니어클럽은 취업을 원하는 노인을 대상으로 상담, 교육, 훈련 등의 서비스를 제공한다.

시니어클럽은 노인복지법의 노인일자리전담기관 규정, 즉 노인의 능력과 적성에 맞는 일자리의 개발·보급과 교육훈련 등을 전담할 기관을 설치·운영하거나 법인·단체 등에 위탁할 수 있다는 규정에 근거를 두고 있다. 동 규정은 노인일자리전담기관의 설치·운영을 위한 비용을 국가 또는 지방자치 단체가 부담하도록 정하고 있다.

이러한 법적 근거에 따라 시니어클럽은 2001년 노인일자리전담기관 지역사회시니어클럽(CSC : Community Senior Club) 시범사업으로 처음 실시되었다. 2004년에는 명칭이 지역사회시니어클럽에서 노인인력지원기관으로 변경되었다. 2005년에는 사업이 지방으로 이양되었다. 명칭도 노인인력지원기관에서 시니어클럽으로 바뀌었으며, 시장형 일자리 중점수행기관으로 지정되었다.

시니어클럽은 지하철택배사업, 케어복지사업, 숲생태지도자사업, 전통병과사업, 자원재활용사업, 세탁장운영사업, 거리환경지킴이, 자연환경지킴이, 문화재해설가, 간병인사업단, 도시락사업단, 포장전문사업단 등을 운영하고 있다.

2) 노동부의 고령자우선고용제도

노동부는 고령자 취업알선기관 운영, 고령자 우선고용직종 선정 및 채용 권고, 고령자 단기적응직업훈련 실시, 고령자고용촉진장려금 지급 등의 사업을 실시하고 있다. 그리고 직업능력개발, 실업급여, 고용안정사업 등의 구직자 취업지원을 위해 지방노동청별로 고용안정센터를 설치하여 직업 심리검사를 통한 적성 발견 및 직업 선택 지원, 고용동향 및 일자리 정보 제공, 직업 능력진단 및 직업 훈련정보 제공, 심층상담을 통한 개인 특성별 맞춤형 취업 지원, 집단 상담프로그램을 통한 취업능력 배양, 고령자·여성·장애인 등 취약 계층 밀착 지원을 시행하고 있다. 노동부 고령자 취업정책의 핵심은 취업알선과 교육훈련이다.

(1) 고령자우선고용제도의 목적과 내용

노동부는 노동시장에서 불리한 위치에 있는 고령근로자의 취업을 지원하기 위해 '고령자 우선고용직종'을 선정하여 고시하고 있다. 고령자 우선고용직종은 노동시장에서 고령자가 상대적으로 취업이 용이하고 충분히 직업능력을 발휘할 수 있는 직종이다. 노동부는 공공부문과 민간부문이 우선고용직종에서 공석이 발생할 경우 고령자를 우선적으로 채용하도록 권고하고 있다.

노동부는 1992년부터 고령자 적합직종(2002년 고령자 우선고용직종으로 명칭 변경)을 선정해 권장했다. 당시 고령자 적합직종은 상대적으로 힘이 덜 들고, 단순한 업무를 중심으로 선정되었다. 1995년 2차 고령자 적합직종 역시 상당수가 단순직이었으며, 사서보조원, 복지관보조원, 물품관리원 등 일정한 교육을 통해 일이 가능한 직종도 포함되었다. 1997년 12월 3차 고령자 적합직종에는 거리미화원, 쓰레기매립장관리원, 노견정리원 등 여전히 단순노무직이 많은 편이었지만, 통역안내원, 보일러 운전원, 전화수리원, 문화재관리원 등 준전문가 또는 기능직 직종이 처음으로 포함되었다.

1999년 12월에 선정된 4차 적합직종에는 고령자의 직업능력이나 경험을 최대한 활용할 수 있는 전문·기술직 17개가 추가로 선정되었다. 고령자가 직업생활에서 경험한 능력과 연륜을 발휘할 수 있도록 사회교육강사, 노인대학강사, 가정학원강사 등의 강사직과 중소기업경영기술자문가, 인력개발컨설턴트, 창업지원컨설턴트, 농업 및 영림자문가와 같은 전문직이 포함되었다. 그 외에도 임대관리자, 인사노무관리자, 영업관리인 등 관리직도 적합직종으로 선정되었다. 그러나 4차 고령자 적합직종은 고령자들의 취업희망직종과 괴리되어 있었고, 기술과 교육수준을 갖춘 고령자를 위한 직종이 대부분이었다.

이의 개선을 위해 노동부는 2002년 12월 고령자고용촉진법 개정을 통하여 공공부문(70개)과 민간부문(90개)의 고령자 우선고용직종을 고시하였다. 최종 160개 고령자 우선고용직종은 중앙고용정보원(현 한국고용정보원)에서 제시한 공공부문 72개 직종, 민간부문 114개 직종을 토대로 유사직종의 통폐합, 일부직종은 추가 또는 삭제함으로써 선정되었다. 예를 들어 신문, 서류, 꽃, 의치, 신용카드 배달원은 배달원으로 통합하였고, 플라스틱사출보조원, 금형원 등 노동 강도가 높은 직종은 삭제하였으며, 화물접수원, 건물관리인 등은 민간부문에 포함시켰다. 그리고 기존의 고령자 적합직종이 저소득 및 단순직종에 치중되어 있다는 지적을 고려하여 고등교육 이상을 받아야 취업이 가능한 직종들을 많이 포함시켰으며, 기존의 단순노무 직종에서 고급수준의 전문기술 직종까지 직종을 다양화하였다.

고령자 우선고용직종의 명칭은 2002년 12월 고령자고용촉진법 개정으로 고령자 적합직종에서 우선고용직종으로 바뀌었다. 1992년 이후 선정된 직종들이 대부분 단순노무직종으로 다양한 취업수요를 충족치 못하고 있다는 비판을 수용하여 적합직종이란 용어를 우선고용직종으로 변경하였던 것이다. 그러나 명칭만 바뀌었을 뿐 선정 기준은 그동안 크게 변하지 않았다. 그리고 고령자 우선고용직종의 권고에도 불구하고 공공기관에서 고령자 우선채용을 지키지 않는 사례가 빈번하게 발생하였다.

〈표 6-7〉 **고령자 우선고용직종 선정기준과 개념**

기 준	개 념
신체적 적합 직종	신체적 · 정신적 한계로 인해 다른 연령계층에 비해 생산성이 떨어지지 않거나 산업재해의 위험이 낮은 직종
고령 종사자 규모가 큰 직종	현재 노동시장에서 고령자의 종사자 규모가 큰 직종
빈 일자리 직종	다른 연령계층의 진입 기피나 회피 등으로 인하여, 다른 직종에 비해 고령자가 진입할 수 있는 빈 일자리가 많은 직종
일자리 증가 직종	미래 일자리 증가가 예상되며, 일자리 증가에 있어 고령자가 진입할 여지가 있는 직종
기능보유 직종	일정기간 훈련 이수 및 자격취득을 통해 특정 기능을 보유함으로써 취업 경쟁력을 확보할 수 있는 직종
경력보존 직종	고도의 특정 직무의 기술 및 지식에 대한 노하우를 보유하여, 충분히 직업능력을 발휘할 수 있는 직종
단순노무 직종	특정 지식이나 기술이 필요하지 않아 일자리만 있다면 단기간 내에 취업이 가능한 직종

출처 : 한국고용정보원, 2007 : 71.

(2) 인기직종 베스트와 유망직종 베스트

한국고용정보원은 2007년 노인 적합 인기직종 베스트와 유망직종 베스트를 발표했다. 인기직종 베스트는 경비원, 설문조사원, 화랑 및 박물관 안내원, 주유원 및 가스 충전원, 시설보육사(시설 보육도우미), 사서보조원(도서정리원), 주차장관리원, 음식료품 가공원, 용접원, 분류원(우편물 등) 또는 선별원, 화환수거원, 무가지 신문 배포원 등이었고, 유망직종 베스트는 금융설계상담사, 시험감독원, 웹콜마케터(인터넷 판매상담사), 결혼상담원, 장례지도사, 특기적성강사, 급식지도원, 광고모델 및 보조출연자, 물품배달원 등이었다.

(3) 베이비부머를 위한 도전 직업

2016년 한국고용정보원은 은퇴 후 중장년층이 도전할만한 직업 30종과 이 직업을 갖기 위해 준비가 필요한 사항을 정리한 책 『인생 2막, 새로운 도전』을 발간했다. 여기서 한국고용정보원은 중장년층의 적성, 경력, 취향에 맞춘 도전 직업들을 틈새도전형, 사회공헌·취미형, 미래준비형 등 세 가지 유형으로 나눠 제시했다. 틈새도전형은 직장생활 경력과 인생경험을 바탕으로 도전할 수 있는 직종이고, 사회공헌·취미형은 직장생활을 하면서 놓쳤던 가치를 되살릴 수 있는 직업들이며, 미래준비형은 아직 법과 제도가 정착되지는 않았지만 일자리 수요가 있는 직업들이다. 이 세 유형의 구체적 내용은 다음과 같다.

- **틈새도전형** : 전문성과 경력을 살려 틈새시장으로 재취업하거나 창업할 수 있는 직종이다. 베이비붐 세대의 가장 큰 장점은 직장생활 경력과 풍부한 인생경험, 이를 통해 구축한 인적 네트워크라고 할 수 있다. 이런 장점들은 제2의 인생을 설계하는 데 무엇보다 큰 자산이 된다. 틈새도전형 직종은 경력을 살리면서도 틈새시장을 노릴 수 있는 직업으로 기업체로 재취업도 가능하지만 창업에 도전할 수도 있다. 다소 진입장벽이 높지만 전문성과 경력을 활용하면 진입이 가능한 직종들이다.

- 사회공헌 · 취미형 : 사회에 공헌할 수 있는 일 또는 취미를 살릴 수 있는 직종이다. 베이비부머 중에는 더 늦기 전에 내가 정말 원하는 일에 남은 열정을 쏟고 싶다는 사람들이 많다. 또한 경력과 경험을 살려 사회에 기여하거나 취미를 업으로 삼아 소일거리처럼 일하고 싶어 하는 사람들도 많다. 젊은 세대, 이웃을 위한 일, 자연과 벗할 수 있는 일 등 여생을 의미 있게 보내는 데 도움이 되는 직업들이 여기에 속한다.
- 미래준비형 : 정부 육성 신 직업을 중심으로 교육과 훈련을 통해 미래를 준비할 수 있는 직종이다. 미래준비형 직업들은 정부가 전문인력 육성 및 민간시장 창출 등을 통해 육성하겠다고 발표한 신 직업들에 속한다. 신 직업은 아직 국내에 제대로 정착되지 않았지만 미래 일자리 수요가 있는 직업들로 법 · 제도의 정비 등 활성화 방안을 통해 일자리 창출이 가능한 직업이다. 노동시장에 안정적으로 정착하기에는 자격화 및 교육과정 개설, 일자리 확보 등이 미비하다는 점에 유의해야 한다.

세 유형별 도전 직업은 〈표 6-8〉과 같고, 직업별 직무 개요는 〈표 6-9〉와 같다.

〈표 6-8〉 베이비부머를 위한 도전 직업

유 형	직 업
틈새도전형	협동조합운영자, 오픈마켓판매자, 기술경영컨설턴트, 투자심사역, 창업보육매니저, 귀농귀촌플래너, 스마트팜운영자(스마트파머), 흙집건축가, 도시민박운영자, 공정무역기업가, 1인 출판기획자, 유품정리인
사회공헌 · 취미형	청소년 유해환경감시원, 청년 창업지원가, 인성교육강사, 마을재생활동가, 도시농업활동가, 목공기술자, 손글씨작가(캘리그라퍼), 숲해설가, 문화재해설사, 웃음치료사
미래준비형	생활코치(라이프코치), 노년플래너, 전직지원전문가, 이혼상담사, 산림치유지도사, 기업재난관리자, 주택임대관리사, 3D프린팅운영전문가

〈표 6-9〉 직업별 직무 개요

직업명	직무 개요
협동조합운영자	특정 목적에 따라 협동조합을 설립하고 직접 협동조합 운영·관리
오픈마켓판매자	오픈마켓의 운영, 마케팅, 고객관리 등의 전반적인 업무 관리
기술경영컨설턴트	기업경영 중 기술 부문에 대한 특화된 문제점 진단 및 전략 수립, 컨설팅
투자심사역	창업 및 벤처기업 등을 대상으로 투자에 대한 심사 진행
창업보육매니저	창업종목 선정부터 개설까지 각 단계의 업무를 총괄적으로 관리
귀농귀촌플래너	은퇴 후 귀농·귀촌 희망자를 대상으로 주요 준비사항 및 방법 안내
스마트팜운영자(스마트파머)	스마트폰을 비롯한 스마트기기로 스마트팜 기술이 적용된 농장을 운영하며 작물 재배
흙집건축가	흙집을 설계하고 직접 흙집을 건축하는 등 하나의 흙집이 만들어지는 전 과정에 참여
도시민박운영자	관광객 대상의 민박사업을 기획하거나 직접 민박 운영
공정무역기업가	저개발 국가의 생산자와 소비자 사이에서의 공정한 무역으로 제품을 판매하는 기업 운영
1인 출판기획자	1인 창업의 형태로 출판물을 기획하고 출판
유품정리인	가족의 돌봄 없이 사망한 사람들의 유품, 재산 등을 정리 및 처리
청소년 유해환경감시원	정책적 모니터링 차원에서 청소년의 유해환경을 감시 모니터링
청년 창업지원가	경력 및 전문성을 활용해 재능기부 차원에서 청년 창업 지원
인성교육강사	학교폭력 예방, 또래관계 개선, 스마트폰의 올바른 사용 교육 등 청소년의 인성 강화를 위한 교육 수행
마을재생활동가	쇠퇴, 낙후된 지역의 경제적, 사회적 재활성화와 물리적 정비를 통합하여 마을 재생 사업 수행
도시농업활동가	도시농업에 적합한 농법을 개발하고 보급함으로써 도시민들이 어려움 없이 텃밭이나 주말농장을 할 수 있도록 안내
목공기술자	목공기술을 활용해 가구, 창호시설, 목조주택 등 제작
손글씨작가(캘리그라퍼)	붓을 이용하여 헤드라인, 타이틀, 로고 등의 글씨를 써서 작품화
숲해설가	동식물 및 곤충 등의 생태 환경 및 생활 등을 숲 방문객에게 해설
문화재해설사	우리 문화에 대한 이해를 바탕으로 관광객에게 문화재 해설

웃음치료사	웃음을 유도하여 몸과 마음이 건강해지도록 하는 활동 지도
생활코치(라이프코치)	개인의 목표를 스스로 성취할 수 있도록 자신감과 의욕을 고취시키고 잠재력을 발휘하도록 코치
노년플래너	노인의 건강, 일, 경제관리, 정서관리, 죽음관리 등의 상담 및 조언
전직지원전문가	퇴직 후 이·전직이나 창업을 희망하는 사람에게 제2의 직업을 추천하고 이에 대한 상담 및 컨설팅
이혼상담사	이혼을 고려하는 사람들을 대상으로 심리상담과 법적 절차, 이혼 후의 재무, 라이프 플랜 등 상담
산림치유지도사	산림 휴양 이용자가 건강을 유지하고 회복할 수 있도록 산림치유 프로그램 개발 · 보급
기업재난관리자	기업 차원에서 각종 재난 발생시 기업 활동을 연속적으로 유지하고, 2차 피해 방지를 위한 계획 수립
주택임대관리사	집주인의 의뢰를 받아 임대 주택의 각종 문제 등을 처리하고 관리
3D프린팅운영전문가	3D프린터의 조립, 유지보수 및 이를 활용한 제품을 제작하고 판매

CHAPTER

07 노인문제

1 노인이 직면하는 문제

전통사회에서 노인은 가족 안에서는 가장으로 지역공동체에서는 원로로 대접받았다. 노인은 또 한 집안의 대표로서 자식에게 재산을 상속하기 전까지 강력한 경제적 권한을 행사했다. 하지만 부와 소득의 원천이 토지에서 직업세계를 옮겨간 산업화 이후 노인의 지위는 하락하기 시작하여 실업자와 무소득자로 전락했다.

현대사회에서 노인의 지위는 낮다. 노인에 대한 사회적 인식도 부정적이다. 미디어에 등장하는 노인의 이미지도 좋지 않다. 가족 내에서의 위상도 많이 하락했다. 노인은 사회나 가족으로부터 환영받는 존재가 아니다. 더욱이 고령화가 노동시장과 사회보장 그리고 정부재정을 위협한다는 사실이 매스컴을 통해 널리 알려지면서 노인에 대한 사회적 인식은 더욱 차가워지고 있다.

노인이 되면 여러 가지 문제에 봉착한다. 신체적 · 정신적 · 사회적 · 경제적 문제 등 아주 많다. 가장 먼저 부닥치는 문제가 퇴직이다. 대부분의 노인들은 지적으로나 신체적으로 근로할 수 있는 능력을 보유하고 있음에도 정년제도에 따라 강제로 퇴직해야 한다. 사람을 직업으로 평가하는 경향이 강한 현대사회에서 직업이 없는 노인은 대접받기 어렵다. 퇴직은 노인을 주류사회에서 소외시킨다.

노인의 지위 저하를 상징적으로 보여주는 것이 노인차별이다. 노인차별은 단지 나이가 들었다는 이유만으로 노인을 차별하고 편견을 갖는 것으로 노인에 대한 부정적인 이미지와 태도를 말한다. 노인차별의 대표적인 예로 노인 고용차별, 노인에 대한 부정적 고정관념, 미디어 상의 부정적 이미지를 들 수 있다.

노인은 또 만성질환, 퇴행성질환, 성인병 등 여러 질병에 시달리며, 발병률이 다른 연령층에 비해 매우 높다. 고독, 친구나 가족의 죽음, 퇴직, 지위 상실, 소득 감소, 육체적 약화 등으로 인한 스트레스 또한 노인의 발병률을 높인다. 높은 발병률은 높은 수진율로 이어진다. 따라서 노인의 의료비 부담도 과중해진다.

노인은 경제적 상태도 좋지 않다. 빈민의 상당수가 노인이다. 가난한 노인들은 의식주 등 기본적 욕구도 제대로 충족시키지 못하고 있다. 국가의 사회보장제도 역시 빈곤 노인에게 최저생계비 이상을 보장해 주지 못하고 있는 실정이다.

그 밖에도 노인들은 가족과 친구의 상실, 주거 조건의 악화, 성 문제, 영양 상태의 악화, 정서적 문제, 사망, 노인학대 등과 같은 문제를 안고 있다(Zastrow, 2000 : 503-508; Kirst-Ashman, 2003 : 279).

- **가족과 친구의 상실** : 나이가 들면서 가족과 가까운 친구를 하나 둘 잃게 된다. 이는 노인을 더욱 외롭게 만든다. 자녀들이 독립해 나가면 노인은 홀로 남는다.
- **주거조건의 악화** : 자기소유의 주택을 가지지 못한 노인들은 분가한 자녀나 친척집에 의지해 살아야 한다. 이 경우 노인의 주거 조건은 대개 열악하다.
- **성 문제** : 노인도 성적 욕구가 있으나 노인의 성에 대한 사회적 인식은 부정적이다. 따라서 노인의 성적 욕구는 충족되기 어렵다.
- **영양상태의 악화** : 이동의 부자유, 영양에 대한 지식의 부족, 경제적 곤란, 치아 상태, 조리 능력의 저하 등 때문에 노인의 영양은 만성적 악화 상태에 있다.
- **정서적 문제** : 심리사회적 상실감(사랑하는 사람의 사망으로 인한)과 인생목표의 상실 등으로 인해 노인들의 상당수가 우울과 같은 정서적 문제를 안고 있다. 노인의 우울은 자살로 이어지기도 한다.
- **사망** : 요양원 등 시설에서 사망하는 노인(점차 증가하는 추세)의 경우 인간존엄성을 상실한 채 사망할 확률이 높다.
- **노인학대** : 노인에 대한 신체적 · 정서적 학대이다. 노인을 경제적으로 이용하는 것과 노인을 방임(치료를 게을리 하는 것 등)하는 것도 포함된다. 노인을 부양하는 가족이나 노인시설의 직원에 의해 주로 발생한다.

Summery 노인문제

노인문제	내 용
퇴 직	• 노인은 지적 · 신체적 근로능력을 보유하고 있음에도 정년제도에 의해 강제 퇴직 • 사람을 직업으로 평가하는 경향이 강한 현대사회에서 직업이 없는 노인은 소외의 대상
노인차별	• 나이를 이유로 노인을 차별하고 편견을 갖는 것 • 노인에 대한 부정적인 이미지와 태도
질 병	• 만성질환, 퇴행성질환, 성인병 등 여러 질병으로 인한 고통 • 발병률이 다른 연령층에 비해 매우 높음 • 고독, 친구나 가족의 죽음, 퇴직, 지위 상실, 소득 감소, 육체적 약화 등으로 인한 스트레스가 노인의 발병률을 높이는 요인
빈 곤	• 빈민의 상당수가 노인 • 국가의 사회보장제도는 빈곤 노인에게 최저생계비 이상을 보장해 주지 못하고 있는 실정
가족과 친구의 상실	• 가족이나 친구의 사망, 자녀의 분가와 독립은 노인을 고독하게 만드는 요인
주거조건의 악화	• 자기 소유의 주택을 가지지 못한 노인들은 분가한 자녀나 친척집에 의지해 살아야 함
성문제	• 노인도 성적 욕구가 있으나 노인의 성에 대한 사회적 인식은 부정적
영양상태의 악화	• 이동의 부자유, 영양에 대한 지식의 부족, 경제적 곤란, 치아 상태, 조리능력의 저하 등으로 인해 노인의 영양은 만성적 악화상태에 있음
정서적 문제	• 심리사회적 상실감(사랑하는 사람의 사망으로 인한)과 인생 목표의 상실 등으로 인해 노인들의 상당수가 우울과 같은 정서적 문제를 안고 있음 • 노인 우울은 자살로 이어지기도 함
사 망	• 요양원 등 시설에서 사망하는 노인(점차 증가하는 추세)의 경우 인간존엄성을 상실한 채 사망할 확률이 높음
노인학대	• 노인에 대한 신체적 · 정서적 학대, 노인의 경제적 이용, 방임 • 노인을 부양하는 가족이나 노인시설의 직원에 의해 주로 발생

2 노인차별

1) 노인차별의 기원

농경사회에서 노인은 토지를 가진 가부장으로서 경제적·정치적으로 강력한 권력을 행사했을 뿐만 아니라 사회의 적응과 생존에 필요한 경험과 지식을 가진 현자로 존경을 받았으며, 집단의 역사를 기억하고 이를 후손에게 알려주는 전통의 수호자로 대접받았다. 20세기 이전만 해도 50세 이상 생존자는 인구의 절반도 되지 않았다. 기독교사회에서 50세 이상 노인은 하느님의 축복을 받은 사람으로 간주되었다.

그러나 산업혁명 이후 노인의 지위는 하락하기 시작했다. 산업혁명은 가족의 신속한 이동을 요구했다. 확대가족과 노인은 이런 변화에 적합하지 않았다. 산업사회의 새로운 직업들은 장기간 훈련, 높은 난이도, 육체노동을 요구했는데, 이는 노인보다 청년에게 적합했다. 한 가지 일에서의 오랜 경험은 별로 가치가 없었고, 사회변화와 기술변화에 적응할 수 있는 능력이 중시되었다. 결국 부와 소득의 원천이 직업 세계로 옮겨 간 현대사회에서 노인은 직업이 없는 실업자와 무소득자로 전락했다.[1)]

고령화도 노인의 지위를 하락시키는 데 일조했다. 고령화로 노인이 급증했지만 사회는 이에 대처할 준비가 부족했다. 사회는 노인에 대한 부정적인 태도를 만들었다. 노인을 사회에 기여하는 게 별로 없는 존재, 사회에 부담을 주는 존재로 간주한 것이다. 고령화에 대한 우려가 심화되자 노인은 2등 시민(second-class citizens)이 되고 말았다(Nelson, 2005 : 209).

1) 나아가 노화의 대표적 모습들인 느림, 사람 이름 망각, 계단 오르내리기 곤란, 질병과 장애는 사회적으로 환영받지 못하고 있다(Carstensen and Fried, 2011 : 15).

2) 노인차별의 정의와 유형

(1) 노인차별의 정의

노인차별(ageism)에 관한 학술적 논의는 미국 노년학자 Butler가 1969년 미국 노년학회지에 〈노인차별, 또 다른 형태의 편협(bigotry)〉이란 논문을 발표하면서 시작되었다. 당시 그의 문제제기는 심각하게 받아들여지지 않았다. 농담으로 생각한 사람도 있었다. 하지만 1981년 Fries와 Crapo가 ≪활력과 노화≫(Vitality and Ageing : Implication of the Rectangular Curve)란 책을 출간한 것을 계기로 노인차별은 농담거리에서 주요한 논제의 하나로 격상되었다. 그들은 노인차별을 사람 간의 생물학적 기초에 입각한 사회적 차별로 정의했다. 대표적인 것이 암과 같은 심각한 질병에 걸린 고령노인을 진단하고 치료하는 과정에서 나타나는 차별(고령을 이유로 수술을 권장하지 않는 것)이다. 여하튼 이후 노인차별은 노년학사전의 한 항목으로 확실하게 자리를 잡았다(Bytheway and Johnson, 1990 : 27-28).

노인차별 문제를 최초로 제기한 Butler(1969)는 노인차별이 성차별・인종차별과 패턴이 동일하다고 보았다. 성차별이나 인종차별 같이 개개인의 능력과 자질 및 개성을 무시하고 노인이라는 이유 하나만으로 차별하는 것이 노인차별이다. 성차별은 성, 인종차별은 피부색, 노인차별은 연령이 기준이다. 이런 차별은 공통점이 있다. 고정관념, 편견, 차별, 마이너리티 지위 등이 작용한다는 것이다. 그는 또 노인차별이 노인, 고령, 노화과정에 대한 편견적 태도(prejudicial attitudes), 노인에 대한 실질적 차별(discriminatory practices), 노인에 대한 고정관념을 영구화하는 제도적 실제와 정책(institutional practices and policies) 등 세 가지 요소로 구성된다고 했다. 이 세 요소는 상호연관성이 높다(Butler, 1987 : 22).

노인차별을 노인에 대한 차별적 태도뿐만 아니라 제도적 차별(institutional ageism)에 관심을 두어야 한다는 주장도 있다. 국가의 퇴직정책이 대표적이다. 정년퇴직제도는 노인을 일자리에서 체계적으로 배제하는 정책이다. 그것은 고용에서의 기회의 평등에 위배된다. 나아가 성차별, 인종차별, 노인차별이 성, 인종, 연령이라는 기준만 다를 뿐 차별이라는 점에서 본질적으로 동일하다는 관점에 의문을 제기하는 사람도 있다. 노인차별이 단지 차별의 새로운 변수일 뿐인가? 여성, 인종적 마이너리티, 노인에 가해지는 편견과 박탈의 강도가 동일한가? 하는 물음이 그것이다(Bytheway and Johnson, 1990 : 29-30).

(2) 노인차별의 유형

뉴욕의 국제수명연구센터(the International Longevity Center)는 한 보고서(2006년)에서 노인차별을 다음과 같은 네 범주로 구분했다(Anti-Ageism Task Force, 2006).

첫째, 개인적 차별(personal ageism)이다. 노인과 노인집단에 대한 편견을 만들어내는 개인의 관념, 태도, 신념, 경험에 의한 차별이다.

둘째, 제도적 차별(institutional ageism)이다. 노인과 노인집단에 대한 차별을 야기하는 사명(미션), 규칙, 실천에 의한 차별이다.

셋째, 의도적 차별(intentional ageism)이다. 노인과 노인집단에 대한 편견을 야기하는 지식에 바탕을 두고 노인을 차별하는 관념, 태도, 규칙, 실천이다.

넷째, 비의도적 또는 비고의적 차별(unintentional or inadvertent ageism)이다. 의도하지 않았지만 결과적으로 노인을 차별하는 것이다.

Summery 노인차별의 정의와 유형

유형	내 용
정의	• Butler : 노인차별은 성차별이나 인종차별 같이 개개인의 능력과 자질 및 개성을 무시하고 노인이라는 이유 하나만으로 차별하는 것 • 고정관념, 편견, 차별, 마이너리티 지위 등이 작용 • 세 가지 구성요소 : ① 노인, 고령, 노화과정에 대한 편견적 태도, ② 노인에 대한 실질적 차별, ③ 노인에 대한 고정관념을 영구화하는 제도적 실제와 정책
유형	• 개인적 차별 : 노인과 노인집단에 대한 편견을 만들어내는 개인의 관념, 태도, 신념, 경험에 의한 차별 • 제도적 차별 : 노인과 노인집단에 대한 차별을 야기하는 사명(미션), 규칙, 실천에 의한 차별 • 의도적 차별 : 노인과 노인집단에 대한 편견을 야기하는 지식에 바탕을 두고 노인을 차별하는 관념, 태도, 규칙, 실천 • 비의도적·비고의적 차별 : 의도하지 않았지만 결과적으로 노인을 차별하는 것

3) 노인에 대한 고정관념

노인에 대한 부정적인 고정관념(stereotype)은 노인차별의 아주 중요한 부분이다. 노인에 대한 고정관념은 개관적이고 과학적인 사실에 입각해서가 아니라 노인을 부정적인 존재로 간주하는 사회적 관념이 만든다. 젠더(gender)가 생물학적인 것이 아니라 사회에 의해 만들어진 것처럼 노인도 사회문화적 구성물(the cultural and social constructions)이라는 것이다.

오늘날 어느 나라건 노인의 이미지는 부정적이다. 청년이 노인보다 환영받고, 노인을 허약한 사람, 죽음을 앞둔 사람으로 간주한다. 노인의 죽음이 선호되는 경우도 있다. 죽음은 고단한 삶에서 해방되는 것이기 때문이다. 오늘날 노인에 대한 이미지를 조사하면 부정적 인식이 긍정적 인식보다 항상 많은 것으로 나타난다. 노인의 부정적인 외양과 행동 때문인 것으로 해석된다.

사실 노인에 대한 부정적 이미지는 역사가 오래되었다. 고대 사회에서 사람은 대부분 50세를 넘기지 못하고 사망했다. 40세만 되어도 존경과 경외의 대상이 되었다. 그럼에도 나이가 들어 허약해진 사람(당시로서는 노인)은 짐으로 취급되거나 무시되었다. 노인은 자신의 나이에 비해 무엇인가 유용한 일을 할 수 없는 무능한 존재로 여겨졌다.

고대 그리스로마시대 노인은 소멸·쇠퇴하는 존재로서 모멸의 대상이었다. 아름다움과 강함이 존경받고 노인은 오염되고 추한 존재로 인식되었다. 노인은 악, 고통, 고뇌가 함께하는 미스터리한 존재로 간주되었다. 중세에는 고대의 노인 공경의식이 잔존하여 노인에 대한 존경심과 적대감이 공존하였다. 노인은 현명한 사람으로 존중되거나 약하고 비참한 존재로 멸시되거나 둘 중 하나였다.

노인을 가족과 사회에 의존적인 존재로 보거나 노쇠하고 연약한 사람, 신체적으로나 정신적으로 쇠퇴해서 의료적 케어가 필요한 사람으로 보는 것은 노인에 대한 전형적인 고정관념이다. 노인을 의학적으로 위험한 집단(risk group)으로 간주하는 것은 노인을 집단적으로 문제시하고, 사회문제로 낙인찍는 것이다. 노인에 대한 이런 과도한 일반화는 노인을 하나의 동질적 집단으로 간주하기 때문에 생기는 명백한 오류이다. 노인은 매우 복합적인 집단이다. 노인을 사회에서 분리해서 하나의 문제적 집단으로 규정하는 것은 비현실적이다.

노인에 대한 부정적 고정관념은 노화의 의학적 모델(the medical model of aging)과 밀접하게 관련되어 있다. 노화의 의학적 모델은 노인이 의학적 치료가 필요한 병리적 존재로 되어가는 것을 정상적인 노화과정으로 본다. 실제로 노인은 보건의료의 최대 소비자이다. Estes와 Binney(1989)는 노화의 생의학화(biomedicalization of aging)를 노화의 특징이라고 했다. 노화의 생의학화란 의학이 노화를 정상적 노화와 병리학적 노화로 구분하고, 노인에 대한 사회적 처우를 결정한다는 것이다. 노화를 의학적 문제의 하나로 규정하고, 노인문제를 개인적이고 생물학적 문제로 간주하는 이런 관점에 서면, 노인은 병리적 존재가 될 수밖에 없다. 가장 좋은 문제해결 방법도 약과 기술, 치료적 개입과 예방이다.

이처럼 노인을 의학적 치료가 필요한 위험집단으로 규정하는 것은 노인을 취약하고 기능을 상실한 사람으로 규정(문화적 규정)하는 것과 같다. Illich(1976)는 이를 일상생활의 의학화(the medicalization of everyday life)라고 했다.

이런 관점에서 보면, 노인의 고독, 알코올 의존, 우울, 역할의 변화, 상실도 노인의 취약성과 치료 필요성을 의미하는 것이 된다. 노인과 노화에 영향을 미치고 노인을 병리학적 존재로 규정하는 데 작용하는 사회적 · 경제적 · 정치적 구조는 무시된다. 예컨대 노인 우울은 퇴직에 따른 것이고 우울 치료약으로 해결할 수 있는 문제일 뿐 정년제도와는 무관하다. 노인에 대한 부정적 이미지는 이를 강화시킨다. 노인문제는 공적 이슈(public issue)이다. 이를 개인적 문제(private trouble)로 만들면 안 된다. 또 노인문제를 생의학적 문제로 치환해서도 안 된다.

노년학자 중에는 노인에 대한 부정적 고정관념의 존재를 인정하는 사람도 있고 이를 부정하는 사람도 있다. 부정적 고정관념의 존재를 확정하기에는 아직 연구가 충분치 않다고 말하는 사람도 있다. 노년학자들은 고정관념의 여러 가지 예를 들고 있다. 부정적인 고정관념도 있고 긍정적인 고정관념도 있다. 이를 정리하면 다음과 같다(McGuire, 2009).

Summery 노인에 대한 부정적 · 긍정적 고정관념

구 분	고정관념
부정적 고정관념	• 대부분의 노인은 아프거나 장애가 있다. • 대부분의 노인은 성행위나 성욕이 없다. • 노인은 추하다. • 정신적 능력이 쇠퇴한다. • 대부분의 노인은 쇠약하다. • 고령근로자는 청년근로자보다 비효과적이다. • 대부분의 노인은 고립되어 있고 고독하다. • 대부분의 노인은 가난하게 살고 있다. • 대부분의 노인은 불행하다.
긍정적 고정관념	• 노인은 친절하고 온화하다. • 대부분의 노인은 지혜롭다. • 노인은 독립적이다. • 노인은 경제적으로 여유가 있다. • 노인은 정치적 파워가 있다. • 노인은 자신이 원하는 것을 자유롭게 한다. • 노화과정은 정지시킬 수 있다. • 노인은 평화롭고 평온하다.

4) 노인차별의 발생 부문

(1) 미디어

노인차별은 미디어와 마케팅전략과 연관성이 있다. 미디어 속의 노인 이미지는 노인에 대한 부정적인 고정관념을 만들고 노인차별을 확산시키는 데 일조한다. 대중잡지에 등장하는 모델은 대부분 젊고 예쁜 여성이다. 여성노인에 대한 관심은 거의 없다. 이는 노인은 아름다운 존재가 아니라는 관념을 심어준다. 좋은 노인(good old age)과 나쁜 노인(bad old age)의 이미지도 만든다. 좋은 노인이란 건강하고 독립적이며 경제사회적으로 활력을 가진 노인이다. 나쁜 노인은 게으르고 후진적이며 억지를 부리는 존재이다. 좋은 노인은 많지 않기 때문에 대다수 노인은 나쁜 노인으로 인식되기 쉽다. 노인에 대한 균형 잡힌 시각을 가진 미디어는 드물다.

노인에 대한 미디어의 무관심도 노인차별에 영향을 준다. 노인에 대한 무관심은 노인을 주변화 시키고 노인의 가치를 낮춘다. 상품 광고와 마케팅에서도 노인은 배제된다. 노인에 대한 이런 무시는 노인의 존재감을 약화시킨다. 노인은 사회가 노인을 무시하고 원하지 않으며 불만을 가진 존재로 여긴다고 생각해서 스스로 위축된다. 노인에 대한 이런 부정적인 고정관념은 노인을 차별하는 환경을 조성한다(Milner et al., 2011 : 26).

(2) 교육, 고용, 요양부문과 원조전문직

노인차별은 교육, 고용, 요양 부문에서 비교적 많이 발생한다. 교육제도와 교육훈련 분야에서는 노인을 단지 나이가 들었다는 이유로 차별한다. 고용에서의 차별도 심한데, 고용차별 때문에 노인의 근로권리 보장이 침해받고 있다. 요양 부문에서의 차별도 적지 않다. 요양시설 자체가 부족할 뿐만 아니라 요양시설 안에서의 노인인권 침해와 노인학대 사례가 증가하고 있다.

노인을 돕는 일을 직업으로 하는 원조전문직(helping professions)의 노인차별도 문제이다. 연구에 의하면, 카운슬러, 교육자, 의료전문직 등 노인을 돕는 전문직도 일반인과 마찬가지로 노인차별 의식을 갖고 있다. 예컨대 일부 의사들은 노인 환자에 대한 부정적 고정관념을 가지고 있는데, 이들은 노인 환자를 스트레스를 주고, 취급하기 곤란하며, 고집이 센 사람으로 여긴다. 의학 교육과정도 노인에 대한 부정적 인식을 심어주고 있다. 노인에 대한 편견, 노인의 가치에 대한 회의, 노인에 대한 냉담과 경멸이 그것이다.

카운슬러 중에는 노인 클라이언트를 좋아하지 않는 사람도 있다. 노인은 말을 별로 하지 않는다거나 반대로 말이 너무 많다는 등 노인에 대한 편견을 가진 카운슬러도 있고, 노인 클라이언트가 가진 문제는 젊은이에 비해 심각하지 않다거나 중요하지 않다고 생각하는 카운슬러도 있다. 노인 정신장애 환자에게 정신과적 상담치료보다는 약물치료를 더 많이 처방하는 정신과의사도 있다. 노인 정신장애 환자를 대상으로 한 상담을 부담스러워 하고 그 치료 가치에 대해 회의적이기 때문이다(Nelson, 2005 : 212).

노인차별은 세계적인 현상이다. 그리고 노인차별 문제는 복잡하다. 문화, 교육 수준, 전직의 지위, 장애, 빈곤, 성 등 여러 변수에 따라 노인이 경험하는 차별이 다르기 때문이다. 그러나 이에 대한 연구는 미진하다(Kalache and Blewit, 2011 : 89-90).

Summery 노인차별의 발생 부문

구 분	내 용
미디어	• 미디어는 노인에 대한 부정적인 고정관념을 만들고 노인차별을 확산시키는 데 일조 • 좋은 노인과 나쁜 노인 이미지 조성. 좋은 노인이란 건강하고 독립적이며 경제사회적으로 활력을 가진 노인이고, 나쁜 노인은 게으르고 후진적이며 억지를 부리는 존재 • 미디어의 무관심 : 노인을 주변화 시키고 노인의 가치를 낮춤 • 상품 광고와 마케팅의 노인 무시 : 노인의 존재감을 약화시킴
교육, 고용, 요양 부문과 원조전문직	• 교육제도와 교육훈련 분야 : 노인을 단지 나이가 들었다는 이유로 차별한다. 요양 부문에서의 차별도 적지 않다. 요양시설 자체가 부족할 뿐만 아니라 • 고용 부문 : 고용차별 때문에 노인의 근로권리 보장이 침해받고 있음 • 요양시설 : 시설 자체가 부족. 노인인권 침해와 노인학대 사례 증가 • 카운슬러, 교육자, 의료전문직 : 노인을 돕는 전문직의 일부도 노인차별 의식을 가지고 있음

5) 노인차별의 이론

노인차별을 설명하는 이론은 기능주의 관점과 공포관리이론이 있다(Nelson, 2005 : 214). 기능주의 관점(functional perspective)은 노인에 대한 부정적 태도의 자기방어적 기능(ego-protective function)으로 노인차별을 설명하는 이론이다. 청년이 노인을 차별하는 이유는 노인차별이 노인의 자기 위협적 측면(the self-threatening aspects), 즉 누구나 다 쇠약해지고 결국 죽는다는 사실을 부정하는 데 도움이 되기 때문이다. 말하자면 청년이 노인을 부정함으로써 노화에 대한 자신의 두려움을 완화시킨다는 것이다.

공포관리이론(terror management theory)은 노화와 죽음에 대한 공포로 노인차별을 설명한다. 이 이론에 의하면 세계질서에 의미를 부여하는 문화와 종교는 인간으로 하여금 죽음(반드시 죽는다는 사실)과 존재의 혼란성에 대해 두려움을 갖게 만든다. 또한 인간은 성장하면서 한편으로는 누군가로부터 보호받아야 한다는 사실과 다른 한편으로는 인간의 필연적 죽음을 부정하는 것이 공포를 회피하는 방법이 된다는 사실을 알게 된다(피하고 싶은 것을 거부하는 심리). 이런 이유로 죽음이 두려운 청년은 죽음과 연관된 존재인 노인을 멀리함으로써 공포를 극복하려 한다.

Summery 노인차별의 이론

이 론	내 용
기능주의 관점	• 노인에 대한 부정적 태도의 자기방어적 기능으로 노인차별을 설명하는 이론 • 청년의 노인차별 : 누구나 다 쇠약해지고 결국 죽는다는 사실을 부정하는 데 도움이 되기 때문. 노인을 부정함으로써 노화에 대한 자신의 두려움을 완화시킴
공포관리이론	• 노화와 죽음에 대한 공포로 노인차별을 설명 • 문화와 종교는 인간으로 하여금 죽음과 존재의 혼란성에 대해 두려움을 갖게 만듦 • 인간은 성장하면서 누군가로부터 보호받아야 한다는 사실과 인간의 필연적 죽음을 부정하는 것이 공포를 회피하는 방법이 된다는 사실을 인지 • 죽음이 두려운 청년은 죽음과 연관된 존재인 노인을 멀리함으로써 공포를 극복하려 함(피하고 싶은 것을 거부하는 심리)

3 노인학대

노인학대(elder abuse)를 처음으로 공론화시킨 것은 1975년 영국의 A. Baker가 노인의학지(Modern Geriatric)에 게재한 〈할머니 때리기(Granny Bashing)〉라는 논문이었다. 1980년대 들어 노인학대는 영국보다 미국에서 더 큰 관심을 모았다. 미국인들은 노인학대를 1960년대의 아동학대, 1970년대의 배우자학대를 이은 가정폭력 현상으로 간주했다. 노인학대는 새로운 사회문제의 하나로 부상했다(Hugman, 1995 : 493; Penhale, 1993 : 95).

미국심리학회는 일반인이 노인학대에 관해 잘못 알고 있는 사실을 지적한 바 있다(American Psychological Association, 2012 : 2-3). 많은 사람들이 노인학대는 주로 요양원 입소 노인이나 독거노인의 문제라고 생각한다. 하지만 노인학대는 요양원 같은 노인생활시설에서만 발생하는 게 아니다. 간혹 요양원 직원의 노인학대가 언론에 보도되어 충격을 주기도 하지만 대부분의 시설 입소 노인들은 학대 없이 케어를 받고 있다. 노인학대는 주로 가정에서 발생한다(9할 이상). 가해자는 배우자, 자녀, 친인척, 유급 케어제공자 등 다양하다. 노인학대의 패턴은 하나가 아니다. 가족 내부에서 장기간 지속되는 사례도 있고, 요인도 생활환경의 변화, 타인에의 의존성, 가족의 경제적 곤란 등 아주 다양하다. 학대에 취약한 신체적・인지적 손상이 있는 노인만 피해를 입는 것도 아니다. 의지가 약하고, 고립되어 있으며, 여러 가지 억압을 받고 있는 노인이 학대의 대상이 될 가능성이 크다. 하지만 이런 명백한 위기상황과 조건에 처해있지 않음에도 학대의 피해를 입고 있는 노인도 있다. 노인학대는 모든 사회경제적 집단, 문화, 인종에서 발생하고 있다.

노인학대의 원인도 노인학대에 대한 무지(교육 부족), 학대받은 노인의 침묵과 은폐(폭로 시 케어제공자의 보복에 대한 우려) 등만 지적되고 있을 뿐 충분히 밝혀져 있지 않다. 이런 가운데 노인학대는 점점 더 심각해지고 있다. 향후 노인학대의 원인과 유형은 물론 노인학대의 예방과 해결에 대한 이론적・경험적 연구가 필요하다(Nelson, 2005 : 213).

1) 노인학대의 정의

노인학대는 일회성 또는 반복적인 행위 또는 부적절한 행위로서 믿을 만한 사람이 노인을 해치고 괴롭히는 것이다. 노인학대는 경제적・신체적・심리적・성적 형태를 포함한다. 의도적 방임과 비의도적 방임도 노인학대이다. WHO의 노인학대 정의이다.[2)]

WHO의 정의는 몇 가지 중요한 의미가 있다. 첫째, 노인학대는 믿을 만한 사람이 저지르는 것이다. 노인이 믿을 만한 사람이란 가까운 사람, 예컨대 가족을 포함한 케어제공자나 시설입소자인 경우 시설 직원이다. 둘째, 노인학대는 다양하

2) http://www.who.int/ageing/projects/elder_abuse/en/ (WHO 검색일 2017/12/9)

다. 경제적 · 신체적 · 심리적 · 성적 학대와 방임 등 노인학대의 형태는 많다. 셋째, 비의도적 방임도 노인학대이다. 비의도적 방임이 노인학대란 것은 아동의 비의도적 방임을 아동학대로 보는 것과 의미가 같다. 행위의 의도성을 제삼자가 판단하기가 어렵고, 가해자가 의도한 게 아니라고 발뺌을 할 수 있기 때문에 의도성 여부에 관계없이 방임으로 간주해야 한다는 것이다.

미국 질병통제예방센터(the Centers for Disease Control and Prevention, CDC)는 노인학대를 믿을 만한 케어제공자 또는 여타 사람이 노인(60세 이상)을 해치거나 괴롭히는 의도적 행위 또는 미수에 그치는 행위로 정의했다. 미국 국립과학원(the US National Academy of Sciences)의 정의도 있다. 노인학대는 (1) 케어제공자 또는 믿을만한 사람이 취약한 노인의 상해를 유발하거나 상해의 심각한 위험에 빠지게 만드는 의도적 행위와 (2) 노인의 기본적 욕구를 충족시키거나 상해로부터 노인을 보호해야 할 케어제공자의 과실이다. 이 정의는 두 가지 주요한 사실을 말한다. 하나는 노인학대는 의도적으로 노인을 고통에 빠트리는 것이고, 다른 하나는 케어제공자의 과실도 노인학대라는 것이다(Pillemer et al., 2016 : 195).

우리나라는 노인복지법에 노인학대의 정의가 있다. 노인복지법은 노인학대를 "노인에 대하여 신체적 · 정신적 · 정서적 · 성적 폭력 및 경제적 착취 또는 가혹행위를 하거나 유기 또는 방임을 하는 것"으로 정의한다. 노인에 대한 신체적 · 정신적 · 정서적 · 성적 폭력, 경제적 착취, 가혹행위, 유기, 방임이 노인학대란 것이다.

노인학대의 피해는 상당하다. WHO는 노인학대의 정의에 덧붙여 노인학대의 심각한 결과에 대해서도 언급했는데, 노인학대는 노인의 신체적 상해는 물론 장기간의 심리적 손상, 요양원의 위기(노인학대가 요양원에서 발생할 경우), 응급후송서비스의 이용 증대, 입원, 나아가 사망 등 개인과 사회에 심각한 해를 끼친다.

노인학대는 실제 발생보다 훨씬 적은 사례만 보고된다. 숨겨진 학대가 많다는 뜻이다. 자신이 받은 처우가 학대에 해당하는지 모르는 노인도 있다. 노인학대의 원인도 노인학대에 대한 무지(교육 부족), 학대 받은 노인의 침묵과 은폐(폭로 시 케어제공자의 보복에 대한 우려) 등만 지적되고 있을 뿐 충분히 밝혀져 있지 않다. 이런 가운데 노인학대는 점점 더 심각해지고 있다. 향후 노인학대에 원인과 유형은 물론 노인학대의 예방과 해결에 대한 이론적·경험적 연구가 필요하다(Nelson, 2005 : 213).

2) 노인학대의 유형

미국 질병통제예방센터는 노인학대의 정의와 함께 노인학대의 유형도 제시하고 있다. 그것은 다음과 같다.[3)]

- 신체적 학대(physical abuse) : 의도적으로 물리력을 사용해 중증질환 또는 만성질환, 신체상해, 신체적 고통, 기능적 손상, 괴로움 또는 사망을 야기하는 것이다. 신체적 학대는 구타(물건이나 무기를 사용하거나 사용하지 않거나), 매질, 할퀴기, 깨물기, 질식, 밀치기, 떠밀기, 흔들기, 걷어차기, 짓밟기, 꼬집기, 화상 입히기 등과 같은 다양한 폭력행위를 포함한다.
- 성적학대 및 학대성 성적 접촉(sexual abuse or abusive sexual contact) : 노인에 대한 강제적 또는 원하지 않는 성적 학대와 접촉으로 미수행위도 해당된다. 남성 성기와 여성 성기의 접촉에 국한되지 않으며, 입과 성기 또는 항문의 접촉, 손 등을 이용한 입과 항문의 개방, 가슴 등 신체부위의 접촉 등을 포함한다.
- 정서적 또는 심리적 학대(emotional or psychological abuse) : 정신적 고통, 공포 또는 절망감과 같은 정서적·심리적 고통을 야기하는 언어적·비언어적 행위이다. 모멸(이름 부르기), 위협(노인시설로 보내겠다는 등), 고립화(가족이나 친구로부터 멀리하기), 통제(교통편, 전화, 금전 또는 기타 자원에 대한 접근의 차단 또는 제한) 등을 포함한다.
- 방임(neglect) : 케어제공자나 기타 케어 책임자가 의료적 처치, 음식물 제공, 위생, 기본적인 일상생활동작 케어 등 노인의 욕구충족에 필요한 행위를 방임함으로써 노인의 건강과 안전을 위협하는 것이다.

3) https://www.cdc.gov/violenceprevention/elderabuse/definitions.html (CDC 검색일 2017/12/9) CDC는 이러한 노인학대 유형이 완전하지 않고, 보편적인 정의도 존재하지 않는다는 말을 덧붙였다.

- **경제적 학대 또는 착취**(financial abuse or exploitation) : 케어제공자나 기타 믿을 만한 사람이 노인의 개인적 자산을 불법적으로, 독단적으로, 부적절한 방법으로 사용하는 것이다. 노인이 가진 개인적 자원, 소유물, 재산 등을 불법적으로 사용하거나 착취하는 것을 포함한다. 문서위조, 문서오용, 절도, 사기, 후견인 권리의 남용 등을 예로 들 수 있다.

우리나라 노인복지법은 노인학대의 유형을 규정하지 않고 있다. 우리나라에 노인학대의 유형에 관한 법률적 정의는 존재하지 않는다는 것이다. 노인인권 정책 제안 및 연구기관인 중앙노인보호전문기관(한국노인복지관협회 산하)이 제시한 노인학대의 유형은 있다.

그것은 〈표 7－1〉과 같다. 표에서 보듯이 우리나라 노인학대 유형은 신체적 학대, 정서적 학대, 성적학대, 경제적 학대, 방임, 자기방임, 유기가 있다.[4] 이것은 노인복지법의 노인학대 정의에 근거를 두고 있다는 점에서 신뢰할 수 있다(엄격히 말하면, 정신적 학대와 가혹행위가 제외되어 있다).

노인학대를 신체적·정서적·성적학대로 구분하고, 방임과 유기를 포함시킨 것은 일반적인 학대의 개념을 벗어나지 않는다(아동학대의 유형과 거의 같다). 노인학대의 유형에서 특이한 점은 경제적 학대를 포함시킨 것과 방임을 방임과 자기방임으로 구분한 것이다.

경제적 학대는 노인의 의사에 반하여 노인으로부터 재산 또는 권리를 빼앗는 경제적 착취, 노인 재산에 관한 법률 권리 위반 등 경제적 권리와 관련된 의사결정에서 통제하는 행위를 말한다. 이것은 노인의 경제적 권리와 인권을 심각하게 훼손하거나 침해하는 행위이고, 가족 안에서 충분히 발생할 수 있는 일이다. 따라서 노인학대에 경제적 학대를 포함시킨 것은 매우 합리적이다(아동학대의 유형에는 경제적 학대가 없다).[5]

---

4) http://noinboho.or.kr/index.html (중앙노인보호전문기관 검색일 2017/12/4)

5) 미국의 노인법은 노인학대를 학대(abuse), 방임(neglect), 착취(exploitation) 등 세 가지 형태로 분류하고 있다. 착취를 노인학대의 주요 형태로 간주하는 것이다. 착취가 바로 경제적 학대이다.

자기방임도 특이하다. 자기방임은 노인 스스로가 의식주 제공 및 의료 처치 등의 최소한의 자기보호 관련행위를 의도적으로 포기 또는 비의도적으로 관리하지 않아 심신이 위험한 상황이나 사망에 이르게 하는 행위이다. 요약하면 자기 의지로 자신을 학대하는 행위, 일종의 자학이다. 원래 학대는 타인으로부터의 피해를 의미한다. 그런 점에서 자기방임이 학대에 포함되는지 여부에 대해 의문을 제기할 수도 있다(아동학대의 유형에는 자기방임이 없다). 하지만 노인의 자기방임이 가족과 사회로부터 소외된 노인의 자기반응이란 사실에 유념해야 한다. 다시 말해서 가족이 외면하고 사회도 돌보지 않아 절망상태에 이른 노인이 출구를 찾지 못해 자기 케어를 포기한 것이 자기방임인 것이다(심한 경우 절식으로 사망하기도 한다. 자살로 봐야 한다). 이처럼 노인의 자기방임은 사실상 가족과 사회에 의한 방임이다. 그런 점에서 노인의 자기방임은 노인학대가 맞다.

〈표 7-1〉 한국의 노인학대 유형

유형	내 용
신체적 학대	물리적 힘 또는 도구를 이용하여 노인에게 신체적 혹은 정신적 손상, 고통, 장애 등을 유발시키는 행위
정서적 학대	비난, 모욕, 위협 등의 언어 및 비언어적 행위를 통하여 노인에게 정서적으로 고통을 유발시키는 행위
성적학대	성적수치심 유발행위 및 성폭력(성희롱, 성추행, 강간) 등의 노인의 의사에 반하여 강제적으로 행하는 모든 성적 행위
경제적 학대	노인의 의사에 반하여 노인으로부터 재산 또는 권리를 빼앗는 경제적 착취, 노인 재산에 관한 법률 권리 위반 등 경제적 권리와 관련된 의사결정에서 통제하는 행위
방임	부양의무자로서의 책임이나 의무를 거부, 불이행 혹은 포기하여 노인의 의식주 및 의료를 적절하게 제공하지 않는 행위(필요한 생활비, 병원비 및 치료, 의식주를 제공하지 않는 행위)
자기방임	노인 스스로가 의식주 제공 및 의료 처치 등의 최소한의 자기보호 관련행위를 의도적으로 포기 또는 비의도적으로 관리하지 않아 심신이 위험한 상황이나 사망에 이르게 하는 행위
유기	보호자 또는 부양의무자가 노인을 버리는 행위

중앙노인보호전문기관은 노인학대를 노인학대 발생공간에 따라서도 분류하고 있는데, 그것은 다음과 같다.

- **가정학대** : 노인과 동일가구에서 생활하고 있는 노인의 가족구성원인 배우자, 성인자녀뿐만 아니라 노인과 동일가구에서 생활하지 않는 부양의무자 등 그 밖의 친족에 의한 학대
- **시설학대** : 노인에게 비용(무료포함)을 받고 제공하는 요양원 및 양로원 등의 시설에서 발생하는 학대로서 시설관련 종사자 등에 의해서 발생하는 학대(학대발생장소가 노인복지생활시설이라도 학대행위자가 가족구성원인 경우에는 가정학대로 분류)
- **기타** : 가정 및 시설 외의 공간 및 기타 학대행위자에 의해 발생하는 학대

원래 우리나라에서 노인학대는 있을 수 없는 패륜이었다. 유교 때문이다.[6] 하지만 유교 관념이 약화되기 시작하면서 가정에서 노인학대가 일어나기 시작했다. 가족 간의 불화로 인한 가정폭력의 하나로 노인학대가 발생한 것이다(자식의 부모에 대한 폭력, 며느리의 시부모에 대한 폭력). 그런데 이런 양상에도 변화가 생기고 있다. 핵가족화의 심화와 1인가구의 증가로 노인과 동거하는 가족이 급격하게 감소하고, 자식에게 부담 주지 않고 노인부부끼리 사는 것을 선호하는 노인이 증가하고 있으며, 노후에 요양원이나 유료양로원 같은 노인복지시설에서 생활하려는 노인도 늘어나고 있다. 이런 변화는 가정 내 노인학대는 감소하고, 대신 시설에서의 노인학대가 증가한다는 것을 시사한다.

---

6) 중국 전통사회에서는 자식이 부모를 해치면 지방 수령이 사형에 처했고, 자식이 부모를 살해한 사람에게 복수를 하지 않으면 자식을 처벌했다. 자식이 부모의 원수를 살해하는 것은 무죄였다.

Summery 노인학대의 정의와 유형

구 분	내 용
정의	• WHO : 일회성 또는 반복적인 행위 또는 부적절한 행위로서 믿을 만한 사람이 노인을 해치고 괴롭히는 것 • 미국 : 믿을 만한 케어제공자 또는 여타 사람이 노인(60세 이상)을 해치거나 괴롭히는 의도적 행위 또는 미수에 그치는 행위 • 한국 : 노인에 대하여 신체적 · 정신적 · 정서적 · 성적 폭력 및 경제적 착취 또는 가혹행위를 하거나 유기 또는 방임을 하는 것
유형	• 미국 : 신체적 학대, 성적학대 및 학대성 성적 접촉, 정서적 또는 심리적 학대, 방임, 경제적 학대 또는 착취 • 한국 : 신체적 학대, 정서적 학대, 성적학대, 경제적 학대, 방임, 자기방임, 유기

3) 노인학대의 장벽

노인학대는 실제 발생보다 훨씬 적은 사례만 보고된다(Chalise, 2017 : 3). 노인학대의 주된 가해자는 가족이다. 피해자나 가해자 모두 한 가족이기 때문에 외부로 알려지는 걸 원치 않는다. 가해 가족은 피해 노인이 친구나 친척과 같은 외부인과 접촉하는 것을 막는다. 학대 사실을 은폐하기 위해서다. 가해 가족이 피해 노인에게 책임을 전가하기도 한다. 잘못했기 때문에 학대받을 만하다고 강변하는 것이다.

피해 노인도 말하길 주저한다. 이유는 많다. 피해 노인이 가해자에 의존해 있어(기본적 생존) 보복이나 상황의 악화를 두려워하거나, 가해자의 학대행위를 납득하거나(그럴 만하다고), 가정으로부터의 이탈과 시설에의 입소를 두려워하거나, 가족 간의 정이 더 중요하다고 생각하거나, 가해 자녀가 범죄자로 낙인찍히는 것을 원치 않거나, 지역사회에서 가족의 평판이 나빠질 것을 우려하거나, 가족을 사적 영역이라고 생각할 경우 그렇다. 아예 체념하고 학대받는 가정환경에서 그냥 사는 노인도 있다. 별다른 대안이 없어서다. 심지어 자신이 받은 처우가 학대에 해당하는지조차 모르는 노인도 있다.

노인학대가 가족의 울타리를 넘어 사회적으로 공론화가 되어야 해결책이 강구된다. 하지만 노인학대가 확인되는 걸 막는 장벽(barriers to identification)이 있다. Penhale

(1993 : 97-100)은 노인학대 개념에 대한 일반적인 합의가 없고, 노인학대의 입증이 쉽지 않으며, 노인학대의 원인 규명이 미흡하고, 노인학대를 아동학대에 비교하는 정도에 그치고 있다는 사실을 장벽의 이유로 꼽았다. 그녀는 장벽을 사회적 장벽(societal barriers)과 마이크로 수준의 장벽(barriers at the micro level)으로 구분했다.

사회적 장벽, 즉 매크로 수준의 장벽은 가족생활을 둘러싼 사회적 관점과 태도를 말한다. 가족은 신성불가침의 사적 영역으로 간주된다. 외부의 간섭을 허용하지 않는다. 가족은 가족원을 양육하고 보호하는 조화로운 혈연공동체이다. 노인학대는 가족 내부에서 일어나는 폭력이다. 사회는 가족 내부의 문제에 간여하길 주저하고, 가족 스스로 해결하길 바란다.

마이크로 수준의 장벽은 개인적인 장벽을 말하는데, 노인의 고립 때문에 노인학대의 확인이 잘 안 된다는 것이다. 노인은 직업이나 교육 관련 사회적 네트워크에서 배제된다. 노인은 자신을 도울 수 있는 전문직과의 접촉도 현저하게 낮다. 노인의 신체적 허약도 외부와의 연결에 장애가 된다.

Summery 노인학대의 장벽

구 분	내 용
이 유	• 노인학대 개념에 대한 일반적인 합의가 없고, • 노인학대의 입증이 쉽지 않으며, • 노인학대의 원인 규명이 미흡하고, • 노인학대를 아동학대에 비교하는 것에 그치고 있기 때문
사회적 장벽	• 가족생활을 둘러싼 사회적 관점과 태도 • 가족은 신성불가침의 사적 영역 • 노인학대는 가족 내부에서 일어나는 폭력 • 사회는 가족 내부의 문제에 간여하길 주저하고 가족 스스로 해결하길 바람
개인적 장벽	• 노인의 고립 때문에 노인학대의 확인이 잘 안 된다는 것 • 노인은 직업이나 교육 관련 사회적 네트워크에서 배제 • 자신을 도울 수 있는 전문직과의 접촉도 쉽지 않고, 신체적 허약으로 인해 외부와의 연결도 곤란

4) 노인학대 이론

노인학대만 설명하는 이론은 없다. 노인학대 이론은 노인학대와 밀접한 관계에 있는 아동학대와 배우자학대에 관한 이론과 사회과학에서 응용한 것이다. 사회적 교환이론(social exchange theory), 사회적 학습이론(social learning theory), 케어제공자 스트레스이론(caregiver stress theory) 등이 그것인데, 모두 노인학대 가해자와 피해자 간의 상호관계에 초점을 두고 있다(O'Brien, 2015 : 19-20).

(1) 사회적 교환이론

사회적 교환이론은 심리학과 경제학에서 차용한 이론이다. 이론의 초점은 돈이나 생활용품과 같은 물질과 사회적 인정과 같은 비물질적인 것의 교환이다. 교환과정에서 한쪽이 정당한 대가와 손해를 본다고 생각하면 쌍방의 균형이 무너지고 교환은 무산된다. 노인학대는 보상과 비용의 적정한 균형이 깨진 것에 대한 일종의 부정적 반응이다. 보상과 비용의 불균형(예컨대, 케어제공자가 케어의 대가로 받는 돈이 자신이 노력한 가치보다 적다고 생각하는 것)이 신체적 학대나 정신적인 학대를 야기한다는 것이다.

(2) 사회적 학습이론

사회적 학습이론은 폭력행위를 학습된 것으로 본다. 노인학대를 보고 배우면, 그것을 모델로 삼는 과정을 거친 후 폭력을 갈등 해결과 원하는 것의 획득수단으로 선택한다. 요컨대 노인학대라는 폭력적 방법으로 자신이 원하는 것을 얻을 수 있다는 사실을 학습을 통해 알게 된다는 것이다. 폭력은 주로 가정에서 배운다. 부모의 자녀 폭력, 배우자 간의 폭력, 형제자매 간의 폭력 등 가정폭력이 그것이다.

(3) 케어제공자 스트레스이론

케어제공자(가족 또는 유급 케어전문가)의 케어과정에서 발생하는 스트레스가 의존상태에 있는 노인을 학대의 위험에 빠트린다는 이론이다. 케어제공자가 받는 스트레스는 노인학대의 주요한 위기요인이다. 신체적 또는 정신적으로 문제가 있는 노인을 돌보는 케어제공자가 스트레스를 많이 받게 되면 좌절과 분노, 무기력에 빠진다. 케어제공자와 케어를 받는 노인 간의 관계가 원만하지 않으면 더하다. 주변의 이용가능한 적절한 자원과 도움도 잘 인식하지 못한다. 이럴 경우 물리력을 행사하여 스트레스를 풀려는 의지가 작동한다.

의존성도 노인학대의 요인이다. 케어제공자가 장애가 있는 노인에게 경제적으로 의존할 때 경제적 착취 또는 학대가 발생할 가능성이 크다. 반대로 장애가 있는 노인이 케어제공자에게 온전히 의존할 경우에도 학대가 발생할 수 있다.

케어제공자가 가진 정서적 · 심리적 문제도 노인학대 유발요인이다. 케어제공자의 알코올의존과 약물의존은 노인학대와 상관성이 높다. 케어제공자의 정서장애와 성격장애도 노인학대 유발요인이다. 분노조절이나 충동억제가 잘 안되기 때문이다. 실직, 경제적 곤란, 폭력성향 등도 위기요인이다.

케어제공자 스트레스이론은 아동학대에 관한 이론에서 나왔다. 케어를 받는 사람이 케어를 하는 사람에게 의존하면 할수록 케어제공자의 스트레스가 커지고, 스트레스가 축적되면 학대로 이어진다는 것인데, 아동학대, 배우자학대, 노인학대는 이런 점에서 거의 같다.

한편 미국심리학회는 노인학대와 방임은 하나의 이론으로 설명할 수 없는 복잡한 현상이고, 원인도 다양하다고 하면서 상기 이론 외에 가족 스트레스이론(family stress theory)과 사회문화적 이슈이론(societal and cultural issues theory)을 추가하였다(American Psychological Association, 2012 : 8-13).

(4) 가족 스트레스이론

가족 스트레스이론은 케어제공자가 가족인 경우 케어제공자 스트레스이론과 같다. 단 케어제공자 스트레스이론이 케어제공자 개인의 스트레스 요인에 초점을 둔다면, 가족 스트레스이론은 케어제공자가 속한 가족의 폭력적 상호작용의 패턴과 이력, 세대를 이어온 생활방식, 가족의 고립 등 가족을 중시한다는 점에서 차이가 있다.

가정생활을 영위하는 과정에서 가족은 여러 가지 스트레스를 받는다. 스트레스가 누적된 가족이 무기력한 노인을 스트레스 해소대상으로 삼을 때 노인학대가 발생한다. 세대 간 폭력과 배우자폭력이 일상화된 가정에서 노인학대가 발생할 확률이 높다. 가정폭력이 집안내력인 가족에서는 노인학대가 묵인되고 가족 밖으로 나가지 않는다.

다세대가족의 경우 경제적 곤란이나 생활공간 과밀이 노인학대의 방아쇠가 된다. 성인 자녀가 부모보다 재정적 상태가 부실하여 부모 집에 얹혀살면 성인 자녀의 스트레스가 쌓이고 성인 자녀 부부 사이에 긴장이 발생하기 쉽다. 이런 상황은 노인학대와 방임의 원인으로 작용한다.

사회적 고립도 가족갈등의 단초가 된다. 가족갈등은 노인학대의 원인이다. 노인의 사회적 고립은 학대를 은폐하는 방법이 될 수 있다. 노인을 고립시키는 것은 노인 케어로 인한 스트레스의 결과이다. 고립은 위험하다. 학대받는 노인을 보호하는 것은 물론 외부의 도움을 요청하는 것도 어렵게 만들기 때문이다.

(5) 사회문화적 이슈이론

가족의 문화적 차이가 노인학대를 야기한다는 이론이다. 노인을 공경하지 않는 문화와 노인학대를 가족문제로만 치부하는 태도는 노인학대의 발생과 지속에 영향을 준다. 노인을 하찮은 존재로 취급하는 사회에서는 노인학대를 제어하는 조치가 마련되기 어렵다. 노인학대를 가정 안에서 일어나는 사적 문제일 뿐이라고 여기는 사회는 노인학대 발생 확률이 높다.

가족관계에 영향을 주는 문화적 가치, 신념, 전통의 차이도 노인학대와 유관하다. 이런 차이가 노인학대에 상대적으로 둔감한 가족 분위기를 조성하기 때문이다. 여성과 노년 여성의 인권을 무시하는 문화도 있다. 이런 사회에서는 노인학대가 일상화되고, 피해 노인조차 그것이 학대인지 모르고 넘어가며, 따라서 가족 울타리 밖으로 나가는 경우가 거의 없고 당연히 가족 외부의 도움도 받을 수 없다. 문제가 있지만 묻히는 것이다.

Summery 노인학대 이론

이론	내 용
사회적 교환이론	• 돈이나 생활용품과 같은 물질과 사회적 인정과 같은 비물질적인 것의 사회적 교환에 초점을 둠 • 노인학대는 보상과 비용의 적정한 균형이 깨진 것에 대한 일종의 부정적 반응
사회적 학습이론	• 폭력은 학습된 것 • 노인학대라는 폭력적 방법으로 원하는 바를 얻을 수 있다는 사실을 학습을 통해 알게 된다는 것
케어제공자 스트레스이론	• 노인학대의 원인을 피해노인과 케어제공자가 처한 상황과 스트레스에서 찾음 • 노인부양은 케어제공자에게 스트레스를 주고, 노인의 의존성이 커지면 케어제공자의 스트레스도 커짐 • 스트레스에 대한 대처가 부족하면 스트레스가 축적되어 노인학대로 이어짐
가족 스트레스이론	• 가족 내 폭력적 상호작용의 패턴과 이력, 세대를 이어온 생활방식과 가족의 고립을 중시 • 가정생활 도중 발생하는 스트레스가 노인학대의 원인 • 가정폭력이 집안 내력인 가족에서는 노인학대가 묵인되고 가족 밖으로 나가지 않음 • 다세대가족의 경우 경제적 곤란이나 생활공간 과밀이 노인학대의 방아쇠가 됨 • 노인을 고립시키는 것은 노인 케어로 인한 스트레스의 결과. 고립은 학대받는 노인을 보호하는 것은 물론 외부의 도움을 요청하는 것도 어렵게 만듦
사회문화적 이슈이론	• 가족의 문화적 차이가 노인학대에 영향을 미침 • 노인을 공경하지 않는 문화와 노인학대를 가족문제로만 치부하는 태도가 노인학대의 발생과 지속에 영향을 줌 • 가족관계에 영향을 주는 문화적 가치, 신념, 전통의 차이도 노인학대와 유관 • 여성과 노년 여성의 인권을 무시하는 문화가 있는 사회에서는 노인학대가 일상화되고, 피해 노인조차 그것이 학대인지 모르고 넘어가며, 따라서 가족 울타리 밖으로 나가는 경우가 거의 없고 당연히 가족 외부의 도움도 받을 수 없음

4 질병

1) 노인 질병의 특징

나이가 들면 신체적·정신적 쇠퇴로 인한 여러 가지 질병이 발생한다. 노년기 질병은 몇 가지 특징이 있다(양옥남 외, 2009 : 123).

첫째, 노화와 질병을 구분하기가 애매하다. 고령에 따른 생리적 노화현상인지 아니면 질병인지를 구별하기가 어렵다는 것이다. 노인병 대부분이 만성적이고 퇴행적인 과정을 거쳐 장기간 서서히 진행되고 발병하기 때문이다.

둘째, 노인병은 증상이 거의 없거나 애매하여 오진하기가 쉽다. 발열증상이 없는 염증, 증상이 없는 갑상선기능항진증, 복통이 없는 맹장염, 증상 없는 심근경색 등이 그것이다.

셋째, 노인은 약물부작용 경험이 많고, 청장년의 검사기준으로는 적용할 수 없는 질병이 나타나 기존의 병명으로는 분류하기 어려워 기능이상으로 진단되는 경우가 많다. 예를 들어 혈중칼슘, 알부민, 갑상선 기능검사의 경우 정상치가 청장년과 다르다.

넷째, 노년기에는 심리적 요인이 질병에 영향을 준다. 경제적으로 가족에게 부담을 준다고 생각할 경우 심리적인 위축을 가져와 병이 더 악화되는 경우가 그것이다.

다섯째, 치아의 문제가 심각해 약 절반 정도의 노인이 틀니를 착용하고 있다.

여섯째, 합병증이 많다. 대부분의 노인병은 단독으로 발생하는 경우는 많지 않고 보통 몇 가지 질병이 함께 온다.

일곱째, 의사의 경험과 지식만으로는 치료가 어렵고 사회복지사, 간호사, 물리치료사, 재활의학 전문가 등 팀워크가 필요하다.

2) 노인성질환

일반적으로 노인에게 많이 나타는 질병을 노인성질환이라 한다. 대표적인 것이 치매, 암, 신부전, 관상동맥심장병, 고혈압, 골다공증, 파킨슨병, 뇌졸중 등이다. 이런 노인성질환은 세계 공통적이다. 노인성질환의 증상과 원인은 다 다르지만 대부분 신체 부위의 노화와 관련이 있다.

- **치매** : 치매는 정신박약이 아닌 뇌의 기질적 병변에 의해 발생한다. 치매는 인지기능의 장애를 나타내는 후천적 임상증후군으로 기억력장애, 언어장애, 행동장애 및 기타 지적 능력의 소실이 특징적 증상이다.
- **암** : 악성종양을 총칭해서 암이라 한다. 악성종양은 주위 조직에 침윤하여 빠르게 성장하고 신체 각 부위에 확산되거나 전이되어 생명을 위협한다. 노인에게 비교적 많이 발생하는 암은 유방암, 결장암, 폐암, 전립선암이다.
- **신부전** : 혈액 속의 노폐물을 걸러내고 배출하는 신장(콩팥)의 기능에 장애가 있는 상태이다. 혈액 속 노폐물의 농도가 높아지고 수분의 배출이 일어나지 않아 여러 가지 합병증이 발생한다.
- **관상동맥심장병** : 심장의 관상동맥에 이상이 생긴 질병이다. 협심증과 중증심근경색이 대표적이다. 협심증은 심장혈관이 동맥경화증, 혈전, 경련수축 등에 의해 협착되어 심장근육에 허혈이 생기면서 나타나는 질환이고, 중증심근경색은 관상동맥이 동맥경화로 막히거나 심장근육이 괴사한 상태를 말한다. 심한 경우 심장마비로 사망한다.
- **고혈압** : 혈관에 이상이 생겨 혈압이 비정상적으로 높아진 상태를 말한다. 고혈압은 관상동맥질환과 뇌졸중, 신부전 등 다양한 합병증을 일으키며 환자의 생명을 위협할 수도 있다. 발병률이 매우 높은 질병이다.
- **골다공증** : 뼈의 양이 감소하고 뼈의 강도가 약해져서 골절이 일어날 가능성이 높은 상태를 말한다. 원인은 유전적 요인, 조기 폐경, 약제(스테로이드), 흡연, 알코올, 류마티스관절염 등 다양하다. 전형적인 노인성질환이다.

- **파킨슨병** : 뇌의 영역 중 이동을 통제하는 부분이 손상되거나 파괴되어 나타나는 병이다. 손 떨림, 보행 곤란, 근육 제어 기능 약화, 균형감각 감소, 얼굴 표현 능력 감퇴, 언어 표현 능력 악화 등의 증상을 보인다. 말기에는 치매 증상이 나타난다.
- **뇌졸중** : 갑자기 발생한 뇌기능 장애가 상당기간 지속되는 질병이다. 뇌혈관 질환 외의 다른 원인을 찾을 수 없는 상태로 뇌경색과 뇌출혈을 포함한다. 한의학에서는 중풍이라 한다.

우리나라 노인의 다빈도질병은 건강보험심사평가원이 발표하는 보건의료빅데이터개방시스템에서 파악할 수 있다. 연령별로 약간의 차이가 있지만, 백내장, 관절염, 골절, 폐렴, 치매, 협심증, 위장염・결장염 등이 많다. 눈, 폐, 장, 심장, 관절, 척추, 뇌 등 신체부위의 질병이 대부분이다. 60대에서는 보이지 않던 알츠하이머병 치매가 70대에서 6위, 80대 이상에서 1위로 올라간 것이 가장 큰 특징이지만, 치매의 특성상 당연한 것이다.[7)]

5 치매

1) 치매의 개념

노인성질환 중 가장 대표적인 것이 치매(dementia)이다. 치매는 라틴어로 "제정신이 아닌 상태"를 의미한다. 치매는 정신박약이 아닌 뇌의 기질적 병변에 의해 발생한다. 치매는 인지기능의 장애를 나타내는 후천적 임상증후군으로 특징적 증상은 기억력장애, 언어장애, 행동장애 및 기타 지적 능력의 소실이다.

7) 고혈압과 당뇨병이 빠진 것은 입원을 기준으로 했기 때문이다. 당뇨병과 고혈압 환자의 상당수는 통원치료(외래)를 받고 있다. 외래, 70대를 기준으로 하면 고혈압이 1위, 당뇨병이 7위를 차지한다.

우리나라 노인복지법은 치매를 "퇴행성 뇌질환 또는 뇌혈관계 질환 등으로 인하여 기억력, 언어능력, 지남력, 판단력 및 수행능력 등의 기능이 저하됨으로써 일상생활에서 지장을 초래하는 후천적인 다발성 장애"로 정의하고 있다.

국제알츠하이머협회(the Alzheimer's Disease International, ADI)가 2015년 발표한 보고서에 의하면(ADI, 2015), 현재 지구상에는 약 4천6백만 명의 치매환자가 있고, 그 수는 2030년 7천4백7십만 명, 2050년 1억3천1백5십만 명으로 증가할 것으로 예상된다. 치매로 인한 경제적 부담도 막대하다. 전 세계 치매 비용이 무려 8,180억 달러에 달하고, 곧 1조 달러를 넘어설 것이다. 치매환자의 지역적 분포를 보면, 60세 이상 치매환자의 인구비율이 북아프리카와 중동이 8.7%로 가장 높고, 유럽이 4.6%로 가장 낮으며, 대개 5.6%에서 7.6% 사이에 있는 것으로 나타났다. 2009년도 집계와 비교하면, 아시아와 아프리카 지역의 치매환자는 증가했고, 유럽과 미국은 감소한 것으로 나타났다. 그리고 치매환자의 58%가 중후진국(World Bank 기준)에 거주하고 있고, 그 수가 2030년 63%, 2050년 68% 증가할 것이다. 중후진국 치매환자 증가율은 선진국의 2배 이상이다.

2) 치매의 증상

치매는 특정 질병이 아니라 지적 기능의 감퇴, 정상적 활동의 손상, 관계의 변화를 야기하는 일련의 증상들(symptoms)이다. 기억상실이 치매의 공통된 증상이지만 기억상실이 곧 치매는 아니다. 의사는 환자의 추리력과 판단력과 같은 두뇌기능의 손상정도를 중시한다. 두뇌기능이 손상되면, 운전, 카드놀이, 가사, 음식 준비, 목욕이나 옷 입기 등 개인적 케어와 같은 일상생활활동의 수행이 제대로 되지 않는다. 치매환자는 성격의 변화, 정서적 통제능력의 상실, 동요, 과대망상, 환상 등 정신적 문제도 보인다. 치매는 노인에게서 주로 나타나지만, 다른 연령층에서도 나타난다. 치매는 항구적이며, 시간을 두고 꾸준히 진행되는 질병이다. 완치가 안 되지만 초기에 발견해 꾸준히 적절하게 치료하면 병의 진행을 지연시킬 수는 있다. 치매는 알츠하이머병이나 뇌졸중과 같은 뇌 손상 때문에 발생하는 질병이다.

알츠하이머병이 치매의 가장 일반적인 원인이다. 하지만 유일한 원인은 아니다.

치매 증상은 주로 인지적 증상(사고력이나 기억력 같은)으로 나타난다. 치매 증상은 치매의 원인에 따라 다르지만, 공통적으로 나타나는 일반적 증상은 다음과 같다. 최근에 일어난 일을 잘 기억하지 못한다. 의사결정, 문제해결, 일련의 일 수행(음식조리 등)에 곤란을 겪는다. 대화에 곤란을 겪고 대화 시 적절한 단어를 잘 못 찾는다. 거리판단을 잘 못하고 물체를 삼차원으로 인식하는 데 문제가 있다. 날짜를 잘 파악하지 못하고 자신이 어디에 있는지를 잘 모른다. 기분장애도 나타난다. 잘 좌절하고 초조해 하며 냉담하거나 무심하고 불안해하고 갑자기 흥분하거나 슬퍼하거나 한다. 환상을 보거나 과대망상에 빠지기도 한다.

치매 증상은 크게 보면 기억장애, 주의력장애, 언어장애, 실행증과 실인증, 시공간 기능장애 및 전두엽 수행능력장애로 분류된다.

- **기억장애** : 최근의 일에 대한 기억부터 소멸된다. 질병이 진행되면 장기기억도 상실하게 되어 자신의 인적사항을 모르고 가재도구 사용도 어려워진다. 지남력은 시간, 장소, 인물을 자동적으로 파악하는 능력인데, 지남력 장애가 오면 시간, 장소, 인물 순으로 기억이 쇠퇴된다.
- **주의력장애** : 뺄셈을 못하게 되고, 요일 이름을 연속적으로 말하지 못한다.
- **언어장애** : 발음이 불분명하고 정확한 단어를 찾지 못하는 실어증 증상이 나타난다. 다른 단어나 발음이 유사한 단어, 비슷한 단어를 말하는 착어증 증상도 나타난다. 치매 중기에는 엉뚱한 대답을 하지만 말기가 되면 말을 하지 않거나 마지막 단어나 구절을 반복한다.
- **실행증과 실인증** : 담뱃갑이나 담배를 꺼내 불을 붙이거나 커피 끓이는 것과 같은 연속적인 동작을 잘 못한다. 평소에 잘 아는 사람의 얼굴을 알아보지 못하거나 물건 용도를 인지하지 못한다.
- **시공간 기능장애 및 전두엽 수행능력장애** : 사람, 집 등의 그림을 잘 그리지 못하고 추상적인 사고능력을 상실한다. 피해망상, 도둑망상, 감정의 심한 변화를 보이기도 한다.

Summery 치매 증상

증 상	내 용
기억장애	최근의 일에 대한 기억부터 소멸. 질병이 진행되면 장기기억도 상실하게 되어 자신의 인적 사항을 모르고 가재도구 사용도 어려워짐. 지남력 장애가 오면 시간, 장소, 인물 순으로 기억이 감소
주의력장애	뺄셈을 못하게 되고 요일 이름을 연속적으로 말하지 못함
언어장애	발음이 불분명하고 정확한 단어를 찾지 못하는 실어증과 다른 단어나 발음이 유사한 단어, 비슷한 단어를 말하는 착어증이 나타남
실행증과 실인증	담뱃갑이나 담배를 꺼내 불을 붙이거나 커피 끓이는 것과 같은 연속적인 동작을 잘 못함. 평소에 잘 아는 사람의 얼굴을 알아보지 못하거나 물건 용도를 인지하지 못함.
시공간 기능장애 및 전두엽 수행능력장애	사람, 집 등의 그림을 잘 그리지 못하고 추상적인 사고능력을 상실함. 피해망상, 도둑망상, 감정의 심한 변화를 보이기도 함

3) 치매, 건망증, 경증 인지장애

치매는 건망증(forgetfulness)과 혼동되는 경우가 있다. 치매의 주요 증상 중 하나가 기억력 감퇴이기 때문이다. 치매와 건망증은 전혀 다른 것이다. 건망증은 정상적인 노화의 한 부분이다. 나이가 들어 생기는 건망증, 예를 들어 안경이나 열쇠 둔 곳을 가끔 잊어버리거나, 약속을 잊어버리거나, 책을 어디까지 읽었는지 기억하지 못하거나, 방에 들어가면서 왜 들어가는지를 잊어버리는 것은 정상이다.

건망증은 장애나 질병이 아니다. 기억력 쇠퇴는 일상생활에 약간의 불편만 줄 뿐이다. 반면에 치매는 기억력, 언어, 판단력, 추리력에 큰 장애가 발생하는 심각한 질병이다. 건망증이 장애나 질병은 아니지만 기억력이 지속적으로 쇠퇴하여 일, 습관, 사회활동, 가족관계에 부정적 영향을 줄 정도가 되면 일단 치매를 의심해 봐야 한다.

정신질환 상담 전문사이트 HelpGuide에 실린 한 논문(Age-Related Memory Loss)은 노화에 따른 기억력의 변화(건망증)과 치매 증상의 차이를 다음과 같이 이해하기 쉽게 정리해서 보여주고 있다.[8)]

〈표 7-2〉 노화에 따른 기억력의 변화와 치매 증상의 차이

노화에 따른 기억력 변화	치매 증상
인지 기능 정상. 가끔 기억력 착오	단순한 일(돈 지불, 옷 입기, 씻기 등)에도 어려움이 있음. 방법을 망각
기억을 잃어버린 상황을 상기하고 설명할 수 있음(건망증 자각)	기억력 상실로 문제가 된 상황을 상기하거나 설명할 수 없음
기억이 끊기거나 방향을 잃는 경우가 있지만 익숙한 장소에서는 그런 일이 없음	익숙한 장소에서도 기억이 끊어지고 방향을 상실함
적절한 단어를 찾는 데 어려움을 겪는 경우가 있지만 대화를 하는 데는 문제가 없음	단어를 자주 잊어버리고, 잘못 사용하고, 잘못된 인용을 하고, 같은 말과 같은 이야기를 반복함
판단과 의사결정 능력에 이상이 없음	판단과 행동이 적절하지 않음. 선택하는 데 어려움이 있음

한편 건망증과 치매의 중간단계인 경증 인지손상(MCI : Mild Cognitive Impairment)이 있다. 경증 인지손상은 기억, 언어, 사고, 판단에 문제가 생기는 것인데, 그 정도가 정상적인 노화에 의한 변화보다 심하다. 경증 인지손상과 정상적인 건망증은 다르다. 하지만 양자의 차이가 항상 명확한 것은 아니다. 정도의 차이는 분명하다. 예컨대 친구의 이름을 잊어버리는 경우가 있다. 이것은 정상이다. 그러나 가족이나 가까운 친구의 이름을 잊어버리는 것은 정상이 아니다. 경증 인지손상의 증상으로 간주해야 한다. 경증 인지손상에 의한 기억력 쇠퇴는 주변의 가족이나 친구는 눈치 챌 수 있다. 그렇지만 치매는 아니다. 일상생활을 하는 데는 큰 지장이 없다.

경증 인지손상이 치매로 발전하기도 한다. 그렇다고 모두 그런 것은 아니다. 경증 인지손상에서 정상으로 호전되는 경우도 많다. 경증 인지손상의 증상은 물건을 자주 분실하거나 제 위치가 아닌 곳에 두고, 대화・약속・사건을 자주 잊어버

8) https://www.helpguide.org/articles/alzheimers-dementia-aging/age-related-memory-loss.htm (HelpGuide 검색일 2017/12/4)

리고, 새로 알게 된 사람의 이름을 기억하기가 힘들고, 대화의 흐름을 이어가기가 힘든 것 등이다.

4) 치매의 종류

치매는 단일 질병이 아니고 증상이기 때문에 치매를 일으키는 원인이 다양하고, 치매의 종류도 다양하다. 치매는 알츠하이머병 치매, 뇌혈관성 치매, 루이 소체 치매, 이마관자엽 치매, 파킨슨병 치매, 헌팅턴병 치매, 크로이츠펠트-제이콥병 치매 등이 있다. 치매는 종류별로 원인과 증상이 다르다. 하지만 유사한 점도 있다.

(1) 알츠하이머병

알츠하이머병(Alzheimer's disease) 치매는 치매의 반 이상을 차지한다. 알츠하이머병은 이 병을 최초로 발견한 독일 의사 알로이스 알츠하이머(Alois Alzheimer)의 이름을 딴 것이다.[9] 알츠하이머병 치매는 뇌세포를 둘러싼 단백질에 이상이 생겨 내부 구조에 손상을 입힘으로써 발병한다. 뇌세포 간의 연결망이 끊어지고 뇌세포가 죽으면서 증상이 나타난다. 시간이 경과하면서 일상적인 기억력이 쇠퇴하고, 언어능력과 문제해결 능력, 의사결정 능력, 삼차원 인지능력에 문제가 생긴다. 알츠하이머병 환자의 뇌는 일반인에 비해 훨씬 작고 주름이 많이 잡혀있다.

알츠하이머병 치매는 후기 단계까지 뚜렷한 증상 없이 진행되는 전형적인 신경퇴행성 질병이다. 알츠하이머병 치매의 전조증상으로는 기억력 감퇴현상인 경증 인지장애(MCI)가 있다. 경증 인지장애는 동일 연령층 및 교육수준보다 기억력이 더 많이 저하되는 상태로서 이들의 10~15%가 알츠하이머병 치매로 발전한다. 알츠하이머병 치매 초기 증상은 다음과 같다. 최근 일어난 일, 사람의 이름, 얼굴을 자주 기억하지 못한다. 같은 질문을 반복한다. 물건을 제자리에 놓지 못한다. 시간과 날짜를 기억하지 못한다. 방향감각 기능이 약화된다. 적절한 단어 구사 능력이 감소한다. 무감각, 과민성, 자신감 상실 등 기분장애와 행동장애가 발생한다.

---

9) 1906년 알츠하이머는 뇌신경질환으로 사망한 여성 환자의 뇌 조직을 관찰하여 뇌에 비정상적인 물질덩어리와 신경원 섬유들이 비정상적으로 꼬여 있는 것과 기억과 지적 능력을 담당하는 뇌 부위 세포가 많이 소멸된 것을 최초로 발견했다.

(2) 뇌혈관성 치매

알츠하이머병 치매에 이어 두 번째로 많은 것이 뇌혈관성 치매(vascular dementia)이다. 뇌혈관성 치매는 혈관 협착이나 막힘으로 인해 뇌에 산소공급이 감소하거나 중단되어 일부 뇌세포가 죽거나 손상을 입으면 발병한다. 뇌졸중 후에 증상이 급작스럽게 나타나기도 한다. 뇌졸중이 여러 차례 일어나면서 악화되는 경우도 있다. 뇌혈관성 치매환자는 알츠하이머병 치매와 유사한 증상을 보인다. 문제해결, 계획, 사고, 집중 능력에 장애를 겪는 점이 그렇다. 뇌혈관성 치매환자는 인지능력이나 정신능력이 단계적으로 나빠지는 특징이 있으며, 완치되기는 어렵지만 초기에 진단을 받고 적절한 치료를 계속하면 악화되는 것은 막을 수 있다.

뇌혈관성 치매의 초기 증상은 알츠하이머병 치매 초기 증상과 유사하다. 하지만 뇌혈관성 치매 증상이 보다 복잡하다. 뇌의 어떤 부위가 손상되었는가에 따라 증상이 달리 나타난다. 증상이 서서히 나타나기도 하고 급작스럽게 나타나기도 한다. 뇌혈관성 치매의 증상은 기억력 감퇴, 방향성 저하, 의사소통 능력 저하, 사고능력 저하, 우울과 무감각 등 성격의 변화, 정서적 민감, 보행 장애, 요실금 등이다.[10)]

(3) 루이 소체 치매

루이 소체 치매(dementia with Lewy bodies)[11)]는 뇌세포 안에 비정상적 구조인 루이 소체가 생겨 발병하는 치매이다. 루이 소체는 뇌의 화학적 성분을 파괴하고 뇌세포를 죽인다. 일상적인 기억력 쇠퇴는 알츠하이머병 치매보다 더 심하다. 루이 소체 치매는 파킨슨병과 밀접하게 연관되어 있다. 이동장애와 증상도 같다. 원인을 알 수 없고 치료법도 없다.

루이 소체 치매의 증상은 기억력과 판단력 저하, 혼란, 몸의 경직, 발을 질질 끌며 걷기, 비틀비틀 걷기, 얼굴 표현 곤란, 균형감각 저하, 자주 넘어지기, 낮에 졸기, 환상, 기분상태의 심한 변화, 수면 장애(숙면 곤란) 등이다.

10) 혼합형 치매(mixed dementia)도 있다. 한 가지 이상의 치매가 복합적으로 발생하고 증상도 혼합되어 있는 치매이다. 알츠하이머병 치매와 뇌혈관성 치매가 동시에 나타나는 경우가 대부분이다.

11) 루이 소체는 1912년 이 병을 최초로 발견한 미국인 의사 Frederic Lewy의 이름을 딴 것이다.

(4) 이마관자엽 치매

이마관자엽 치매(frontotemporal dementia)는 뇌세포 내부에서 형성된 비정상적인 단백질 덩어리로 인해 뇌의 전두엽과 측두엽이 손상되어 발병하는 퇴행성 치매이다. 초기 증상은 성격, 판단력, 기획력, 사회적 기술의 변화이다. 인지기능 중에서 언어와 수행기능이 주로 손상되며, 알츠하이머병과 달리 기억력은 어느 정도 유지된다. 뇌 손상 부위에 따라 언어장애 또는 단어의 의미를 기억하지 못하는 증상을 보인다. 알츠하이머병 치매보다 진행 속도가 빠르다. 청년기에 발병하는 경우도 있다. 이마관자엽 치매환자는 많지 않다.

이마관자엽 치매의 증상은 다음과 같다. 성격 변화(감정 표현 능력과 타인의 감정 파악 능력의 감퇴), 개인적 자각 결여(개인위생과 몸가짐), 사회의식의 결여(부적합한 농담, 재치 있는 대처 능력 상실), 과식, 행동변화(이상한 신념, 관심, 강박), 단순한 계획과 결정 능력 장애, 성격이나 행동의 변화 감지 능력 상실, 언어능력 장애(단어 이해 곤란, 같은 말 반복, 단어의 의미 망각), 사람 인식과 물건 인식 능력 곤란.

(5) 파킨슨병

퇴행성 뇌 질환의 하나인 파킨슨병(Parkinson's disease)도 치매를 야기한다. 대체로 파킨슨병 말기 환자에서 치매 증상이 나타난다. 알츠하이머병 환자 중에서 병이 진행하면서 파킨슨병의 증상을 보이는 경우도 있다. 파킨슨병은 뇌의 이동을 통제하는 영역이 손상되거나 파괴되어 나타나는 병이다. 증상은 손 떨림, 보행 곤란, 근육 제어 기능 약화, 균형감각 감소, 얼굴 표현 능력 감퇴, 언어 표현 능력 악화 등이다.

(6) 헌팅턴병

헌팅턴병(Huntington's disease)은 치명적인 뇌 장애로서 뇌의 특정 부위의 신경세포가 선택적으로 파괴되어 발병하는 퇴행성 뇌 질환이다. 파킨슨병처럼 헌팅턴병 말기 환자 중에서 치매 증상이 나타난다. 헌팅턴병은 유전질환이다. 이 병에 걸린 부모를 둔 사람의 50%가 유전자를 물려받으며, 그 경우 모두 이 병이 나타난다.

헌팅턴병은 젊은 사람이 걸릴 수도 있는데, 치매 증상이 아니라 얼굴이나 팔이 저절로 움직이는 무도증이나 정신질환 증상을 보인다. 헌팅턴병의 증상은 경련, 발작, 기타 비자발적 행동, 균형감각 장애, 성격 변화, 기억력 장애, 집중력과 의사결정 능력 장애 등이다.

(7) 크로이츠펠트-제이콥병

크로이츠펠트-제이콥병(Creutzfeldt-Jakob disease)은 뇌에 정상적인 상태로 있는 프라이온(prion) 단백질이 비정상적인 삼차원 상태로 변형되어 발생하는 희귀질환이다. 이 단백질은 점차 다른 부분으로 전이되어 뇌 세포를 손상시키고 파괴한다. 소도 크로이츠펠트-제이콥병에 걸린다. 크로이츠펠트-제이콥병에 걸린 소는 광우병 증상을 보인다. 크로이츠펠트-제이콥병 환자도 치매 증상을 보인다. 기억력, 사고력, 추리력 손상, 성격과 행동의 변화, 우울과 초조 등이 그것이다. 이 병의 진행 속도는 매우 빠르며 일단 발병하면 1년을 넘기기 어려울 정도로 치명적이다.

Summery 치매의 종류와 증상

유 형	내 용
알츠하이머병 치매	• 가장 대표적이고 발생빈도가 가장 많은 치매 • 뇌세포를 둘러싼 단백질에 이상이 생겨 내부 구조에 손상을 입힘으로써 발병 • 시간이 경과하면서 일상적인 기억력이 쇠퇴하고, 언어능력과 문제해결 능력, 의사결정 능력, 삼차원 인지능력에 문제가 생김 • 후기 단계까지 뚜렷한 증상 없이 진행되는 전형적인 신경퇴행성 질병 • 초기 증상 : 최근 일어난 일, 사람의 이름, 얼굴을 자주 기억하지 못함. 같은 질문 반복. 물건을 제자리에 놓지 못함. 시간과 날짜를 기억하지 못함. 방향감각 기능의 약화. 적절한 단어 구사 능력의 감소. 무감각, 과민성, 자신감 상실 등 기분장애와 행동장애 발생
뇌혈관성 치매	• 혈관 협착이나 막힘으로 인해 뇌에 산소공급이 감소하거나 중단되어 일부 뇌세포가 죽거나 손상을 입으면 발병 • 뇌졸중 후에 증상이 급작스럽게 발병하는 경우와 뇌졸중이 여러 차례 일어나면서 악화되는 경우도 있음 • 특징 : 인지능력이나 정신능력이 단계적으로 나빠짐 • 증상 : 문제해결, 계획, 사고, 집중 능력에 장애를 겪는 점에서 알츠하이머병 치매와 유사

루이 소체 치매	• 뇌세포 안에 비정상적 구조인 루이 소체가 생겨 발병하는 치매 • 루이 소체는 뇌의 화학적 성분을 파괴하고 뇌세포를 죽임 • 일상적인 기억력 쇠퇴는 알츠하이머병 치매보다 더 심함 • 파킨슨병과 밀접하게 연관 • 증상 : 기억력과 판단력 저하, 혼란, 몸의 경직, 발을 질질 끌며 걷기, 비틀비틀 걷기, 얼굴 표현 곤란, 균형감각 저하, 자주 넘어지기, 낮에 졸기, 환상, 기분상태의 심한 변화, 수면 장애(숙면 곤란)
이마관자엽 치매	• 뇌세포 내부에서 형성된 비정상적인 단백질 덩어리로 인해 뇌의 전두엽과 측두엽이 손상되어 발병하는 퇴행성 치매 • 인지기능 중에서 언어와 수행기능이 주로 손상되며, 알츠하이머병과 달리 기억력은 어느 정도 유지됨 • 특징 : 뇌 손상 부위에 따라 언어장애 또는 단어의 의미를 기억하지 못하는 증상을 보임. 알츠하이머병 치매보다 진행 속도가 빠름. 청년기에 발병하는 경우도 있음 • 증상 : 성격 변화, 개인적 자각 결여, 사회의식의 결여, 과식, 행동변화, 단순한 계획과 결정 능력 장애, 성격이나 행동의 변화 감지 능력 상실, 언어능력 장애, 사람 인식과 물건 인식 능력 곤란
파킨슨병	• 퇴행성 뇌 질환인 파킨슨병 말기 환자에서 나타나는 치매 • 뇌의 이동을 통제하는 영역이 손상되거나 파괴되어 나타나는 병 • 증상 : 손 떨림, 보행 곤란, 근육 제어 기능 약화, 균형감각 감소, 얼굴 표현 능력 감퇴, 언어 표현 능력 악화
헌팅턴병	• 치명적인 뇌 장애로서 뇌의 특정 부위의 신경세포가 선택적으로 파괴되어 발병하는 퇴행성 뇌 질환(유전질환) • 파킨슨병처럼 헌팅턴병 말기 환자 중에서 치매 증상이 나타남 • 증상 : 경련, 발작, 기타 비자발적 행동, 균형감각 장애, 성격 변화, 기억력 장애, 집중력과 의사결정 능력 장애
크로이츠펠트-제이콥병	• 뇌에 정상적인 상태로 있는 프라이온 단백질이 비정상적인 삼차원 상태로 변형되어 발생하는 희귀질환 • 프라이온 단백질은 점차 다른 부분으로 전이되어 뇌 세포를 손상시키고 파괴시킴. 병의 진행 속도는 매우 빠르며 일단 발병하면 1년을 넘기기 어려울 정도로 치명적 • 증상 : 기억력, 사고력, 추리력 손상, 성격과 행동의 변화, 우울과 초조

5) 치매의 단계

치매를 포함해서 질병을 단계별로 파악하는 것은 최선의 치료방법 결정과 의료진의 의사소통에 도움을 준다. 치매는 증상과 진행에 따라 몇 단계로 구분된다. 치매 단계를 측정할 수 있는 척도는 세 가지가 있다(Reisberg, et al., 1982; DeLeon and Reisberg, 1999).

첫째, GDS(Global Deterioration Scale for Assessment of Primary Degenerative Dementia)이다. 알츠하이머병 치매 진단에 가장 많이 사용되며, 척도를 개발한 사람의 이름을 따서 라이스버그 척도(the Reisberg Scale)로도 불린다. GDS는 치매를 7단계로 나눈다.

- 1단계. 치매 전(no dementia. stage 1) : 인지기능 정상. 기억력도 정상이고 정신적으로 건강하다. 아직 치매가 아니다.
- 2단계. 치매 전(no dementia. stage 2) : 약간의 인지기능 저하. 건망증 증세가 있으나 치매로 인한 것은 아니다.
- 3단계. 치매 전(no dementia. stage 3) : 약간의 인지기능 저하. 건망증이 심해진다. 집중력이 떨어지고 일의 능률이 줄어든다. 적절한 단어 구사에 곤란을 느낀다. 주변 사람이 인지기능 저하를 인지하기 시작한다. 평균 지속기간 7년.
- 4단계. 초기(early-stage. stage 4) : 중간 수준의 인지기능 저하. 집중력 저하, 최근 기억의 감퇴, 돈 관리 애로, 홀로 여행하기 곤란 등의 증세가 나타난다. 복잡한 일을 효과적으로 또 정확하게 수행하기가 어려워진다. 사회화가 잘 안 되어 가족과 친구로부터 멀어진다. 의사는 인지기능에 문제가 있음을 확실히 인식한다. 평균 지속기간 2년.
- 5단계. 중기(mid-stage. stage 5) : 다소 심각한 인지기능 저하. 기억력 감퇴가 분명해지고 일상생활(옷 입기, 목욕, 식사준비 등)에 타인의 도움이 필요해진다. 주소나 전화번호를 기억하지 못하거나 현재 시간과 자신의 위치를 기억하지 못한다. 평균 지속기간 1.5년.
- 6단계. 중기(mid-stage. stage 6) : 심각한 인지기능 저하. 치매 중기. 일상생활에서 타인의 도움을 더 많이 받아야 한다. 가까운 가족의 이름과 최근에 일어난 일

을 기억하지 못한다. 일에서 십까지 세기도 어렵다. 언어능력도 떨어진다. 환상, 강박(같은 동작 반복), 불안, 초조 증상도 나타난다. 평균 지속기간 2.5년.

- 7단계. 말기(late-stage. stage 7) : 매우 심각한 인지기능 저하. 말기 치매. 말하기와 의사소통 능력을 완전히 상실한다. 걷는 능력도 상실한다. 타인의 조력이 없으면 일상생활을 할 수 없다. 평균 지속기간 2.5년.

둘째, FAST(Functional Assessment Staging)이다. FAST도 7단계이다. 인지기능 저하보다는 개인의 기능과 일상생활 능력을 보다 중시한다. 따라서 GDS 단계와 FAST 단계는 다를 수 있다(Reisberg, et al., 1988).

- 1단계(stage 1) : 정상. 기능 저하 없다.
- 2단계(stage 2) : 정상. 약간의 기능 저하를 감지한다.
- 3단계(stage 3) : 초기 알츠하이머병. 힘든 일에서 눈에 보일 정도로 결점이 나타난다.
- 4단계(stage 4) : 중기 알츠하이머병. 복잡한 일(재무, 기획 등)은 타인의 도움이 있어야 한다.
- 5단계(stage 5) : 중기 알츠하이머병. 상황에 맞는 복장을 갖추기 위해서는 타인의 도움을 받아야 한다.
- 6단계(stage 6) : 중기후기 알츠하이머병. 옷 입기, 목욕, 화장실 이용하기에 타인의 도움이 있어야 한다. 대소변 실금이 나타난다.
- 7단계(stage 7) : 말기 알츠하이머병. 언어능력을 거의 상실한다. 걷기, 일어나기, 웃기, 얼굴 들기 능력이 점점 악화된다.

셋째, CDR(Clinical Dementia Rating)이다. CDR 척도는 5단계이다. 인지능력(사고력)과 개인적 기능을 중시한다. 치매 연구에서 많이 사용된다. 의료 전문가와 가족 간의 소통에서는 잘 사용되지 않는다. 보건의료 전문가들이 중시하는 기억, 지향, 판단과 문제해결, 공동체 일, 가정과 취미, 개인적 케어 등 여섯 가지 영역을 체크해서 판단한다.

- CDR–0 : 치매가 아니다.
- CDR–0.5 : 초기. 기억력이 다소 감퇴한다. 시간관념과 문제해결 능력에 문제가 있다. 일상생활 수행능력에도 문제가 생긴다.
- CDR–1 : 초기. 최근 발생한 일을 기억하는 데 문제가 있다. 일상생활 수행능력, 문제해결 능력, 복잡한 일 수행 능력이 감퇴한다.
- CDR–2 : 중기. 기억력 감퇴가 심각해지고, 장기간 숙지한 것만 기억한다. 시간과 장소 관념이 약화된다. 판단력과 문제해결 능력이 현저히 줄어든다. 집안일을 할 수 없다. 흥미도 상실한다.
- CDR–3 : 말기. 기억력이 없다. 시간과 장소 관념도 없다. 판단력과 문제해결 능력도 없다. 지역사회 일에 참여할 수 없다. 타인의 도움 없이는 일상생활을 할 수 없다.

Summery 치매의 단계

구 분		내 용
GDS	1단계	치매 전 단계. 인지기능 정상. 기억력 정상 정신적으로 건강. 치매 아님
	2단계	치매 전 단계. 약간의 인지기능 저하. 건망증 증세가 있으나 치매로 인한 것은 아님
	3단계	치매 전 단계. 약간의 인지기능 저하. 건망증이 심해짐. 집중력이 떨어지고 일의 능률이 줄어듦. 적절한 단어 구사에 곤란을 느낌. 주변 사람이 인지기능 저하를 인지하기 시작. 평균 지속기간 7년.
	4단계	초기. 중간 수준의 인지기능 저하. 집중력 곤란, 최근 기억의 감퇴, 돈 관리에 애로, 홀로 여행 곤란 등의 증세가 나타남. 복잡한 일을 효과적으로 또 정확하게 수행하기가 어려워짐. 사회화가 잘 안 되어 가족과 친구로부터 멀어짐. 의사는 인지기능에 문제가 있음을 확실히 인식. 평균 지속기간 2년.
	5단계	중기. 다소 심각한 인지기능 저하. 기억력 감퇴가 분명해지고 일상생활(옷 입기, 목욕, 식사 준비 등)에 타인의 도움이 필요해짐. 주소나 전화번호를 기억하지 못하거나 현재 시간과 자신의 위치를 기억하지 못함. 평균 지속기간 1.5년.

GDS	6단계	중기. 심각한 인지기능 저하. 치매 중기. 일상생활에서 타인의 도움을 더 많이 받아야 함. 가까운 가족의 이름과 최근에 일어난 일을 기억하지 못함. 일에서 십까지 세기도 어려워짐. 언어능력이 떨어짐. 환상, 강박(같은 동작 반복), 불안, 초조 증상도 나타남. 평균 지속기간 2.5년.
	7단계	말기. 매우 심각한 인지기능 저하. 말기 치매. 말하기와 의사소통 능력 완전 상실. 걷는 능력도 상실. 타인의 조력이 없으면 일상생활을 할 수 없음. 평균 지속기간 2.5년.
FAST	1단계	정상. 기능 저하 무
	2단계	정상. 약간의 기능 저하
	3단계	초기 알츠하이머병. 힘든 일에서 눈에 보일 정도의 결점이 나타남
	4단계	중기 알츠하이머병. 복잡한 일(재무, 기획 등)은 타인의 도움을 받아야 함
	5단계	중기 알츠하이머병. 상황에 맞는 복장을 갖추기 위해서는 타인의 도움을 받아야 함
	6단계	중기후기 알츠하이머병. 옷 입기. 목욕, 화장실 이용하기에 타인의 도움이 있어야 하고, 대소변 실금이 나타남
	7단계	말기 알츠하이머병. 언어능력 거의 상실. 걷기, 일어나기, 웃기, 얼굴 들기 능력의 악화
CDR	CDR-0	치매 아님
	CDR-0.5	초기. 기억력 감퇴. 시간관념과 문제해결 능력 및 일상생활 수행능력에 문제 발생
	CDR-1	초기. 최근 발생한 일을 기억하는 데 문제. 일상생활 수행능력, 문제해결 능력, 복잡한 일 수행 능력 감퇴
	CDR-2	중기. 기억력 감퇴가 심각해지고, 장기간 숙지한 것만 기억. 시간과 장소 관념 약화. 판단력과 문제해결 능력 현저히 감소, 집안일 불가능. 흥미 상실
	CDR-3	말기. 기억력 무. 시간과 장소 관념도 무. 판단력과 문제해결 능력 무. 지역사회 일에 참여 불가능. 타인의 도움 없이는 일상생활 영위 불가능

6) 치매의 진단과 치료

치매 진단은 매우 중요하다. 증상의 설명, 적절한 치료, 조언과 지지, 미래 준비 및 계획에 반드시 필요하다. 치매의 종류도 알려준다. 치매의 종류는 약물치료에 중요하다. 치매 진단은 정신과의사, 노인병 전문의, 신경과전문의가 담당한다. 치매 진단에 고려하는 사항은 과거 병력, 신체검사, 정신능력검사(기억력, 사고력 등), 뇌 스캔 등 여러 가지이다.

치매를 진단하는 대표적인 방법이 치매진단체크리스트이다. 전술한 GDS, FAST, CDR이 그것이다. 체크리스트는 기억력, 새로운 지식의 학습, 일상생활 적응의 어려움, 같은 말의 반복, 약 먹는 시간 망각, 길 못 찾기, 같은 일 반복해서 실수하기 등의 치매 증상을 문항으로 만들어 질문하고 그 결과를 집계해서 치매의 유무와 치매의 단계를 판단하는 것이다.

치매를 진단하는 의학적 방법으로는 신경인지기능검사와 뇌영상검사가 있다. 신경인지기능검사는 기억, 지능, 언어능력, 집중력을 검사한다. 뇌영상검사로는 단층촬영, 자기공명영상, 양전자방출, 단일광자 전산화 방법 등이 있다.

치매 치료에 가장 많이 사용되는 것이 약물치료이다. 중기 알츠하이머병 치매환자에게는 약물치료가 어느 정도 효과가 있다. 주로 신경전달물질인 도네페질(donepezil), 리바스티그민(rivastigmine), 갈란타민(galantamine)이 사용된다. 이런 약물은 기억, 동기, 집중, 일상생활 영위에 일시적인 도움을 준다. 중증 알츠하이머병 치매환자에게는 메만틴(memantine)이 처방된다. 주의력과 일상생활 영위도 도움을 준다. 이상행동을 억제하는 효과도 있다. 이런 약물은 루이 소체 치매환자의 환상, 환청, 이상행동을 완화시키는 데도 효과가 있다. 환자 상태에 따라 혈압 약, 심장병 약, 우울 치료제, 수면제, 항정신병 약이 필요한 경우도 있다. 약품의 부작용에도 신경 써야 한다.

대부분의 치매는 사실상 치료가 불가능하다. 약물치료도 한계가 있다. 치매 상태에서 생활을 지속할 수밖에 없다. 따라서 중요한 것은 환자의 욕구와 선호에 초점을 둔 케어와 지지이다. 치매환자를 위한 비 약물치료는 정보 제공, 조언, 지지, 각종 치료법 등이 있다. 치매 치료법은 언어치료(상담), 인지행동치료, 인지자극치료, 인지재활치료 등이 있다. 음악 감상, 노래 부르기, 예술도 도움이 된다.

치매는 치료불가능한 병이기 때문에 예방이 매우 중요하다. 치매 예방법으로는 머리 쓰기, 책 읽고 생각하기, 바둑·장기 두기, 운동, 웃음, 사람과 어울리기, 절주, 수면, 맑은 공기 마시기, 신선한 야채와 과일 섭취, 성인병(고혈압, 심장병, 고지혈증, 당뇨병 등) 조기발견 및 치료 등이 권고되고 있다.

7) 치매정책

현재 치매에 관심이 가장 큰 지역은 유럽이다. EU는 2000년대 중반부터 치매에 관한 국가정책의 수립과 치매 및 치매 치료법에 관한 연구를 촉구했다.

2007년 EC는 2008~2013년 EU 건강정책의 방향을 담은 백서(Together for Health : A Strategic Approach for the EU 2008~2013)를 발간했다. 이 백서에서 EC는 알츠하이머병과 같은 신경퇴행성 질병, 즉 치매에 대한 이해의 폭을 넓혀야 하고, 아울러 치매와 알츠하이머병의 퇴치에 주도적인 역할을 할 것을 강조했다(European Commission, 2007).

2008년 파리에서 개최된 EU 알츠하이머병과의 싸움(The Fight against Alzheimer's and Related Disorders) 회의에서는 공중보건전략 속에 치매 퇴치를 포함시켰다. 치매 예방, 조기 진단, 케어와 치료, 역학 자료의 개선, 치매환자의 권리 실무의 상호교환에 관한 연구도 강조했다.

2009년 EC는 신경퇴행성 질병 퇴치방법에 관한 권고사항을 발표했다. 알츠하이머병에 대응하기 위한 국가정책, 신경퇴행성 질병에 관한 전략적 연구, 국가 간 공동시범사업, 기존 치료법의 효과에 관한 대규모 연구, 진단기준의 표준화, 데이터베이스의 구축 등을 권고했다.

유럽의회(the European Parliament)[12]는 꾸준히 유럽 각국의 치매 퇴치 노력을 지지해 왔고, 산하의 환경, 공중보건, 식품안전 위원회(the Committee on the Environment, Public Health and Food Safety)는 알츠하이머병과 치매와 관한 보고서를 발간하고 있다.

12) 1962년 설립된 유럽의회는 유럽연합(EU)의 입법기구이다. 유럽연합 회원국 국민들의 직접·보통선거를 통해 의원(임기 5년)을 선출한다. 국가별 의원 수는 인구비례로 할당된다.

고령화와 함께 치매노인의 수가 심각한 수준으로 증가하자 OECD는 2013년 치매에 대한 OECD의 대응(Addressing Dementia : The OECD Response)이라는 제목의 보고서를 발표했다. 이 보고서에서 OECD는 치매의 심각성을 알리는 인구학적·경제적 자료와 치매에 대응하는 전략을 제시하였다. 먼저 치매에 관한 인구학적·경제적 실태에 관한 주요 내용을 요약하면 다음과 같다(OECD, 2013).

첫째, 치매는 노인에게 가장 많이 나타나는 신경퇴행성 질병이다. 치매 중에는 알츠하이머병 치매가 가장 많다(치매의 60~80%).

둘째, 전체 OECD 국가 60세 이상 노인의 5.5%가 치매환자이다. 90세 이상 노인은 2명 중 한 명이 치매환자이다.

셋째, 치매는 막대한 사회적·경제적 비용 때문에 국가와 가족에게 많은 부담을 준다. 2010년 치매 비용은 6,040억 달러에 달했고, 비용의 70%가 유럽과 미국에서 발생했다. 독일과 네덜란드의 경우 치매 비용이 전체 보건의료비용의 3.7%, 6%를 차지했다.

넷째, 가족이나 친지 등 비공식적 케어 제공자의 역할이 크다. 50세 이상 인구의 15%가 치매환자를 포함한 의존적인 가족이나 친구를 케어하고 있다. 이들의 60%가 여성이다. 가족 케어 제공자는 일주일에 20시간 이상을 가족을 케어하는 데 사용하고 있다. 이런 무급노동은 유급노동의 기회를 감소시킨다.

다음은 치매 대응전략이다. OECD 보고서는 치매 치료에 대한 지원의 강화와 치매 치료 질의 개선을 기본적인 방향으로 삼고 다음과 같은 전략을 제시했다.

첫째, 조기진단시스템을 개선한다. 치매를 조기진단을 통해 발견하는 것은 치매 치료 효과를 높이는 데 가장 중요하다. 하지만 치매 진단에는 낙인이 수반된다. 치매 진단을 꺼리는 것이다. 그런 점에서 잠재적인 치매환자를 가장 먼저 만나는 개업의사의 역할이 중요하다. 아무런 낙인 없이 치매 진단을 받을 수 있는 시스템을 구축해야 한다.

둘째, 기억 클리닉, 약물치료, 지역사회 케어서비스, 가정의 및 전문의 서비스 등 치매 치료서비스 접근성이 나라마다 다르다. 이로 인해 치매환자 삶의 질의 격차가 발생한다. 따라서 치매 치료서비스 접근성을 개선해야 한다.

셋째, 병원은 치매환자에게 적합한 치료 장소가 아니다. 비용이 너무 많이 들기 때문이다. 치매환자의 병원 입원기간을 줄여 치매 치료비용을 절감시켜야 한다.

넷째, 치매환자에게 사회적 케어와 의료적 케어를 병행·제공하는 것이 케어의 질을 높이는 방법이다.

다섯째, 치매 치료에 가장 많이 사용되는 것이 약물치료이다. 하지만 약물치료의 효과와 안전이 도전받고 있다. 이에 대한 대책이 필요하다.

여섯째, 각국은 치매 치료의 질적 개선에 활용할 수 있는 빅 데이터 구축에 협력해야 한다. 병원, 진단기관, 의료서비스기관이 임상자료와 생물학적 자료를 온라인으로 공유할 수 있게 해야 한다.

일곱째, 가족 케어 제공자에 대한 지원이다. 가족 케어 제공자를 지원하는 것은 케어 제공자, 치매환자, 나아가 공공시스템에도 도움이 되는 윈-윈 해결책이다. 가족 케어 제공자를 지원하는 방법은 세 가지이다. 일에 대한 선택권과 일하는 시간의 유연성을 확대하여 일과 생활이 균형을 이루도록 지원한다. 휴가, 교육훈련, 상담 등과 같은 지원서비스를 도입한다. 현금 보수를 인상한다.

6 우울

1) 우울의 개념

정신의학적으로 우울(depression)은 기분장애(mood disorder)에 속한다. 우울은 노년기에 나타나는 가장 흔한 정신질환의 하나이다(Davis-Berman, 1989). 인간의 발달주기상으로 보면 우울은 30대 전후에 발병률이 높아지다가 그 이후 낮아지고 노년기에 다시 증가하는 경향을 보인다(Maguire, 1996).

하지만 노년기에 우울이 증가한다는 것에는 논란이 있다. 노인 우울이 청년 우울보다 발생률이 낮다는 의견도 있고, 삶의 의미를 잃은 노인이나 치매노인을 포함하면 노인 우울 발생률이 더 높다는 의견도 있다. 노인을 대상으로 한 공식적 우울 진단검사가 많지 않기 때문에 확정하기 어렵다는 견해도 있다. 당연한 말이지만 우울이 모든 노인에게 나타는 것은 아니다. 대부분의 노인들은 자신의 삶에 만족하며 살아간다.

60세 이후 우울증상이 처음 나타나는 경우는 신체적 건강문제와 관련되었을 가능성이 크다. 노인의 건강상태는 보통 주관적 건강상태와 일상생활수행능력으로 평가되는데, 대부분의 실증적인 연구에서 노인의 건강상태가 낮을수록 우울 정도가 증가하는 것으로 나타났다. 노년기에는 신체기능이 저하되어 건강에 이상이 생기며 이러한 신체기능의 저하와 건강 이상, 신체적 통증, 질병 등이 노인 우울의 원인이 된다. 특히 만성질병을 갖고 있는 경우 우울수준이 더 높다. 신체적으로 건강한 노인은 우울에 잘 걸리지 않는다(윤현숙 · 구본미, 2009 : 305-306).

우울은 그 자체로서도 문제지만 노인 자살의 가장 큰 원인이라는 점에서도 문제이다(Lange, 2003; Lebret et al., 2006). 우울이 노인 자살을 야기하는 데 있어 가장 큰 영향을 주는 것은 상실감이다. 배우자나 가족, 친구 등과 같이 주변의 주요한 사람을 사망 등의 이유로 잃게 되는 경우 상실감이 매우 크다. 심리적 문제인 우울은 자살생각으로 이어지고 자살생각은 자살행동으로 이어질 가능성이 크다(Coren and Hewitt, 1999).

2) 우울증상

우울의 일반적인 증상은 신체적 증상과 심리적 증상으로 대별된다. 신체적 증상은 항상 피곤하고, 아프고, 상태가 좋지 않고, 수면상태가 고르지 않고, 식욕에 변화가 오는 것이다. 성기능장애, 입 마름, 소화불량, 가슴 떨림, 두통, 현기증, 가슴 압박, 손에 땀, 여러 부위의 통증이 나타나는 사람도 있다.

심리적 증상은 슬픔, 기분저하, 우유부단, 신체적 증상에 대한 과민한 반응, 냉담, 흥미 상실, 일상생활 참여 감소, 말 느려지기, 같은 말 되풀이하기, 부정적 대화, 집중력 감소, 죽음이나 자살 생각하기 등이다.

노인 우울은 생물학적인 동시에 사회적 측면이 있어 노인 우울을 진단하기는 청년 우울보다 어렵다. 노인은 우울증상을 잘 표현하지 않는다. 자신이 슬픈지, 기분이 다운되었는지, 우울한지를 잘 모르는 수도 있다. 이는 연령, 수치심, 지식 부족에 기인한다. 노인과 다른 연령층의 우울증상이 많은 부분 겹치지만, 노인 우울증상은 노화, 치매, 건강상태 약화에 따른 증상과 혼동될 수도 있기 때문에 주의해야 한다.

노인 우울은 가족이나 주변 사람에게 알리는 일종의 전조(signs)가 있다, 만성적인 통증, 기억력 상실, 행동 변화가 그것이다.

- **이유를 알 수 없는 만성적인 통증** : 노인은 의학적으로 설명할 수 없는 신체적 증상에서부터 현기증, 만성 통증, 변비, 체중 감소, 불면증까지 호소한다. 우울증상이 명백함에도 문제로 삼지 않는 노인도 많다. 극단적으로는 우울을 불치병으로 여기는 노인도 있다.
- **기억력 상실** : 우울은 기억력 변화를 동반하곤 한다. 우울을 치료하면 기억력이 회복되는 경우가 많다.
- **행동 변화** : 집 떠나기 거부, 식사 거부, 남의 물건 슬쩍 훔치기, 사재기, 알코올남용, 몰두하기, 개인적 소지품 버리기, 죽음에 관해 말하기, 이상한 것에 관심두기 등이다.

한편 노인 우울을 부정형 우울(atypical depression)이라고도 한다. 이른바 슬픔 없는 우울이다. 부정형 우울의 증상은 다음과 같다(Gallo and Rabins, 1999).

- 슬픔이나 우울한 기분을 인정하지 않는다.
- 우울의 다른 증상을 호소한다.
- 설명할 수 없는 신체적 문제를 불평한다.
- 희망을 보이지 않는다.
- 무기력하다.

- 불안과 우려를 나타낸다.
- 기억력 장애를 호소한다(인지손상의 객관적 전조일수도 있고 아닐 수도 있다).
- 쾌감을 상실한다.
- 행동이 느리다.
- 성미가 과민하다.
- 자신을 보살피는 데 관심이 없다.

Summery 노인 우울의 특징

구 분	내 용
전조	• 이유를 알 수 없는 만성적인 통증 : 의학적으로 설명할 수 없는 신체적 증상 호소 • 기억력 상실 : 기억력 변화 동반 • 행동 변화 : 집 떠나기와 식사 거부, 남의 물건 훔치기, 사재기, 알코올남용, 몰두, 개인적 소지품 버리기, 죽음에 관해 말하기, 이상한 것에 관심두기
부정형 우울	• 슬픔이나 우울한 기분 불인정 • 우울의 다른 증상 호소 • 설명할 수 없는 신체적 문제 불평 • 무 희망 • 무기력 • 불안과 우려 • 기억력 장애 • 쾌감 상실 • 느린 행동 • 과민한 성미 • 자신 케어에 무관심

3) 노인 우울의 원인

노인 우울을 야기하는 위험요인(risk factors)은 매우 다양하다. 질병, 건강 약화 · 장애 · 만성 통증의 호소, 퇴행성 감각기능 약화(근육 퇴화), 반복적인 넘어지기, 수면장애, 인지손상 또는 치매, 약품 부작용(신경안정제, 진정제, 호르몬제), 알코올남용 및 약물남용, 우울증상, 가족 우울 병력, 스트레스를 주는 사건(재무적 위기, 새로운 질병, 퇴직, 실업, 인간관계 갈등), 사회적 네트워크에 대한 불만 등 아주 많다(Palazzolo, 2015).

다양한 노인 우울 위험요인 중에서 노인 우울에 가장 큰 영향을 주는 것은 신체적 질병, 사회적 고독과 외로움, 노년기 상실 등 세 가지이다.

- **신체적 질병** : 신체적 질병은 노인 우울과 관련이 있다. 암, 갑상선병, 비타민 결핍, 감염 등 많은 질병들은 다양한 생물학적 메커니즘을 통해 우울을 야기한다. 특히 뇌혈관질환은 노인 우울의 주요 요인이다. 질병으로 인한 영구적인 장애와 타인의 케어에의 의존도 노인 우울의 원인이 될 수 있다. 노인의 존엄성 상실, 타인의 짐이 되는 느낌, 시설입소에 대한 두려움을 야기하기 때문이다. 신체적 질병의 치료약이 우울을 야기하는 경우도 있다. 고혈치료제, 스테로이드, 진통제, 신경안정제 등이 그것이다.
- **사회적 고독과 외로움** : 홀로 살기, 가족 유대의 결여, 타인과의 연계 감소, 무능(이동수단 결핍), 지역사회 활동 참가 감소 등으로 인해 고독과 외로움을 느끼는 노인이 많다. 고독과 외로움은 신체적 장애, 의기소침, 우울과 병행하는 경우가 많다.[13)]
- **노년기 상실** : 상실은 우울의 아주 중요한 원인이다. 노인이 되면 여러 가지 상실을 겪는다. 배우자, 친척, 친구, 애견의 사망과 같은 실질적 상실과 독립성, 건강 · 가정, 생활양식의 상실과 같은 상징적 상실을 겪는다.

13) 노인은 다른 연령층에 비해 고독을 더 많이 느낀다. 이유는 상황적 요인, 즉 이동의 제한, 파트너의 상실, 건강의 악화에서 찾을 수 있다. 하지만 혼자 사는 것이 곧 고독은 아니라는 주장도 있다(Iliffe et al., 1992). 고독은 일반적인 동반자에 대한 원망(願望) 또는 사망한 남편이나 아내와 같은 특정한 사람에 대한 원망을 나타내는 것이다. 고독은 혼자 있는 것이 아니라 의욕이 저하된 상태이다.

Summery 노인 우울의 원인

구 분	내 용
질 병	질병은 다양한 생물학적 메커니즘을 통해 우울을 야기. 특히 뇌혈관질환은 노년기 우울의 주요 요인. 질병으로 인한 영구장애와 타인 케어에의 의존도 노인 우울의 원인. 질병 치료약도 우울 야기
고독과 외로움	홀로 살기, 가족 유대의 결여, 타인과의 연계 감소, 무능, 지역사회 활동 참가 감소 등으로 인한 고독과 외로움
상 실	배우자, 친척, 친구, 애견의 사망과 같은 실질적 상실과 독립성, 건강 · 가정, 생활양식의 상실과 같은 상징적 상실

4) 우울의 유형

우울의 유형은 노인이나 다른 연령층이나 동일하다. 우울의 유형은 미국 정신과협회(the American Psychiatric Association)의 DSM-IV-TR(diagnostic and statistical manual of mental disorders-IV-TR)이 가장 유명하고 또 가장 많이 사용되고 있다. DSM-IV-TR은 우울을 중증 우울(major depression), 경증 우울(minor depression), 기분저하장애(dysthymic disorder), 양극성 장애(bipolar disorder), 기분장애를 동반한 적응장애(adjustment disorder with depressed mood), 절망(bereavement)으로 유형화하고 있다(Lapid and Rummans, 2003).

- 중증 우울 : 우울한 기분(depressed mood)이나 즐거움을 느끼지 못하는 증상이 매일 나타나고, 2주 이상 지속된다. 부가적으로 다음 일곱 가지 증상, 즉 ① 유의미한 체중감소 또는 식욕의 변화(증가 또는 감소), ② 불면증 또는 과다수면, ③ 정신적 초조 또는 정신적 지체, ④ 삶의 활력 저하, ⑤ 무가치한 느낌, ⑥ 집중력 감퇴, ⑦ 반복적인 자살생각 또는 자살시도 중 네 가지 이상이 매일 나타나고, 2주 이상 지속된다.
- 경증 우울 : 무증상 또는 잠재적 우울이다. 중증 우울보다 증상이 약하다. 중증 우울의 부가적 증상 중 4~5개의 증상이 나타난다. 중증 우울처럼 무능력과 삶의 질의 악화와 관련이 있다. 치료가 어렵지 않다.

- **기분저하장애** : 우울한 기분과 일곱 가지 부가적 증상 중 최소 두 가지 증상이 2년 이상 지속된다. 기분저하장애에서 중증 우울로 발전할 수 있다.
- **양극성 장애** : 기분이 좋아졌다가 초조해졌다가 하는 조울증이다. 전문적 진단과 치료가 반드시 필요하다.
- **기분장애를 동반한 적응장애** : 심한 심리사회적 스트레스가 원인이다. 심한 스트레스를 받은 뒤 3개월 안에 발생하고, 대개 6개월이 경과하면 증상이 사라진다.
- **절망** : 사랑하는 사람을 상실한 다음 발생한다. 절망감이 2개월 이상 지속되거나 기능적 손상, 병적인 몰두, 자살생각, 정신이상, 정신지체 등의 증상이 나타난다.

Summery 노인 우울의 유형(미국 정신과협회)

구 분	내 용
중증 우울	• 우울한 기분이나 즐거움을 느끼지 못하는 증상이 매일 나타나고, 2주 이상 지속 • 부가적 증상 : ① 유의미한 체중감소 또는 식욕의 변화(증가 또는 감소), ② 불면증 또는 과다수면, ③ 정신적 초조 또는 정신적 지체, ④ 삶의 에너지 저하, ⑤ 무가치한 느낌, ⑥ 집중력 감퇴, ⑦ 반복적인 자살생각 또는 자살시도 중 네 가지 이상 증상이 매일 나타나고, 2주 이상 지속
경증 우울	• 무증상 또는 잠재적 우울 • 중증 우울의 부가적 증상 중 4~5개의 증상 • 치료 가능
기분저하장애	• 우울한 기분과 일곱 가지 부가적 증상 중 최소한 두 가지 증상이 2년 이상 지속 • 중증 우울로 발전 가능
양극성 장애	• 조울증 • 전문적 진단과 치료가 반드시 필요
기분장애를 동반한 적응장애	• 심한 심리사회적 스트레스가 원인 • 심한 스트레스를 받은 뒤 3개월 안에 발생, 대개 6개월 후 증상 소멸
절망	• 사랑하는 사람을 상실한 다음 발생 • 절망감이 2개월 이상 지속되거나 기능적 손상, 병적인 몰두, 자살생각, 정신이상, 정신지체 등의 증상이 나타남

5) 진단과 치료

노인 우울을 진단하는 도구는 두 가지가 있다. 하나는 노인우울척도(GDS : the Geriatric Depression Scale)이고, 다른 하나는 치매 환자의 우울을 진단하기 위한 코널우울척도(CSDD : the Cornell Scale for Depression in Dementia)이다.

GDS는 노인 우울 진단도구로 많이 사용된다. 초기 인지손상 노인의 우울을 판단하는 데 유용하다. 치매나 중증 인지손상 노인에게는 부적합하다. 짧은 질문 30문항과 긴 질문 15문항으로 구성되어 있으며, 자기기입법 질문지이다. 온라인에서 무료로 구할 수 있고, 많은 나라 언어로 번역되어 있다. CSDD는 치매에 걸린 노인의 우울을 측정하는 데 사용한다. 치매환자는 면접이 불가능하므로 환자 가족이나 케어 담당자를 면접대상으로 한다.

우울 치료방법으로는 약물치료와 심리치료(psychotherapy)가 많이 사용되고 있다. 약물치료와 심리치료를 보완하는 보충치료(complementary therapies)와 중증 우울 환자를 대상으로 하는 전기충격요법(electroconvulsive therapy, ECT)도 있다.

- **약물치료** : 우울 치료제인 항우울약(antidepressants)의 치료 효과는 높은 편이다. 중간단계 우울부터 중증 우울까지 효과를 보인다. 항우울약을 복용하면 일부 우울증상은 1~2주 이내에 바로 효과가 나타나고, 몇 주 후면 모든 일을 할 수 있을 정도로 치료된다. 메스꺼움, 구토, 체중 증가, 설사, 수면 과잉, 성기능장애 등과 같은 부작용이 있다. 대부분의 부작용은 시간이 경과하면 없어진다.
- **심리치료** : 심리치료(상담치료)도 우울의 효과적인 치료방법이다. 심리치료는 환자에게 새로운 사고방식과 행동방식을 알려주고, 우울을 촉발하는 습관을 바꾸는 데 도움을 준다. 인지행동치료(CBT : the Cognitive-Behavioral Therapy)의 치료효과가 크다고 알려져 있다. 심리치료는 약물치료와 병행하면 효과가 좋다.
- **보충치료** : 요가, 운동, 식이요법을 말한다. 보충치료는 일부 환자에게 효과가 있지만, 의학적 치료를 대체하는 것은 아니다. 약물치료나 심리치료의 보완적인 치료방법으로 사용해야 한다.

- **전기충격요법** : 약물치료와 심리치료의 효과가 없는, 치료하기 힘든 중증 우울 환자에게 사용된다. 전기충격요법은 뇌에 전기적 충격을 가하는 치료법이다. 의학적으로 안전한 것으로 판정받았다. 혼란과 기억력 감퇴 등 부작용도 있지만 단기에 그친다. 이 요법이 필요한지 여부는 의사가 판단한다.

이상과 같은 제도화된 치료방법 외에 우울 치료에 효과적인 것이 사회적 지지(social support)이다. 사회적 지지가 강할수록 우울 정도가 낮아지고, 사회적 지지가 노인 우울을 경감시키는 주요 요인이라는 사실을 밝힌 경험적 연구는 아주 많다. 사회적 지지는 개인이 다른 사람과의 상호작용을 통해 기본적인 욕구충족에 필요한 도움이나 사랑, 인정 등과 같은 정서적 지원, 정보 등을 제공받는 것이다. 개인이 자신이 가진 대인관계로부터 얻을 수 있는 모든 긍정적인 자원이 곧 사회적 지지이다. 사회적 지지는 전문가뿐만 아니라 가족, 친지, 친구도 할 수 있다(윤현숙, 2006; 김영숙·서경현, 2002).

Summery 노인 우울의 치료방법

구 분	내 용
약물치료	• 우울 치료제 항우울약의 치료 효과 확실 • 중간단계 우울부터 중증 우울까지 효과적 • 항우울약을 복용하면 일부 우울증상은 1~2주 이내에 바로 효과가 나타나고, 몇 주 후면 모든 일을 할 수 있을 정도로 치료 • 일부 부작용이 있으나 시간이 지나면 소멸
심리치료	• 환자에게 새로운 사고방식과 행동방식을 알려주고, 우울을 촉발하는 습관을 바꾸는 데 유용 • 인지행동치료의 치료효과 유효 • 약물치료와 병행하면 효과적
보충치료	• 요가, 운동, 식이요법 • 약물치료나 심리치료를 보완하는 치료방법

전기충격요법	• 약물치료와 심리치료의 효과가 없는, 치료하기 힘든 중증 우울환자에게 사용 • 뇌에 전기적 충격을 가하는 치료법으로 의학적으로 안전 • 전기충격요법이 필요한지 여부는 의사가 판단
사회적 지지	• 다른 사람과의 상호작용을 통해 기본적인 욕구충족에 필요한 도움이나 사랑, 인정 등과 같은 정서적 지원, 정보 등을 제공받는 것 • 자신이 가진 대인관계로부터 얻을 수 있는 모든 긍정적 자원 • 전문가뿐만 아니라 가족, 친지, 친구도 가능

모든 질병이 그렇듯이 노인 우울도 예방이 중요하다. 생활방식을 변화시키는 것이 노인 우울을 예방하는 열쇠이다. 뇌혈관질환이 노인 우울의 주요 요인이라는 점을 감안할 때 고혈압 치료, 금연, 콜레스테롤 수치 감소, 운동, 체중 조절, 식단 조절(어류, 곡물, 야채 위주 식단) 등이 노인 우울을 예방하는 방법이 된다.

7 자살

1) 자살의 개념

자살의 정의는 미국 질병통제예방센터(CDC : the US Centers for Disease Control and Prevention)의 정의가 간명하면서도 유용하다(US CDC, 2015).

- **자살**(suicide) : 자살 의도를 가진 자해행위로 인한 사망이다.
- **자살시도**(suicide attempt) : 자살 의도를 가진, 치명적이진 않지만 해가 될 수 있는 자해행위이다. 해가 없을 수도 있다.
- **자살생각**(suicidal ideation) : 자살을 고려하거나 계획하는 것이다.

CDC의 자살 정의는 자살의 의도성을 강조한다. 자살을 위해 자신이 지시한 폭력(suicidal self-directed violence)과 자살할 의도 없이 자신이 지시한 폭력(self-directed violence)을 엄격히 구별한다. 또한 CDC는 자살 완수, 자살 실패, 비치명적 자살, 성공적 자살, 자살 제스처, 자살 위협 등의 용어는 경멸적인 의미가 있고 오해를 살 수 있는 용어라 해서 받아들이지 않았다.

미국 정신의학협회(APA : the American Psychiatric Association)도 정신질환진단 매뉴얼(DSM : the Diagnostic and Statistical Manual for Mental Disorders)에서 자살을 정의하였다(American Psychiatric Association, 2013).

매뉴얼에서 중요한 것은 자살의도 없는 자해(NSSI : nonsuicidal self-injury)와 자살시도(자살을 의도한 자해)를 구별한 것이다. 비록 양자의 상관성이 높지만, 발생률(NSSI 발생률이 자살시도보다 높다), 빈도(NSSI는 자살을 수십 번 수백 번 기도하고, 자살시도는 한두 번에 그친다), 방법(NSSI는 자상과 화상이 특징, 자살시도는 가스 흡입이 특징), 심각성(NSSI가 의학적으로 심각하거나 치명적인 상해를 입히는 경우는 드물다), 기능(NSSI는 죽을 의도는 없다. 극단적인 괴로움에서 잠시 벗어나고자 하는 것이다. 때로는 자살충동을 피하려는데 의도가 있다) 면에서 NSSI와 자살시도는 다르다.

그럼에도 NSSI는 자살시도와 두 가지 면에서 관계가 있다. 첫째, NSSI는 자살생각의 위험을 증가시키는 우울과 상관성이 있다. 둘째, NSSI는 자해적 폭력과 고통을 습관화하는 것을 조장한다. 이것은 자살시도 능력을 증가시킨다.

Summery 자살의 정의

구 분	내 용
미국 질병통제예방센터	• 자살 : 자살 의도를 가진 자해행위로 인한 사망 • 자살시도 : 자살 의도를 가진, 치명적이진 않지만 해가 될 수 있는 자해행위 • 자살생각 : 자살을 고려하거나 계획하는 것
미국 정신의학협회	• 자살의도 없는 자해와 자살시도(자살을 의도한 자해)의 구분 • 자살의도 없는 자해와 자살시도는 발생률, 빈도, 방법, 심각성, 기능 면에서 차이가 있음

한편 자살과 자살생각은 다르다. 앞의 CDC 자살 정의에서 보듯이 자살은 자살의도를 가진 자해행위로 인한 사망이고, 자살생각은 자살을 고려하거나 계획하는 것이다. 자살은 자살생각과 자살시도, 실제 자살로 인한 죽음까지 포함하고, 자살생각은 죽음에 대한 막연한 생각과 특정한 자살계획을 포함한다. 자살생각은 자

살행동으로 이어지는 연속과정의 하나로 볼 수 있으며, 자살시도의 위험이 있는 사람은 자살생각이 있는 것으로 가정할 수 있다. 실제로 여러 실증적인 연구를 통해 자살생각을 가진 사람이 자살행동(자살시도)에 나설 확률이 높다는 사실이 확인되었다(Reinherz, 2006).

자살생각은 절망(hopelessness)과 관련이 있다. 절망은 우울의 주요 요인 중 하나로 바람직한 결과가 일어날 것 같지 않거나 혐오스런 결과가 발생할 것이고, 그럼에도 이런 상황을 개선시킬 수 있는 방법이 전혀 없다고 생각하는 것이다. 절망은 노인 자살의 일종의 예측요인으로서 우울과 자살생각을 매개한다. 실제로 자살을 시도했다가 실패한 사람을 대상으로 한 연구를 통해 자살시도자의 절망수준이 높다는 것이 증명되었다(O'Conner et al., 2000).

Summery 자살과 자살생각

구 분	내 용
자살과 자살생각	• 자살은 자살 의도를 가진 자해행위로 인한 사망, 자살생각은 자살을 고려하거나 계획하는 것 • 자살생각은 자살행위의 전 단계
자살생각과 절망	절망은 노인 자살의 예측요인으로서 우울과 자살생각을 매개함

2) 자살이론

(1) 사회학적 이론

자살에 관한 사회학적 이론은 프랑스 사회학자 E. Drukheim의 자살론이 대표적이다. 그는 자살을 아노미(anomie)로 설명하였다.[14] 아노미는 사회체계 속의 각 요소들 간의 관계를 규제하는 공통의 규칙이 붕괴된 상태이다(Cohen, 1966 : 74-75). 아노미는 분업으로 설명할 수 있다. 분업과정 속의 개인은 공통의 규칙을 준수하고 작업과정을 숙지해야 최종 상품이 차질 없이 생산된다. 그러나 어떤 이유로 규칙

14) 아노미는 불어이다. 영어로는 normlessness(무규범)라고 한다.

이 제대로 작동하지 않게 되면 분업의 각 부분을 맡은 개인이 자신의 기능을 수행하지 못하고 결국 전체 분업이 해체상태가 된다. 이것이 바로 아노미이다.

Durkheim은 아노미를 자살 연구에 적용했다. 그는 자살에 대한 기존의 요인들, 예를 들어 정신병리, 인종, 유전, 기후 및 모방 등이 자살률의 변이를 제대로 설명하지 못한다고 비판하고, 자살은 기본적으로 사회통합(social integration)의 약화로 인해 생기는 현상이라고 주장했다.

전통사회는 개인보다는 사회공동체를 중시하고, 개인에 대한 사회적 규제가 강했기 때문에 사회통합도가 높았다. 하지만 현대사회 들어 사회적 분업이 확대되고, 개인주의가 팽배해졌으며, 인간관계보다는 계약관계가 지배적이 되고, 개인에 대한 사회적 규제가 약화되었다. 이에 따라 사회통합도가 낮아졌다.[15] 사회통합도가 낮은 현대사회에서는 개인의 욕망이 제대로 규제되지 않아 자살을 포함한 사회적 일탈이 증가한다(Kinloch, 1977 : 85).

Durkheim은 자살을 세 가지로 유형화했다. 첫째, 이기적 자살(egoistic suicide)이다. 사회통합도가 낮을 때 발생한다. 가족이나 주변 사람을 의식하지 않고 자신만 고통에서 벗어나려는 이기적인 사람의 자살이다. 둘째, 이타적 자살(altruistic suicide)이다. 사회적 통합도가 지나치게 높을 때 발생한다. 자신이 속한 공동체를 위해 희생하는 자살이다. 셋째, 아노미적 자살(anomic suicide)이다. 규범이 붕괴되어 행위의 규준을 상실했을 때 발생한다(규제의 해체 또는 이완). 급격한 계층이동을 겪은 사람이 좌절해서 저지르는 자살이 대표적이다. 사회통합도가 약하면 이기적 자살이, 반대로 사회통합도가 강하면 이타적 자살이 증가하고, 사회적 규제가 약할 때는 아노미적 자살이 증가한다는 것으로 요약할 수 있다.

Durkheim에 의하면, 아노미적 자살은 불경기 또는 호경기에 증가한다. 불경기에는 실업이 증가하고 임금이 하락한다. 이런 상황에서는 삶의 목표(경제적 성공)를 달성하지 못해 스트레스를 받는 사람이 증가한다. 그런 사람 중 일부는 자살한다. 호경기에는 성공에 대한 기대와 열망수준이 고도화된다. 목표치가 상승하는 것이다. 이를 달성하지 못해 스트레스를 받는 사람이 늘어나고 자살자도 생긴다.

15) 전통사회의 사회통합을 기계적 연대(mechanical solidarity)라 하고, 현대사회의 사회통합을 유기적 연대(organic solidarity)라고 한다.

실제로 경기와 자살률의 관계는 19세기 말 유럽 각국의 자살률 변화로 증명된 바 있다. 불경기에 유럽 여러 나라의 자살률이 공통적으로 증가한 것이다. 우리나라도 1990년대 후반 IMF 구제금융 시기 자살률이 크게 증가한 바 있다.

Durkheim의 자살유형론은 자살을 사회이론으로 설명했다는 점에서 의미가 있지만 자살유형을 현실에 적용하기가 쉽지 않다는 것이 가장 큰 약점이다. 다시 말해서 개별 자살을 자살의 유형 중 하나로 특정하기가 곤란하다는 것이다. 실제로 모든 자살은 상기 유형 중 하나 이상과 관련이 있다. 따라서 자살유형에 입각한 자살 통계가 나오기가 어렵다.

(2) 심리적 이론

자살에 대한 심리적 이론은 Freud의 정신역동이론에서 출발하였다. 자살에 관한 정신역동이론의 핵심은 우울이다. Freud는 우울을 자기도취적 대상(사랑하는 사람)의 상징적 상실을 마음으로 표현한 것이라고 했다. 사랑하는 사람을 상실(사망, 이별 등)하면 슬픔과 분노의 반응이 나타나는데, 이를 외부로 표출하지 못하고 무의식화 하여 자아를 억압하는 상태에 이르면 우울이 생긴다는 것이다.

Freud는 자살도 우울 같이 상징적 대상의 상실로 인해 발생하는 극도의 심리적 고통과 내부적 갈등의 결과이자 피할 수 없는 희생으로 보았다. 자살은 사랑하는 사람을 상실했을 때 생기는 슬픔과 분노를 밖으로 표출하지 못하고 내면화함으로써 슬픔과 분노를 자신에게 돌리고 자신을 공격하는 것이다. 내부로 향한 분노가 자살이라는 것이다(Berman and Jobes, 1991).

Menninger(1938)는 Freud 이론을 바탕으로 적대감과 자살행동 간의 관계를 분석하였다. 그는 모든 자살사례에 존재하는 세 가지 무의식적 소망, 즉 누구를 살해하고자 하는 소망, 살해당하고자 하는 소망, 그리고 죽고자 하는 소망을 발견했다. 자살은 이러한 세 가지 욕구의 복합적인 작용에 의해 이루어진다. Menninger는 또 자살을 두 가지 범주, 즉 장기적인 삶에 대한 위협으로 인해 자살충동을 갖는 만성적 자살과 자기파괴적 행위에서 표출되는 충동적 자살로 분류하였다.

(3) 인지이론

인지이론으로 자살을 설명한 학자는 A. T. Beck이 대표적이다. Beck 등(1979)은 미래에 대한 부정적 기대가 자아를 부정적으로 인식하게 만들고, 부정적 자아인식은 미래에 대한 부정적 인식, 즉 절망감을 갖게 만들며, 이러한 절망은 우울로 이어진다고 보았다. 다시 말해 앞날에 대한 희망이 없고 또 앞으로 나아질 가능성도 없다고 믿고, 그 원인을 자신의 약점의 탓으로 돌리면서 자신을 부정적으로 인식하게 된다는 것이다. Beck은 절망이 우울을 구성하는 주요한 인지적 요소일 뿐 아니라 자살과도 밀접한 관련이 있는 것으로 보았다.

그리고 Beck은 절망척도(the Beck Hopelessness Scale)를 만들어 절망과 자살과의 관련성을 실증적으로 조사하였는데, 미래에 대한 절망과 비관주의와 같은 인지적 요인이 단순한 우울보다 자살과의 연관성이 더 크다는 사실과 절망이 우울과 자살 간의 상관관계를 더 강화시킨다는 사실을 확인하였다(Holly, 2003).

Baumeister(1990)도 인지이론 관점에서 자살을 분석하였다. 그에 의하면 자살은 '자신으로부터의 도피(suicide as escape from self)'이다. 자신과 관련된 고통스러운 감정과 생각으로부터 도피하기 위한 수단이 자살이라는 것이다. 그는 이러한 개념화에 입각하여 자살에 이르는 인지적 과정을 다음과 같이 설명하였다. 첫째, 개인의 기대수준은 높은데 현실적인 상태가 기대수준에 미치지 못할 때 기대와 현실 간에 괴리가 발생한다. 둘째, 괴리가 생긴 이유를 자신의 탓으로 돌려서 자기를 비난하고 자기를 부정적으로 평가한다. 셋째, 주의의 초점을 자기에게 돌려서 자기를 비난하고 자기를 부정적으로 평가한다. 넷째, 자신에 대한 부정적인 정서 상태를 만든다. 마지막으로 개인은 고통스러운 감정과 생각을 없앨 수 있는 강력한 수단을 찾게 되는데, 이 과정에서 인지적 몰락(cognitive destruction)이 일어난다. 인지적 몰락이란 정신기능이 위축되어 모든 사건에 대한 의미부여를 거부하고 모든 것을 피상적이고 무가치하게 지각하고 해석하는 것을 말한다. 인지적 몰락 상태는 자살충동을 저지하는 내적 억제력을 약화시켜 자신에 대한 부정적인 감정으로부터 탈출하는 수단으로 자살을 선택하게 만든다(기대와 현실 간의 괴리 → 자신 탓 → 자신에 대한 부정적 정서 → 인지적 몰락 → 자살충동 억제력 약화 → 자살).

Summery 자살이론

구 분	내 용
Durkheim의 자살 유형	• 이기적 자살 : 사회적 통합도가 낮은 경우 발생하는 자살 • 이타적 자살 : 사회적 통합도가 지나치게 높을 때 발생하는 자살 • 아노미적 자살 : 규범이 붕괴되어 행위의 규준을 상실했을 때 발생하는 자살
Freud의 심리적 이론	• 자살은 개인이 겪는 극도의 심리적 고통과 같은 내부적 갈등에 의해 유발 • 우울이 스스로 만든 상징적 대상의 상실에서 발생하는 것과 마찬가지로 자살도 자기도취적 대상의 상실 및 결여가 내면화 될 때 발생
인지이론	• Beck : 앞날에 대한 희망이 없고 또 앞으로 나아질 가능성도 없다고 믿고, 그 원인을 자신의 약점의 탓으로 돌리면서 자신을 부정적으로 인식. 이런 절망이 우울과 자살의 중요 원인 • Baumeister : 자살은 '자신으로부터의 도피.' 기대와 현실 간의 괴리 → 자신 탓 → 자신에 대한 부정적 정서 → 인지적 몰락 → 자살충동 억제력 약화 → 자살

3) 노인 자살의 특징과 위험요인

노인 자살은 노인 사망의 첫 번째 요인은 아니지만 노인이 겪는 여러 문제 중 심각한 것임에는 틀림없다. 노인 자살은 두 가지 특징이 있다. 하나는 노인 자살률이 다른 연령층 자살률보다 높다는 것이고, 다른 하나는 남성노인 자살률이 여성노인 자살률보다 높다는 것이다. 나라마다 노인 자살률은 다르지만, 이것만큼은 세계 공통적이다(Kiriakidis, 2015; Westefeld et al., 2000).

노인 자살률이 높은 것은 당연하다고 말할 수 있다. 노인은 신체적 · 정신적 건강, 가족과의 관계, 사회적 관계, 재정적 상태 등 모든 면에서 취약한 존재이다. 나이가 들면 가족과 불화가 생기고, 사회적으로 고립되고, 아주 친한 친구가 사라지고, 혼자 살아야 되고, 지역사회조직에서 멀어지고, 취미가 사라지고, 신체기능이 손상되거나 장애가 발생하고, 희망이 사라진다. 모든 노인이 이런 것은 아니지만, 많은 노인이 여러 가지 어려움에 직면한다. 그 중에는 자살을 생각하거나 자살을 시도하는 노인도 있다.

남성노인 자살률이 여성노인의 그것보다 높다는 사실은 역할이론으로 설명 가능하다. 노인이 되면 많은 역할을 내려놓게 되고, 새로운 역할을 맡는다. 역할에 변화가 오기 때문에 여기에 적응해야 하는 문제가 생긴다. 특히 남성노인의 경우 퇴직이라는 일생일대의 큰 변화를 겪는다. 오랜 세월 맡았던 직업을 떠나는 것이기 때문에 충격이 크고 충격은 부정적이다. 개인적으로 자존감이 상하는 일도 발생한다. 역할변화로 인한 상실감은 질병, 우울, 나아가 자살로까지 이어질 수 있다.[16)]

노인 자살의 위험요인(risk factors)은 많이 알려져 있다. 배우자 상실, 신체 쇠약 또는 생명을 위협하는 질병, 통증(중증 · 만성적 · 불치의 통증), 자립능력 상실, 혼자 사는 능력 상실, 실업, 생산적 활동 중단, 재정적 곤란, 우울, 알코올남용, 약물남용, 가족과 지역사회 안에서의 역할과 지위 상실, 절망감, 무력감, 신체적 · 사회적 · 정서적 고립 등이 그것이다.

노인 자살의 위험요인을 분류하면 다음과 같다.

- **과거 이력** : 자살생각 또는 자해 이력, 가족의 자살 또는 자해 이력
- **정신장애** : 정신장애, 정신장애 치료 경험, 정신장애 가족력, 우울, 기분장애, 알코올 약물 남용, 정신병, 성격장애
- **심리적 요인** : 희망 상실, 정신적 고통, 고독감, 고립감, 공허감, 타인의 짐이 되었다는 느낌, 정서적 불안, 사회적 관계 기피, 폐쇄적인 정서, 충동적이고 공격적인 성격
- **정서적 요인** : 흥분, 동요, 분노, 타인 비난, 극단적 좌절 또는 과민, 자살 자해 생각, 타인을 해치는 생각, 공포, 스트레스, 의기소침, 침통, 울기, 기분 급변, 죄의식, 냉담
- **질병** : 신경장애, 암, 치매, 호흡기질환, 감각기관(시력, 청력) 상실
- **생활 곤란** : 퇴직, 실업, 재정적 곤란, 파트너 사망, 가족이나 친구의 질병이나 사망, 가족과 친구로부터 멀어짐, 자립성 상실, 주거의 변화, 기능 상실
- **사회적 요인** : 막역한 친구와 충분한 사회적 지지의 결여, 케어 제공자 결여
- **인구학적 요인** : 노인, 남성, 백인, 아시아인

16) Miller(1979)는 노인 자살을 야기할 가능성이 있는 상실로 신체질환, 정신질환, 시설 입소, 파트너 상실, 퇴직, 친구관계 또는 자녀관계에서 오는 실망, 알코올남용을 들었다.

• 활력의 결여 : 사회활동, 지역사회 활동, 취미활동, 운동 등 건강한 생활방식과 같은 삶의 활력을 충전하는 활동의 결여

Summery 노인 자살의 위험요인

구 분	내 용
과거 이력	• 자살생각 또는 자해 이력 • 가족의 자살 또는 자해 이력
정신장애	정신장애, 정신장애 치료 경험, 정신장애 가족력, 우울, 기분장애, 알코올 약물 남용, 정신병, 성격장애
심리적 요인	희망 상실, 정신적 고통, 고독감, 고립감, 공허감, 타인의 짐이 되었다는 느낌, 정서적 불안, 사회적 관계 기피, 폐쇄적인 정서, 충동적이고 공격적인 성격
정서적 요인	흥분, 동요, 분노, 타인 비난, 극단적 좌절 또는 과민, 자살 자해 생각, 타인을 해치는 생각, 공포, 스트레스, 의기소침, 침통, 울기, 기분 급변, 죄의식, 냉담
질병	신경장애, 암, 치매, 호흡기질환, 감각기관(시력, 청력) 상실
생활 곤란	퇴직, 실업, 재정적 곤란, 파트너 사망, 가족이나 친구의 질병이나 사망, 가족과 친구로부터 멀어짐, 자립성 상실, 주거의 변화, 기능 상실
사회적 요인	• 막역한 친구와 충분한 사회적 지지의 결여 • 케어 제공자 결여
인구학적 요인	노인, 남성, 백인, 아시아인
활력의 결여	사회활동, 지역사회 활동, 취미활동, 운동 등 건강한 생활방식과 같은 삶의 활력을 충전하는 활동의 결여

한편 전술한 자살의 정의와 자살의 위험요인을 바탕으로 노인이 자살에 이르는 경로를 작성할 수 있다. | 그림 7-1 | 에서 보듯이 정신장애 또는 심리적 고민을 가진 노인이 자해 또는 자살을 생각한 다음 그 방법을 모색하며, 치명적인 방법을 선택하면 자살을 하고, 치명적이지 않은 방법을 선택하면 자해에 그친다. 정신장애와 심리적 고민은 부정적 사건과 사회문제의 영향을 받고, 정신장애는 가족력, 유전, 생물학적 요인의 영향을, 심리적 고민은 심리적 요인의 영향을 받는다.

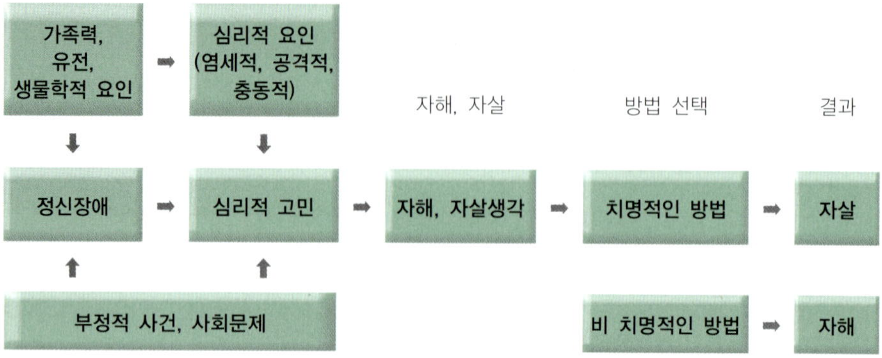

| 그림 7-1 | 노인 자살 경로

출처 : Hawton et al., 2012.

4) 노인 자살의 전조

자살은 개인이 자신의 의지로 하는 행동이기 때문에 제삼자가 알기는 어렵다. 하지만 자살은 누구나 알 수 있는 전조(sign)가 있다. 자살을 기도하는 사람이 주변사람에게 자기가 자살할 수 있다는 것을 경고하는 것이다. 대표적인 것이 자신을 해하거나 죽일 거라고 위협하거나 그렇게 하고 싶다고 말하거나, 자신을 죽일 수 있는 방법, 예컨대 화기, 약, 기타 수단을 찾거나, 죽음이나 자살에 관해 비정상적으로 말하거나 글을 쓰는 것이다(Rudd et al., 2006).

이 밖에도 자살의 전조는 무척 많다. 절망과 무력감의 표출, 수면패턴의 혼란, 알코올과 약물 사용 증가, 자기 케어 포기, 사회적 이탈, 공 들인 작별인사 등이다. 자살의 전조 중 중요한 것은 다음과 같다.

- 죽음과 자살의 생각(ideation) : 죽고 싶다는 생각을 하거나 자살을 생각하거나 자해를 한다.
- 물질남용(substance abuse) : 알코올남용과 약물남용 또는 약의 부적절한 사용은 개인의 억제력을 약화시키고 사람을 충동적이게 만든다.
- 목표상실(purposelessness) : 삶의 의미와 목표를 상실하면 절망에 빠지거나 자신의 가치가 별것 아니라고 생각한다. 때로는 자살도 생각한다.

- 불안초조(anxiety/agitation) : 극단적으로 불안하거나 걱정을 하면 모든 것이 자신에게서 떨어져 나갔다고 생각하게 되고, 자살을 하나의 출구로 생각하며, 자해를 한다.
- 덫(trapped) : 많은 노인이 자살을 고통스런 정서적 상태나 절망에서 벗어나는 방법으로 생각한다.
- 절망과 무력감(hopelessness/helplessness) : 미래 희망이 없다고 생각하거나 환경을 변화시키기에는 무기력하다고 생각하면, 자살 위험이 증가한다.
- 위축(withdrawal) : 정서적으로 괴로우면 자신을 보살피기 위해 안으로 향하거나 주변과의 관계를 단절한다.
- 분노(anger) : 모든 노인 우울환자가 슬픔이 아니라 분노, 흥분, 좌절을 표출한다. 분노는 공격적 · 폭력적인 행동(타인 또는 자신을 향함)으로 이어지거나 때로는 자살로 이어진다.
- 무분별(recklessness) : 노인이 되면 매사를 조심한다. 위험이 줄어든다. 하지만 일부 노인은 항상 위험을 안고 살거나 충동적이다. 이런 경우 개인적 또는 사회적으로 부정적인 결과를 야기한다. 일부 노인은 분별없는 행동을 하거나 위험한 행동을 하거나 결과를 책임질 수 없는 행동을 한다. 운전면허가 만기가 되거나 취소가 되었음에도 막무가내로 운전을 계속하는 노인이 이런 경우에 속한다. 무분별한 행동은 때로는 자살로 이어진다. 자살이 무분별한 행동의 하나이다.
- 기분변화(mood changes) : 기분의 극적 변화는 심한 정서적 곤란이나 정신적 장애의 전조일 수 있다. 기분변화는 개인의 행동을 예측할 수 없게 만든다. 우울과 불안초조는 자살위험의 경고일 수 있다. 우울했다가 갑자기 행복해하고 활력이 넘치는 노인은 자살위험이 매우 높다.

Summery 자살의 전조

구 분	내 용
죽음과 자살의 생각	• 죽고 싶다는 생각을 하거나 자살을 생각하거나 자해를 함
물질남용	• 알코올남용과 약물남용 또는 약의 부적절한 사용 • 개인의 억제력을 약화시키고 사람을 충동적이게 만듦
목표상실	• 삶의 의미와 목표를 상실하면 절망감과 자신의 가치가 별것 아님을 느끼고 자살까지 생각
불안초조	• 극단적으로 불안하면 자살을 하나의 출구로 생각 • 자해
덫	• 자살을 고통스런 정서적 상태나 절망에서 벗어나는 방법으로 간주
절망과 무력감	• 미래 희망이 없다고 생각하거나 환경을 변화시키기에는 무기력하다고 생각
위 축	• 정서적으로 괴로우면 자신을 보살피기 위해 안으로 향하거나 주변과의 관계를 단절
분 노	• 노인 우울환자 대부분이 슬픔이 아니라 분노, 흥분, 좌절을 표출 • 분노는 공격적이고 폭력적인 행동(타인 또는 자신을 향함)으로 이어지거나 때로는 자살로 이어짐
무분별	• 노인이 되면 매사 조심하게 되지만 일부 노인은 충동적 성향을 보이고, 분별없이 행동하거나 위험한 행동을 함 • 자살도 무분별한 행동의 하나
기분변화	• 기분의 극적 변화는 심한 정서적 곤란이나 정신장애의 전조 • 기분 변화는 개인의 행동을 예측할 수 없게 만듦 • 갑자기 행복해하고 활력이 넘치는 노인은 자살위험이 매우 높음

5) 노인 자살예방

자살은 질병이 아니기 때문에 자살에 면역력을 가진 사람은 없다. 예방이 최선이다. 노인 자살의 특징 중 하나가 치사율이 높다는 것이다. 대부분 첫 번째 자살 시도에서 사망한다고 한다. 노인과 남성노인의 높은 자살률은 범세계적인 현상인 동시에 추세에 변함이 없다. 고령화로 노인 인구가 꾸준히 증가하는 것을 볼 때 향후에도 노인 자살자 수는 증가할 게 확실하다. 아주 적극적이고 포괄적인 노인 자살예방 전략이 요구되는 이유가 여기에 있다(Conwell, 2014).

노인 자살예방에서 중시되어야 할 사항은 다음과 같다.

- **노인 우울** : 노인 우울과 노인 자살은 높은 상관관계를 보인다. 노인 우울은 노인 자살예방의 열쇠이다. 노인 우울을 치료하는 것은 노인 자살을 예방하는 것이나 마찬가지이다.
- **노인 건강** : 노인 건강도 노인 자살과 상관성이 높다. 노인 건강을 위한 일차 케어와 정신건강 케어를 노인복지서비스 차원에서 제공한다.
- **노인 우울을 찾아내고 노인에게 힘을 주는 활동** : 노인 우울 검진과 기존의 노인케어서비스를 통합시킨다. 이를 통해 우울 검진, 심리교육, 일차 케어와 정신건강의 연계, 행동 강화 프로그램을 병행한다.

자살예방에 관심을 기울이는 국제기구는 WHO이다. WHO는 2013년 66차 세계건강회의(the World Health Assembly)를 개최하여 최초로 WHO 정신건강 활동계획(the first-ever Mental Health Action Plan)을 채택했다. 이 계획은 WHO 모든 회원국에게 정신건강의 목표를 설정하고 지속적으로 관심을 보일 것을 권고했다. 자살예방은 정신건강 활동계획의 핵심 요소에 포함되었다. 자살예방 목표치는 2020년까지 자살률 20% 감소로 정했다(WHO, 2013).

WHO는 또 2014년 자살예방에 관한 보고서를 발간했다. 이 보고서는 자살은 예방 가능하다는 점을 강조하면서 효과적인 자살예방을 위해서는 무엇보다 부문 간 통합적이고 시너지 효과가 있는 협력이 필요하다는 점을 강조했다. 공공부문과 민간부문, 건강부문과 비건강부문(교육, 노동, 농업, 비즈니스, 사법, 법률, 국방, 정치, 미디어 등)의 협력이 그것이다. 또한 자살예방전략은 정신장애에 대한 사정과 관리에 바탕을 두어야 한다는 점도 강조했다. 개인 차원에서는 자살시도자에 대한 정확한 사정(증거에 입각한)과 관리가 필요하고, 인구학적 차원에서는 자살 수단에의 접근 차단, 알코올 남용 억제 정책, 미디어의 책임 있는 리포트 촉구 등의 조치가 필요하다는 것이다. 나아가 자살시도자를 포함한 취약집단을 예방사업의 우선순위에 두는 것이 바람직하고, 비탄에 빠진 자살자 유가족과 친구에 대한 케어와 지지가 있어야 한다고 했다(WHO, 2014).

한편 우리나라에서는 한국자살예방협회가 노인 자살예방정책을 최초로 연구했다. 한국자살예방협회(2008)의 연구에 의하면, 노인의 자살을 예방하기 위해서는 통합적 관점과 생애주기적 관점을 토대로 자살 위험요인을 감소시키고 보호요인을 강화하기 위한 다차원적인 접근이 필요하다.

다차원적 접근은 Conwell(2004)이 자살예방전략을 예방의 대상에 따라 보편적 예방(universal prevention), 선택적 예방(selective prevention), 집중적 예방(indicated prevention)으로 단계화한 것을 말한다. 이를 바탕으로 한국자살예방협회가 제시한 효과적인 자살예방정책대안의 구조는 〈표 7-3〉과 같다.

〈표 7-3〉 노인 자살예방을 위한 정책대안구조

정책대안	내 용	비 고
3차적 정책대안 : 사회통합 지원 방안	노인의 사회적 가치 및 역할 제고를 위한 사회교육	집중적 예방
	노인 우울 및 자살에 대한 편견해소를 위한 사회교육	
	노인 일자리, 노인문화 및 여가생활 지원	
2차적 정책대안 : 노인자살 대처 방안	노인 만성질환 및 노후대비 준비 지원	선택적 예방
	노인 자살 대처능력 향상을 위한 노인전문가 등 인력지원	
	노인 자살 대처를 위한 지역사회 네트워크 구축	
1차적 정책대안 : 기초생활 지원 방안	1단계 : 영세 노인에 대한 생계지원 강화	보편적 예방
	2단계 : 정서적으로 취약한 노인에 대한 정서적 지원 강화	
	3단계 : 노인학대 및 노인차별 방지 대책 강화	

표에서 보듯이 1차적 정책대안으로서 기초생활 지원 방안이 필요하다. 기초생활 지원 방안은 1단계로 영세 노인에 대한 생계지원 강화, 2단계로 정서적으로 취약한 노인에 대한 정서적 지원 강화, 3단계로 노인학대 및 노인차별 방지 대책 강화 등의 단계가 요구된다. 2차적 정책대안은 노인자살 대처 방안인데, 노인 만성질환 및 노후대비 준비 지원, 노인 자살 대처능력 향상을 위한 노인전문가 등 인력지원, 노인 자살 대처를 위한 지역사회 네트워크 구축 등을 내용으로 한다. 3차

적 정책대안은 사회통합 지원 방안이다. 이는 노인의 사회적 가치 및 역할 제고를 위한 사회교육, 노인 우울 및 자살에 대한 편견해소를 위한 사회교육, 노인 일자리, 노인문화 및 여가생활 지원 등을 포함한다.

8 죽음과 죽음불안

1) 죽음

죽음은 삶의 반대이자 삶의 끝이다. 죽음은 우리 주변에 항상 있다. 뉴스, TV, 영화, 드라마, 신문, 인터넷 등 모든 매체에 일상적으로 등장하는 것이 죽음이다. 가족, 사랑하는 사람, 친구, 친지, 친척 등 가까운 사람의 죽음을 목격하기도 한다.

죽음은 우리에게 익숙한 것이다. 그러나 막상 죽음을 정의하기는 생각보다 어렵다. 개념적으로 가장 명료한 것이 법률적 정의일 것이다. 한데 우리나라도 그렇지만 죽음을 법적으로 정의한 나라는 거의 없다. 1974년 미국 의학협회는 죽음을 법률적으로 정의하는 것이 반드시 필요하지는 않다고 하면서 의학적 정의의 중요성을 강조했다.

죽음이 생물학적 현상이기 때문에 의학적 판단이 가장 과학적이고 합리적인 것은 사실이다. 그렇지만 의학적 정의도 항상 명료한 것은 아니다. 많은 사람은 의사가 호흡기능과 심장기능(respiratory and cardiac function)이 정지된 상태라고 판정한 것을 죽음으로 간주한다. 총체적인 뇌 기능이 정지되어 돌이킬 수 없는 상태가 된 것을 죽음으로 생각하는 사람도 적지 않다. 그러나 혼수상태(comas)와 생명유지와 관련해서는 모호한 면이 있다. 무의식상태가 죽음인지, 무의식상태로 얼마나 가야 죽음인지, 소생의 희망이 완전히 사라져야 죽음인지 하는 것이다. 이에 대해 미국 의학협회는 죽음을 의학적으로 판정할 때 여러 기준이 있을 수 있지만, 뇌 기능의 불가역적 정지상태(irreversible cessation of function of the brain)를 의학적 죽음으로 본다는 입장을 표시한 바 있다.

2012년 WHO는 죽음판정에 관한 국제지침 보고서(몬트리올포럼 보고서)를 발표했다. 몬트리올포럼 보고서는 죽음과 죽음 판정에 관련된 여러 가지 용어를 정의하였는데, 그 중 죽음에 관한 것을 추려내면 다음과 같다(WHO, 2012).

- 죽음(death) : 사람이 살아있는 상태에서 사망 상태로 가는 죽음의 과정(dying process)에 있는 순간을 말한다.
- 죽음의 개념(concept of death) : 일반적으로 종교적・영적・철학적 신념에 기초한 추상적이고 입증할 수 없는 죽음이다.
- 죽음 선언(declaration of death) : 의학전문가가 사람이 죽었다고 판단하여 공식적으로 죽음을 선언하는 것이다.
- 죽음의 조작적 정의(operational definition of death) : 사람의 죽음을 기술하는 생물학적 기준이다.
- 죽음과정(dying) : 살아있는 상태에서 죽은 상태로 가는 과정이다.
- 뇌사(brain death) : 뇌간을 포함한 전체 뇌 기능의 불가역적 정지상태에 기초하여 죽음을 진단하고 확정하는 것이다.
- 뇌간사망(brainstem death) : 뇌간 기능의 불가역적 정지상태에 기초하여 죽음을 진단하고 확정하는 것이다.

포럼에 참여한 전문가들은 죽음의 개념, 뇌사, 뇌간사망을 지지하지 않았다. 전통적인 용어인 죽음의 개념은 입증할 수 없는 것이므로 죽음의 조작적 정의로 대체하는 것이 바람직하고, 뇌사와 뇌간사망은 전통적이고 부정확한 용어이기 때문에 신경기능의 중지로 대신하는 것이 과학적이라고 주장했다. 죽음을 신경학적 기준에 의거해 정의해야 한다는 것이다(WHO. 2012). 죽음을 이처럼 신경학적으로 정의하자는 입장은 뇌 기능을 기준으로 죽음을 정의해야 한다는 미국 의학협회의 전통적 입장과는 다르다는 점에서 주목을 끌었다.

한편 우리나라 법률에는 죽음에 관한 명확한 정의가 없다. 사전에는 생리적으로는 호흡과 심장의 고동이 영구적으로 정지하는 일, 법률적으로는 생활기능이 절대적 · 영구적으로 정지함으로써 권리능력이 상실되는 일이라고 정의되어 있다.

우리나라 의학계에는 죽음에 관한 두 가지 학설이 있다. 하나는 심장 기능이 멈추고 맥박이 정지된 상태를 죽음으로 보는 것이고, 다른 하나는 뇌 기능이 중지하는 시점, 즉 뇌의 중추부를 포함한 모든 뇌의 불가역적 기능 상실(뇌사)을 죽음으로 보는 것이다. 1999년에 제정된 우리나라 「장기 등 이식에 관한 법률」은 뇌사를 죽음의 하나로 인정하고 있다. 따라서 심장박동이 있지만 뇌사상태에 빠진 사람으로부터 장기를 적출(본인의 동의가 반드시 필요)하는 것은 살인죄가 아니다. 뇌사를 죽음으로 인정한 것은 장기이식이 가능해지고 그 사회적 필요성이 커짐에 따른 것이다.

Summery 죽음의 정의

구 분	내 용
미국 의학협회(1974년)	• 의학적 죽음 : 뇌 기능의 불가역적 정지상태
WHO(2012년)	• 죽음 : 사람이 살아있는 상태에서 사망 상태로 가는 죽음의 과정에 있는 순간 • 죽음의 개념 : 일반적으로 종교적 · 영적 · 철학적 신념에 기초한 추상적이고 입증할 수 없는 죽음 • 죽음 선언 : 의학전문가가 사람이 죽었다고 판단하여 공식적으로 죽음을 선언하는 것 • 죽음의 조작적 정의 : 사람의 죽음을 기술하는 생물학적 기준 • 죽음과정 : 살아있는 상태에서 죽은 상태로 가는 과정 • 뇌사 : 뇌간을 포함한 전체 뇌 기능의 불가역적 정지상태에 기초하여 죽음을 진단하고 확정하는 것 • 뇌간사망 : 뇌간 기능의 불가역적 정지상태에 기초하여 죽음을 진단하고 확정하는 것
한국 의학계	• 심장 기능이 멈추고 맥박이 정지된 상태 • 뇌의 중추부를 포함한 모든 뇌의 불가역적 기능 상실(뇌사)

2) 죽음불안

(1) 죽음불안의 개념

죽음은 모든 것을 상실하는 것이다. 죽음은 인간의 모든 즐거움과 행복을 한 순간에 앗아간다. 미래에 대한 꿈과 희망과 열망도 사라진다. 죽음은 생각만 해도 두렵다. 죽음을 두려워하지 않는 것이 비정상이다. 죽음에 대한 두려움이 죽음불안(death anxiety, fear of death)이다. 죽음에는 예외가 없다. 모든 연령층이 직면하는 숙명이다. 한데 노인은 청장년층보다 죽음에 더 가까이 있다. 따라서 노인은 죽음을 더 각별하게 생각하고 죽음불안도 더 많이 느낀다.

죽음불안은 다차원적인 개념이다. Hoelter와 Hoelter(1978)는 죽음불안을 8개 차원으로 구분했다. 죽음과정에 대한 두려움(fear of the dying process), 조기 죽음에 대한 두려움(fear of premature death), 중요한 사람(특히 사랑하는 사람)을 잃을 것에 대한 두려움(fear for significant others), 병적인 두려움(phobic fear of death), 모든 것이 파괴되는 데 대한 두려움(fear of being destroyed), 죽음 뒤의 사체에 대한 두려움(fear of the body after death), 죽은 후 잊히는 것에 대한 두려움(fear of death being unknown), 죽음 자체에 대한 두려움(fear of dead)이 그것이다.

Florian과 Mikulincer(1993)는 죽음불안을 3개 구성요소, 즉 개인 내적 요소(intrapersonal components), 개인 간 요소(interpersonal component), 개인 초월적 요소(transpersonal component)로 구분했다. 개인 내적 요소란 죽음이 마음과 몸에 주는 충격을 말하는데, 목표달성 불가능에 대한 두려움과 신체소멸에 대한 두려움을 예로 들 수 있다. 개인 간 요소는 죽음이 개인 간의 관계에 주는 영향이다. 개인 초월적 요소는 초자연적인 어떤 존재에 대한 두려움이나 죽음 이후의 내세와 징벌에 대한 두려움이다.

죽음을 앞둔 말기 환자를 대상으로 한 연구에 의하면, 인간의 죽음과정에는 몇 가지 단계가 있고 단계마다 표출하는 감정과 죽음에 대한 태도가 다르다. 이를 죽음불안 단계라고 하는데, Kubler-Ross(1997)의 죽음불안 5단계가 가장 유명하다. 죽음불안 5단계란 부정(denial), 분노(anger), 타협(bargain), 우울(depression), 수용(acceptance) 단계를 말한다. 각 단계별 특징은 다음과 같다.

- **부정** : 사람은 불멸의 존재가 아니다. 죽음은 피할 수 없는 운명이다. 그럼에도 사람은 일단 죽음을 부정한다. 죽음이 너무 파멸적이기 때문에 피하고 싶은 것이다. 죽음은 나의 것이 아니라 다른 사람의 것이다. 부정은 죽음에 대한 첫 번째 반응이다. 그러다가 죽음의 불가피성을 부분적으로 받아들이기 시작한다.
- **분노** : 부정 다음 단계는 분노이다. 죽음을 피할 수 없고 죽음이 자신의 삶을 통째로 중단시킨다는 사실을 깨닫고 분노를 느끼는 것이다. 죽음을 통제할 수 없다는 사실도 분노의 요인이다.
- **타협** : 죽음을 수용한 다음 단계는 타협이다. 운명과 타협을 시도하는 것이다. 종교를 믿는 사람에게서 일반적으로 나타난다. 목숨은 신의 것, 인간의 삶은 신에게 봉사하는 것이라 생각하며 죽음을 받아들이고 남은 삶에 희망을 건다.
- **우울** : 더 건강해질 수도 더 젊어질 수도 없다는 사실과 용서를 구할 시간이 많지 않다는 것을 인정하게 되면 우울 단계로 넘어간다. 우울 단계에서는 슬픔을 느낀다. 슬픔은 마지막 수용 단계를 보다 쉽게 받아들이게 만든다.
- **수용** : 마지막 단계가 수용이다. 평화에 도달한 단계이다. 이 단계에서는 자신의 감정과 생각을 표현할 수 있다. 자신의 지난 삶을 반추하고 자신을 충분히 존중한다. 기분이 차분해지고 삶도 건강해진다. 죽음을 윤회과정의 하나로 생각한다.

Summery 죽음불안 5단계(Kubler-Ross)

구 분	내 용
부정	• 자신에게 닥친 죽음을 거부 • 죽음을 피할 수 없다는 것을 잘 알면서도 죽음에 대한 두려움 때문에 일단 죽음을 부정
분노	• 죽음을 피할 수 없고 죽음이 자신의 삶을 통째로 중단시킨다는 사실을 깨닫고 분노를 느낌 • 죽음을 통제할 수 없다는 사실에도 분노
타협	• 운명과 타협을 시도하는 단계 • 종교를 믿는 사람에게서 일반적으로 나타나는데, 생명은 신의 것, 신에게 봉사하는 삶이라 생각하며 죽음을 받아들이고 남은 삶에 대한 희망을 품게 됨
우울	• 더 건강해질 수도 더 젊어질 수도 없다는 사실을 알고 또 용서를 구할 시간도 많지 않다는 것을 인정하고, 자신이 점점 약해진다는 사실을 깨닫게 되는 단계 • 우울 단계에서는 슬픔을 느낌. 슬픔은 최종적인 수용 단계를 보다 쉽게 받아들이게 만듦
수용	• 마지막 단계, 평화에 도달한 단계 • 자신의 감정과 생각을 표현하고, 자신의 지난 삶을 반추하고 자신을 충분히 존중함. 기분이 차분해지고 삶도 건강해짐. 죽음을 윤회과정의 하나로 생각

죽음불안은 사랑하는 사람을 잃었을 때 극대화된다. 대부분의 사람들이 평상시에는 죽음을 별로 의식하지 않고 산다. 그러나 배우자, 가족, 친한 친구가 죽으면 죽음불안이 매우 커진다. 죽음이 남의 일이 아닌 것이다. 이를 계기로 사람은 불멸의 존재가 아니란 사실을 깨닫고 죽음을 두려워한다. 이것은 존재론적 불안이다.

죽음불안이 정확하게 무엇을 의미하는지, 무엇으로 구성되는지 아직 확실하지 않다는 주장도 있지만 죽음불안을 양적으로 측정할 수 있는 척도가 많이 있는 것을 보면 이는 사실이 아닌 것 같다. 죽음불안척도 중 가장 많이 알려진 것이 Collett-Lester 죽음불안척도(Collett-Lester Fear of Death Scale)이다. 이 척도는 자신의 죽음, 자신의 죽어감, 타인의 죽음, 타인의 죽어감 등 네 부분으로 나뉘어있고, 총 32개 문항(부분별 8개 문항)으로 구성되어 있다. 응답은 리커트 5점 척도로 되어 있는데, 1~2점은 낮은 죽음불안, 3~4점은 중간 죽음불안, 5점은 높은 죽음불안으로 해석한다(Lester, 1994).

(2) 죽음불안이론

죽음불안이 인간 본연의 자연적이고 천부적인 기질인지 아니면 사회문화적으로 만들어진 사회적 구성물(social constructs)인지 하는 질문이 있다. 이런 질문에 대해 죽음불안은 죽음이라는 테러(인간사에서 가장 두려운 것)에 맞서 생명을 지키려는 인간(생물유기체)의 자연스런 반응이라는 주장도 있고(Charmaz, 1980), 죽음불안은 천부적인 본성이 아니라 사회적으로 학습된 것이란 주장도 있다(Vernon, 1970).

죽음불안이 자연적인 것이라고 보는 사람들은 죽음불안이 인간의 출생과 동시에 나타난다고 말한다. 하지만 이를 부정하는 사람들은 죽음불안이 출생과 동시에 나타나는 것이 아니라 3~5세에 나타나기 시작해 성장하면서 조금씩 알게 되다가 주변에 죽는 사람이 생기면 그 충격으로 죽음불안을 영원히 간직하게 된다고 주장한다. 영아에게 죽음은 너무 추상적인 것이기 때문에 죽음을 이해한다는 것은 불가능하고 따라서 죽음불안은 있을 수 없다고 보는 사람도 있다.

한편 『죽음의 거부(The Denial of Death)』라는 책을 써 1974년 퓰리처상을 받은 미국 문화인류학자 Becker(1973)는 죽음불안의 기능적인 측면에 주목했다. 그는 죽음불안을 스프링보드에 비유했다. 죽음불안이 존재하기 때문에 죽음불안에 대처하기 위해 인간이 여러 활동, 즉 생명을 위협하는 위험과 죽음으로 인한 불행을 극복하기 위한 활동을 만들었다는 것이다. 이 말이 사실이라면 죽음불안은 생명유지를 위한 일종의 엔진이다.

Greenberg 등(1986)은 테러관리이론(the terror management theory)을 제시했다. 테러관리이론은 죽음(테러)을 인간이 어떻게 관리하는가에 관한 이론이다. 이 이론은 인간을 살려고 하는 본능과 죽음은 피할 수 없다는 인식 사이에서 갈등하는 존재로 본다. 이런 존재론적 위기에 대처하기 위해 인간은 불멸의 세계관을 만들었다. 불멸의 세계관은 종교적이고 문화적이다. 인간의 불멸에 대한 믿음은 두 가지이다. 하나는 문자로 표현된 불멸에 대한 믿음이고, 다른 하나는 상징적 불멸에 대한 믿음이다. 전자는 종교적으로 표현된 불멸이나 내세에 대한 깊은 믿음(신앙)이고, 후자는 영원히 추앙받는 창조적 예술가, 영향력 있는 과학자, 가족을 헌신적으로 보살피는 부모와 같은 불멸의 존재에 대한 믿음(존경)이다. 이런 믿음을 통해 인간은 자신의 상징적 자아를 북돋우고, 자신이 속한 문화세계의 가치 있는 일원이 된다. 이런 모든 것들이 죽음불안을 관리하고 감소시키는 기능을 한다.

Summery 죽음불안이론

구 분	내 용
죽음불안의 기원에 관한 이론	• 자연적 이론 : 죽음불안은 죽음이라는 테러(인간사에서 가장 두려운 것)에 맞서 생명을 지키려는 인간(생물유기체)의 자연스런 반응 • 사회문화적 구성이론 : 죽음불안은 천부적인 인간의 본성이 아니라 사회적으로 학습된 것
죽음불안의 기능적 이론	• 죽음불안은 삶의 스프링보드이자 생명유지를 위한 일종의 엔진 • 죽음불안 때문에 생명을 위협하는 위험을 극복하거나 죽음으로 인한 불행을 극복하기 위한 활동이 생김
테러관리이론	• 죽음(테러)을 인간이 어떻게 관리하는가에 관한 이론 • 인간은 살려고 하는 본능과 죽음은 피할 수 없다는 인식 사이에서 갈등하는 존재(존재론적 갈등) • 존재론적 갈등에 대처하기 위해 불멸의 믿음에 의지 • 불멸에 대한 믿음을 통해 죽음불안 관리

PART 02

노인복지서비스

CHAPTER

08 노인복지의 개념

1 노인복지의 정의

노인복지란 무엇인가? 우리나라에서 많이 인용되는 정의에 의하면, 노인복지는 "노인이 인간다운 생활을 영위하면서 가족 및 지역사회에 적응하고 통합되도록 필요한 자원을 제공하는 공적 및 사적 차원의 조직적인 제반 활동이다."(장인협 · 최성재, 2006).

간추리면 노인복지는 노인이 지역사회에 적응하고 통합될 수 있도록 자원을 제공하는 공사의 활동이다. 더 압축하면 노인의 사회적응과 통합을 지원하는 공사의 활동이 노인복지이다. 다소 추상적인 정의란 생각이 든다. 조금 더 구체적인 정의를 보면, 노인복지는 "노인의 심신 건강 유지와 생활안정을 위하여 필요한 노인생활의 전면 보장 및 복지서비스이다. 일반적으로 노인복지라고 하면 넓은 뜻으로는 노인생활의 전면 보장을 말하기도 하고, 좁은 뜻으로는 최소한의 생활유지를 의미하는 복지서비스를 말하는 경우도 있다."(양옥남 외, 2009 : 37)

노인의 건강유지와 생활안정을 위한 복지서비스가 노인복지이며, 광의로는 노인의 전면적 생활보장, 협의로는 최저수준의 복지서비스를 의미한다는 것이다. 앞서의 정의보다는 구체적이지만, 건강유지와 생활안정을 위한 복지서비스가 왜 광의의 노인복지가 되는지 명확치 않다.

노인복지는 노인복지교과서 제목으로 가장 많이 사용되는 "노인을 위한 사회복지(social welfare for the aged)"로 정의하는 것이 가장 간명하고 쉬운 방법이다. 다시 말해서 노인복지를 노인을 대상으로 하는 각종 사회복지제도로 정의하는 것이다.

주지하듯이 사회복지에 관한 정의는 매우 다양하다. 하지만 사회복지는 사회문제의 해결 또는 사회적 욕구 충족의 기능을 수행하는 사회제도(social institution)라는 데 어느 정도 의견 일치를 보이고 있는 것 같다.[1)] 이는 다양한 정의를 종합한 미국사회복지사협회(NASW : the National Association of Social Workers)의 다음과 같은 정의에서 확인된다. 즉 사회복지는 "사회유지에 필수적인 사회적 · 경제적 · 교육적 · 보건의료적 욕구를 충족시키는 것을 돕는 프로그램, 급여, 서비스체계로서 사회구성원 전체의 일반복지(general well-being)에 관련된 광범위한 것"이다(NASW, 1999).

이러한 사회복지 정의에 근거해 노인복지를 정의하면, 노인복지는 "노인의 사회적 · 경제적 · 교육적 · 보건의료적 욕구를 충족시키는 것을 돕는 프로그램, 급여, 서비스체계"이다. 좀 더 축약하면, 노인복지는 노인이 가진 문제를 해결하거나 노인의 욕구를 충족시키는 사회복지시스템이다.

사회복지는 협의의 개념과 광의의 개념이 있다. 노인복지는 사회복지의 한 분야이므로 당연히 노인복지도 협의 및 광의의 개념이 있을 수 있다. 협의의 사회복지란 고통과 빈곤을 완화시키는 것을 목적으로 하는 공공과 민간의 비영리적 기능을 말한다. 빈민만을 대상으로 하는 공공부조가 대표적이다. 광의의 사회복지는 전술한 NASW의 정의, 즉 사회유지에 반드시 필요한 사회적 · 경제적 · 교육적 · 보건의료적 욕구가 충족되도록 돕는 국가의 프로그램, 급여 및 서비스체계이다. 광의의 개념은 민간기관, 영리기관, 정부의 사회복지 프로그램 그리고 사회복지사의 활동영역을 넘어 의사, 간호사, 법률가, 교사, 성직자 등의 활동영역까지 포괄한다. 즉 무지, 질병, 장애, 실업, 빈곤 등과 같은 고통으로부터 인간을 보호하는 데 목적을 둔 제반 사회제도들을 포함하는 것이다.[2)]

---

1) 예컨대 Loewenberg(1974 : 44)는 사회복지를 "인간의 정서적 · 지적 · 신체적 · 사회적 기능을 향상시키고 유지하는 것을 일차적 임무로 하는 사회제도"라고 했고, Bell(1983 : 2)은 "인간의 기본적 욕구를 충족시키는 데 필요한 대책으로서 법, 프로그램, 급여 및 서비스를 말한다"고 정의했다. Zastrow(2000 : 5)는 사회복지를 정책과 법에 의거해 있는 사회제도로서 "개인, 집단, 가족, 조직, 공동체의 안녕을 향상시키기 위해 사회문제를 예방, 완화, 해결하는 데 목적이 있다"고 했고, Popple과 Leighninger(2002 : 29)는 사회복지는 "인간의 기본적 욕구를 충족시키기 위한 사회적 급여와 서비스"로서 시장 외부의 경제적 이전 기능을 수행한다고 정의한 바 있다.

2) 협의의 사회복지는 잔여적 사회복지(residual social welfare)에, 광의의 사회복지는 제도적 사회복지(institutional social welfare)에 각각 대응된다. 그리고 사회복지의 광의의 개념이나 협의의 개념 모두 완벽할 수는 없다. 협의의 개념은 사회복지를 지나치게 좁게 보아 매우 중요하고도 효과적인 사회복지 프로그램들을 배제하고, 사회복지를 잔여적인 것으로 간주한다. 시장에서 실패한 사람

이렇게 볼 때 협의의 노인복지는 노인의 고통과 빈곤을 완화시키기 위한 공공 및 민간의 사회복지활동이다. 광의의 노인복지는 노인의 사회적 · 경제적 · 교육적 · 보건의료적 욕구가 충족되도록 돕는 국가의 프로그램, 급여 및 서비스체계로서 노인의 무지, 질병, 장애, 실업, 빈곤 등과 같은 고통으로부터 노인을 보호하는 데 목적을 둔 제반 사회제도를 포괄한다.[3)]

Summery 노인복지의 정의

구 분	내 용
협의	노인의 고통과 빈곤을 완화시키기 위한 공공 및 민간의 사회복지활동이다.
광의	노인의 사회적 · 경제적 · 교육적 · 보건의료적 욕구가 충족되도록 돕는 국가의 프로그램, 급여 및 서비스체계로서 노인의 무지, 질병, 장애, 실업, 빈곤 등과 같은 고통으로부터 노인을 보호하는 데 목적을 둔 제반 사회제도를 포괄한다.

2 노인복지의 관점

노인복지는 노인의 욕구를 충족시키고 노인의 권리를 보장하기 위한 사회복지, 즉 노인을 위한 사회복지이다. 그런데 노인복지의 책임에 대해서는 이견이 존재한다. 다시 말해서 노인복지의 책임을 누구에게 귀속시킬 것인가 하는 것이다. 노인복지 프로그램과 정책을 만드는 데 있어 노인의 역할은 무엇인가 하는 데 대해서도 이견이 존재한다. 이를 노인복지의 관점이라고 한다. 노인복지에 대한 관점은 세 가지가 있다(Popple and Leighninger, 2002 : 602-604).

또는 빈민, 탈락자, 환자, 취약 계층 등 사회적 약자를 대상으로 하는 활동만 사회복지로 인식된다. 광의의 개념에도 약점이 있다. 포괄 범위가 모호하다는 점이다. 그리고 사회복지 프로그램을 영리, 비영리로 엄격히 구분하고, 영리 목적의 사회복지서비스를 제외하는 경향이 있으며, 비공식적 사회복지제도(가족제도, 상호부조제도 등)보다는 공식적 사회복지제도를 중시한다. 그러나 영리 목적의 사회복지서비스와 비공식적 사회복지제도도 사회복지의 한 부문이다(Dolgoff and Feldstein, 2000 : 112).

3) 노인의 고통 중 하나로 실업을 꼽는 것은 문제가 있을 수 있다. 왜냐하면 노인은 직업생활에서 은퇴한 사람이기 때문이다. 그러나 노인 취업의 사회적 필요성이 증대되고 노인 취업 욕구가 점점 더 커지는 상황을 감안하면 실업을 포함시켜도 될 것 같다.

1) 보수주의 관점

보수주의 관점(the conservative perspective)은 노인의 사회경제적·보건의료적 욕구를 충족시키는 것을 목적으로 하는 정책과 프로그램에서 개인, 가족, 지역사회의 책임을 강조한다. 보수주의는 정부의 노인복지 프로그램의 필요성은 인정한다. 그러나 최저수준의 보장만 인정한다. 그러면서 노인복지서비스의 주도권은 정부가 아닌 민간부문이 쥐어야 한다고 주장한다. 보수주의자는 정부부문의 민영화를 선호한다. 예를 들어 정부 직영의 양로원이나 요양원의 운영권을 민간에게 이양하거나 노인복지서비스를 민간부문으로부터 구입하는 것이 더 바람직하다고 생각하는 것이다. 정부의 노인복지정책을 분권화 하는 것도 선호한다. 나아가 노인을 가족이나 친척이 보호하는 것이 가장 좋은 방법이라고 말한다.

정리하면 보수주의자는 노인복지를 관료화된 중앙정부보다는 민간부문과 지방정부가 운영하는 것이 가장 효율적이라고 생각하며, 노인복지정책의 의사결정에서 분권화의 필요성과 전통적인 개인, 가족, 지역사회의 책임을 강조한다.

2) 자유주의 관점

자유주의 관점(the liberal perspective)도 노인복지에 대한 지역사회와 가족의 책임을 인정한다. 그러나 노인복지정책과 프로그램의 전반적인 분권화에 대해서는 반대한다. 자유주의자는 노인의 사회경제적 및 보건의료적 욕구의 충족을 위해서는 충분한 자원을 보유한 중앙정부의 역할이 가장 확실하다고 본다. 민간부문의 역할도 부정하지는 않는다. 그러나 민간부문은 노인복지서비스의 공평성과 충분성을 담보하는 데 한계가 있으며, 가족은 노인복지에 필요한 충분한 자원을 갖고 있지 않다.

자유주의자는 노인의 기본적인 권리를 보장하기 위해서는 중앙정부의 역할이 가장 중요하며, 민간부문이 운영하는 노인복지시설(민간양로원이나 민간요양원 등)에 대한 정부의 감독과 규제가 반드시 필요하다고 주장한다. 그리고 기존 노인복지정책과 프로그램의 개선과 노인복지의 향상을 위해 노인집단의 정치적 로비가 큰 효과를 거둔다고 생각한다.

3) 진보주의 관점

진보주의 관점(the radical perspective)은 기존의 노인복지정책에 대해 매우 비판적이다. 진보주의자는 이윤을 목적으로 한 민간부문의 역할에 대해 매우 회의적이다. 진보주의자는 영리를 지향하는 대형 양로원과 요양원과 같은 시니어산업(senior industry)의 성장을 우려한다. 그리고 자본주의 체제의 새로운 노동인력으로 부상하고 있는 노인과 노인 노동시장을 예의주시하고 있다.

기본적으로 급진주의자는 노인을 포함한 모든 국민을 위한 사회복지의 확대에 대해 우호적이다. 사회복지를 자본주의사회의 재분배 장치로 간주한다. 그리고 노인계층 스스로 자신의 복지향상을 위한 의사결정에 집단적·자조적으로 참여하기를 바란다.

Summery 노인복지의 관점

관 점	내 용
보수주의	보수주의자는 노인복지를 관료화된 중앙정부보다는 민간부문과 지방정부가 운영하는 것이 가장 효율적이라고 생각하며, 노인복지정책의 의사결정에서 분권화의 필요성과 전통적인 개인, 가족, 지역사회의 책임을 강조한다.
자유주의	자유주의자는 노인의 기본적 권리 보장을 위해서는 중앙정부의 역할이 가장 중요하고, 민간부문이 운영하는 노인복지시설에 대한 정부의 감독과 규제가 반드시 필요하며, 노인복지정책과 프로그램의 개선과 노인복지의 향상을 위해 노인집단의 정치적 로비가 필요하다고 생각한다.
진보주의	급진주의자는 사회복지의 민영화와 영리화에 반대하며, 노인을 포함한 모든 국민을 위한 사회복지의 확대에 대해 우호적이고, 노인계층 스스로 자신의 복지향상을 위한 의사결정에 집단적·자조적으로 참여하기를 바란다.

3 노인복지의 이념

우리나라 노인복지법은 노인복지의 기본이념을 다음과 같이 제시하고 있다.

첫째, 노인은 후손의 양육과 국가 및 사회의 발전에 기여하여 온 자로서 존경받으며 건전하고 안정된 생활을 보장받는다.

둘째, 노인은 그 능력에 따라 적당한 일에 종사하고 사회적 활동에 참여할 기회를 보장 받는다.

셋째, 노인은 노령에 따르는 심신의 변화를 자각하여 항상 심신의 건강을 유지하고 그 지식과 경험을 활용하여 사회의 발전에 기여하도록 노력하여야 한다.

첫째는 노인의 생활보장 당위성을 규정한 것이다. 다시 말해 후손의 양육과 국가 사회의 발전에 기여한 것에 대한 보상으로 생활보장을 받을 권리가 있다는 것이다. 바꾸어 말하면 사회는 노인의 생활보장을 기해야만 할 책임이 있다는 것이 된다.

둘째는 노인의 근로와 사회활동에의 참여를 명기한 것이다. 자신의 능력에 따라 일을 하고 사회활동에 참여할 수 있는 권리가 있다는 것이다. 그러나 사회활동 기회는 몰라도 근로활동에의 참여는 논쟁의 소지가 있다. 노인은 이미 평생 동안 일을 하고 그에 대한 보상으로 은퇴생활을 향유할 권리를 보유하고 있기 때문이다. 따라서 "일을 하고자 하는 의사가 있는 노인에게" 근로활동에의 참여 권리를 부여하는 것으로 해석하는 것이 합리적이다.

셋째는 노인 스스로 심신의 건강을 유지하고 자신의 경험을 살려 사회발전에 기여하도록 노력해야 할 의무가 있음을 환기시키는 것이다. 노인으로서 견지해야 할 최소한의 윤리적 덕목을 제시한 것으로 이해된다.

4 노년학과 노년사회복지학

노년학(gerontology)은 노인에 관한 종합과학이다. 노년학은 그리스어 geront(노인)와 logy(학문)의 합성어이다. 노년학은 노인과 노화에 관한 생물학적·심리학적·사회학적 요인을 연구하는 학문이다. 생물학적 요인은 유전적 배경, 정신건강상태, 심리학적 요인은 인지, 정신건강상태, 일반적 안녕, 사회학적 요인은 인간관계, 문화, 정치, 사회적 인프라를 말한다. 노년학은 노인과 노화에 대한 생물학, 의학, 간호학 등과 같은 자연과학적 접근과 인류학, 사회학, 경제학, 심리학, 법학, 사회복지학 등 사회과학적 접근을 망라한다. 학제적 관점(a multi-disciplinary perspective)에서 노인과 노화를 다루는 학문분야란 것이다(Atchley, 2000).

노년학의 분야와 연구영역은 매우 다양하다. 노인생물학(biological gerontology)은 노화에 따른 신체적·생리적 변화를 연구한다. 노년의학(geriatrics)은 노인의 신체 및 정신적 질병과 치료를 연구한다. 노년사회학(social gerontology)은 노인인구와 수명, 문화와 성인사회화, 노인집단과 불평등, 사회제도와 노인, 노인과 사회문제, 노인을 위한 프로그램과 전망 등을 연구한다. 노년심리학(psychological gerontology)은 연령증가에 따른 감각, 지각, 정신기능, 감정, 성격의 변화와 이와 연관된 행동을 연구한다. 교육노년학(geragogy)은 노인의 학습, 노인에 관련된 교육방법을 연구한다(양옥남 외, 2009 : 39). 임상노년학(clinical gerontology)도 있다. 임상노년학은 노인의 정신건강을 주제로 한다. 세부적으로는 역할변화에의 적응, 노화의 다양성 문제, 알츠하이머병과 치매, 가족 케어, 영적 문제, 인지기능과 인지검사, 우울, 건강염려증, 편집증, 재활과 교육 등을 다룬다.

노년사회복지학(gerontological social work)은 노년학의 한 분야인 동시에 사회복지학의 한 분야이다. 노년학과 사회복지학이 겹치는 학문분야라 할 수 있지만, 주는 사회복지학이다. 미국 노년사회복지교육학회(the Association for Gerontology Education in Social Work, AGE-SW)가 발간하는 학술지 노년사회복지학회지(the Journal of Gerontological Social Work)가 다루는 주제를 보면, 노년사회복지학의 영역을 잘 알 수 있다. 그것은 다음과 같다.

- 노인을 위한 케이스워크와 그룹워크
- 요양시설에서의 사회복지실천
- 병원 노인사회복지실천
- 정신건강케어 및 정신건강서비스
- 노인을 위한 공공복지
- 노인을 위한 휴먼서비스의 조정
- 법과 노년사회복지실천
- 노인복지분야에서의 사회복지실천교육
- 노인을 위한 가족서비스
- 정책과 기획 연구
- 노인을 위한 위기개입
- 노인의 약물남용과 알코올남용
- 생애 회고 방법이나 직무중심 케이스워크와 같은 특별한 임상적 기술
- 서비스전달체계와 서비스 이용에 영향을 미치는 계급 및 인종 요인

한편 사회복지학이 사회복지정책을 포함하는 것과 같이 노년사회복지학도 노년사회복지정책을 포함한다. 노년사회복지정책은 노인복지를 정책적으로 접근하는 학문영역이다. 고령화의 정책적 함의, 사회보장, 고용과 훈련, 공공 및 민간 연금시스템, 보건의료의 접근성과 재정, 장기요양, 노인주택문제, 노인교통문제 등을 다룬다.

Summery 노년학과 노년사회복지학의 영역

<table>
<tr><th>구 분</th><th colspan="2">내 용</th></tr>
<tr><td>노년학</td><td colspan="2">• 노인에 관한 종합과학
• 노인과 노화에 대한 자연과학적 접근(생물학, 의학, 간호학 등)과 사회과학적 접근(인류학, 사회학, 경제학, 심리학, 법학, 사회복지학 등) 포괄
• 노인과 노화에 관한 생물학적 · 심리학적 · 사회학적 요인연구
- 생물학적 요인 : 유전적 배경, 정신건강상태
- 심리학적 요인 : 인지, 정신건강상태, 일반적 안녕
- 사회학적 요인 : 인간관계, 문화, 정치, 사회적 인프라</td></tr>
<tr><td rowspan="2">노년사회
복지학</td><td>노년사회복지학의
영역</td><td>• 노인을 위한 케이스워크와 그룹워크
• 요양시설에서의 사회복지실천
• 병원 노인사회복지실천
• 정신건강케어 및 정신건강서비스
• 노인을 위한 공공복지
• 노인을 위한 휴먼서비스의 조정
• 법과 노년사회복지실천
• 노인복지분야에서의 사회복지실천교육
• 노인을 위한 가족서비스
• 정책과 기획 연구
• 노인을 위한 위기개입
• 노인의 약물남용과 알코올남용
• 생애 회고 방법이나 직무중심 케이스워크와 같은 특별한 임상적 기술
• 서비스전달체계와 서비스 이용에 영향을 미치는 계급 및 인종 요인</td></tr>
<tr><td>노년사회복지정책의
영역</td><td>• 고령화의 정책적 함의
• 사회보장
• 고용과 훈련
• 공공 및 민간 연금시스템
• 보건의료의 접근성과 재정
• 장기요양
• 노인주택문제
• 노인교통문제</td></tr>
</table>

CHAPTER

09 노인케어

1 케어와 간호

케어(care)는 치료(cure)와 다르다. 치료는 의사가 하는 일이고, 케어는 간호사가 하는 일이다. 이는 오래된 역할분담이고 관행이다. 한데 장기요양보험의 시행과 함께 요양보호사제도가 생김으로써 케어를 놓고 간호사와 요양보호사 업무영역에 관한 갈등의 소지가 생겼다. 왜냐하면 간호사나 요양보호사 모두 요보호노인을 케어 하는 일을 하기 때문이다.

그러나 간호사의 케어와 요양보호사의 케어는 다르다. 간호사의 케어가 치료의 보조·보완으로서의 케어라면, 요양보호사의 케어는 케어 자체가 목적이다. 또 간호사의 케어가 비교적 단기적인 것이라면, 요양보호사의 케어는 장기적인 것이다.

케어와 간호의 차이는 이해영(2003 : 228-229) 교수의 설명이 설득력이 있다. 그에 의하면 간호는 환자의 건강관리, 즉 신체적·정신적·사회적으로 양호한 상태의 유지를 목표로 한다. 반면에 케어는 클라이언트의 전반적인 생활원조와 사회문화적 원조를 포함한다.

대상자도 다르다. 간호의 대상은 상병자와 해산부이다. 건강상태가 불안정하고 집중적 케어가 필요한 사람들이다. 이들에 대한 치료원조와 요양생활의 원조는 간호사의 고유영역이다. 반면에 케어의 대상자는 장애가 있지만 비교적 건강상태가 안정적이고, 집중적인 치료와 케어 대신 장기적인 케어가 필요한 사람이다.

케어와 간호의 차이는 다음 그림이 잘 보여주고 있다. 케어는 사회생활, 문화생활, 개인과 가정생활의 관리, 신체적 관리, 생활환경 정비 등을 주된 영역으로 가지고 있으며, 간호는 건강유지 및 증진, 질병예방, 질병관리 및 처치 등을 주된 영역으로 삼고 있다. 상담 및 원조, 응급처치, 종말기 케어는 공통의 영역이다.

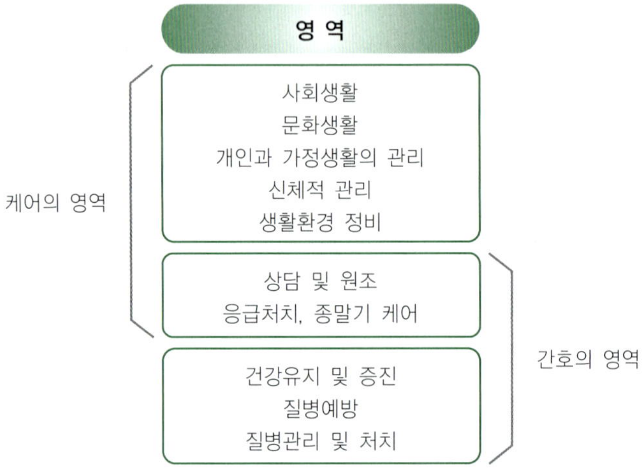

| 그림 9-1 | 케어와 간호의 영역

출처 : 이해영, 2003 : 232.

2 가정케어와 시설케어

과거 노인을 돌보는 일은 가족의 몫이었다. 하지만 고령화, 여성의 사회진출, 가족의 노인부양 의식의 약화, 노인 또는 노인부부의 자립의식 강화 등 여러 요인 때문에 가족이 노인케어를 전담할 수 없는 상황이 되었다. 이른바 '케어의 사회화'라는 개념 아래 노인케어를 사회공동체가 분담하는 방향으로 나아가고 있다(이해영, 2003 : 91).

케어는 가정케어(home care)와 시설케어(facility care)로 대별된다. 가정케어는 일상생활에서 도움이 필요한 노인을 가족의 일원이 돌보는 것, 즉 가족이 가족을 케어하는 것이다. 가정은 혈연공동체인 가족이 생활하는 극히 사적인 공간이다. 가정케어가 사적인 공간인 가정에서 이루어지기 때문에 비공식적 케어(informal care)라고 한다.

반면에 시설은 가정사정이나 신체여건 등 다양한 사정에 의해 가정케어가 불가능한 노인을 대상으로 한다. 시설케어는 가정을 대신한 인위적·공개적·제도적 공간인 시설에서 이루어지기 때문에 공식적 케어(formal care)라고 한다.

가정케어와 시설케어의 관계는 대체적일 수도 있고, 위계적일 수도 있으며, 분업적일 수도 있고, 보충적일 수도 있다. 이를 대체모델(substitution model), 위계모델(hierarchial compensatory model), 분업모델(task specificity model), 보충모델(supplementation model), 보완 모델(complementarity model)이라고 한다(양옥남 외, 2009 : 186-189; 차흥봉, 1998 : 4-7).

- **대체모델** : 시설케어(공식적 케어)가 가정케어(비공식적 케어)를 대체한다. 시설케어는 가정케어의 불충분성을 보충한다. 시설케어가 확충되면 가정케어는 감소한다.
- **위계적 보상모델** : 가정케어가 제 구실을 못 할 때 시설케어가 이를 대신한다. 대체모델과 같이 가정케어의 자원이 증가하면 시설케어는 감소한다. 그러나 이 모델은 시설케어와 가정케어 사이에는 위계적 선택관계가 있다고 본다. 즉 노인이 서비스를 필요로 할 때 먼저 가족과 친족의 도움을 받고, 그 다음에 이것이 여의치 않을 때 시설케어의 도움을 받게 된다는 것이다. 가족과 친지의 도움에도 위계가 존재하는데, 배우자, 자녀, 친척, 친구, 이웃 등의 순으로 도움을 요청한다는 것이다. 물론 가장 중요한 자원은 배우자와 자녀이다.
- **분업모델** : 시설케어와 가정케어는 서로 보완적인 관계에 있지만 보완내용은 서비스 과제에 따라 다르다. 예컨대 가정케어는 비획일적 과제, 비전문적 과제, 예측할 수 없는 과제를 담당하고, 시설케어는 전문적 과제, 특별한 훈련과 시설이 필요한 과제, 예측성이 있는 과제를 담당한다. 가정케어의 담당자인 가족의 성, 활동제한 정도, 건강 등의 요인이 시설케어를 선택하는 데 영향을 미친다.

- **보충모델** : 대체모델과 같이 가정케어로 욕구가 제대로 충족되지 않을 때 시설케어가 동원된다. 그러나 대체모델과 달리 가정케어의 중요성을 강조하고 시설케어의 보충성을 중시한다. 시설케어는 단지 가정케어를 보충하는 존재일 뿐이다. 따라서 시설케어가 증가하더라도 가정케어는 감소하지 않는다. 말하자면 시설케어의 비대체성을 강조하는 것이다.
- **보완모델** : 시설케어가 가정케어를 대체하는 것이 아니다. 대체 효과가 있다 하더라도 아주 미미할 뿐이다. 보충모델이 시설케어의 보충성을 강조한다면, 보완모델은 양자 간의 상호보완성을 강조한다.

Summery 가정케어와 시설케어의 관계 모델

모 델	내 용
대체모델	• 시설케어(공시적 케어)가 가정보호(비공식적 케어)를 대체 • 시설케어는 가정케어의 불충분성을 보충 • 시설케어가 증가하면 가정케어는 감소
위계적 보상모델	• 가정케어가 제 구실을 못 할 때 시설케어가 이를 대신 • 대체모델과 같이 가정케어의 자원이 증가하면 시설케어는 감소 • 시설케어와 가정케어는 위계적 선택관계
분업모델	• 시설케어와 가정케어는 서로 보완적인 관계에 있지만 보완내용은 서비스 과제에 따라 다름 • 가정케어는 비획일적 과제, 비전문적 과제, 예측할 수 없는 과제 담당, 시설케어는 전문적 과제, 특별한 훈련과 시설이 필요한 과제, 예측성이 있는 과제 담당
보충모델	• 대체모델과 같이 가정케어로 욕구가 제대로 충족되지 않을 때 시설케어 동원 • 가정케어의 중요성을 강조하고 시설케어의 보충성을 중시한다는 점에서 대체모델과 차이 • 시설케어는 가정케어를 보충하는 존재
보완모델	• 시설케어가 가정케어를 대체하는 것이 아님. 대체 효과가 있다 하더라도 아주 미미 • 보충모델이 시설케어의 보충성을 강조하는 데 비해 보완모델은 양자 간의 상호보완성을 강조

우리나라의 경우 노인케어를 주로 담당하는 사람은 가족의 일원, 특히 여성(배우자 또는 며느리)이다. 사실 가족의 일원인 배우자 또는 며느리에게 가족 케어의 책임을 맡기는 데는 문제가 있다. 여성의 사회참여가 보편적 현상이 되면서 가족을

케어하는 일은 여성에게 상당한 육체적·심리적 부담을 주고 있다. 노인케어를 지원하는 사회복지서비스체계가 충분히 구축되어 있지 못한 우리나라의 현실에서 노인케어의 책임과 의무를 여성에게 부여하는 것은 여성의 사회활동을 가로막는 큰 장애요인이 되고 있다. 그리고 노인부양으로 인해 취업기회를 잃게 되는데, 실제로 가족케어 때문에 취업을 포기한 경우도 적지 않은 것으로 보고되고 있다(정경희, 2001). 취업 여성이 노인케어를 위해 휴직이나 퇴직을 하는 것은 그 여성에게는 현재의 소득을 상실하는 것일 뿐만 아니라 퇴직금, 연금 등이 감액되고, 연금 수급권을 포기하는 것이다. 이는 여성의 노후를 위협하는 요인이 된다(이윤로, 2004 : 50).

3 일상생활동작능력

케어는 원래 단순하게 생명체의 유지라는 의미를 가졌으나 노인복지서비스의 발전과 함께 일상생활의 유지 나아가 사회생활의 유지로 그 의미가 확대되었다. 다시 말해 노인을 단순히 돌보는 것을 넘어 노인의 삶의 질을 담보하기 위한 신체적·심리적·사회적 생활지원활동의 총체를 의미하게 되었다는 것이다(임춘식 외, 2008 : 255).

케어는 환자나 일상생활에 장애가 있는 사람을 대상으로 식사, 배설, 청결, 이동 등과 같은 일상생활을 지원하는 것이다. 이러한 행위는 가족 내부에서 일상적으로 이루어지고 있다. 노인에 대한 가족구성원의 수발이 그것이다. 그러나 사회복지 또는 노인복지에서 말하는 케어는 가족구성원이 아닌 케어전문가(요양보호사)의 서비스에 초점이 맞춰져 있다.

케어의 중심 대상이 되는 일상생활이란 일상생활동작능력(ADL : Activity of Daily Living)을 말한다. 일상생활동작능력은 개인의 자기유지와 독립적인 지역사회활동을 하는 데 필요한 동작이다. 이것을 자력으로 해결할 수 없으면 가족이나 케어전문가의 도움을 받아야 한다.

이 부분의 전문가 Barthel은 일상생활동작능력을 신체적 일상생활동작능력(PADL : physical ADL)과 수단적 일상생활동작능력(instrumental ADL, IADL)으로 구분하였다(Mahoney and Barthel, 1965). 일상생활동작능력을 점수화한 Barthel 척도에 의하면, ADL은 컵으로 물마시기, 식사, 옷 갈아입기, 용모단정, 머리빗기, 침구정돈, 세탁물 정리, 양치질하기, 세수하기, 목욕하기, 소변보기, 대변보기, 체위변경, 앉고 일어서기, 보행능력(평지 50m 걷기) 등을 말한다. IADL은 대중교통 이용, 돈 계산능력, 은행 이용, 외출 능력, 공공기관 이용, 신문 읽기, 전화 걸기 등이다.

이상과 같은 개별 행동의 능력을 평가하여 합계 점수가 0~20점이면 전적으로 의존(TD : Totally Dependent), 21~60점이면 심한 의존(SD : Severely Dependent), 61~90점이면 중도 의존(MD : Moderately Dependent), 91~99점이면 약한 의존(slightly dependent, LD), 100점은 독립(independent, ID)으로 판정한다.

〈표 9-1〉 Barthel 척도(Modified Barthel Index, MBI)

기 능		스스로 할 수 있다	남의 도움이 필요하다	남이 전부 해준다
PADL	컵으로 물마시기	4	0	0
	식사	6	0	0
	옷갈아입기	5	3	0
	용모단정, 머리빗기	2	0	0
	침구정돈, 세탁물 정리	4	2(둘 중 하나)	0
	양치질하기	4	2	0
	세수하기	4	2	0
	목욕하기	6	2	0
	소변보기	10	5(가끔 실금)	0(조절 못함)
	대변보기	10	5(가끔 실금)	0(조절 못함)
	체위변경	8	4	0

PADL	앉고 일어서기	3	1(혼자 앉음)	0
	보행능력(평기 50m 걷기)	8	4	0(기동 못함)
	소 계	76점		
IADL	대중교통 이용	4	2	0
	돈 계산능력, 은행 이용	4	2(둘 중 하나)	0
	외출 능력	4	2	0
	공공기관 이용	4	0	0
	신문 읽기	4	2	0
	전화 걸기	4	0	0
	소 계	24점		
총 계		100점		
판정	0–20점	전적으로 의존(totally dependent, TD)		
	21–60점	심한 의존(severely dependent, SD)		
	61–90점	중도 의존(moderately dependent, MD)		
	91–99점	약한 의존(slightly dependent, LD)		
	100점	독립(independent, ID)		

출처 : 권중돈, 2009 : 133의 표 4-11.

우리나라 장기요양보험에서 사용하는 장기요양인정조사표에서도 ADL의 내용이 잘 나타나 있다. 장기요양인정조사표는 신체기능(ADL), 인지기능, 행동변화, 간호처치, 재활영역 등 5개 영역으로 구성되어 있다. ADL은 옷 벗고 입기, 세수하기, 양치질하기, 식사하기, 목욕하기, 체위변경하기, 일어나 앉기, 옮겨 앉기, 방 밖으로 나오기, 화장실 사용하기, 대변 조절하기, 소변 조절하기 등 12개 항목이다.

〈표 9-2〉 장기요양인정조사표

영 역	항 목
신체기능 (12항목)	옷 벗고 입기 세수하기 양치질하기 식사하기 목욕하기 체위변경하기 일어나 앉기 옮겨앉기 방 밖으로 나오기 화장실 사용하기 대변 조절하기 소변 조절하기
인지기능 (7항목)	단기 기억장애 지시불인지 날짜불인지 상황판단력 감퇴 장소불인지 의사소통/전달장애 나이/생년월일 불인지
행동변화 (14항목)	망상 서성거림, 안절부절못함 물건 망가트리기 환청, 환각 길을 잃음 돈/물건 감추기 슬픈 상태, 울기도 함 폭언, 위협행동 부적절한 옷입기 불규칙수면, 주야혼돈 밖으로 나가려 함 대/소변 불결행위 도움에 저항 의미가 없거나 부적절한 행동

<table>
<tr><td>간호처치
(9항목)</td><td colspan="2">기관지절개관 간호
경관영양
도뇨관리
흡인
욕창간호
장루간호
산소요법
압성통증간호
투석간호</td></tr>
<tr><td rowspan="2">재활
(10항목)</td><td>운동장애(4항목)</td><td>관절제한(6항목)</td></tr>
<tr><td>우측상지
우측하지
좌측상지
좌측하지</td><td>어깨관절
팔꿈치관절
손목 및 수지관절
고관절
무릎관절
발목관절</td></tr>
</table>

CHAPTER

10 장기요양

1 장기요양의 정의

WHO(2000)는 전문가들의 견해를 바탕으로 장기요양(LTC : long-term Care)을 다음과 같이 정의했다. 장기요양은 보건과 사회시스템의 주요 부분으로서 가족, 친구, 이웃 등 비공식적 케어 제공자(informal caregivers)와 건강 · 사회 · 기타 전문가와 보조원 등 공식적 케어 제공자(formal caregivers)의 케어를 받아야 하는 사람을 위한 활동이다.

매우 간략하지만, 이 정의는 장기요양의 두 가지 중요한 사항, 즉 보건시스템과 사회시스템이 혼합되어 있고, 공식적 케어와 비공식적 케어를 포함한다는 것을 말하고 있다.

미국에서는 2010년대 들어 장기서비스와 지지(LTSS : Long-term Services and Supports)란 용어가 장기요양을 대신하고 있다. 2010년에 제정된 환자보호부담적정보험법(the Patient Protection and Affordable Care Act) 때문이다.[1] 이 법은 장기서비스와 지지를 시설과 비시설의 장기요양서비스와 지원이라고 간단하게 정의했다(US DHHS, 2013).

장기서비스와 지지는 신체적 · 인지적 · 발달적 · 만성적인 건강상태로 인해 ADL과 IADL에서 타인의 도움이 필요한 사람을 지원하는 것이다. 장기서비스와 지지는 가정에 있는 사람과 지역사회생활시설 또는 장기요양시설에 있는 사람을 대상으로 한 개인적 케어 서비스와 건강 관련 서비스이다. 장기서비스와 지지의

1) 이 법을 이른바 오바마케어법이라고 한다. 오바마케어는 공공의료보장제도와 민간건강보험의 사각지대에 놓인 사람(주로 공공부조에서 배제된 흑인 차상위계층)을 위한 건강보험 부담금 지원제도이다.

건강 관련 서비스는 치료서비스와는 다르다. 중증질환이나 장애로 인해 진료서비스를 받고 있는 사람을 위한 지원과 서비스가 핵심이다. 장기서비스와 지지는 유료 서비스와 무료의 비공식적 서비스를 포함한다(US Senate Commission on Long-Term Care, 2013).

미국이 장기요양(LTC)을 장기서비스와 지지(LTSS)로 바꿨다 하더라도 장기요양이 장기간의 케어가 필요한 만성병(치매, 뇌 손상, 만성정신질환)이나 장애를 가진 사람을 위한 건강 케어 및 퍼스널 케어라는 사실은 변함이 없다.

2 장기요양의 유형

장기요양은 장기요양시설케어(institutional care), 지역사회케어(community care), 비공식적 케어(informal care)로 분류되는 것이 일반적이다. 장기요양시설케어는 장기요양시설이 제공하는 생활시설케어(residential care)이다. 지역사회케어는 생활시설케어와 가정케어의 중간에 있는 준 생활시설케어(semi-residential care)이다. 비공식적 케어는 가족, 친구, 이웃 등이 제공하는 가정케어(home care)이다.

1) 장기요양시설

장기요양시설은 환자를 케어하여 이전의 기능을 회복하는 데 목적을 둔 치료가 아니라 노년기 신체적 기능의 악화를 방지하고 사회적응을 촉진하는 것을 목적으로 하는 생활시설(residential facilities)이다. 장기요양시설이 제공하는 서비스는 의료적 서비스뿐만 아니라 사회적 서비스를 포함한다. 장기요양시설의 케어는 대부분 낮은 기술이지만 정맥 약물치료, 주사, 환기시스템, 상처치료 등 하이테크 의료적 개입도 포함한다. 장기요양시설은 케어서비스, 개인적 케어서비스, 룸과 식사 등을 제공한다. 장기요양시설은 요양원과 다양한 형태의 그룹 생활시설(group supportive housing)이 있다.

(1) 요양원

장기요양시설의 중심은 요양원(nursing homes)이다. 요양원은 대표적인 장기요양시설이고, 장기요양시설 중 가장 많은 비중을 차지하고 있다. 일반인은 장기요양이라 하면 요양원을 연상한다. 요양원은 회복기에 있는 중증질환자 또는 전문적인 케어가 장기적으로 필요한 사람(일상생활의 도움이 필요한 사람)을 대상으로 시설케어(institutional care)를 제공한다.

미국의 경우 요양원은 고가의 병원 진료를 대신하기 위해 발전했으며, 다수가 영리를 목적으로 한다(요양원 체인회사도 있다). 비영리기관이 운영하는 요양원도 있지만 수가 많지 않다. 정부(중앙정부 및 지방정부)가 운영하는 시설은 1할도 안 된다. 메디케어(Medicare. 사회보장연금 수급자를 대상으로 하는 의료보장제도)와 메디케이드(Medicaid. 공공부조 수급자를 대상으로 하는 의료부조제도) 수급자가 요양원 입소자 중 가장 많다. 입소 노인은 여성이 많고, 85세 이상 초고령자가 절반을 차지한다. 대략 절반이 치매 환자이고, 심장병, 고혈압, 관절염, 뇌혈관질환, 우울 환자도 있다. 요양원과 요양원 병상 수는 꾸준히 증가하고 있다.

(2) 그룹 생활시설

그룹 생활시설은 장기요양이 필요한 사람을 케어하고 슈퍼비전하는 공동생활시설이다. 요양원 이외의 소규모 그룹 홈, 유료양로원, 노인공동주택을 포함한다. 모두 유료시설이다. 숙식 케어시설(board and care homes), 가정생활시설(assisted living facilities), 평생케어보장 은퇴자공동체(continuing care retirement communities), 노인공동주택(congregate housing) 등이 있다.

- 숙식 케어시설 : 의료적 슈퍼비전, ADL 케어, 식사, 가사 등을 제공하는 소규모 생활시설(그룹 홈)이다. 가정 같은 환경을 조성하는 것을 중시한다. 신체 허약, 발달장애, 만성적인 정신질환을 가진 노인을 대상으로 한다. 4~10명의 노인이 가정처럼 꾸민 주거공간에서 공동생활을 한다. 치매 노인만 전문으로 하는 시설도 있다.

- **가정생활시설** : 가정 같이 꾸며진 시설에서 개인 룸, 식사, 가사서비스, ADL 케어, 사회활동, 24시간 케어를 제공한다. 철학은 개인의 자율성과 프라이버시를 존중하는 것이다. 타인의 케어가 어느 정도 필요하지만 전적으로 타인의 케어에 의존할 필요가 없는 신체 허약 노인이 주된 대상이다. 입소비가 숙식 케어시설보다 비싸다. 경제적으로 여유가 있는 80세 이상 고령 여성노인이 주 고객이다.
- **평생케어보장 은퇴자공동체** : 케어의 지속을 보장하는 고급 유료양로원이다. 주거만 보장하는 곳도 있고 요양시설 수준의 케어를 보장하는 곳도 있다. 공동체 안에 살면서 사망할 때까지 케어를 받는다. 시설은 입소자의 건강한 생활스타일과 예방적 케어를 위해 노력해야 하는 인센티브가 있다. 시설은 입소자가 오래 있을수록 이익이다. 입소자는 대부분 부유한 노인이다. 입소자는 매월 비용을 내고 입소 시 입원비를 낸다. 입원비가 수만 달러, 매월 입소비가 수천 달러에 이른다.
- **노인공동주택** : 분리된 아파트와 레크리에이션 시설, 식당, 장애 노인용 목욕시설, 비상 연락망, 지역사회와 연결되는 교통수단을 제공하는 다세대 주거시설이다. 서비스가 많지는 않다. 개인적 케어와 슈퍼비전은 없다.

(3) 장기요양시설의 케어와 직원

장기요양시설이 제공하는 의료적 서비스와 사회적 서비스는 매우 다양하다. 개인적 관리 케어, 중간단계 케어, 준 중점치료, 단체지역유람, 레크리에이션활동, 간호, 기억력 개선 활동, 호흡기치료, 언어치료, 작업치료, 운동, 정맥치료, 오락(파티, 댄스, 합창 등), 사회복지서비스 등이 그것이다.

이 중에서 중요한 것이 개인적 관리 케어, 중간단계 케어, 준 중점치료이다. 관리 케어(custodial care)는 식사, 목욕, 옷 입기, 화장실 사용하기 등 ADL을 돕는 것이다. 중간단계 케어(intermediate care)는 관리 케어와 의료적 케어 및 의료적 슈퍼비전을 포함한 케어이다. 준 중점치료(sub-acute care)는 24시간 모니터링과 재활치료를 포함한 의료서비스이다. 고수준의 진료가 필요한 사람과 수술 후 퇴원 환자를 대상으로 한다.

장기요양시설의 직원도 다양하다. 간호사, 물리치료사, 사회복지사, 언어치료사, 호흡기치료사, 간호보조원, 영양사, 작업치료사 등이 같이 일한다. 장기요양시설의 핵심 인력은 간호사이다. 간호사는 입소자를 24시간 케어하고 슈퍼비전 한다. 의사는 의학적 관점에서 진료를 감독한다.

2) 지역사회케어

지역사회케어는 가정이나 지역사회에 기반을 둔 비시설 케어이다. 지역사회케어는 탈시설화(de-institutionalization) 이념을 배경으로 하고 있다. 탈시설화는 보호가 필요한 사람을 시설 외부, 즉 지역사회에서 보호하자는 이념이다.[2)]

지역사회케어는 시설케어와 가정케어 중간에 있다. 가정에서 가족과 생활을 같이 하면서 지역사회에 있는 케어시설을 필요할 때 이용한다. 그래서 시설과 비시설의 경계가 다소 모호한 측면이 있다. 예컨대 장기요양시설처럼 방과 식사를 제공하는 지역사회케어시설이 그렇다. 하지만 자립생활이 불가능함에도 요양원에 가길 원하지 않는 노인을 위한 옵션이기 때문에 지역사회케어에 포함시킨다.

지역사회케어는 두 가지 유형이 있다. 하나는 가정기반서비스(home-based services)이고, 다른 하나는 지역사회기반서비스(community-based services)이다. 가정기반서비스는 노인의 가정에서 서비스를 제공하는 것이고, 지역사회기반서비스는 가정 밖 지역사회에서 서비스를 제공하는 것이다.

(1) 가정기반서비스

가정기반서비스는 간단히 말해서 가정케어이다. 가정기반서비스는 넓게는 비공

2) 지역사회케어는 1957년 영국 왕립정신질환장애법률위원회(the Royal Commission on the Law Relating to Mental Illness and Mental Deficiency)가 정신병자를 병원(시설)에서 장기간 보호하기보다는 지역사회의 보호에 맡기는 게 더 효율적이라는 정책적 권고를 한 것이 효시였다. 이런 탈시설 이념이 나오게 된 까닭은 당시 정신병 치료제가 크게 발전하여 정신병원이 아닌 가정에서도 환자의 치료가 가능하게 되었기 때문이다. 이후 지역사회케어는 시설케어에 대한 대안으로 발전했다.

식적 지원 네트워크(informal support network), 즉 친구, 이웃, 교인이 제공하는 정서적 · 사회적 · 경제적 지원을 포함하지만, 좁게는 공식적 지원 네트워크(formal support network), 즉 공공기관과 민간기관의 직원들이 제공하는 노인을 위한 보건의료, 사회복지서비스, 가사서비스를 말한다. 공식적 가정기반서비스는 전문적 교육과 훈련을 받은 사회복지사, 간호사 또는 가정봉사원이 노인의 가정을 방문하여 제공한다. 가정봉사원파견사업, 가정간호, 안부간호, 임종간호, 도시락 배달 등을 예로 들 수 있다.

미국의 경우 가장 대표적인 가정기반서비스는 가정 건강케어(home health care)이다. 가정 건강케어는 가정방문서비스이다. 만성병이나 장애로 인해 장기적인 케어가 필요한 사람과 집중적인 병원치료 후 장기간의 케어가 필요한 사람을 대상으로 한다. 환자 상태에 따라 의료적 서비스와 사회적 서비스가 제공된다. 숙련간호사, 물리치료사, 언어치료사, 작업치료사, 사회복지사, 영양사, 케이스매니저, 가정봉사원 등이 참여한다. 미국에는 많은 가정 건강케어시설(home health agencies)이 있다. 가정 건강케어시설은 가정방문서비스가 주된 수입원이며, 비용은 메디케어 프로그램이 지불한다(단 메디케어 인증시설). 주정부, 지역사회, 종교단체가 운영하는 가정 건강케어 프로그램도 있다. 이들은 메디케어 인증대상이 아니다. 심장병, 고혈압, 당뇨병 환자들이 주된 대상이다.

(2) 지역사회기반서비스

지역사회기반서비스는 공식적 지원서비스로서 가정 밖 지역사회에서 노인을 케어하는 것이다. 노인을 시설에 입소시키지 않고 지역사회에서 케어하기 때문에 노인을 지역사회에 통합시키는 효과가 크다. 노인복지관, 주간보호소, 단기보호소, 경로당, 경로식당, 보건소, 정신건강센터에서 재가노인에게 제공되는 서비스를 포괄한다. 지역사회기반서비스의 주요 프로그램은 다음과 같다(Kirst-Ashman, 2003 : 284).

- 노인데이케어 : 노인데이케어는 노화로 쇠약해진 노인을 주간에 케어하는 프로그램이다. 케어서비스와 함께 의료서비스와 재활서비스가 제공되며, 식사와 레크리에이션도 있다. 노인데이케어센터는 일반 직장인이 근무하는 시간에 노인을 케어한다. 소수지만 저녁시간과 주말에 서비스하는 곳도 있다. 지역사회복지관 등 비영리 사회복지기관이 부설로 운영하는 경우도 있다.
- 호스피스 : 호스피스는 시한부 환자와 가족에게 의료적·정서적·영적 서비스와 지지를 제공하는 시설이다. 의사, 간호사, 사회복지사, 성직자, 자원봉사자 등이 팀을 이뤄 케어한다. 호스피스 전문시설, 병원 부설 시설, 가정 호스피스가 있다
- 시니어센터 : 연극, 강의, 예술, 공예, 체력 운동, 요리, 건강 체크 등 노인들의 다양한 사회적 활동과 교육 및 레크리에이션 활동을 지원한다.
- 단체급식 프로그램 : 노인에게 단체로 따뜻한 음식을 제공한다. 노인이 서로 사귈 수 있는 기회도 된다.

3) 비공식적 케어

비공식적 케어는 가족, 친구, 이웃의 케어에 의존하는 것이다. 아주 오래된 전통적인 케어방식이다. 노인케어를 위한 공공 프로그램이 많음에도 여전히 노인케어의 가장 큰 비중을 차지하고 있다. 경제적 가치가 얼마인지 정확히 계산하긴 어렵지만 상당한 규모일 것으로 추산된다.

가족 케어 제공자 대부분이 전문적인 케어 훈련을 받지 않아 케어 수준은 장기요양시설에 비해 낮다. 가족 케어 제공자 대부분이 여성인 것도 문제이다. 여성 가족 케어 제공자의 노동력 가치는 제대로 평가받지 못하고 있다. 가족 케어를 지나치게 여성에게 의존하는 것은 성차별 이슈 중 하나이다.

Summery 장기요양의 유형

유 형	내 용
장기요양시설	• 노년기 신체적 기능의 악화를 방지하고 사회적응을 촉진하는 것을 목적으로 하는 생활시설 • 의료적 서비스와 사회적 서비스 제공 • 장기요양시설의 케어는 대부분 낮은 기술이지만 하이테크 의료적 개입도 포함함 • 케어서비스, 개인적 케어서비스, 룸과 식사 등 제공 • 대표적인 장기요양시설은 요양원
지역사회케어	• 가정이나 지역사회에 기반을 둔 비시설 케어 • 시설케어와 가정케어 중간에 위치 • 요양원에 가길 원하지 않는, 자립생활이 불가능한 노인을 위한 옵션 • 종류 : 가정 건강케어, 노인데이케어, 호스피스
비공식적 케어	• 가족, 친구, 이웃의 케어 • 아주 오래된 전통적인 케어방식 • 경제적 가치가 얼마인지 정확히 계산하긴 어렵지만 상당한 규모일 것으로 추산

3 장기요양비용의 조달방법

장기요양의 비용을 조달하는 방법은 조세, 사회보험, 민간보험 등 세 가지가 있다. 대부분의 국가는 조세방식으로 대처하고 있고, 고령화가 심화된 소수의 국가만 사회보험으로 해결하고 있다. 민간보험의 역할은 미미하다.

1) 조세

대부분의 국가들은 장기요양비용을 정부의 일반세입에서 충당하고 있다. 지방정부가 노인복지 차원에서 재정조달과 시설의 설치 및 관리운영을 책임지고, 중앙정부가 재정의 일부를 지원하는 게 일반적이다.

조세방식은 안전망방식(safety-net type)으로 불리기도 한다. 장기요양 수급자가 빈민이나 무의무탁 노인 등 장기요양비용을 부담할 능력이 안 되는 소수의 사람이기 때문이다. 장기요양 급여는 공공부조 프로그램의 하나로 제공되고, 수급자격을 얻기 위해서는 자산조사를 거쳐야 한다. 수급자로 결정되면 요양원 등 장기요양시설을 무상으로 이용할 수 있다. 비용은 정부가 시설에 지급(삼자지불방식)한다(Comas-Herrera et al., 2010).

2) 장기요양보험

장기요양보험(long-term care insurance)은 고령이나 기타 질병에 의해 거동이 불편하여 타인의 도움과 보호가 필요한 사람을 장기간 케어 하는 데 소요되는 비용을 조달하기 위한 사회보험이다.

장기요양보험을 실시하는 나라는 많지 않다. 독일, 네덜란드, 일본, 한국 정도이다. 이들 나라의 공통점은 고령화이다. 잘 알려진 대로 독일, 네덜란드와 일본은 초고령 국가이고, 한국은 고령화 속도에서 세계 최고이다.

장기요양보험은 정부와 건강보험의 재정 부담과 깊은 관련이 있다. 다시 말해서 장기요양이 필요한 노령인구가 크게 늘어나면서 여기에 소요되는 의료 및 시설보호비용이 급증하자 정부로서는 합리적 비용조달방안이 필요했고, 노인 환자의 증가로 재정에 상당한 압박을 받은 건강보험(노인 의료비 급증과 노인의 장기적인 병상 차지)도 실효성 있는 대책이 필요했는데, 이때 대안으로 제시된 게 장기요양보험이었던 것이다. 이런 점에서 고령화율이 높은 독일과 일본이 장기요양보험을 가장 먼저 도입한 것은 당연했다.

독일과 일본이 노인장기요양보험의 도입을 놓고 논의할 때 노인의료비용과 요양시설보호비용을 국가가 부담하지 않고 사회보험방식으로 시민에게 부담시키는 게 합당한지를 놓고 논란이 적지 않았다. 독일은 무려 20년 이상의 토론과 검토를 거쳐 노인장기요양보험의 실시를 결정했다.

독일이 장기요양보험(수발보험)을 도입한 것은 1995년이다(법 제정은 1994년). 독일도 장기요양보험을 실시하기 전에는 영국 등 다른 유럽 국가와 마찬가지로 가족의 케어는 기본적으로 가족의 책임이었고, 장기요양 욕구를 해결할 능력이 안 되는 소수의 요보호대상자만 정부 공공부조 프로그램의 혜택을 받았다.

독일이 오랜 논의 끝에 장기요양보험을 실시한 가장 큰 이유는 건강보험 재정적자와 지방정부 장기요양비용의 급증 때문이었다. 고령화로 의료적 서비스가 필요한 노인이 증가하자 건강보험의 노인진료비가 크게 증가했고, 같은 이유로 지방정부의 공공부조 지출이 증가하여 지방정부의 재정에도 적신호가 들어왔다.

장기요양보험은 이런 재정적 압박의 대안이었다. 이는 독일 장기요양보험의 목적, 즉 국가와 지방정부의 장기요양 재정부담 경감, 공공부조의 비중과 부담 경감, 가정기반서비스와 지역사회기반서비스의 확충, 비공식적 가족 케어 제공자의 역할 증대에 잘 나타나 있다(American Academy of Actuaries, 2015).

독일의 장기요양보험은 공적연금이나 건강보험처럼 보편적 사회보장시스템의 하나로 운영된다. 건강보험과 연계되어 건강보험 수급자는 자동으로 장기요양보험 수급자가 된다. 진료와 장기요양이 분리되어 진료는 건강보험, 장기요양은 장기요양보험이 책임진다. 장기요양보험은 요양시설 케어 비용과 가정케어 비용을 지급한다.

장기요양보험법은 장기요양이 필요한 사람을 신체적·정신적 질병 또는 장애를 가진 사람으로서 최소 두 가지 이상의 ADL과 한 가지 이상의 IADL의 도움이 장기간(최소 6개월) 필요한 사람으로 규정하고 있다. 수급자로 인정되면(ADL 기준은 건강보험 소속 의사와 간호사가 판단), 가정케어와 시설케어를 선택할 수 있다. 가정케어 수급자는 현물급여와 현금급여의 선택권이 있다. 가정케어 제공자가 휴가 갈 경우 사회보험이 전문 케어 제공자를 파견(비용은 사회보험이 지급)하고, 가정케어 제공자의 연금보험료도 장기요양보험이 부담한다(Schulz, 2010). 모든 케어 비용을 커버하지만 식비와 숙박비는 예외로 자부담이다.[3]

3) 시설케어비용에서 식비와 숙박비를 본인에게 부담시킨 것은 시설케어 수급자와 가정케어 수급자 간의 형평성을 고려했기 때문이다. 가정케어 수급자가 식비와 숙박비를 제외한 케어서비스를 받고 있는데, 시설케어 수급자에게 식비와 숙박비를 지급하는 것은 형평에 맞지 않았다.

독일에서 민간요양보험의 비중은 미미하다. 장기요양보험의 적용범위가 보편적이고 케어 범위도 넓어 구태여 고가의 민간보험을 통해 요양비용을 해결할 이유는 없기 때문이다.

한편 일본이 장기요양보험(개호보험)을 도입한 이유도 독일과 별반 다르지 않다. 고령화로 늘어난 노인 환자가 건강보험 피보험자로서 병원 입원 무료 혜택을 받아 병원 병상의 거의 절반을 차지했다. 급증하는 노인의료비는 건강보험 재정을 위협했다. 노인 의료비 증가와 건강보험 재정악화에 대처하기 위해 일본 정부는 요양원 병상, 노인데이케어센터, 가정 건강케어를 확충하는 이른바 사회적 입원 정책(social hospitalization policy)을 실시했다. 아울러 2000년 법정 개호보험을 실시했다.

일본 개호보험은 중앙정부가 요양서비스 가격과 급여기준을 결정하고, 지방정부가 수급자격과 급여여부를 결정하는 시스템이다. 수급자는 65세 이상 노인과 40~64세 장애가 있는 사람으로서 지방정부가 임명한 전문가가 수급자격이 있다고 판정한 사람이다. 수급자는 가정케어와 시설케어 모두 받을 수 있다. 독일과 달리 현금급여는 없다. 독일과 같은 이유로 일본의 민간장기요양보험은 입지가 좁다. 정부의 개호보험을 보충하는 정도이다(American Academy of Actuaries, 2015).

3) 민간장기요양보험

장기요양 부문에서 민간보험이 발달하지 못한 데는 이유가 있다. 장기요양이 보험사고의 하나가 되는지 의심스럽고, 도덕적 해이와 역선택의 발생 가능성이 상당히 높으며,[4] 전통적으로 장기요양은 정부의 책임이라는 인식이 강하기 때문이다.

민간보험으로 장기요양 수요에 대처하는 대표적인 나라가 미국이다.[5] 미국에는 장기요양이 필요한 사람을 대상으로 한 장기요양보험 상품이 많다. 미국인이 다

---

4) 역선택(adverse selection)은 건강상태가 안 좋은 사람이 그런 사실을 감춘 채 건강보험에 가입하여 많은 혜택을 봄으로써 다른 피보험자와 보험회사에 손해를 끼치는 것을 방지하기 위해 보험회사가 질병 발생 위험이 큰 사람을 보험가입에서 배제하는 것이고, 도덕적 해이(moral hazard)는 어떤 사람이 보험에 가입했다 하여 보험에 가입하기 전보다 위험을 예방하려는 노력을 덜 하여 결국 다른 가입자와 보험회사에 손해를 주는 것이다.

5) 미국 이외에 프랑스나 독일에서도 민간요양보험이 판매되고 있지만, 가격이 비싸 일부 경제적으로 여유 있는 계층만 구입하고 있다.

른 나라 사람에 비해 민간장기요양보험에 많이 가입하는 이유는 공적인 장기요양보험(사회보험) 시스템이 없고, 장기요양이 건강보험 적용범위에서 제외되어 있으며, 장기요양서비스 비용이 매우 비싸기 때문이다.[6)]

미국의 민간장기요양보험은 주로 생명보험회사에서 취급한다. 민간장기요양보험이 커버하는 장기요양서비스는 요양원, 재가서비스, 노인데이케어, 호스피스 등 매우 다양한데, 요양원서비스와 재가서비스를 모두 커버하는 상품도 있고, 요양원서비스만 커버하는 상품과 재가서비스만 커버하는 상품도 있다. 민간장기요양보험은 임의보험이기 때문에 원하는 사람 누구나 가입할 수 있지만, 정신질환자(치매 환자는 예외), 알코올중독자, 약물중독자는 가입할 수 없다.

민간장기요양보험 가입은 회사를 통해 단체로 하거나 개인이 임의로 한다. 회사를 통한 단체가입의 경우 회사가 보험료의 일부를 지원한다(회사가 기업복지 차원에서 근로자에게 제공하는 부가급여). 장기요양보험 보험료는 세금감면 혜택이 있다. 수급자가 되기 위해서는 ADL 기준을 충족하거나 인지장애가 있어야 한다. 보험회사가 가입자에게 지급하는 보험금은 일반적으로 정액제(서비스 내용과 무관하게 매일 일정액을 지급하는 방식) 또는 정률제(서비스 비용 총액의 일정 비율을 지급하는 방식)로 계산된다(NAIC, 2013).

미국의 민간장기요양보험은 워낙 고가라 가입자가 많지는 않다(700~900만 명 정도로 추산). 미국인 다수는 선진국 국민답지 않게 가족, 친구, 이웃 등 비공식적 케어에 의존하고 있다(천만 명 이상). 공공부문이 장기요양 수요를 충족시키지 못하고 있기 때문이다.

미국의 공공 장기요양 프로그램은 메디케어와 메디케이드가 있다. 연방 프로그램인 메디케어는 사회보장연금 수급자(65세 이상)를 대상으로 요양원 서비스와 가정건강케어 서비스만 지원한다(개인적 관리 케어는 제외).[7)] 수급기간도 제한적이다. 장기

6) 미국 요양원 입소비는 연평균 7만 달러이다. 뉴욕 소재 요양원의 입소비는 연평균 10만 달러를 넘는다.

7) 메디케어는 원래 중증환자의 퇴원 후 케어를 위한 단기요양서비스만 지원했다. 장기요양을 지원하기 시작한 것은 1989년부터다. 이때부터 가정케어가 필요한 사람을 위한 가정방문 케어와 중증환자의 퇴원 후 케어를 위한 단기 가정케어가 증가했다. 이는 병원 입원비를 줄이는 효과가 있었다.

요양이 필요한 노인환자가 아니라 중증질환자의 회복에 필요한 케어에 초점을 두기 때문에 요양시설 이용은 100일만 가능하다(21~100일 사이에는 상당한 자부담이 있다). 메디케어 수급자의 장기요양 비용은 메디케어가 요양시설에 직접 지불한다. 메디케이드는 연방정부와 주정부가 재정을 공동 부담하고, 운영은 지방정부가 하는 공공부조 프로그램이며, 수급자가 되기 위해서는 자산조사를 받아야 한다(American Academy of Actuaries, 2015).

미국에서 장기요양서비스를 받는 사람(요양원, 기타 요양시설, 가정 건강케어 이용자)의 수는 2000년 천5백만 명에서 2050년 2천7백만 명으로 증가하고, 65세 이상 노인의 2/3가 장기요양서비스 수요자가 될 것으로 예상되고 있다. 미국 인구센서스국 추계에 의하면, 가장 큰 수요자인 85세 이상 초고령자(oldest old)의 수는 2015~2050년 사이에 거의 3배(630만 명에서 천7백6십만 명으로 증가. 인구의 4.5%)로 증가할 전망이다(US DHHS, 2013).

이상에서 보듯이 미국은 공공–민간 병행 시스템으로 장기요양 수요에 대응하고 있다. 하지만 민간 프로그램은 중산층에게도 부담이 될 정도로 비싸고, 공공 프로그램은 매우 제한적이다. 많은 미국인들은 가족, 친구, 지역사회의 도움에 의존하고 있다. 개개인이 사전에 대비하지 않으면 노후에 선택지가 매우 좁은 것이 현실이다.

Summery 장기요양비용의 조달방법

방 법	내 용
조세	• 안전망 방식 • 빈민이나 무의무탁 노인 등 장기요양 비용을 부담할 능력이 안 되는 소수의 사람 대상 • 장기요양 급여는 공공부조 프로그램의 하나로 제공되고, 수급자격을 얻기 위해서는 자산조사를 거쳐야 함
장기요양보험	• 노령이나 기타 질병에 의해 거동이 불편하여 타인의 도움과 보호가 필요한 사람을 장기간 케어 하는 데 소요되는 비용을 조달하기 위한 사회보험 • 실시 국가 : 독일, 네덜란드, 일본, 한국 • 고령화로 인한 정부와 건강보험의 재정 부담을 경감하기 위한 조처
민간장기요양보험	• 생명보험회사의 보험상품 • 적용대상 : 요양원, 재가서비스, 노인데이케어, 호스피스 • 가입 : 단체가입(회사) 또는 개인 임의가입 • 단체가입의 경우 회사가 보험료의 일부 지원 • 보험료 세금감면 혜택

4 한국의 노인장기요양보험

1) 도입과정

2001년 5월 보건복지부는 건강보험재정 안정대책을 발표했다. 보건복지부는 건강보험 제도개선의 하나로 “치매, 뇌졸중, 중증 정신질환 등 만성질환 노인을 위한 장기노인요양보험 도입 및 장기요양시설 확충”을 제안하였다. 우리나라에서 노인장기요양보험이 최초로 공식적으로 거론된 것이다.

당시 한국의 고령화 정도는 선진국에 비해 낮았기 때문에 노인장기요양보험의 신설은 시기상조라는 지적도 있었다. 그러나 2020년경에는 고령화사회에 도달할 것으로 예상되고, 무엇보다도 고령화 속도가 선진국에 비해 대단히 빨랐으며, 게다가 핵가족화, 여성의 사회참여 확대, 부양의식의 변화 등 노인부양과 관련된 환경이 크게 변화될 것으로 전망되었고, 서구에 비해 가족수발의존도가 현저히 높은 실정을 감안할 때 노인장기요양보험의 도입은 불가피하다는 의견이 우세했다.

보건복지부도 고령화가 의료수요의 급증을 가져올 것으로 예상했다. 고령화로 뇌혈관질환, 암, 고혈압, 당뇨병, 치매 등 만성퇴행성질환이 크게 증가하고, 이에 따라 재가의료(간호), 장기이식 및 인공장기 투입, 노인장기요양 등 보건의료서비스 수요가 늘어날 것으로 보았다.

사실 정부가 노인장기요양보험의 도입에 관심을 보인 가장 큰 이유는 건강보험의 재정적자 때문이었다. 건강보험의 지출에서 노인진료비가 차지하는 비중은 상당히 크고, 고령화와 함께 그 비중은 더욱 커질 전망인데, 이런 점에서 장기요양을 요하는 노인의 요양비용을 건강보험에서 분리하여 별도의 사회보험으로 해결하는 것은 유력한 대안이 될 수 있었다.

아울러 지역의 요보호노인을 대상으로 노인복지서비스의 행·재정적 책임을 지고 있는 지방자치단체에게도 노인장기요양보험은 매력적이었다. 왜냐하면 지방자치단체로서는 지역의 요보호노인을 위한 요양시설을 건립하는 데 필요한 토지와 건축비 조달은 그리 어렵지 않은 데 비해(토지는 지방자치단체 소유의 토지를 활용하면 되고, 시설건축비는 한 해 예산에서만 조달하면 되므로), 요양시설의 유지·관리에 필요한 운영비용, 즉 인건비, 의약품비, 기타 경상경비를 매년 조달하는 것은 제한된 지방자치단체의 예산에 비추어 볼 때 상당한 부담으로 작용하기 때문이다. 노인장기요양보험이 신설되어 장기요양시설 입소가 필요한 피보험자의 시설이용비용을 책임진다면 지방자치단체는 시설운영비용의 부담에서 항구적으로 벗어날 수 있었다.

그리하여 정부는 2001년 8·15 대통령 경축사에서 노인요양보장제도의 도입을 천명하였고, 2002년 7월 보건복지부의 국무회의 보고(노인보건복지종합대책)에서 공적노인요양보장체계의 구축과 시행을 제시하였다.

노인요양보험제도가 보다 구체화된 것은 '참여정부' 들어서였다. 노무현 대통령은 대선 공약의 하나로 노인요양보험제도의 시범실시 후 공적노인요양보장제도의 도입을 제시했고, 2003년 2월 보건복지부는 대통령직인수위 보고 시 요양보호노인을 위한 공적제도의 도입 추진을 밝혔다. 같은 해 4월 보건복지부는 대통령 업무보고에서 2007년 시행을 목표로 공적노인요양보장제도의 도입 추진을 보고했다. 그 전인 3월 이미 보건복지부는 공적노인요양보장추진기획단을 구성해 운영에 들어갔다. 그리고 2004년 1월 국정과제회의 주요안건으로 공적노인요양보험제도의 2007년 도입 추진이 보고되었으며(동시에 '참여복지 5개년 계획'에도 포함), 2004년 3월 공적노인요양보장제도 실행위원회 및 실무기획단이 구성되었다.

2008년 5월에는 당정협의를 통해 노인요양보장제도 기본 안이 확정되었다. 사회보험방식(관리운영은 건강보험공단이 담당)으로 운영하고, 제도 시행여건을 감안해 시행시기를 2007년에서 2008년으로 1년 연기하는 방침을 정했다. 이어서 동년 9월에 공청회를 거쳐 10월 법안이 입법예고 되었으며, 2006년 2월 국무회의를 통과했다. 아울러 사업의 시행착오를 줄이기 위해 3단계에 걸친 시범사업이 실시되었다. 2005년 7월 1차 시범사업이 실시되었는데, 대상지역은 광주 남구, 수원, 강릉, 안동, 부여, 북제주군 등 6개 시군구였다. 2006년 4월부터는 2차 시범사업이 실시되었다. 대상지역은 1차 6개 시범지역에 부산 북구, 전남 완도가 추가된 모두 8개 시군구였다. 2007년 5월에는 3차 시범사업이 시작되었는데, 대상지역은 2차 8개 시범지역에 인천 부평구, 대구 남구, 청주, 익산, 하동 등이 추가된 13개 시군구였다.

이런 과정을 거쳐 2007년 4월 「노인장기요양보험법」이 국회 본회의를 만장일치로 통과하고, 법률이 공포됨으로써 2008년 7월부터 노인장기요양보험제도가 시행되었다.

2) 적용대상

노인장기요양보험의 대상자는 65세 이상 노인 또는 65세 미만 노인성 질환자(치매, 중풍 등)로서 거동이 현저히 불편하여 장기요양이 필요한 자이다. 대상자 여부는 등급판정위원회에서 판정한다. 등급판정위원회는 장기요양인정 및 등급판정을 위한 심의기구로서 지역단위(시·군·구)별로 설치하고, 위원은 15인 이내로 구성한다. 장기요양등급은 장기요양등급 신청인의 신청을 받아 소정의 교육을 이수한 간호사, 사회복지사, 물리치료사 등으로 구성된 건강보험공단 소속 장기요양 직원이 신청인 거주지를 방문하여 신청인을 장기요양인정조사표로 조사한 결과를 토대로 산정한다.

장기요양인정조사는 ADL과 IADL을 포함한 신체기능, 인지기능, 행동변화, 간호처치, 재활영역 등 5개 영역을 대상으로 한다. 원래 장기요양 등급은 3등급체계였으나 2014년 7월 노인장기요양 등급체계 개편으로 5등급체계로 확대되었다. 각 등급은 장기요양인정점수로 산정되는데 95점 이상이 1등급, 94-75점이 2등급, 74-60점이 3등급, 59-51점이 4등급, 50-45점이 5등급이다. 44점 이하는 등급 외로 장기요양 수급대상에서 제외된다.

〈표 10-1〉 **장기요양 등급**

장기요양 등급	심신의 기능상태	장기요양인정 점수
1등급	심신의 기능상태 장애로 일상생활에서 전적으로 다른 사람의 도움이 필요한 자	95점 이상
2등급	심신의 기능상태 장애로 일상생활에서 상당 부분 다른 사람의 도움이 필요한 자	75-94점
3등급	심신의 기능상태 장애로 일상생활에서 부분적으로 다른 사람의 도움이 필요한 자	60-74점
4등급	심신의 기능상태 장애로 일상생활에서 일정 부분 다른 사람의 도움이 필요한 자	51-59점
5등급	치매환자(노인장기요양보험법 시행령에 따른 노인성 질병으로 한정)	45-50점

3) 장기요양급여

장기요양급여는 6개월 이상 동안 혼자서 일상생활을 수행하기 어렵다고 인정되는 자에게 신체활동·가사활동의 지원 또는 간병 등의 서비스나 이에 갈음하여 지급하는 현금 등을 말한다. 장기요양인정으로 판정을 받은 대상자는 재가급여(방문요양, 방문목욕, 방문간호, 주야간보호, 단기보호 등), 시설급여, 특별현금급여 등 세 가지 형태의 서비스를 받을 수 있다.

재가급여는 가정에서 요양보호사와 간호사 등이 제공하는 식사 도움, 화장실 도움, 세면, 목욕, 말 벗, 외출동행, 간호서비스, 집안 청소 등 일상 가사지원서비스를 말한다. 그리고 하루 중 일정 시간 동안 주야간보호시설을 이용한 기본적 요양서비스, 신체 또는 정신 기능 유지 및 기능 향상 프로그램 등에의 참여, 가족 등이 불가피하게 일정 기간 동안 집을 비워야 할 경우 노인을 단기보호시설에 입소시켜 요양서비스를 제공하는 것도 재가급여에 포함된다.

시설급여는 요양에 필요한 시설과 설비 및 전문인력을 갖추고 있는 노인요양시설에 장기간 입소하여 전문요양서비스를 받게 하는 것이다. 특별현금급여는 도서벽지 지역 등 요양시설이 없어 불가피하게 가족 등으로부터 요양을 받는 경우에 지원되는 현금급여이다.

〈표 10-2〉 요양급여의 종류

급 여	내 용	
재가급여	가사지원	요양보호사와 간호사 등이 제공하는 식사 도움, 화장실 도움, 세면, 목욕, 말벗, 외출동행, 간호서비스, 집안 청소 등
	방문목욕	목욕장비를 갖추어 노인을 방문하여 목욕서비스 제공
	방문간호	의사의 지시를 받은 간호사가 노인을 방문하여 간호서비스 제공
	주야간보호	하루 중 일정 시간 동안 주야간보호시설을 이용하여 기본적 요양서비스 제공
	단기보호	단기보호시설에 입소시켜 요양서비스 제공
시설급여	노인요양시설	요양에 필요한 시설과 설비 및 전문인력을 갖추고 있는 노인요양시설에 장기간 입소시켜 전문요양서비스 제공
	노인그룹홈	
특별 현금급여	가족요양비	도서벽지 지역 등 요양시설이 없어 불가피하게 가족 등으로부터 요양을 받는 경우에 지원되는 현금급여
	특례요양비	요양인정자가 요양서비스 제공기관으로 지정되지 않은 시설 이용 시 요양서비스비용의 일부 지급(양로원, 장애인복지시설 등)
	요양병원요양비	요양인정자가 노인복지법상 노인전문병원 또는 의료법상 요양병원 입원 시 간병비(간병인 이용비)의 일부 지급

보건복지부(2006)는 요양급여의 기본원칙을 다음과 같이 정한 바 있다. ① 요양서비스는 노인 등의 심신상태 및 생활환경과 노인 등 및 그 가족의 욕구와 선택을 종합적으로 고려하여 실시하되 필요한 범위 안에서 적정하게 실시하여야 하고, ② 노인 등이 가족과 함께 생활하면서 가정에서 수발을 받는 재가수발급여가 우선적으로 실시되어야 하며, ③ 노인 등의 심신상태나 건강 등이 악화되지 않도록 의료서비스와 연계하여 실시한다.

4) 재정

노인장기요양보험의 재정은 노인장기요양보험료, 국가지원, 본인일부부담으로 충당된다. 노인장기요양보험료는 건강보험 가입자(직장가입자, 지역가입자)가 부담하며, 건강보험료액에 노인장기요양보험료율을 곱하여 산정된다. 노인장기요양보험료는 건강보험료와 통합 고지되고, 징수 후 노인장기요양보험료와 건강보험료는 각각의 독립회계로 관리된다. 노인장기요양보험료율은 장기요양위원회의 심의를 거쳐 대통령령으로 정하게 되어 있다. 장기요양위원회는 보건복지부 장관 소속 심의기구(위원장 보건복지부 차관)로서 근로자단체, 사용자단체, 시민단체, 노인단체, 농어민단체, 자영업자단체 등 적용대상자 대표들과 의료계 등 장기요양기관 대표, 학계, 고위공무원단 소속 공무원, 공단 추천자 등 공익 대표로 구성된다.

국가는 보험료예상수입액의 20%(국고) 및 의료급여수급권자의 장기요양급여비용(국가와 지자체가 각각 분담)을 부담한다. 본인일부부담은 시설급여서비스 비용의 20%, 재가급여서비스 비용의 15%이다(원래 정부안에는 시설급여와 재가급여 모두 비용의 20/100으로 하는 것으로 되어 있었으나 국회 입법과정에서 수정되었다). 소득·재산이 일정금액 이하인 저소득층은 본인일부부담금을 1/2로 경감(시설급여 10%, 재가급여 7.5%)받으며, 국민기초생활수급노인은 무료이다.

〈표 10-3〉 노인장기요양보험의 재정

구 분	내 용
노인요양보험료	• 건강보험 가입자 부담 • 건강보험 보험료율 × 노인장기요양보험료율 • 건강보험료와 통합 고지
국가부담	• 보험료 예상수입액의 20%(국고) • 의료급여수급권자의 장기요양급여비용(국가와 지자체가 각각 분담)
본인부담	• 시설급여서비스 비용의 20%, 재가급여서비스 비용의 15% • 저소득층은 본인일부부담금 1/2로 경감 • 국민기초생활수급노인은 무료

CHAPTER

11 호스피스

1 호스피스의 역사

호스피스(hospice)는 만성병, 중증질환, 시한부 환자의 고통과 증상을 완화시키고, 그들의 정서적·정신적 욕구에 관심을 기울이는 데 초점을 둔 케어의 한 형태이자 철학이다.

호스피스는 라틴어 hospes와 hospitum의 합성어이다. hospes는 접대하는 주인(host)과 접대를 받는 손님(guest) 양자를 뜻하고, hospitum은 손님에게 제공하는 편안한 장소나 공간을 뜻한다. 이 두 단어가 합쳐져 손님에게 편안한 장소나 공간을 제공하고 손님을 돌본다는 의미의 호스피스가 된 것이다.

최초의 호스피스는 11세기 유럽에서 생겨났다. 1090년대 십자군운동 시 치료할 수 없는 환자를 십자군이 설립한 시설에서 보살핀 것에서 비롯되었다. 14세기 초에는 예루살렘 성 요한 자선기사단(the Knights Hospitaller of St. John of Jerusalem)이 로도스 섬에 최초로 호스피스를 개원해 여행자에게 안식처를 제공하고 환자와 임종 환자를 보살폈다. 중세 유럽에서는 성지순례 때문에 호스피스가 상당히 성행했다. 로마가톨릭 전통에 따라 호스피스는 여행자와 순례자뿐만 아니라 병자, 부상자, 임종 환자를 돌보는 장소(places of hospitality)로 발전했다.

하지만 종교개혁으로 가톨릭의 영향력이 약화되자 호스피스도 쇠퇴하였다. 호스피스는 17세기 프랑스에서 부활했다. 성 뱅상드폴 자선수녀원(the Daughters of Charity of Saint Vincent de Paul)이 호스피스를 개원한 것이 선구적이었다. 1843년에는 잔 가르니에 부인(Madame Jeanne Garnier)이 임종 환자를 위해 리옹에 갈바리아성모호스피스(the hospice of L'Association des Dames du Calvaire)를 설립했다.

영국에서는 19세기 후반에 호스피스가 도입되었다. 1892년 런던에 35개 병상을 갖춘 호스피스가 개설되어 임종을 앞둔 결핵환자를 케어했다. 1905년에는 런던 성 요셉 호스피스(Saint Joseph's Hospice)가 설립되었다. 1950년에는 마리 퀴리 기념재단이 말기 암 환자의 케어를 위해 11개의 요양원을 설립하였다.

불치병 환자를 대상으로 병원이나 요양원 수준의 케어와 고통 완화서비스를 제공하는 시설을 현대적 호스피스라고 하면, 1967년 영국 간호사 시슬리 손더스(Cicely Saunders)가 임종을 앞둔 환자를 돌보기 위해 런던 교외에 설립한 성 크리스토퍼 호스피스(St. Christophe's Hospice)가 세계 최초라고 말할 수 있다. 그녀는 병원 봉사활동을 통해 시한부 환자가 가장 절실히 원하는 것은 고통의 완화이고, 이들을 진정으로 잘 보살피면 고통이 완화된다는 사실을 깨달았다. 그녀는 자신의 신념을 실천하기 위해 성 크리스토퍼 호스피스를 개원했다.

미국의 호스피스는 손더스의 영향을 직접 받아 설립된 1968년 뉴헤이번 호스피스가 최초였다(손더스의 미국 방문 강연이 계기). 1971년에는 코네티컷 주에서 가정 호스피스가 시작되었다. 1978년에는 호스피스의 필요성이 매스컴에 널리 알려진 것을 계기로 미국 호스피스협회가 결성되었다. 1981년에는 호스피스케어에 관한 병원표준이 마련되었고, 1983년에는 메디케어 호스피스급여(the Medicare hospice benefit)가 신설되었다. 이것은 호스피스가 사회보장급여로 편입되었음을 의미한다. 1993년 클린턴 정부는 호스피스를 보건의료 공급자로 정식으로 인정하였다.

1980년대에 들어와서 영국을 중심으로 완화의학(palliative medicine)이 정립되기 시작하였다. 완화의학은 체계적인 케어를 지향하고, 팀워크를 강조한다. 완화의학팀은 의사(종양내과의사, 정신과의사, 완화의학전문의), 간호사, 사회복지사, 치료사(재활, 음악, 미술 등), 성직자, 자원봉사자로 구성되고, 환자와 가족도 케어에 참여한다. 미국에서는 1984년 미국 호스피스・완화의학협회(the American Academy of Hospice and Palliative Medicine)가 조직되었다. 미국에서도 완화케어모델이 전파되기 시작했다.

한국의 호스피스는 1965년 강원도 강릉 마리아의 작은 자매회 소속 수녀들이 갈바리의원에서 임종 환자를 돌본 것이 최초였다. 그 후 1980년 광주 성 요한 의료봉사 수도회에서 가정호스피스 활동을 시작하였고, 1981년 강남성모병원(현 가톨릭대학교 서울성모병원)이 우리나라 최초로 호스피스병동을 개설했으며, 세브란스 암센터와 성 골롬반 의원에서는 가정 호스피스를 실시했다. 1991년에는 한국호스피스협회가 결성되었다.

2 완화케어와 호스피스

1) 완화케어

호스피스가 환자와 가족에게 제공하는 서비스가 완화케어(palliative care)이다. 완화케어는 WHO의 정의가 가장 많이 인용되고 있다.[8] WHO의 완화케어 정의는 다음과 같다.

> 완화케어는 고통과 기타 신체적 · 심리사회적 · 영적 문제를 치료함으로써 생명을 위협하는 질병과 관련된 문제에 직면한 환자와 가족의 삶의 질을 개선하는 하나의 접근방법이다. 완화케어는 고통과 참기 힘든 증상을 경감시키고, 삶과 죽음이 정상적 과정이라는 것을 주지시키고, 죽음을 망설이거나 지연시키거나 하지 않고, 환자 케어의 심리사회적 측면과 영적 측면을 통합하고, 죽음 전까지 환자가 적극적인 삶을 살도록 지원하는 시스템을 제공하고, 절망에 빠진 환자 가족을 체계적으로 돕고, 환자와 가족의 욕구를 해결하기 위해 팀 접근을 하고, 삶의 질을 개선하여 병의 진행과정에 긍정적인 영향을 주고, 화학요법, 방사선치료와 같은 생명연장치료, 환자 상태를 보다 잘 이해하는 데 필요한 검사, 환자를 힘들게 하는 임상적 합병증의 관리와 함께 제공되는 것이다.

8) WHO Definition of Palliative Care. www.who.int/cancer/palliative/definition/en (WHO 검색일 2017/11/7).

정의가 길고 복잡하지만, 요약하면 완화케어는 중증질환 또는 시한부 질병을 가진 사람의 삶의 질을 개선하기 위한 접근방법으로서 환자 개인의 의료적 욕구와 환자가 원하는 신체적·심리적·정신적 희망사항을 동시에 고려하는 포괄적 서비스이다.

완화케어는 암, 심장병, 만성폐질환, 파킨슨병, 알츠하이머병, 치매, 간질환, 말기신장병 등 다양한 형태의 질환을 가진 환자가 이용한다. 완화케어는 이런 질병을 치료하는 것이 아니라 치료과정에서 생기는 환자의 고통, 증상, 정서적 절망감을 완화시키고, 나아가 환자와 가족의 스트레스를 완화시키는 것이다. 완화케어는 환자를 편안하게 만드는 케어(comfort care)와도 다르다. 그 이상이다. 환자의 기능을 개선하고 삶의 질을 향상시키는 데 목적이 있다.

완화케어는 치료와 병행한다. 대부분의 선진국에서는 사람의 사망에 많은 의료비를 사용하고 있고, 치료를 완화케어보다 우선시한다. 치료와 완화케어는 다르다. 서로 대체할 수 없는 것이다. 바람직한 것은 치료와 완화케어를 통합하는 것이다(WPCA, 2014).

완화케어는 팀 접근을 한다. 팀에는 의사와 간호사 같은 환자의 전반적 케어를 담당하는 인력과 중증질환의 고통을 극복하는 데 도움이 되는 의료적·정서적·사회적 지지를 환자와 가족에게 제공하는 인원이 함께 일한다. 팀원의 주는 의사, 간호사, 사회복지사이고, 치료사, 약사, 영양사, 성직자 등이 보조적으로 참여한다. 환자와 가족이 참여할 수도 있다.

2) 호스피스케어

완화케어가 중증질환 환자의 고통을 완화시키고 삶의 질을 개선하는 서비스라면, 호스피스는 완화케어의 전달체계이자 완화케어의 특수한 형태이다. 완화케어가 곧 호스피스인 것은 아니다. 하지만 모든 호스피스는 완화케어를 제공한다. 호스피스는 생명이 얼마 남지 않은 시한부 환자와 치료가 불가능한 것으로 판정받은 불치병 환자를 대상으로 하지만, 완화케어는 치료를 계속해야 하는지 여부에 관계없이 모든 단계의 환자를 대상으로 한다.

호스피스 환자는 말기 암 환자가 대종을 이룬다. 호스피스 환자를 구체적으로 예시하면, 불치병으로 진단받은 자, 임종이 3~6개월 이내로 예견되는 환자, 통증 완화 및 증상관리가 필요한 환자, 주치의나 호스피스 담당자가 추천한 자로서 의사소통이 가능하고 의식이 명료한 환자, 수술·항암요법·방사선요법으로 더 이상 치료 효과를 기대하기 어려운 환자, 가족이나 친지가 없어 호스피스의 도움이 필요한 것으로 인정된 환자 등이다(노유자, 2000).

호스피스케어는 환자의 삶의 질의 개선, 존엄성의 유지, 환자의 여생을 가능한 한 편안하게 만드는 데 초점을 둔다. 고통의 완화와 삶의 질의 개선은 호스피스케어와 완화케어의 공통된 목표이다.

환자가 호스피스 시설에 입소하면 의료적 치료는 중단된다. 그렇다고 모든 치료가 중단된다는 것은 아니다. 예컨대 환자의 혈압이 높으면 혈압강하제를 처방받아 투약한다. 호스피스 시설에의 입소는 환자와 가족의 자유이기 때문에 환자와 가족은 호스피스 서비스가 불만스러우면 언제든지 떠날 수 있다.

호스피스케어의 특징은 총체적(holistic)이라는 것이다. 호스피스는 질병을 다루는 것이 아니라 사람 전체(the whole person)를 다룬다. 또 환자뿐만 아니라 환자 가족의 욕구도 중시한다. 호스피스 팀이 제공하는 서비스도 총체적이다. 보험, 교통, 목욕, 정서적·영적 욕구(가족 케어 제공자의 스트레스, 슬픔, 두려움)까지 보살핀다. 팀도 총체적이다. 의사, 간호사, 사회복지사, 성직자, 약사, 간호보조원, 자원봉사자, 영양사, 물리치료사 등 다분야 전문가로 구성된다.

Summery 완화케어와 호스피스케어

방 법	내 용
완화케어	• 중증질환 또는 시한부 질병을 가진 사람의 삶의 질을 개선하기 위한 포괄적인 접근방법 • 환자 개인의 의료적 욕구와 환자가 원하는 신체적 · 심리적 · 정신적 희망사항을 동시에 고려
호스피스케어	• 완화케어가 중증질환 환자의 고통을 완화시키고 삶의 질을 개선하는 서비스라면, 호스피스는 완화케어의 전달체계이자 완화케어의 특수한 형태 • 호스피스는 생명이 얼마 남지 않은 시한부 환자와 치료가 불가능한 것으로 판정받은 불치병 환자를 대상으로 하지만, 완화케어는 치료를 계속해야 하는지 여부에 관계없이 모든 단계의 환자를 대상으로 함

3 호스피스의 유형과 서비스 종류

호스피스케어는 서비스가 제공되는 장소에 따라 가정 호스피스와 시설 호스피스로 나뉜다. 가정 호스피스는 임종 환자를 가정에서 가족이 케어하는 것이다. 호스피스 시설에 가기를 싫어하는 환자와 가족이 선택한다. 가정 호스피스는 가정에서 환자를 케어한다는 점에서 가정간호(home health nursing)와 유사하다. 하지만 양자는 다르다. 숙련된 의료서비스가 필요한 환자는 가정간호를 받아야 한다. 심장병 회복기에 있는 환자, 정맥주사를 맞아야 하는 환자가 그렇다. 반면에 호스피스케어는 시한부 환자, 치료가 아니라 완화케어가 필요한 사람을 대상으로 한다.

시설 호스피스는 임종 환자 또는 시한부 환자를 대상으로 특정한 건물이나 시설을 만들어 호스피스케어를 제공하는 것이다. 호스피스 시설은 호스피스를 전문으로 하는 호스피스 시설뿐만 아니라 병원, 요양원, 건강 케어기관 또는 간호협회가 운영하는 호스피스 시설도 있다. 대부분의 사람들이 호스피스를 전문 호스피스 시설의 영역으로 생각한다. 하지만 미국은 예외적으로 가정 호스피스가 시설 호스피스보다 더 많다. 호스피스 전문시설의 고비용 때문이다.

우리나라의 호스피스는 다음에서 보듯이 산재형, 병동형, 재가형, 독립형 호스피스 및 호스피스 전용병원이 있다.

- **산재형 호스피스** : 병원 내 일반 환자와 말기 환자가 섞여있는 상태에서 호스피스케어가 제공된다.
- **병동형 호스피스** : 병원 내 호스피스 환자만을 위한 병동이 별도로 설치되어 있다.
- **재가형 호스피스** : 경제적인 이유로 가정에 거주하는 말기 환자에 대한 호스피스케어이다.
- **독립형 시설 호스피스** : 병원 외부에 독자적인 호스피스 시설을 갖추고 호스피스 서비스를 제공한다.
- **호스피스 전용병원** : 독립형 호스피스 병원에 병동형과 가정형의 장점을 모두 갖추고 전문적인 케어를 제공하는 종합적 호스피스이다.

호스피스가 제공하는 서비스의 종류는 매우 다양하다. 일반적인 호스피스케어 서비스는 다음과 같다.

- 의사, 간호사, 사회복지사, 성직자 등 여러 분야의 전문가가 참여하는 팀 서비스를 제공한다.
- 24시간 종일, 일주일 내내 서비스를 제공한다.
- 약물치료이다. 메스꺼움, 통증, 호흡곤란, 불안초조, 기타 증세를 완화시키는 약물을 투여한다.
- 의료용 침대, 휠체어 등 의료장비를 제공한다.
- 가족을 지원한다. 가족에게 정서적인 지지를 보내고, 주사 놓기, 옷 갈아입기 등 케어방법을 가르친다.
- 환자 증상이 악화되어 가정에서 케어하기 힘들면 환자를 병원에 이송해 적절한 의료적 처치를 받도록 한다.

- 가족 케어 제공자에게 일시적으로 휴가를 주어 쉬게 한다.
- 자원봉사자를 보내 환자 친구가 되게 한다.
- 환자가 사망한 뒤 가족 케어 제공자에게 조의상담서비스를 제공한다.

호스피스케어는 서비스 내용별로 크게 두 가지로 나눌 수 있다. 하나는 통증과 증상의 완화이고, 다른 하나는 정서적 지원과 정보의 제공이다(김기태 외, 2009 : 430).

- **통증과 증상의 완화** : 호스피스케어의 가장 중요한 부분으로서 환자의 고통과 병으로 인한 증상을 완화시켜주는 서비스이다. 통증관리는 의학적 고통완화제 투약이 핵심이므로 의료적 감독(의사)이 필요하다. 의학적 완화치료와 병행해 음악, 미술, 애완동물, 연구치료, 마사지, 운동 등 비의학적 방법이 제공된다.
- **정서적 지원과 정보의 제공** : 가족이 환자의 임종을 준비하는 과정에서 겪어야 하는 정서적 문제에 잘 대처할 수 있도록 정서적 지원과 상담을 제공한다. 또한 장례, 매장, 유언, 장기기부 등과 관련된 실제적인 문제에 관한 구체적인 정보를 제공함으로써 말기 환자와 가족이 임종을 준비하는 것을 돕는다.

Summery **호스피스케어서비스의 내용**

서비스	내 용
통증과 증상의 완화	• 환자의 고통과 병으로 인한 증상을 완화시켜주는 서비스 • 통증관리는 의학적 고통완화제 투약이 핵심. 의사의 의료적 감독 필요. 음악, 미술, 애완동물, 연구치료, 마사지, 운동 등 비의학적 방법도 제공
정서적 지원과 정보의 제공	• 가족이 환자의 임종을 준비하는 과정에서 겪어야 하는 정서적 문제에 잘 대처할 수 있도록 정서적 지원과 상담 제공 • 장례, 매장, 유언, 장기기부 등과 관련된 실제적인 문제에 관한 구체적인 정보제공

4 호스피스 팀

호스피스케어에서 주된 보호자(guardians)는 가족 케어 제공자와 호스피스 간호사이다. 가족과 간호사가 호스피스케어의 가장 중요한 담당자라는 것이다. 하지만 호스피스케어는 이들만 하는 게 아니다. 많은 전문가와 성직자, 자원봉사자도 참여한다. 호스피스케어는 일종의 팀워크이다. 호스피스케어 참여하는 팀원과 그들의 역할은 다음과 같다.

- **의사**(primary physician) : 팀원에게 환자의 병력을 설명하고, 팀원과의 정기적인 소통을 통해 진료를 감독한다. 약물투여, 검사를 지시하고, 호스피스 진료책임자와 함께 환자별 의학적 개입수준을 결정한다.
- **호스피스 의사**(hospice physician) : 통증과 증상의 통제에 관한 노하우를 제공한다. 호스피스 팀과 의사와 긴밀히 협력하여 적절한 의학적 개입을 결정한다. 필요하면 환자 가정을 방문한다. 케어플랜, 지시사항, 환자와 가족에 대한 상담을 슈퍼비전 한다.
- **간호사** : 환자와 가족의 정기적 방문(가정방문 또는 요양시설 방문), 전화서비스(하루 24시간, 일주일 내내), 통증 · 증상 · 영양상태 · 대소변기능 · 안전 · 심리사회적 · 영적 관심사항에 대한 사정, 환자와 가족을 대상으로 한 교육(병의 진행, 약의 사용, 일상생활 케어 욕구, 전반적 케어플랜에 관한 교육), 환자와 가족에 대한 정서적 지지를 담당한다.
- **사회복지사** : 사정을 통해 환자와 가족의 실제적 욕구와 상담 욕구를 파악해 충족시키고, 퇴원계획을 작성하고, 환자 사망 시 장례절차를 준비하고 조정한다. 지역사회 사회복지기관(공공 및 민간)과 협력하고, 환자 가족이 재정적 지원을 받을 수 있도록 돕고, 법적 문제에 대응하는 것을 지원한다. 가족 간 소통이나 슬픔의 진정을 위한 상담을 하고, 환자와 가족의 불안, 우울, 역할 변화, 케어 제공자 스트레스를 사정한다.

- **성직자** : 환자와 가족을 대상으로 한 영적 상담(희망, 삶의 의미, 절망, 공포, 용서, 삶의 목표 상실 등)을 담당한다. 환자와 가족이 종교적 활동을 지속할 수 있도록 돕고, 병, 죽음, 슬픔을 수습할 수 있는 종교적·영적 신념을 견지하도록 돕는다. 환자와 가족의 종교적 활동을 호스피스 팀원들이 이해하도록 설명한다. 장례행사와 추모행사를 집행하고, 호스피스 직원을 대상으로 한 영적 상담도 한다.
- **자원봉사자** : 가족에게 잠시 쉴 수 있는 시간을 준다. 환자 가족의 가사와 생필품 쇼핑, 환자의 지역사회 활동, 자서전 집필, 편지쓰기, 안마치료, 지역사회교육과 외부활동을 돕는다. 호스피스 사무를 돕는 일도 한다.

Summery 호스피스 팀원의 역할

팀 원	역 할
의 사	팀원에게 환자의 병력 설명, 팀원과의 정기적인 소통을 통한 진료의 감독, 약물투여와 검사의 지시, 환자별 의학적 개입수준의 결정
호스피스 의사	통증과 증상의 통제에 관한 노하우 제공, 호스피스 팀과 의사와 협력해 적절한 의학적 개입 결정, 필요하면 환자 가정 방문, 케어플랜, 지시사항, 환자와 가족에 대한 상담의 감독
간호사	환자와 가족의 정기적 방문, 전화서비스, 통증·증상·영양상태·대소변기능·안전·심리사회적·영적 관심사항에 대한 사정, 환자와 가족 대상 병의 진행·약의 사용·일상생활 케어 욕구·전반적 케어플랜에 관한 교육, 환자와 가족에 대한 정서적 지지
사회복지사	사정을 통한 환자와 가족의 실제적 욕구와 상담 욕구의 파악과 충족, 퇴원계획 작성, 환자 사망 시 장례절차의 준비와 조정, 사회복지기관과의 협력, 환자 가족의 재정적 지원, 법적 문제 대응 지원, 가족 간 소통이나 슬픔의 진정을 위한 상담, 환자와 가족의 불안, 우울, 역할 변화, 케어 제공자 스트레스의 사정
성직자	환자와 가족을 대상으로 한 영적 상담, 환자와 가족이 종교적 활동을 지속하고, 병, 죽음, 슬픔을 수습할 수 있는 종교적·영적 신념을 견지하도록 돕는 일, 환자와 가족의 종교적 활동을 호스피스 팀원들이 이해하도록 설명, 장례행사와 추모행사의 집행, 호스피스 직원을 대상으로 한 영적 상담
자원봉사자	가족에게 휴식시간 제공, 환자 가족의 가사와 생필품 쇼핑, 환자의 지역사회 활동, 자서전 집필, 편지쓰기, 안마치료, 지역사회 교육과 외부활동 돕는 일, 호스피스 사무를 돕는 일

5 호스피스 사회복지사

호스피스뿐만 아니라 모든 사회복지서비스분야에서 직접적 서비스(direct service)를 담당하는 사회복지사는 클라이언트의 심리사회적 측면을 가장 중시한다. 호스피스도 예외가 아니다. 호스피스 시설이 사회복지사를 채용하는 이유도 클라이언트에게 심리사회적 서비스가 필요하다는 것을 인정하기 때문이다. 호스피스 사회복지사의 주된 업무는 상담과 케이스워크를 통해 환자와 가족을 심리사회적으로 지지(psychosocial support)하는 것이다.

1) 호스피스 사회복지사의 역할

호스피스 사회복지사는 환자와 가족에게 최고의 사회복지서비스를 전달하기 위한 다분야 케어플랜의 개발과 시행을 돕는다. 케어플랜의 목표는 지속적이고 포괄적인 케어를 제공하는 데 있다. 팀원으로서 호스피스 사회복지사의 역할은 다음과 같다(Social Work Policy Institute, 2010 : 4).

- 심리사회적 사정과 상담
- 환자의 대변
- 환자의 심리사회적 이슈와 가족관계에 관한 가족과 팀원 대상 교육
- 팀 협력의 증진
- 가족, 시설, 호스피스 팀원과의 연합 그룹미팅의 조정
- 병원사회복지사와의 협력
- 환자 차트의 관리와 차트 검토를 위한 팀 미팅에 참석
- 교육훈련 참가
- 호스피스 시설과 외부 의료기관 간의 협력관계 발전 및 조정
- 환자 사망 후 조의활동 지원

호스피스 사회복지사는 환자, 케어 제공자, 가족의 심리사회적 욕구를 충족시키는 데 핵심적인 역할을 한다. 환자와 가족의 생물학적 · 사회적 · 정서적 · 영적 욕구를 충족시키기 위한 케어플랜을 짤 때 사회복지사는 환자와 가족의 입장을 대변하는 역할을 하고, 환자와 가족의 욕구 중 충족되지 않고 있는 것이 무엇인지 찾아내어 케어플랜에 반영하는 일도 한다.

2) 호스피스 사회복지사의 임상적 책임

호스피스 사회복지사의 임상적 책임은 다음과 같은 세 가지로 요약된다(Social Work Policy Institute, 2010 : 5).

첫째, 사정이다. 신체상태, 사회적 네트워크, 가족, 심리사회적 · 문화적 · 영적 · 재정적 · 법적 문제, 사망 전 욕구, 가정과 환경의 안전, 학대와 방임에 대한 사정을 포함한다.

둘째, 개입이다. 특정한 증상의 완화, 환자와 가족에 대한 교육, 정부 혜택을 포함한 지역사회와 내부 자원의 동원과 이송(의뢰), 퇴원 계획, 환자와 가족의 대변, 학대와 방임의 발견, 환자 사망 후 가족을 위한 조의 상담 등이다.

셋째, 팀 지원이다. 심리사회적 자문, 환자 대변, 심리사회적 이슈, 가족관계에 관한 교육, 케어플랜의 개발, 그룹미팅(환자, 가족, 시설, 호스피스 팀 등) 등을 말한다.

6 미국의 메디케어와 호스피스

미국의 호스피스는 사회보험인 메디케어와 민간건강보험 공급자인 보험회사가 개입하고 있다. 메디케어 수급자는 메디케어가 제공하는 호스피스급여를 통해 호스피스케어서비스를 받고, 개인적으로 보험회사의 호스피스 프로그램에 가입한 사람은 보험회사와의 약정에 따라 호스피스케어서비스를 받는다.

미국 정부가 호스피스케어를 시한부 환자를 위한 휴먼케어서비스로 인정한 것은 1970년대 후반이다. 메디케어가 호스피스급여(the Medicare hospice benefit)를 신설해 메디케어 가입자에게 혜택을 주기 시작한 것은 1983년(입법은 1982년)이고, 호스피스가 정부로부터 정식으로 보건의료 공급자로 인정받은 것은 클린턴 대통령 시절인 1993년이다.

호스피스급여는 메디케어 A, 즉 병원보험(HI : Hospital Insurance)에서 제공한다.[9] 호스피스급여는 병원보험 가입자로서 의사(병원 의사 또는 호스피스 의사)로부터 호스피스 환자라는 진단을 받고(6개월 미만 시한부 환자), 메디케어가 보증하는 호스피스 프로그램에 등록을 해야 받을 수 있다. 호스피스 시설 선택권은 환자에게 있다.

메디케어가 제공하는 호스피스급여는 의사나 호스피스 의사의 진료서비스, 간호사의 가정방문 케어서비스(환자의 상태 체크 및 적절한 케어 제공), 간호보조원과 가정봉사원의 서비스(옷 입기, 목욕 등), 사회복지사의 상담서비스, 영적 지원, 의료장비(예 병원 침대), 의학용품(예 붕대, 의료용 튜브), 약품(예 증상 완화제, 진통제), 자원봉사자 지원, 물리치료, 언어치료, 작업치료, 식이요법 상담, 환자 사망 후 가족 대상 상담서비스(1년) 등이다. 민간보험회사가 지급하는 호스피스급여도 메디케어와 거의 같다. 호스피스 비용의 환자 본인부담은 일부 약품에만 약간 있을 뿐 원칙적으로 없다.

메디케어가 가정 호스피스와 시설 호스피스에 지급하는 비용은 일상적인 가정케어(routine home care), 지속적인 가정케어(continuous home care), 일반적인 입원치료(general inpatient care), 임시 입원치료(inpatient respite care) 등 네 가지 범주이다. 이 네 범주 중 일상적인 가정케어 비용이 가장 많다.

호스피스 시설의 서비스 수준이 꾸준히 개선되고 있음에도 호스피스급여를 신청하는 환자는 메디케어 수급자의 절반도 안 되고, 1/4은 임종 직전에야 신청한다.

---

9) 메디케어는 A~D가 있다, 메디케어 A는 입원서비스, 퇴원 후 요양서비스(퇴원 후 전문요양시설 입소비용), 퇴원 후 가정치료서비스(방문간호서비스 및 치료), 호스피스케어서비스를 커버하고, 메디케어 B는 병원이나 의원의 외래진료비를 커버하며, 메디케어 C는 민간보험회사가 제공하는 보건의료서비스를 커버하고, 메디케어 D는 외래 본인부담 처방 약품비용을 커버한다. 메디케어 B~D는 임의가입이다.

호스피스급여를 선택하는 사람이 많지 않는 이유는 생명연장치료(life-prolonging care)의 중단을 꺼리는 사람들 때문이다. 메디케어가 호스피스급여 신청자에게 치료중단을 요구하는 것은 아니지만, 일단 호스피스 환자로 등록이 되면 질병 치료비용은 지급하지 않는다.

메디케어 호스피스 비용은 양면이 있다. 환자를 병원에서 장기 치료하기보다는 호스피스 시설로 이송해 완화케어를 받게 함으로써 메디케어 지출을 줄일 수 있는 일면이 있고, 메디케어 환자에게 장기간 호스피스케어를 제공함으로써 메디케어 지출을 증가시키는 일면도 있다.

CHAPTER

12 한국의 노인복지시설

1 노인복지시설의 정의

우리나라 노인복지법에는 노인복지시설에 대한 정의가 없다. 노인복지사업을 포함한 사회복지사업의 모법인 사회복지사업법에는 사회복지시설에 대한 정의가 있다. "사회복지사업을 행할 목적으로 설치된 시설"이라는 정의가 그것이다. 여기에 준하면 노인복지시설은 노인복지사업을 행할 목적으로 설치된 시설이다. 이러한 정의는 너무 간략하여 내용이 거의 없다.

한 노인복지학자는 노인복지시설을 "노인복지법에 의해 노인복지사업을 행할 목적으로 설치된 시설로서 노인의 질병이나 장애 또는 주택, 경제, 가족관계 등 생활조건 상의 곤란과 가족의 부양능력 제한으로 가정에서 계속 생활할 수 없는 경우 이러한 문제해결을 도모하는 대안적 노인주거형태로서 건전한 노후생활을 계속해서 보장받을 수 있는 노인주거시설"로 정의하고 있다(현외성, 2000).

이 정의에 의하면 노인복지시설은 생활이 곤란하거나 가족의 부양능력 결여로 가정에서 생활할 수 없는 노인들을 대상으로 한 대안적 노인주거시설이다. 노인복지시설의 대상자를 특정하고 있다. 그러나 이러한 정의에도 문제가 있다. 노인복지시설을 주거시설로 한정하고 있기 때문이다. 주거시설은 생활시설을 말하는데, 노인복지시설은 생활시설뿐만 아니라 여가복지시설과 재가복지시설 같은 이용시설을 포함하고 있다.

노인복지시설에서 중요한 것은 '시설'이다. 노인복지사업을 위한 시설이 노인복지시설이라는 점에서 그렇다. 시설은 가정에 대비되는 개념이다. 다시 말해 가정에서 케어하기 곤란한 노인을 시설에서 케어한다는 것이다.

2 노인복지법과 노인복지시설

우리나라 노인복지시설은 노인복지법에 근거해 있다. 노인복지법은 1981년 최초로 제정되었는데, 선언적·훈시적이었고 내용이 별로 없었으나 여러 차례 개정되면서 노인복지에 꼭 필요한 실질적인 사항들을 담기 시작했다. 노인복지시설과 관련된 개정 내용은 다음과 같다.

- **1989년 2차 개정** : 가정봉사원사업, 노령수당 지급 규정, 노인의 생업 지원, 노인복지시설의 다원화
- **1993년 3차 개정** : 유료노인복지시설 설치 운영, 재가복지사업 종류(가정봉사원 파견사업, 주간보호사업, 단기보호사업) 명시 및 법적 근거 규정 마련
- **1997년 5차 개정** : 노인의 날(10월2일)과 경로의 달(10월) 지정, 노령수당을 경로연금으로 변경, 노인지역봉사기관, 노인취업알선기관 규정, 보건 분야를 추가한 노인복지시설의 종류와 운영체계 개편
- **2003년 9차 개정** : 실비 및 유료 노인복지시설의 설치·관리·공급 등 주택법 관련 규정의 준용 명기
- **2004년 10차 개정** : 노인학대 방지 규정
- **2007년 16차 개정** : 경로연금 삭제, 기초노령연금(현 기초연금)에 흡수 통합, 노인복지시설의 유형 변경

상기 노인복지법 개정 중 노인복지시설과 관련된 의미 있는 개정은 1989년 2차 개정과 2007년 16차 개정이다. 1989년 개정의 주요 사항은 다음과 같다.

- **재가노인을 위한 가정봉사원 사업 실시**
- **노인 취업기회 확대** : 노인의 생업을 지원하기 위해 공공시설 내 매점 설치 허가 및 전매품 판매인의 지정에 노인에게 우선권 부여
- **노인복지시설의 다양화** : 실비양로시설과 유료노인요양시설 및 노인복지주택 추가
- **노인여가시설의 내실화** : 노인복지시설과 별도로 노인여가시설(경로당, 노인교실, 노인휴양소 등) 추가

2007년 개정은 노인장기요양보험의 실시(2008년 7월)에 따른 노인복지시설의 제도적 정비에 초점을 두었다. 가장 중요한 사항은 다음과 같은 노인복지시설의 유형 변경이다.

- 노인주거복지시설을 양로시설, 노인공동생활가정, 노인복지주택으로 구분
- 노인의료복지시설을 노인요양시설, 노인용양공동생활가정, 노인전문병원으로 구분
- 재가노인복지시설 중 가정봉사원파견시설을 이용자 중심의 방문요양서비스로, 주간보호시설을 주야간보호서비스로 개편
- 재가노인복지시설을 방문요양서비스, 주야간보호서비스, 단기보호서비스, 방문목욕서비스로 분류

3 재가복지

우리나라에서는 지역사회케어를 재가복지[1]라고 한다. 시설복지가 중심이었던 우리나라 사회복지에 재가복지라는 새로운 대안이 부상한 것은 1980년대 중반이었다. 당시 정부는 산업화와 핵가족화로 가족부양에 한계가 있고, 재가복지가 시설복지보다 보호비용이 적게 들고 많은 사람들에게 혜택을 준다고 주장했다. 국민의 사회복지에 대한 욕구가 커지는 가운데 보편주의 원리에 입각한 재가복지가 더 많은 사람에게 혜택을 준다는 논리였다. 시설에 근무하는 직원을 모집하기가 어렵고, 약물이나 다른 방법으로 시설 입소자에 대한 통제가 가능해짐으로써 시설에 수용 보호해야만 할 필요성이 줄어들었으며, 요보호대상자를 지역사회에서 생활하게 만드는 것이 더 바람직하다는 정상화(normalization) 이념도 재가복지 등장의 배경이 되었다(손홍숙, 2007 : 37).

우리나라 재가복지는 1987년 한국노인복지회와 은천노인복지회에서 가정봉사원파견사업을 시범적으로 실시하면서 시작되었다. 재가복지는 1989년 노인복지법 개정에 반영되어 법적 근거를 갖게 되었으며, 가정봉사사업과 재가노인이 최초로 법률적 용어가 되었다. 이전에는 거택, 가정, 가족 등의 용어가 사용되었다(류상열, 2000 : 18). 1991년에는 가정간호사업, 1992년에는 주간보호사업, 단기보호사업 등 여러 가지 형태의 재가노인복지사업이 시작되었다.

1992년에는 정부가 지역사회복지관으로 하여금 재가복지서비스에 적극적으로 나서도록 권장하기 위해 사회복지관 부설 재가복지봉사센터를 설치하는 사업에 예산을 지원하였다. 이를 계기로 재가복지봉사센터가 크게 늘어났으며, 재가복지서비스의 주요 기관이 되었다.[2]

---

1) 재가복지는 영어로는 community care, domiciliary welfare, domiciliary care, domiciliary care services, in-home services 등 다양하게 표현되고 있다. 재가복지에 대응되는 시설보호도 residental care, residental services, institutional care, out of home services 등 여러 용어가 사용되고 있다.

2) 재가복지봉사센터는 지역사회에서 일정한 시설과 전문인력 및 자원봉사자를 갖추고 필요한 재가복지서비스를 제공하는 사회복지시설이다. 가정에서 보호를 요하는 장애인, 노인, 소년·소녀가정, 편부·편모가정 등 가족기능이 취약한 저소득 소외계층과 국가유공자, 지역사회 내에서 재가복지서비스를 원하는 사람에게 가사, 간병, 정서, 의료, 결연 등의 서비스를 제공한다.

1993년 노인복지법 개정에서는 가정봉사원 파견사업, 주간보호사업, 단기보호사업을 포함하는 재가복지사업의 종류에 관한 규정이 명시되었다. 1997년에는 재가노인복지시설 및 가정봉사원 교육훈련의무와 교육기관설치에 관한 규정이 마련되었고, 시설평가제가 도입되었다. 2003년에는 중산층과 서민층 노인을 위한 실비주간보호사업이 실시되었고, 2005년에는 재가노인복지사업 운영이 지방이양사업으로 변경되었다. 2008년에는 재가시설을 재가노인복지시설로 명칭을 통일하고, 서비스 종류별로 구분하였다. 가정봉사원파견시설, 주간보호시설, 단기보호시설 등 3분[3]되었던 재가노인복지시설이 방문요양서비스, 주야간보호서비스, 단기보호서비스, 방문목욕서비스 등 4개 유형으로 변경된 것이다.

4 노인복지시설의 유형

우리나라 노인복지시설은 노인주거복지시설, 노인의료복지시설, 노인여가복지시설, 재가노인복지시설 등 네 가지 유형이 있다. 노인주거복지시설은 양로시설, 노인공동생활가정, 노인복지주택을 포함하고, 노인의료복지시설은 노인요양시설, 노인요양공동생활가정과 같은 노인의 의료를 위한 시설이며, 노인여가복지시설은 노인복지관, 경로당, 노인교실 등 노인의 여가를 위한 시설이고, 재가노인복지시설은 가정에서 일상생활을 영위하고 있는 노인, 즉 재가노인을 대상으로 하는 노인복지시설로서 방문요양서비스, 주야간 보호서비스, 단기보호서비스, 방문목욕서비스를 포함한다.

3) 2008년 이전까지 우리나라 재가노인복지서비스는 가정봉사원파견사업, 주간보호시설, 단기보호시설로 구분되었다. 가정봉사원파견사업은 신체적·정신적 장애로 일상생활을 영위하기 곤란한 자로서 가정에서의 보호가 필요한 자를 대상으로 하며, 신체적·정신적 장애로 일상생활을 영위하기 곤란한 노인이 있는 가정에 가정봉사원을 파견하여 노인의 일상생활에 필요한 각종 편의를 제공하는 것이다. 주간보호시설은 심신이 허약하거나 장애가 있는 자로서 주간 보호가 필요한 자를 대상으로 부득이한 사유로 가족의 보호를 받을 수 없는 심신이 허약한 노인과 장애노인을 주간 시설에 입소시켜 필요한 각종 편의를 제공하는 시설이다. 단기보호시설은 심신이 허약하거나 장애가 있는 자로서 단기간의 보호가 필요한 자를 대상으로 하여 부득이한 사유로 가족의 보호를 받을 수 없어 일시적으로 보호가 필요한 심신이 허약한 노인과 장애노인을 시설에 단기간 입소시켜 보호하는 시설이다.

〈표 12-1〉 노인복지시설의 유형

시 설	내 용
노인주거복지시설	양로시설, 노인공동생활가정, 노인복지주택
노인의료복지시설	노인요양시설, 노인요양공동생활가정
노인여가복지시설	노인복지관, 경로당, 노인교실
재가노인복지시설	방문요양서비스, 주야간 보호서비스, 단기보호서비스, 방문목욕서비스

1) 노인주거복지시설

노인주거복지시설은 양로시설, 노인공동생활가정, 노인복지주택을 포함한다.

양로시설은 노인을 입소시켜 급식과 그 밖에 일상생활에 필요한 편의를 제공하는 것을 목적으로 하는 시설이다.

노인공동생활가정(그룹홈)은 노인들에게 가정과 같은 주거여건과 급식, 그 밖에 일상생활에 필요한 편의를 제공함을 목적으로 하는 시설이다.

노인복지주택은 노인에게 주거시설을 분양 또는 임대하여 주거의 편의·생활지도·상담 및 안전관리 등 일상생활에 필요한 편의를 제공하는 것을 목적으로 하는 시설이다.

〈표 12-2〉 노인주거복지시설

시 설	내 용
양로시설	노인을 입소시켜 급식과 그 밖에 일상생활에 필요한 편의를 제공함을 목적으로 하는 시설
노인공동생활가정(그룹홈)	노인들에게 가정과 같은 주거여건과 급식, 그 밖에 일상생활에 필요한 편의를 제공함을 목적으로 하는 시설
노인복지주택	노인에게 주거시설을 분양 또는 임대하여 주거의 편의·생활지도·상담 및 안전관리 등 일상생활에 필요한 편의를 제공하는 것을 목적으로 하는 시설

(1) 양로시설

양로시설은 일상생활에 지장이 없는 노인을 대상으로 급식과 그 밖에 일상생활에 필요한 편의를 제공하여 노후의 안정된 생활을 도모하는 데 목적이 있다. 입소대상은 무료입소대상자와 실비입소 대상자로 나뉜다.

- **무료입소 대상자** : 무료입소 대상자는 일상생활에 지장이 없는 65세 이상의 기초생활보장 수급대상 노인, 기초생활보장 수급대상노인이 아닌 자 중 생계를 같이 하는 부양의무자로부터 적절한 부양을 받지 못하는 자(노인보호전문기관에서 학대피해노인으로 입소의뢰를 받은 노인 및 긴급조치대상자 등)이다.
- **실비입소 대상자** : 실비입소 대상자는 일상생활에 지장이 없는 65세 이상의 자로서 정부가 정한 일정 소득 이하인 노인이다. 즉 본인과 그 배우자 및 생계를 같이 하는 부양의무자의 월소득 합산액을 가구원수로 나눈 월평균 소득액이 통계청이 고시하는 도시근로자 가구 1인당 월평균 소득 이하인 노인이다.

(2) 정부지원

양로시설은 정부의 재정지원을 받는다. 운영비 전액을 지원받는 시설도 있고 일부를 지원받는 시설도 있다.

- **전액지원시설** : 시설종사자 인건비, 관리운영비(입소자 1인당 일정액, 국고와 지방비로 조달, 건물유지비, 수용비 및 수수료, 공공요금, 난방연료비, 일반약품비, 차량유지비, 위생재료비, 특별급식비, 화재보험가입, 환경부담금, 교육여비, 제세공과금 등으로 집행)를 지원한다.
- **실비입소시설** : 전액지원시설 운영비의 50%를 지원한다. 월별 수납 비용에 한도가 있다(일정액 이상을 수납할 수 없다). 수납비용은 국가 및 지방자치단체가 각 시설의 입소자 1인에 대하여 지원하는 시설운영비에 생계비(주식비, 부식비, 연료비, 피복비)를 합산한 금액으로 한다.

(3) 유료 양로시설

유료 양로시설은 입소자로부터 입소비용의 전부를 수납하여 운영하는 양로시설 및 노인공동생활가정을 말한다. 유료 양로시설은 일반노인을 대상으로 급식, 주거의 편의 등을 제공할 목적으로 민간사업자가 전액 자부담으로 시설을 설치하고, 운영비는 입소노인의 본인부담으로 조달하여 운영하는 노인주거복지시설이다. 유료 양로시설은 입소노인에게 급식, 주거의 편의, 생활지도, 상담 및 안전관리 등 일상생활에 필요한 각종 편의를 제공한다.

우리나라에 유료 양로시설이 등장한 것은 1981년 노인복지법의 제정과 함께 양로시설의 유료화를 허가한 것 때문이었다. 1989년에는 노인복지법을 개정하여 노인복지주택의 신설을 허가하였다. 이로써 민간이 양로시설을 영리를 목적으로 운영할 수 있게 되었는데, 이전까지만 해도 양로시설은 무의무탁 노인을 위한 시설로서 영리를 목적으로 운영한다는 것은 생각하기 어려웠다. 그리고 1993년에는 종전의 노인복지주택을 실비 노인복지주택으로 명칭을 변경하고, 유료 노인복지주택(임대형)의 신설을 허용하였다. 또한 경제행정규제완화시책의 일환으로 사회복지법인 이외에 민간기업체나 개인에게도 노인복지시설을 설치·운영할 수 있도록 완화하였다(국가 또는 지방자치단체, 사회복지법인, 비영리법인, 민간기업체, 개인 등이 운영 가능). 나아가 1997년부터 유료노인복지주택 분양을 허용하였다.

유료 양로시설의 설치와 운영은 노인복지법과 건축법의 적용과 규제를 받는다. 노인복지법은 양로시설의 설치신고, 시설·설비·직원자격·직원배치·시설운영 기준 등 시설의 설치·운영에 관한 일반적 사항을 규제하고, 건축법은 건축 관련 사항을 규제한다.

(4) 노인복지주택

노인복지주택은 단독취사 등 독립된 주거생활을 하는 데 지장이 없는 60세 이상의 노인에게 주거시설을 분양 또는 임대하여 주거의 편의, 생활지도, 상담 및 안전관리 등 일상생활에 필요한 각종 편의를 제공하는 주거복지시설이다. 민간사업자가 전액 자부담으로 시설을 설치하고, 운영비는 입소노인의 본인부담으로 조달하여 운영한다.

노인복지주택은 1989년 노인복지법의 개정으로 실비 노인복지주택에 해당하는 시설의 신설을 허가함으로써 가능해졌다. 1993년에는 유료 노인복지주택 신설이 허용되었다. 종전의 노인복지주택을 실비 노인복지주택으로 명칭을 변경하고, 유료 노인복지주택(임대형)의 신설을 허용하였다. 또한 경제행정규제완화시책에 따라 유료 양로시설과 마찬가지로 사회복지법인 이외에 민간기업체나 개인도 노인복지시설을 설치 · 운영할 수 있도록 완화하였으며, 1997년부터는 유료 노인복지주택의 분양을 허용하였다.

2) 노인의료복지시설

노인의료복지시설은 노인요양시설, 노인요양공동생활가정과 같은 노인의 의료를 위한 시설이다.

노인요양시설은 치매 · 중풍 등 노인성질환 등으로 심신에 상당한 장애가 발생하여 도움을 필요로 하는 노인을 입소시켜 급식 · 요양과 그 밖에 일상생활에 필요한 편의를 제공함을 목적으로 하는 시설이다.

노인요양공동생활가정은 치매 · 중풍 등 노인성질환 등으로 심신에 상당한 장애가 발생하여 도움을 필요로 하는 노인에게 가정과 같은 주거여건과 급식 · 요양, 그 밖에 일상생활에 필요한 편의를 제공한다. 특히 타인들과의 공동생활을 통해 치매노인들의 문제행동과 행동장애 완화를 목적으로 한다.

〈표 12-3〉 노인의료복지시설

시 설	내 용
노인요양시설 (요양원)	치매 · 중풍 등 노인성질환 등으로 심신에 상당한 장애가 발생하여 도움을 필요로 하는 노인을 입소시켜 급식 · 요양과 그 밖에 일상생활에 필요한 편의를 제공함을 목적으로 하는 시설
노인요양공동생활가정 (요양그룹홈)	치매 · 중풍 등 노인성질환 등으로 심신에 상당한 장애가 발생하여 도움을 필요로 하는 노인에게 가정과 같은 주거여건과 급식 · 요양, 그 밖에 일상생활에 필요한 편의를 제공하는 시설

노인의료복지시설의 입소대상은 ① 장기요양급여수급자 중 등급판정위원회에서 시설급여대상자로 판정 받은 사람, ② 노인보호전문기관에서 학대피해노인으로서 입소를 의뢰한 노인, 기초수급자나 긴급조치대상자로서 거주지가 없어져서 가정에서 생활이 불가능하거나, 부양의무자가 부양을 거부하거나 실종되는 등의 사유로 수발을 할 사람이 없는 경우, ③ 본인이 비용을 전액 부담하여 시설에 입소하고자 하는 사람이다.

한편 노인의료복지시설은 케어 또는 치료를 요하는 노인을 장기간 입소시켜 보호하기 때문에 서비스 제공의 원칙을 반드시 준수해야 한다. 보건복지부는 노인의료복지시설의 서비스 제공 기본원칙을 다음과 같이 정하고 있다.

- **인권보호** : 성, 연령, 종교, 건강상태 및 장애, 경제상태, 종교 및 정치적 신념, 개인적 선호도 등을 이유로 서비스 과정에서 수급자를 차별 또는 학대해서는 안 되며, 존엄한 존재로 대해야 한다.
- **자기결정** : 입소 및 퇴소, 일상생활, 사회참여, 종교생활, 서비스 이용 등 장기요양서비스 이용에 수급자의 자기결정권과 선택권을 최대한 존중한다.
- **자립생활** : 수급자의 잔존기능, 장점 및 자원을 평가하여 가능한 한 수급자 스스로 자신의 삶을 영위할 수 있도록 지원해야 한다.
- **재가요양 우선** : 가능한 한 수급자 자신이 살던 가정과 지역사회에서 오랫동안 생활할 수 있도록 한다.

- **사례관리** : 수급자의 욕구, 문제, 장점과 자원에 대한 정확한 사정을 바탕으로, 개인별로 차별화된 서비스 계획을 수립하여 수급자의 욕구에 적합한 서비스를 충분히 제공해야 한다.
- **비밀보장** : 수급자의 사생활을 존중하고 업무상 알게 된 개인정보는 철저히 비밀을 보장한다.
- **기록 및 공개** : 수급자의 생활과 장기요양서비스에 관한 모든 내용을 상세히 관찰하여 정확히 기록하고, 수급자나 가족이 요구할 경우 기록을 공개해야 한다.
- **사회통합** : 수급자와 가족, 친구 등과의 교류를 강화하고 사회참여를 적극적으로 지원하여 수급자의 사회통합을 촉진해야 한다.
- **전문서비스와 효율성** : 충분한 전문인력과 시설을 확보하여 수급자에게 장기요양서비스를 제공하되, 서비스의 효율성을 제고하기 위해 노력해야 한다.
- **부당청구 금지** : 수급자의 욕구와 문제, 기능상태를 고려하여 적정 수준의 서비스를 제공하여야 하며, 과다 서비스 제공과 부당청구를 해서는 안 된다.
- **알선행위 등의 금지** : 영리를 목적으로 본인일부부담금을 면제하거나 할인하는 행위, 금품 등을 제공하는 등 수급자를 소개·알선·유인하는 행위 및 이를 사주하는 행위를 해서는 안 된다.

3) 노인여가복지시설

노인여가복지시설은 노인복지관, 경로당, 노인교실 등 노인의 여가를 위한 시설이다.

노인복지관은 노인의 교양·취미생활 및 사회참여활동 등에 대한 각종 정보와 서비스를 제공하고, 건강증진 및 질병예방과 소득보장·재가복지, 그 밖에 노인의 복지증진에 필요한 서비스를 제공하는 시설이다.

경로당은 지역노인들이 자율적으로 친목도모·취미활동·공동작업장 운영 및 각종 정보교환과 기타 여가활동을 할 수 있도록 하는 장소를 제공하는 것을 목적으로 하는 시설이다.

노인교실은 노인들에 대하여 사회활동 참여욕구를 충족시키기 위하여 건전한 취미생활 · 노인건강유지 · 소득보장 기타 일상생활과 관련한 학습프로그램을 제공하는 시설이다.

〈표 12-4〉 노인여가복지시설

시 설	내 용
노인복지관	노인의 교양 · 취미생활 및 사회참여활동 등에 대한 각종 정보와 서비스를 제공하고, 건강증진 및 질병예방과 소득보장 · 재가복지, 그 밖에 노인의 복지증진에 필요한 서비스를 제공하는 시설
경로당	지역노인들이 자율적으로 친목도모 · 취미활동 · 공동작업장 운영 및 각종 정보교환과 기타 여가활동을 할 수 있도록 하는 장소를 제공하는 것을 목적으로 하는 시설
노인교실	노인들에 대하여 사회활동 참여욕구를 충족시키기 위하여 건전한 취미생활 · 노인건강유지 · 소득보장 기타 일상생활과 관련한 학습프로그램을 제공하는 시설

4) 재가노인복지시설

재가노인복지시설은 가정에서 일상생활을 영위하고 있는 노인, 즉 재가노인을 대상으로 하는 노인복지시설이다. 이 시설에서 제공되는 서비스는 방문요양서비스, 주야간보호서비스, 단기보호서비스, 방문목욕서비스 등이다.

- **방문요양서비스** : 신체적 · 정신적 장애로 어려움을 겪고 있는 재가노인에게 필요한 각종 편의를 제공하여 지역사회 안에서 건전하고 안정된 노후를 영위하도록 하는 서비스이다.
- **주야간보호서비스** : 부득이한 사유로 가족의 보호를 받을 수 없는 심신이 허약한 노인과 장애노인을 주간 또는 야간 동안 보호시설에 입소시켜 필요한 각종 편의를 제공하여 이들의 생활안정과 심신기능의 유지 · 향상을 도모하고, 그 가족의 신체적 · 정신적 부담을 덜어주기 위한 서비스이다.
- **단기보호서비스** : 부득이한 사유로 가족의 보호를 받을 수 없어 일시적으로 보호가 필요한 심신이 허약한 노인과 장애노인을 보호시설에 단기간 입소시켜 보호함으로써 노인 및 노인가정의 복지증진을 도모하기 위한 서비스이다.

• 방문목욕서비스 : 목욕장비를 갖추고 재가노인을 방문하여 목욕을 제공하는 서비스이다.

〈표 12-5〉 재가노인복지시설의 서비스

시 설	내 용
방문요양서비스	신체적 · 정신적 장애로 어려움을 겪고 있는 재가노인에게 필요한 각종 편의를 제공하여 지역사회 안에서 건전하고 안정된 노후를 영위하도록 하는 서비스
주야간보호서비스	부득이한 사유로 가족의 보호를 받을 수 없는 심신이 허약한 노인과 장애노인을 주간 또는 야간 동안 보호시설에 입소시켜 필요한 각종 편의를 제공하여 이들의 생활안정과 심신기능의 유지 · 향상을 도모하고, 그 가족의 신체적 · 정신적 부담을 덜어주기 위한 서비스
단기보호서비스	부득이한 사유로 가족의 보호를 받을 수 없어 일시적으로 보호가 필요한 심신이 허약한 노인과 장애노인을 보호시설에 단기간 입소시켜 보호함으로써 노인 및 노인가정의 복지증진을 도모하기 위한 서비스
방문목욕서비스	목욕장비를 갖추고 재가노인을 방문하여 목욕을 제공하는 서비스

(1) 방문요양서비스

방문요양서비스 이용대상은 재가노인복지시설 이용대상자이다. 단, 노인돌봄서비스, 가사간병도우미, 독거노인생활지도사 등 타 서비스를 제공받고 있는 자는 대상에서 제외한다. 방문요양서비스는 신체활동지원서비스, 가사활동지원서비스, 개인활동지원서비스를 포함한다.

• 신체활동지원서비스 : 세면도움, 구강관리, 몸 청결, 머리감기기, 몸단장, 옷 갈아입히기, 목욕도움, 배설도움, 식사도움, 체위변경, 이동도움, 신체기능의 유지 · 증진 등이다.
• 가사활동지원서비스 : 취사, 생활필수품 구매, 청소 · 세탁 · 주변정돈 등이다.
• 개인활동지원서비스 : 외출시 동행 · 부축, 일상업무 대행 등이다.
• 정서지원서비스 : 말벗, 격려 및 위로, 생활상담, 의사소통도움 등이다.

(2) 주야간보호서비스

주야간보호서비스의 이용대상은 재가노인복지시설 이용대상자이다. 주야간보호서비스는 생활지도 및 일상동작훈련 등 심신의 기능회복을 위한 서비스, 급식 및 목욕서비스, 송영서비스, 노인 가족에 대한 교육 및 상담 서비스를 포함한다.

- 생활지도 및 일상동작훈련 등 심신의 기능회복을 위한 서비스 : ① 일상생활지원, 즉 취미 · 오락, 운동 등 여가생활 서비스, ② 일상동작훈련, 즉 이동, 체위변경, 기능훈련(물리치료적 훈련, 작업치료적 훈련, 언어치료적 훈련) 등이다.
- 급식 및 목욕서비스 : 몸청결, 머리감기, 얼굴씻기, 손씻기, 구강관리, 몸단장, 옷 갈아입히기, 배설, 식사도움을 포함한다.

(3) 단기보호서비스

단기보호서비스의 이용대상은 재가노인복지시설 이용대상자이다. 단기보호서비스는 급식, 치료, 그 밖의 일상생활에 필요한 편의를 제공하는 서비스, 그 밖에 노인요양시설 또는 노인요양공동생활가정의 사업에 준하는 서비스를 포함한다. 단기보호서비스의 보호기간은 월 15일이다. 단 수급자의 특별한 요청이 있는 경우 연간 2회에 한하여 월 15일 초과 이용이 가능하다.

(4) 방문목욕서비스

방문목욕서비스의 이용대상은 장기요양급여 수급자, 심신이 허약하거나 장애가 있는 65세 이상의 자(이용자로부터 이용비용의 전부를 수납 받아 운영하는 시설의 경우에는 60세 이상의 자)로서 가정에서의 보호가 필요한 자이다. 방문목욕서비스는 목욕준비, 입욕 시 이동보조, 몸 씻기, 머리 말리기, 옷 갈아입히기 등이며, 목욕 후 주변정리까지 포함한다.

CHAPTER

13 사회복지사와 요양보호사

1 노인복지시설 사회복지사의 역할

사회복지사는 노인복지시설에서 핵심적인 역할을 한다. 노인복지시설에서 일하는 사회복지사는 노인 클라이언트가 지닌 문제를 이해할 수 있는 능력과 이를 효과적으로 해결할 수 있는 사회복지실천기술을 보유하고 있어야 한다(Ambrosino et al., 2005 : 400).

노인복지시설의 종류에 따라 사회복지사의 역할은 조금씩 다르다. 그러나 원조전문직으로서의 사회복지사의 기본적인 역할은 같다. 노인복지시설에서 사회복지사가 제공하는 노인복지서비스는 다음과 같다(Zastrow, 2000 : 512-513).

- 서비스의 중개(brokering services) : 일반 노인들은 지역사회에 존재하는 노인을 위한 다양한 자원과 노인복지서비스를 잘 알지 못한다. 사회복지사는 노인에게 필요한 자원과 서비스를 이를 필요로 하는 노인에게 중개해 준다.
- 케이스매니지먼트(case management) : 사회복지사는 클라이언트와 그 가족의 욕구를 사정하는 능력을 보유하고 있으며, 노인들의 복합적인 욕구를 충족시키는데 필요한 다양한 서비스에 관해 잘 알고 있다. 사회복지사는 노인에게 필요한 서비스를 배치, 조정, 관리, 평가할 수 있다. 이를 케이스매니지먼트라 한다. 케이스매니지먼트는 사례 발견, 사전 점검, 접수, 사정, 목표설정, 케어계획 수립, 케어계획 실행, 재사정, 종료 등의 과정을 거친다.

- **대변**(advocacy) : 사회복지사는 노인이 필요한 서비스를 제공받을 수 있도록 필요할 때 언제든지 노인을 대변한다.
- **개인·가족카운슬링**(individual and family counseling) : 카운슬링은 노인 클라이언트의 욕구와 강점, 가족의 욕구와 강점, 욕구 충족에 필요한 자원 등을 파악하는 데 중점을 둔다.
- **불행 카운슬링**(grief counseling) : 노인은 퇴직으로 인한 역할 상실, 중요한 가족이나 친지의 죽음, 만성병이나 정신건강 상의 문제로 인한 불행에 대한 카운슬링이 필요하다.
- **노인 데이케어서비스**(adult day-care services) : 사회복지사는 주간보호가 필요한 노인 클라이언트에게 데이케어서비스를 제공한다. 노인 데이케어서비스는 개인·가족카운슬링, 중개서비스, 지지서비스, 그룹워크 서비스, 케어 계획 서비스 등을 포함한다.
- **위기개입서비스**(crisis intervention service) : 노인 클라이언트의 위기상황에서 노인을 안정시키고 노인과 그 가족에게 지지서비스를 제공한다.
- **노인 위탁가정서비스**(adult foster care services) : 사회복지사는 노인을 케어할 수 있는 가정을 찾아 연결해 준다. 이를 통해 노인은 노인복지시설에 가지 않고 지역사회 안에서 보호받을 수 있다.
- **노인학대예방서비스**(adult protective services) : 사회복지사는 신체적 학대, 재정적 학대, 심리적 학대, 방임, 유기 등과 같은 노인학대 상황에 처한 노인을 돕는다. 노인학대가 발생할 경우 사회복지사는 노인을 보호할 수 있는 방법과 학대를 방지할 수 있는 대안을 마련한다.
- **지지집단과 치료집단**(support and therapeutic groups) : 사회복지사는 퇴직 후 적응문제를 가진 노인이나 치매 등과 같은 노인성 질환을 가진 노인을 대상으로 그룹워크 서비스를 제공한다.
- **임시케어**(respite care) : 사회복지사는 장기간 케어가 필요한 노인을 가진 가족의 케어를 일시적으로 대신하는 임시케어를 제공한다. 가족 케어 제공자는 임시케어를 통해 잠시 휴식을 취함으로써 장기케어 따른 스트레스를 줄일 수 있다.

• **교통 · 주거원조**(transportation and housing assistance) : 사회복지사는 지역사회에서 노인에게 안전한 교통수단을 연결해 주고, 적절한 주택을 찾아준다.

• **병원 · 요양원 사회복지서비스**(social services in hospitals and nursing homes) : 사회복지사는 병원이나 요양원에서 치료 또는 케어를 받고 있는 노인을 대상으로 노인의 욕구 사정, 노인과 가족을 위한 건강교육플랜, 카운슬링, 권익 대변, 퇴원플랜, 지역사회와의 연계, 프로그램 계획에의 노인 참여, 치료 환경 개선에 대한 자문, 노인의 잠재적 자립능력을 최대화할 수 있는 발전계획에의 노인 참여 등과 같은 다양한 서비스를 제공한다.

| 그림 13-1 | 사회복지사가 제공하는 노인복지서비스

2 장기요양시설 사회복지사의 역할

장기요양시설에 근무하는 사회복지사는 입소를 원하는 사람이 이전 주거지에서 시설로 이주할 때부터 개입한다. 시설이라는 새로운 환경에 적응해야 하는 클라이언트를 돕기 위해서다. 시설 입소 후 사회복지사는 클라이언트의 욕구가 충족되는지 지속적으로 체크하고 시설의 케어에 잘 참여할 수 있도록 돕는다. 클라이언트 퇴원 시까지 돕는다.

사회복지사는 클라이언트의 사회적·심리적·신체적·영적 안녕에 대한 총체적 관점을 견지한다. 클라이언트의 안녕을 해하는 부정적 요인에 지속적으로 관심을 두고 가능하면 사전에 이를 방지한다. 사회복지사는 아울러 시설 내 모든 스텝들과 협력적인 관계를 유지한다(Perrin and Polowy eds., 2008).

장기요양시설 사회복지사의 직무는 다음과 같다.

- 잠재적인 클라이언트와 가족을 대상으로 하는 시설 마케팅
- 입소 전 플랜과 퇴원플랜의 작성
- 심리사회적 사정과 반드시 필요한 관련 자료의 작성
- 시설 케어플랜 작성에의 참여(다른 팀원과 협력)
- 클라이언트와 가족 대상 상담
- 지역사회 자원(공적·사적 자원)의 동원과 활용(클라이언트와 지역사회 자원과의 연계)
- 클라이언트의 권익 보호
- 클라이언트의 사회적·정서적 욕구의 충족
- 클라이언트의 사회적 접촉과 상호작용의 촉진
- 클라이언트의 자율성 극대화

3 케이스매니지먼트

1) 케이스매니지먼트의 개념

노인복지시설에서는 케이스매니지먼트(case management)가 필요하다. 시설 입소노인(클라이언트)에게 필요한 서비스를 빠짐없이, 중복 없이, 가장 시급한 것부터 차례로 제공함으로써 가장 효율적이고 효과적으로 노인을 케어해야 하기 때문이다. 케이스매니지먼트를 담당하는 전문가를 케이스매니저(case manager) 또는 케어매니저(care manager)라고 한다. 케이스매니저는 중견 사회복지사가 맡는다. 케이스매니지먼트가 사회복지실천의 오랜 경험과 기술 그리고 사회복지시스템과 프로그램에 관한 깊은 지식이 있어야 하기 때문이다.

Hepworth 등(1997 : 27-28)은 케이스매니저를 클라이언트의 욕구를 사정하고, 클라이언트에게 필요하지만 다른 기관에서 공급받아야 하는 상품과 서비스를 조달하고 조정하며, 그러한 상품과 서비스가 제때 공급될 수 있도록 보증하는 데 일차적 책임을 가진 사람이라고 정의했다. Barker(1995 : 47)는 케이스매니저를 클라이언트의 편에 서서 서비스를 계획, 모색, 모니터하는 사회복지기관의 직원이라고 정의했다.

케이스매니지먼트는 복합적 문제를 갖고 있는 클라이언트(노인, 청소년, 장애인 등)에게 필요한 서비스를 빠짐없이, 중복 없이, 가장 시급한 서비스부터 차례로, 지지적·효과적·효율적 방법으로 제공하기 위한 사회복지서비스 네트워크 안에서의 논리적 절차인 동시에 다양한 서비스를 제공하는 사회복지기관 간의 상호작용 과정이다. 한마디로 클라이언트에게 필요한 다양한 서비스를 체계적으로 연계하여 제공하는 실천방법인 것이다.

케이스매니저의 가장 중요한 역할은 서비스의 조정이다. 케이스매니저는 지역사회 내 사회복지기관, 시설, 단체 및 비공식적 지원체계가 제공하는 서비스의 목록을 작성하고, 클라이언트를 대신해 그 기관에 서비스 공급을 요청하고 조정한다. 케이스매니저는 클라이언트에 대해 일차적 책임을 지고, 클라이언트를 대변·보호하며, 때로는 자원을 통제하고 클라이언트에게 필요한 서비스를 다른 기관이나 시설로부터 구매하기도 한다.

클라이언트가 서로 다른 여러 전문직, 사회복지기관, 보건의료기관, 휴먼서비스 프로그램이 제공하는 다양한 서비스를 제공받는 과정을 모니터하는 것도 케이스 매니저의 중요한 임무이다. 케이스매니저는 클라이언트와 항상 밀접한 관계를 유지해야 하며(필요하면 서비스를 바로 제공할 수 있어야 한다), 서비스 전달계획에 따라 서비스가 적절히 전달되는 것을 보장하기 위해 다른 기관의 서비스 제공자와도 긴밀한 관계를 맺고 있어야 한다.

케이스매니저는 여러 가지 제약으로 인해 서비스 접근에 애로를 겪는 클라이언트가 다양한 서비스 시스템과 협상하는 것을 도와줌으로써 클라이언트의 서비스 접근성을 향상시킨다. 그리고 제공되는 서비스가 클라이언트의 욕구에 적합한지 적절한 방법으로 서비스가 제공되는지도 점검한다. 이를 위해 케이스매니저는 케이스워크 기술뿐만 아니라 지역사회의 물적 자원, 자원봉사 조직망, 자원봉사 인력 상황 및 서비스, 정부의 사회복지정책 등 가용 자원에 대한 충분한 지식과 정보를 갖고 있어야 한다. 그런 다양한 자원에 관한 정보를 바탕으로 클라이언트의 복지를 향상시키기 위한 계획을 수립하고, 여러 기관, 단체들과 협상할 수 있는 능력도 갖추고 있어야 한다.

2) 케이스매니지먼트와 케이스워크

케이스매니지먼트는 사회복지실천의 전통적 방법인 케이스워크와 지역사회복지실천을 통합적으로 적용한 사회복지실천의 핵심적 기술 중 하나이다. 따라서 케이스매니지먼트는 사회복지실천, 특히 케이스워크와 상당히 유사하다. 그러나 양자의 차이점도 분명하다. 케이스워크는 사회복지사와 클라이언트 간의 관계 형성을 통해 구체적 목표를 달성하는 것을 지향하며, 구체적・제한적 개입 목표를 수립한 다음 개입을 통해 클라이언트 또는 주변 환경을 변화시키고자 하는 직접적 서비스(direct service)이다. 반면에 케이스매니지먼트는 케이스워크와 같은 직접적 서비스가 아니라 서비스의 연속성 보장, 비용-효과성 증대, 접근성과 책임성의 증진, 1차 보호집단(가족 등)의 보호 능력 향상 및 사회적 기능의 향상을 목적으로 하는 간접적 서비스(indirect service)이다.

양자는 대상에도 차이가 난다. 케이스워크는 단일 문제를 가진 개인을 대상으로 하지만, 케이스매니지먼트는 복합적 문제를 가진 사람을 대상으로 한다. 사회적응에 장애가 되는 심리사회적 문제를 가진 사람이 케이스워크의 대상이 된다면, 케이스매니지먼트의 대상은 허약한 노인, 만성 장애인, 자폐성장애아동 등 주로 장기적 케어가 필요한 복합적 문제를 가진 사람들이다(엄명용 외, 2000 : 448-449). 양자의 차이점과 공통점을 정리하면 〈표 13-1〉과 같다.

〈표 13-1〉 **케이스워크와 케이스매니지먼트의 차이점과 공통점**

구 분	케이스워크	케이스매니지먼트	비 고
목적	문제 해결을 통한 인격의 성장과 사회적 기능의 회복	복합적 문제를 가진 대상자에게 적극적이고 전향적 지역사회보호 제공	환경 속의 인간을 강조한다는 점에서 동일
철학	전문가 또는 기관 중심의 서비스	클라이언트 중심의 서비스	클라이언트 중심의 서비스 정신은 동일
대상	사회적응 문제를 가진 클라이언트	복합적 욕구를 가진 클라이언트	개입방법 유사
기능	상담, 치료, 의뢰	상담, 조정, 환경적 개입, 옹호, 서비스 연계	모든 시스템을 강조한다는 점에서 동일
개입 범위	클라이언트와 가족	클라이언트의 모든 시스템	모든 시스템을 강조한다는 점에서 동일
서비스 제공 장소	사회복지사 근무 기관	다양한 기관과 사회환경	케이스매니지먼트는 기관뿐만 아니라 다양한 장소에서 이루어짐
사회복지사의 역할	지지자, 상담자, 치료자	지지자, 상담자, 치료자, 연계자, 조정자	케이스매니지먼트는 연계자 역할 강조

출처 : 정순둘, 2005 : 27의 표 1-1.

사회복지기관 중에는 사회복지사를 케이스매니저라고 부를 만큼 케이스매니지먼트는 발전하였다. 사회복지서비스의 단편성(한 기관이 하나의 서비스만 제공)과 연속성 결여로 복합적 문제를 가진 클라이언트에 대한 대응의 한계, 사회복지서비스에서의 탈시설화 요구(시설보호에서 지역사회케어 또는 재가복지로의 변화), 복합적 욕구를 가진 인구의 증가(노숙자, 에이즈 환자, 장기보호가 필요한 노인의 증가) 등에서 그 이유를 찾을 수 있다(정순둘, 2005 : 20-21).

3) 노인을 위한 케이스매니지먼트

노인들은 대체로 복합적인 문제를 지니고 있다. 예를 들면 은퇴로 인한 경제적 문제, 노화로 인한 거동 불편, 케어의 필요, 배우자나 친지의 죽음으로 인한 정서적 불안감이나 우울, 나아가 자살생각 등 심리사회적 문제 등이 그것이다. 노인의 복합적인 문제는 노인은 케이스매니지먼트가 필요한 집단이라는 것을 의미한다.

노인 케이스매니지먼트는 사정, 케어플랜, 직간접적 개입, 모니터링, 평가 등과 같은 과정을 거쳐 이루어진다(양옥남 외, 2009 : 245-248).

(1) 사정

첫째, 노인의 능력과 사회복지서비스 필요성에 대한 사정(assessment)이다. 노인의 교육수준, 취업 경험, 문제해결 능력, 의사결정 능력, 개인적 자질과 성격, 보유한 물질적·재정적 자원, 문제해결에 대한 동기와 의지 등을 포함한다. 둘째, 비공식적 원조자를 포함한 사회적 지원 네트워크에 대해서도 사정한다. 셋째, 사회복지서비스 제공자에 대해서도 사정한다. 사회복지서비스 제공자가 노인의 욕구를 충족시킬 수 있는지, 서비스 제공자의 욕구와 노인의 욕구가 일치하는지 등을 사정한다.

(2) 케어플랜

사회적 지원 네트워크와 서비스 제공자의 서비스를 종합적으로 고려하여 포괄적 서비스 계획(care planning)을 만든다. 주요 욕구, 서비스의 목표, 서비스의 역할과 책임성, 실현가능성, 제공 가능한 서비스의 양, 시간, 횟수, 서비스 효과에 대한 구체적인 지표 등을 포함한다.

(3) 직·간접적 개입

- **직접적 개입**(direct intervention) : 노인이 보유한 능력과 기술을 향상시키는 것이다. 노인에게 자기표현의 기술을 가르치거나 노인에게 자기 옹호의 기술을 가르치는 것, 그리고 위기 기간 동안 개입하는 것 등이다.
- **간접적 개입**(indirect intervention) : 케이스매니저가 노인을 대신해 시스템의 수행이나 행동을 변화시키고자 할 때 사용하는 방법이다. 서비스 제공자와 노인의 연결, 서비스 중개, 노인 욕구 충족의 책임 보장을 위한 노인에 대한 옹호, 사회적 급여 혜택의 증가 등을 포함한다.

(4) 모니터링

서비스 계획의 이행과 성과를 점검(monitoring)하는 것이다. 예를 들어 노인의 상태에 대한 점검, 전달되는 서비스에 대한 점검, 사회적 지원 네트워크에 대한 점검 등이다.

(5) 평가

서비스 전달 계획의 영향을 평가(evaluation)하는 것이다. 서비스로부터 노인이 어떤 도움을 받고 있는지를 평가하는 일이다. 서비스가 노인의 복지와 기능을 향상시키는지, 사회적 지원 네트워크가 제대로 기능을 발휘하고 있는지 등을 평가한다.

Summery 노인 케이스매니지먼트의 과정

과 정	내 용
사 정	• 노인의 능력과 사회복지서비스 필요성에 대한 사정 • 비공식적 원조자를 포함한 사회적 지원 네트워크에 대한 사정 • 사회복지서비스 제공자에 대한 사정
케어플랜	사회적 지원 네트워크와 서비스 제공자의 서비스를 종합적으로 고려하여 포괄적 서비스 계획을 작성
직 · 간접적 개입	• 직접적 개입 : 노인이 보유한 능력과 기술을 향상시키는 것 • 간접적 개입 : 케이스매니저가 노인을 대신해 시스템의 수행이나 행동을 변화시키고자 할 때 사용
모니터링	서비스 계획의 이행과 성과, 즉 노인의 상태, 전달되는 서비스, 사회적 지원 네트워크에 대한 점검
평 가	• 서비스 전달 계획의 영향에 대한 평가 • 서비스가 노인의 복지와 기능을 향상시키는지, 사회적 지원 네트워크가 제대로 기능을 발휘하고 있는지 등을 평가

4) 일본의 케어매니저

노인복지시설에서 케어매니저(케이스매니저) 제도를 모범적으로 운영하고 있는 나라가 일본이다. 일본 개호보험은 케어매니지먼트제도를 공식적으로 실시하고 있다(차흥봉 외, 2006 : 123).

일본 케어매니저의 정식명칭은 개호지원전문원이다. 일본 개호보험법(2000년 시행)은 개호지원전문원을 "요케어자 등의 상담에 응하고 요케어자의 심신 상황에 대응하여 적절한 재가서비스와 시설서비스를 이용할 수 있도록 관계기관과 연락 조정을 하고 요케어자 등이 자립적인 일상생활을 영위하는 데 필요한 원조에 관한 전문적 지식 및 기술을 갖고 있는 자"로 정의하고 있다(이해영, 2003 : 253-254).

개호지원전문원은 보건, 의료, 복지 분야에서 5년 이상의 실무경험을 가진 자(의사, 간호사, 사회복지사, 개호복지사, 영양사, 상담업무종사자 등) 중에서 시험과 실무연수에 의해 선발된다(이근홍, 2007). 개호지원전문원의 역할은 이용자 본위의 자세 견지, 팀 접근 실시(종합적 판단과 협력), 서비스 계획에 근거한 서비스 실시 상황의 평가와 계획의 수정, 서비스 실시주체에 의한 매니지먼트의 정보 제공과 비밀 엄수, 신뢰관계의 구축, 사회적 자원의 개발 등이다.

우리나라에는 아쉽게도 케어매니저제도가 없다. 보건복지부가 요양전문요원에 대해 기획할 단계에서는 케어매니저인 요양관리사(care manager)와 서비스 제공 실무자인 케어워커(care worker)를 별도로 만들 계획이었으나,[4] 실제 시행단계에서 요양관리사는 없어지고, 요양보호사를 1, 2급으로 분리하는 것으로 대체하였다.

케어매니저는 노인에게 제공되는 각종 케어서비스를 계획하고 조정하는 전문가로서 노인케어시스템에서 반드시 필요한 인력이다. 노인복지시설은 클라이언트에게 필요한 다양한 서비스를 체계적으로 연계하여 제공해야 하기 때문이다. 케어매니저는 사회복지시설에서 오랜 경험을 쌓고 높은 수준의 지식을 갖춘 전문가여야 한다. 사회복지서비스 선진국인 미국에서도 케어매니저는 해당 분야에서 상당한 경험을 쌓은 시니어 사회복지사가 담당한다.

4 요양보호사

1) 요양보호사의 개념

정부가 인정하는 노인케어 전문가를 요양보호사라고 한다. 요양보호사는 치매·중풍 등 노인성 질환으로 독립적인 일상생활을 수행하기 어려운 노인들을 위해 노인요양 및 재가시설에서 신체 및 가사 지원 서비스를 제공하는 인력이다.

요양보호사제도는 노인장기요양보험의 시행(2008년 7월)과 함께 만들어졌다. 요양보호사는 종전의 노인복지서비스 인력인 가정봉사원(home helper)과 생활지도원을 대신한 것이다. 요양보호사의 기능과 지식수준을 강화하기 위해 정부는 국가자격제도를 신설하였다.

4) 2004년 보건복지부 노인요양보장체계 시안에 의하면 요양전문인력은 케어매니저인 요양관리사와 간병전문인력인 요양보호사로 2원화되어 있었다(보건복지부, 2004 : 181).

사실 장기요양보험의 도입 이전의 노인요양서비스는 무의무탁노인이나 저소득층 위주로 이루어져 중산층이 만족할 만한 수준의 질 높은 서비스와 요양서비스 담당자의 전문성을 기대하기 어려웠다. 그러나 장기요양보험은 중산층도 보험료를 납부하고 수급자가 되기 때문에 기존의 요양인력으로는 수급자와 그 가족을 만족시킬 수는 없었다. 그래서 보건복지부는 요양서비스 인력의 질을 높이기 위해 소정의 교육을 받은 자에 한해 서비스 제공이 가능하도록 요양보호사제도를 신설한 것이다.

요양보호사의 기본적인 역할은 ① 일상생활수행능력(ADL) 지원 : 식사, 목욕, 대·소변 처리, 옷 갈아입기, 이동, 욕창예방(체위교환), 간단한 재활훈련(산책, 병원동행, 보행훈련 등), 심리적 지원 및 기타 일상생활 관련 동작의 지원, ② 수단적 일상생활수행능력(IADL) 지원 : 세탁, 물건 사기, 식사 준비 및 조리 지원, 은행일 등 업무 지원, 기타 우애서비스, ③ 간병요양계획 작성업무 지원 등이다.

그리고 요양보호사의 배치시설은 노인복지법상 노인주거복지시설, 노인의료복지시설, 재가노인복지시설, 노인장기요양보험법상 장기요양기관(요양/재가), 재가장기요양기관(방문간호 제외) 등이다. 노인요양병원 등 병원은 요양보호사를 배치할 법적인 의무가 없다. 간병인, 자원봉사자의 업무에 있어서 요양보호사 자격증을 법적으로 요하지 않는다.

Summery **요양보호사의 역할과 배치시설**

구 분	내 용
정의	• 치매·중풍 등 노인성 질환으로 독립적인 일상생활을 수행하기 어려운 노인들을 위해 노인요양 및 재가시설에서 신체 및 가사 지원 서비스를 제공하는 인력
기본 역할	• 일상생활수행능력(ADL) 지원 : 식사, 목욕, 대·소변 처리 옷 갈아입기, 이동, 욕창예방(체위교환), 간단한 재활훈련(산책, 병원동행, 보행훈련 등), 심리적 지원 및 기타 일상생활 관련 동작의 지원 • 수단적 일상생활수행능력(IADL) 지원 : 세탁, 물건 사기, 식사 준비 및 조리 지원, 은행일 등 업무 지원, 기타 우애서비스 • 간병요양계획 작성업무 지원
배치시설	노인복지법상 노인주거복지시설, 노인의료복지시설, 재가노인복지시설, 노인장기요양보험법상 장기요양기관(요양/재가), 재가장기요양기관(방문간호 제외) 등

2) 요양보호사의 주요 업무와 케어의 실천과정

요양보호사(케어복지사)의 업무영역은 사회복지사와도 중복될 수 있다. 그러나 양자의 고유 영역은 분명히 다르다. 사회복지사는 사회적 자원을 동원하여 클라이언트의 사회경제적 · 심리사회적 문제해결을 돕는 전문직이다. 요양보호사는 케어기술을 중심으로 클라이언트의 신체적 · 심리적 측면을 돕는 전문가로서 클라이언트의 일상생활의 자립을 돕는 데 중점을 둔다(현외성 외, 2003 : 317).

다음과 같은 요양보호사의 주요 업무를 보면 요양보호사의 성격이 분명히 드러난다(임춘식, 2008 : 266).

- **신변 케어 업무** : 건강상태 관찰, 식사, 배설, 목욕 원조, 신체의 청결, 의복, 수면, 욕창 예방, 수진, 약복용 원조, 보행, 이동 원조
- **생활 케어 업무** : 외출 원조, 커뮤니케이션, 거실 정리, 인간관계 조정, 기타 잡일 처리
- **케어기술 지도 업무** : 가족에 대한 지도, 케어 강습, 방문 지도, 실습생 지도
- **교육 · 오락 업무** : 연수 프로그램 작성 및 실시, 레크리에이션 계획 작성 및 실시, 제작활동 지도
- **연락 · 조정 업무** : 시설 내외 직원과의 연락 및 조정, 의사와의 연락
- **연수 업무** : 슈퍼비전, 회의, 연수 프로그램에의 참여, 연구 활동
- **문서 업무** : 일지 기록, 기타 기록(식사, 배설 등), 기록의 활용, 일지 및 기록의 보존과 관리

한편 요양보호사가 하는 케어는 사전평가(assessment), 케어계획(care plan), 실시(performance), 사후평가(evaluation)의 과정을 거친다. 케어의 실천과정은 다음과 같다(이해영, 2003 : 49-50).

- **사전평가(사정)** : 정보 수집, 정보 분석, 문제점 파악 등을 목적으로 한다. 요양보호사는 클라이언트의 일상생활을 관찰하여 객관적인 정보를 얻는다. 일상생활동작, 신체적 · 정신적 건강상태, 사회적 자원, 경제적 자원, 환경문제, 가족의 부담수준 등을 평가한다. 클라이언트의 단점보다는 장점을 파악하는 데 주력한다. 케어계획에 필요한 정보를 얻는 것이 중요하다.
- **케어계획** : 사전평가에 의해 나타난 문제점을 명확히 한 다음 이를 토대로 케어의 목표와 방향을 정하고 우선순위를 정한다. 케어를 언제, 누가, 어떤 방법으로 실시할 것인지를 결정하는 것이다. 여기서 중요한 점은 클라이언트의 의지와 자기결정권이며 가급적 클라이언트가 문제해결과정에 참여할 수 있도록 만든다.
- **실시** : 케어를 실시하는 단계이다. 클라이언트의 안전과 안락, 생활의 질, 자립 지원에 초점을 둔다. 요양보호사, 사회복지사, 간호사, 요양보호사, 영양사, 사무직원 간의 팀워크도 중요하다. 그리고 사회적 자원을 적극적으로 활용해야 한다.
- **사후평가** : 최초 설정된 케어목표가 달성되었는지를 일정한 기준에 따라 평가하는 작업이다. 문제해결이 불충분한 것으로 평가되면 최초 단계로 피드백한다.

Summery 요양보호사의 주요 업무와 케어의 실천과정

구 분	내 용
요양보호사의 주요 업무	신변 케어 업무 : 건강상태 관찰, 식사, 배설, 목욕 원조, 신체의 청결, 의복, 수면, 욕창 예방, 수진, 약복용 원조, 보행, 이동 원조
	생활 케어 업무 : 외출 원조, 커뮤니케이션, 거실 정리, 인간관계 조정, 기타 잡일 처리
	케어기술 지도 업무 : 가족에 대한 지도, 케어 강습, 방문 지도, 실습생 지도
	교육 · 오락 업무 : 연수 프로그램 작성 및 실시, 레크리에이션 계획 작성 및 실시, 제작활동 지도
	연락 · 조정 업무 : 시설 내외 직원과의 연락 및 조정, 의사와의 연락
	연수 업무 : 슈퍼비전, 회의, 연수 프로그램에의 참여, 연구 활동
	문서 업무 : 일지 기록, 기타 기록(식사, 배설 등), 기록의 활용, 일지 및 기록의 보존과 관리
케어의 실천과정	사전평가(사정) : 일상생활동작, 신체적 · 정신적 건강상태, 사회적 자원, 경제적 자원, 환경 문제, 가족의 부담수준 등에 대한 평가
	케어계획 : 사전평가에 의해 나타난 문제점을 파악한 후 케어의 목표와 방향 및 우선순위를 결정
	실시 : 클라이언트의 안전과 안락, 생활의 질, 자립 지원에 초점을 둔 시행단계
	사후평가 :최초 설정된 케어목표가 달성되었는지를 일정한 기준에 따라 평가하는 작업

3) 요양보호사 자격

장기요양보험제도 도입 초기에는 일정기간 소정의 교육과정만 이수하면 요양보호사 자격증을 얻을 수 있었으나 2009년 노인복지법을 개정하여 요양보호사 교육기관에서 교육과정을 이수한 후 국가자격시험에 합격해야만 자격증을 취득할 수 있게 되었다.

요양보호사 시험 응시자격은 신규자, 국가자격(면허)증 소지자, 요양 및 간병 업무 종사 경력자로 구분된다. 신규자는 국가가 지정한 요양보호사교육기관에서 이론, 실기, 실습을 각 80시간 씩 총 240시간을 이수해야 한다. 국가자격증 소지자의 경우 간호사는 40시간, 사회복지사와 간호조무사, 물리치료사, 작업치료사는 50시간의

교육을 받아야 한다. 요양 및 간병 업무 종사 경력자는 경력 종류에 따라 교육시간이 120~160시간으로 차등 감면된다.

시험과목은 요양보호론(필기시험)과 실기시험 두 과목이다. 요양보호론 필기시험은 요양보호개론, 요양보호관련 기초지식, 기본요양보호각론 및 특수요양보호각론이다. 필기시험, 실기시험 모두 객관식이며, 100점 만점에 60점 이상을 취득해야 합격한다. 매년 응시자는 3만 명 정도며, 합격률은 90% 이상이다.

한편 요양보호사 자격증제도의 신설을 놓고 4년제 대학 사회복지학과, 2년제 대학 사회복지과, 대학의 간호학과가 경쟁을 벌인 바 있다. 사회복지학과는 케어가 전통적으로 노인복지영역이었음을 주장하였고, 간호학과도 노인환자가 자신의 케어 대상임을 들어 케어가 자신의 영역임을 주장하였다. 2년제 대학 사회복지과는 자체적으로 케어복지사 제도를 만들어 노인케어전문가를 양성·배출했음을 들어 주도권을 주장하였다. 보건복지부는 이런 상황을 고려하여 이들 모두가 요양보호사로 참여할 수 있게 길을 열었다. 요양서비스를 받는 노인과 가족 입장에서도 전문직의 전공보다는 실질적으로 효과가 있는 전문적 지식과 기술을 갖추었는지의 여부가 중요한 것이다.

Summery 요양보호사의 자격

구 분	내 용
요양보호사 국가시험 응시자격	• 신규자 : 국가가 지정한 요양보호사교육기관에서 이론, 실기, 실습을 각 80시간 씩 총 240시간을 이수해야 함 • 국가자격증 소지자 : 간호사는 40시간, 사회복지사와 간호조무사, 물리치료사, 작업치료사는 50시간의 교육을 받아야 함 • 요양 및 간병 업무 종사 경력자 : 경력 종류에 따라 교육시간이 120~160시간으로 차등 감면
시험과목	• 요양보호론(필기시험)과 실기시험 두 과목 • 요양보호론 필기시험 : 요양보호개론, 요양보호관련 기초지식, 기본요양보호각론 및 특수요양보호각론 • 필기시험, 실기시험 모두 객관식, 100점 만점에 60점 이상을 취득해야 합격

4) 일본과 독일의 요양보호사

일본은 1987년 사회복지사 및 개호복지사업법을 제정하면서 사회복지사와 별도로 케어 전문인력인 개호복지사 국가자격제도를 실시하였다. 일본의 개호복지사 자격증은 후생성이 지정한 양성학교(2년제 대학)를 졸업한 자, 일반 사회복지계열 대학 출신자, 보모, 사회복지시설 종사자 양성기관(2년 이상) 출신으로서 1년 과정 이상의 개호양성과정을 수료한 자, 3년 이상 개호업무 종사자로서 개호복지사 시험에 합격한 자에게 주어진다. 개호복지사 양성교육은 케어 관련 이론과 실천에 초점을 두고 있으며 실습교육을 중시하고 있다.

독일은 요양보호사를 노인케어사(altenpfleger)라고 한다. 노인케어사는 주정부 단위의 시험에 의해 국가자격증이 부여된다. 1999년에 제정된 노인케어법은 노인케어사 양성 수강 요건을 17세 이상 실업학교 졸업생 또는 일정 기간 노인케어 분야의 강의를 수강한 고교졸업생으로 하고 있다. 양성기간은 보통 2년이며, 간호사 등 관련 업무의 경험이 있는 자는 기간이 단축된다. 독일의 노인케어사는 의료적 케어와 복지적 케어 양쪽의 전문적 지식을 지닌 전문직이다(이해영, 2003 : 282-283).

PART

03

노인의 소득보장

CHAPTER

14 공적연금

1 공식적 노후소득보장시스템

1) 노후소득보장시스템의 형태

공적연금(public pension)이 도입되기 전 노후문제는 전적으로 개인과 가족의 책임이었다. 젊고 건강할 때 일을 해서 돈을 벌고 또 근검절약해서 번 돈의 일부를 저축함으로써 노후를 대비했다. 그럴 능력이 안 되면 가족에 의지했다. 노부모부양은 자식의 의무였다. 부모부양의무를 방기하면, 인륜을 어긴 자라는 사회적 비난(사회적 제재)이 뒤따랐다. 동아시아 유교권 사회에서는 법적 처벌도 받았다. 자식과 가족이 노인의 노후를 책임지는 것이 비공식적(informal) 노후대책이다. 아시아와 아프리카 일부 후진국에서는 여전히 이런 비공식적 노후대책이 일반적이다.

노후대비는 개인과 가족의 사적인 문제이다. 그럼에도 오늘날 대부분의 국가가 개인의 노후대비에 개입한다. 거기에는 다음과 같은 이유가 있다(World Bank, 1994 : 5-6).

- **노후대비 노력 부족** : 일부 사람들은 자신의 노후에 대비해 저축하는 것을 게을리하여 나중에 사회에 부담을 준다.
- **불충분한 저축수단** : 자본시장이 발달하지 않고 거시경제 조건이 불안정하여 마땅한 저축수단을 찾기 어렵다.
- **보험시장의 실패** : 역선택과 도덕적 해이 등 보험회사의 한계가 있다.

- **정보 격차** : 개인저축, 보험회사 또는 기타 투자수단의 장기적 상환능력에 대한 정보의 부족으로 노후에 실패를 볼 수 있다.
- **장기 빈곤** : 일하는 동안 노후대비에 필요한 돈을 저축하지 못한 사람, 즉 빈민이 존재한다. 여기에 대처하기 위해서는 정부의 재분배장치가 필요하다.

국가가 국민의 노후문제에 개입하는 것이 공식적(formal) 노후소득보장시스템이다. 대표적인 공식적 노후소득보장시스템이 공적연금이다. 공적연금은 정부가 법령에 입각해 시행하는 법정공적연금(mandatory public scheme)을 말한다. 공적연금은 사회보장연금과 공공부조연금을 포함한다. 사회보장연금은 근로자와 자영업자 등 일하는 사람을 대상으로 하고, 사용자와 근로자가 분담하는 보험료가 재원이다. 사회보장연금은 강제가입을 원칙으로 한다. 공공부조연금은 세금으로 재정을 조달하고, 빈곤 노인을 대상으로 하는 공공부조 프로그램이다. 대상자 선별을 위해 자산조사를 한다. 재정규모 면에서 사회보장연금은 공공부조 연금을 압도한다. 선진국의 경우 보통 10배가 넘는다.

- **사회보장연금** : 가장 대표적인 공적 노후소득보장제도로서 고령으로 인한 급격한 소득의 감소와 그에 따른 소비의 위축을 완화시키고 나아가 노인을 빈곤으로부터 방어하는 기능을 한다. 사회보장연금은 근로자와 자영업자를 주된 대상으로 하며, 정부가 재정, 관리운영, 가입 등 거의 모든 일을 책임진다. 재정은 사용자와 근로자가 공동부담 하는 보험료(contribution) 또는 사회보장세(social security tax)로 충당된다. 정부가 재정의 일부를 지원하기도 한다. 대부분의 선진국은 사회보장연금을 급여와 기여를 연계시키지 않는 부과방식(확정급여형)으로 운영하고 있다. 현재 일하는 계층이 현재 지출되는 연금의 재정을 부담하기 때문에 청장년층으로부터 노년층으로의 세대 간 소득재분배가 일어난다.
- **공공부조연금** : 사회보장연금은 근로자와 자영업자 등 일하는 사람을 대상으로 하기 때문에 근로능력이 없는 사람 등 사회보장연금에 가입할 수 없는 사

람이 필연적으로 발생한다. 또한 적은 소득으로 인해 사회보장연금이 최저생활을 영위하는 데 부족한 사람도 있다. 공공부조연금은 사회보장연금에서 배제되거나 사회보장연금이 너무 적어 노후생계를 유지할 수 없는 빈곤 노인을 위한 공공부조 프로그램이다. 공공부조연금의 재정은 정부의 일반세입에서 충당된다. 빈곤 노인을 선정하기 위해 자산조사를 한다. 공공부조연금 산정방식은 정액제 또는 보충방식이 있다. 정액제는 수급자 모두에게 정액의 연금을 지급하는 것이고, 보충방식은 공공부조처럼 일정기준액(빈곤선)에서 개인의 소득을 공제한 만큼 연금을 지급하는 것이다.

공적연금에 대비되는 것이 민간연금(private pension)이다. 민간연금은 원하는 사람만 가입하는 직업연금(occupational pension schemes)이다. 민간연금도 사회보장연금처럼 가입자가 내는 보험료로 운영된다. 민간연금은 기업연금과 개인연금 두 가지가 있다. 기업연금은 회사가 직업복지 차원에서 근로자에게 제공하는 부가급여(fringe benefit)이다. 사용자가 근로자의 보험료를 지원한다(대개 반분). 개인연금은 더 많은 노후자금을 원하는 사람이 가입하는 저축이다. 당연히 보험료는 가입자만 부담한다.

- **기업연금** : 기업이 노무관리 차원에서 근로자에게 제공하는 부가급여로서 근로자 자산형성을 목적으로 한다. 기업의 부가급여이기 때문에 기업이 보험료의 일정 부분(대개 절반)을 부담하고, 가입도 단체로 한다. 기업과 가입자의 보험료는 조세감면 혜택이 있다. 보험료 액수만큼 과세대상에서 공제된다. 가입자와 기업이 정기적으로 내는 보험료는 가입자의 통장(개인계정)에 적립된다. 적립금 관리는 펀드매니저(은행, 보험회사, 투자금융회사 등)가 한다. 가입자는 관리 대가로 수수료를 지불한다. 가입자는 펀드매니저를 선택할 수 있어 펀드매니저들은 서로 경쟁한다. 연금급여는 반환일시금, 월정연금, 종신연금이 있다. 반환일시금은 적립금을 일시에 전액 지급받는 것이고, 월정연금은 수급기간을 정해 놓고 매월 일정한 연금을 받는 것이며, 종신연금은 가입자가 사망할 때까지 받는 것이다. 보험료 납입기간이 종료되는 시점에 가입자는 이중

하나를 선택할 수 있다. 연금수급권은 유족에게 이양된다. 기업연금은 임의가입 민간연금이다. 기업연금은 민간연금임에도 공공성이 커서 정부가 일정 부분 법률로 규제하고 있고, 조세감면 혜택을 주어 가입을 권장하고 있다. 기업연금은 원래 확정급여형이 주였으나 확정기여형(급여가 기여적립금과 그 이자수익으로 이루어지는 방식)으로 전환한 나라가 증가하고 있다. 선진국의 경우 근로자의 절반 정도가 기업연금에 가입해 있다. 개발도상국은 선진국에 비해 가입률이 낮지만 정부지원에 힘입어 점차 높아지고 있다. 법정 기업연금을 시행하는 나라(호주, 스위스, 한국 등)가 있지만 많지는 않다.

- 개인연금 : 완전적립 확정기여형 연금으로서 근로자 자력으로 노후에 대비하는 저축성 민간연금이다. 개인연금의 재정운용방식은 기업연금과 거의 같다. 차이점은 기업연금이 기업의 부가급여로서 보험료의 일정 부분을 기업이 부담하지만, 개인연금은 보험료 전액을 가입자가 내는 데 있다. 가입은 완전 자유이다. 개인연금 가입의 최대 인센티브는 조세감면이다. 근로소득자의 과세표준액에서 개인연금 보험료는 한도액 안에서 전액 공제된다. 적립금 투자는 가입자가 정하기 때문에 투자위험을 감수해야 한다.

민간연금은 사회보장연금을 보완하는 시스템이다. 사회보장연금으로 만족하지 못하는 사람이 은행 적금처럼 임의로 가입하는 노후대비 저축수단이다. 하지만 민간연금의 공익성이 갈수록 커지고 있다. 우선 시민의 노후소득보장에서 차지하는 비중이 재정규모면이나 가입자 수에서 사회보장연금에 필적할 정도로 커지고, 근로자에게 없어서는 안 되는 자산형성수단으로 발전하였다. 기업과 가입자가 내는 보험료의 과세 혜택의 액수도 엄청난 규모가 되었다. 정부가 국민의 노후소득보장 부담을 덜기 위해 민간연금에의 가입을 적극적으로 권유한 결과이다. 이에 따라 민간연금임에도 정부가 일정한 법적 규제에 나서고 있다(한국의 근로자퇴직급여보장법과 미국의 근로자퇴직소득보장법). 게다가 임의가입을 기본으로 하는 민간연금을 법정화한 나라도 있다(호주, 스위스, 한국 등). 더욱이 공적연금 재정의 지속가능성 문제로 인해 공적연금개혁이 세계적으로 확산되면서 민간연금은 공적연금 개혁의 모델이 되고 있다. 공적연금과 민간연금의 경계가 무너지고 있는 것이다.

공식적 노후소득보장제도에는 공적공제기금(public provident funds)도 있다. 공적공제기금은 개인연금을 법정화한 강제저축제도로서 싱가포르, 말레이시아, 남미국가 등 개발도상국들이 사회보장연금 대신 시행하는 것이다. 재정운용방식은 기업연금과 거의 같다. 사용자와 근로자가 공동 부담하는 보험료로 재정을 충당한다. 보험료는 개인계정에 적립되고, 지불 사유가 발생하면 정해진 절차에 따라 반환(연금이나 반환일시금)된다. 유족연금이 있는 경우도 있다.

한편 공적연금도 민간연금도 아닌 제삼의 연금이 있다. 공무원연금이다. 공무원연금은 중앙정부와 지방정부 공무원, 공무원 신분을 가진 공공기관직원(공립학교 교직원, 공공병원 의사, 간호사), 공무원에 준하는 사립학교 교직원을 대상으로 하는 특별시스템(special system)이다. 공무원과 정부가 내는 보험료가 재원이다. 정부는 공무원의 사용자 입장에서 보험료를 납부한다.

미국에서는 공무원연금을 공적연금이라 한다. 시민을 대상으로 하는 공적연금은 사회보장연금이다. 미국의 공적연금, 즉 공무원연금은 연방정부, 주정부, 시군정부에서 일하는 공무원, 교사, 경찰, 소방관 등을 대상으로 하고, 공무원의 사용자인 정부와 근로자인 공무원이 보험료를 분담하는 사회보험이다. 미국 최초의 공무원연금은 1896년 뉴저지 주의 교사연금이다. 1900년대 초 일부 시군정부는 경찰과 소방관을 위한 연금을 시작했다. 뉴욕 주정부와 시정부는 1920년에 공무원연금을 시행했다. 같은 해 연방공무원을 위한 연금제도도 신설되었다(SSA, 1997 : 9-10). 공무원연금펀드는 대부분 전통적인 확정급여형이다(90% 이상). 미국 공무원들이 확정급여형을 선호하는 이유는 자신이 수급할 연금의 액수가 정해져 있어 안정적이라고 생각하기 때문이다.[1]

---

1) 미국 인구센서스국 발표에 의하면, 미국에는 약 300개의 주정부 공무원 연금펀드와 약 6천 개의 지방정부 공무원 연금펀드가 있다. 가입자 총수는 2천만 명이 넘고, 연금수급자는 약 천만 명이다(US Census Bureau, 2017).

이상과 같은 공적연금, 민간연금, 공적공제기금, 공무원연금 등 공식적 노후보장시스템의 수급자, 재원, 재정운용방식, 성격을 비교하면, 〈표 14-1〉과 같다.

〈표 14-1〉 공식적 노후소득보장시스템의 비교

구 분		수급자	재 원	재정운용방식	성 격
공적 연금	사회보장연금	근로자와 자영업자	사용자와 근로자의 보험료	부과방식	사회보험
	공공부조연금	빈민	정부예산	부과방식	공공부조
민간 연금	기업연금	근로자와 자영업자	사용자와 근로자의 보험료	적립방식	직업연금
	개인연금	근로자와 자영업자	가입자의 보험료	적립방식	직업연금
공적공제기금		근로자	사용자와 근로자의 보험료	적립방식	법정 개인연금
공무원연금		공무원	정부와 공무원의 보험료	부과방식	특별시스템

2) 3층 구조

1994년 World Bank는 각국에 공적연금의 개혁을 촉구하기 위해 연금개혁보고서를 발표했다. 거기서 제시된 것이 유명한 3층 구조(3 pillar system) 모델이다. 3층이란 1층 선별주의 법정 공적연금, 2층 법정 민간연금(기업연금), 3층 개인저축계정(개인연금)을 말한다.

- 1층 기초연금 : 선별주의 공공부조연금이다. 법정 기업연금을 받을 수 없거나 연금이 최저생계비 수준 이하인 사람을 대상으로 한다.
- 2층 법정 민간연금 : 법정 강제저축제도로서 관리운영방식은 기업연금과 동일하다.
- 3층 개인연금 : 보다 많은 연금을 원하는 사람이 임의로 가입하는 저축 제도이다.

3층 구조 공적연금시스템의 핵심은 2층이다. 근로자와 자영업자의 노후대비에 있어 2층 연금의 비중이 가장 크다. 1층과 3층은 2층을 보완하는 것이다. 1층 연금은 2층 연금을 받을 수 없는 사람을 대상으로 하고, 3층은 2층 연금수급자 중 더 많은 연금을 원하는 사람을 위한 것이라는 점에서 그렇다. World Bank의 3층 시스템은 많은 나라의 연금개혁에 모델이 되었다.

World Bank가 제시한 3층 모델에 가장 근접한 연금시스템을 가진 나라가 스웨덴이다. 스웨덴은 1998년 연금개혁을 통해 기존의 부과방식 소득비례연금을 명목확정기여방식연금(the nominal defined contribution, NDC)과 프리미엄연금(the Premium Pension)으로 분리·재편했다. NDC는 소득비례연금의 골격은 유지하되 확정급여 부과방식을 확정기여 적립방식으로 개편한 사회보장연금이다. 프리미엄연금은 완전적립 확정기여방식연금이다. 프리미엄연금은 개인연금과 같지만 법정인 것이 특징이다. 스웨덴은 이로써 최저연금인 기초보장연금과 함께 3층 구조를 완성했다.

미국도 3층 구조를 갖추고 있다. 거의 모든 근로자와 자영업자가 가입하고 있는 사회보장연금이 2층에 해당한다. 1층은 65세 이상 노인, 맹인, 장애인을 대상으로 하는 연방정부 공공부조 프로그램인 보충보장소득(the Supplemental Security Income, SSI)이다. 3층은 민간연금인 기업연금이다.

러시아는 공산주의 계획경제에서 시장경제로 이행하면서 국영기업의 연금시스템을 사회보험방식의 공적연금으로 개편했다. 러시아는 2002년 푸틴정부가 연금개혁을 단행할 때 World Bank의 3층 구조를 모델로 삼았다. 1층은 기초연금이다. 거의 모든 러시아인이 수급하는 보편주의 법정연금이다. 2층은 사회보장연금(국가연금)으로서 NDC이다. 3층은 완전적립방식의 개인계정 연금저축(법정 개인연금)이다. 러시아 연금의 특징은 3층 모두 법정이고, 보험료는 전액 기업이 부담하는 것이다. 소비에트의 유산이라 할 수 있다.

우리나라의 연금도 3층 구조에 대입시킬 수 있다. 1층은 자산조사가 있는 기초연금이다. 2층은 거의 모든 근로자와 자영업자를 대상으로 하는 사회보장연금인 국민연금이다. 3층은 법정 퇴직연금이다.

〈표 14-2〉 주요국의 3층 구조 연금

구 조	World Bank	스웨덴	미 국	러시아	한 국
1층	기초연금	기초연금	공공부조연금	기초연금	기초연금
2층	법적 기업연금	사회보장연금	사회보장연금	사회보장연금	국민연금
3층	개인연금	법적 개인연금	기업연금	법적 개인연금	퇴직연금

2 사회보장연금

1) 적용대상

사회보장연금의 적용대상은 전 국민인 경우도 있고 근로자에 한정하는 경우도 있다. 전 국민을 대상으로 하는 것(실제로는 외국인 제외 시민권자로 한정)을 보편주의(universalism)라 하고, 근로자에 한정하는 것, 즉 고용관련 프로그램으로 운용되는 것을 직업주의(occupationalism)라 한다.

고용관련 프로그램으로서의 사회보장연금은 초기에는 공무원과 군인에게만 적용되었다가 산업 노동자에게로 확대되었고, 나중에는 모든 봉급생활자(화이트칼라 포함)로 확대되었다. 연금제도의 역사가 오래된 서구의 일부 국가들은 공무원, 군인, 교사, 공공부문 근로자를 위해 별도의 특별제도를 운용하고 있다. 그리고 광부, 철도, 선원 등 특정 직종을 위한 특별제도를 운용하고 있는 나라도 있다. 특별제도의 급여수준은 다른 제도에 비해 높은 편이다. 가족종사자, 가사종사자, 일일노동자, 농업 노동자, 자영업자 등의 직업집단은 관리운영의 곤란 때문에 제도의 초기에는 적용대상에서 제외되었다. 제도가 확대되면서 결국 이들도 적용대상에 포함되었는데, 기존의 제도와 분리하여 운영하는 경우도 있고 통합 운영하는 경우도 있다.

2) 연금급여

사회보장연금의 연금급여는 노령연금(old-age benefits), 장애연금(disability benefits), 유족연금(survivor benefits) 등 세 가지가 있다.

- **노령연금** : 보험료를 납부하는 가입자 본인이 연금수급 연령에 도달하면 지급되는 급여로서 정액연금도 있지만 대부분 소득비례연금이다. 소득비례연금의 경우 연금액은 관리운영의 편의를 위해서 표준보수등급(wage classes)에 비례한다. 연금의 가치보전을 위해 연금급여가 인플레 또는 근로자 평균임금의 증가에 비례하여 조정되는 게 보통이다. 평균임금을 연금산식에 포함시킴으로써 소득계층 간 소득재분배를 기하는 경우가 많다(평균임금에 비례하면 저임금계층이 유리).
- **장애연금** : 가입자의 직업과 관계없이 가입자가 영구장애인이 되면, 지급되는 연금이다. 직업으로 인한 장해는 산재보험의 적용을 받는다.
- **유족연금** : 수급권자가 사망할 경우 그 유족들에게 지급되는 연금이다. 미망인이 수급권자일 경우 남편이 수급할 연금의 50~75%를 수급한다(100%인 경우도 있음). 부양자녀가 있는 젊은 미망인의 경우 자녀가 성인이 되면 미망인 연금이 종료되는 게 보통이다(미망인이 장애인이거나 특정 연령 이상 노인인 경우는 수급 계속). 재혼하는 경우도 수급권은 종료된다. 자녀가 고아인 경우 수급권은 고아에게 부여되는데, 보통 가족수당 수급 연령까지 지급된다.

연금의 급여자격요건은 보통 연령과 보험료 납부기간 두 가지이다. 수급 연령은 60~65세이지만 65세가 대종을 이룬다(미국과 스웨덴은 67세). 보험료 납부기간 요건은 대체로 30~40년이다. 남자와 여자의 연금수급연령에 차이를 두는 나라도 있는데(대개 남자가 여자보다 5년 많다), 이런 성별 차별은 없어지는 추세에 있다. 조기퇴직자를 위한 조기연금을 시행하는 나라도 있다. 조기퇴직자는 대체로 5년 일찍 연금을 수급하는데, 당연히 삭감된 연금을 받는다.

3) 재 원

사회보장연금의 재원은 근로자 부담 보험료, 사용자 부담 보험료, 정부지원 세 가지이다. 근로자, 사용자, 정부가 재정을 공동 부담하는 것을 삼자부담의 원칙이라 한다. 정부지원의 재원은 정부의 일반세입이나 목적세(담배세, 석유세, 주세 등) 등이다. 정부가 관리운영비만 지원하는 경우도 있고, 일정 소득 이하의 저소득층의 보험료를 정부가 대신 부담하는 방식으로 지원하는 경우도 있다. 그러나 대부분의 나라가 정부지원 없이 사용자와 근로자가 공동부담 하는 보험료로 재정을 충당하고 있다.

3 사회보장연금의 재정운용방식

1) 재정운용방식의 유형

사회보장연금은 적립방식(funding system) 또는 부과방식(pay-as-you-go system, PAYG)으로 운영된다. 적립방식과 부과방식의 특징은 다음과 같다.

- **적립방식연금** : 장래에 지급될 연금을 가입기간 동안 보험료, 국고출연금, 누적기금의 이식 등으로 적립하는 방식이다. 말하자면 적립방식연금은 근로기간 중 규칙적으로 저축한 것을 퇴직 후 되돌려 받는 일종의 강제저축이다. 재정관리는 원칙적으로 개인이 낸 보험료총액과 개인이 받는 급여총액은 같아야 한다는 수지상등의 원칙(principle of equivalence)에 입각한다. 개인이 낸 만큼 되돌려 받는다는 말이다. 따라서 소득계층 간, 세대 간 소득재분배가 발생할 여지가 없다. 민간보험인 개인연금이나 기업연금이 대표적인 적립방식이다.
- **부과방식연금** : 일정기간에 지출될 급여총액을 동일 기간의 보험료 수입으로 충당하는 재정방식이다. 말하자면 매년 전체 가입자가 낸 보험료로 연금 지불총액을 조달하는 것이다. 수입총액을 지출총액에 맞추는 것을 수지균형의

원칙(principle of balance)이라 한다. 수지차액이 없기 때문에 지불준비금 이외에는 적립금이 불필요하다. 현재 일하는 근로자가 낸 보험료로 퇴직자의 연금을 지급하므로 세대 간 소득재분배 효과가 매우 크다. 하지만 대부분 소득비례 방식(소득에 비례해 보험료 납부, 보험료에 비례해 연금수급)이어서 소득계층 간 수직적 소득재분배는 일어나지 않는다. 서유럽과 미국, 일본 등 선진국 대부분이 부과방식을 채택하고 있다.

한편 부과방식연금에서 적립방식연금으로 전환하거나 적립방식연금을 신설하는 나라가 많아지면서 민간연금 용어인 확정기여형(defined contribution, DC)과 확정급여형(defined benefit, DB)도 사회보장에서 많이 사용되고 있다.

- **확정기여형** : 사전에 확정된 보험료를 부담하되 그에 상응하는 연금급여는 확정하지 않고 가입자 개인계좌에 적립된 돈(누적 보험료와 투자수익을 합한 것)을 연금(annuity)이나 일시금(withdrawal)으로 되돌려 주는 방식이다.
- **확정급여형** : 개인이 부담한 보험료의 크기에 관계없이 사전에 확정된 연금급여를 지급하는 방식이다.

확정기여형과 적립방식, 그리고 확정급여형과 부과방식은 매우 유사하다. 대부분의 부과방식 사회보장연금들은 확정급여형으로 운영한다. 소득보장제도로 기능하기 위해서는 급여를 보장해야 하기 때문이다. 반면에 직업연금 등 적립방식연금들은 모두 확정기여형이다. 수지상등의 원칙에 따라 낸 만큼 돌려줘야 하기 때문이다. 단, 강조하는 점이 다르다. 부과방식이 세대 간의 소득재분배를, 적립방식이 개인별 저축을 강조한다면, 확정기여형과 확정급여형은 기여와 급여의 확정 여부를 강조한다.

부과방식과 적립방식, 확정급여형과 확정기여형을 교차시키면 전통적 부과방식, 완전적립방식, 부분적립방식, 명목확정기여형 등 네 가지 사회보장연금 재정운용방식이 보다 명확히 드러난다.

	확정급여형	확정기여형
부과방식	전통적 부과방식 (서유럽, 미국)	명목확정기여방식 (스웨덴, 이탈리아)
적립방식	부분적립방식 (개발도상국가)	완전적립방식 (남미 국가)

| 그림 14-1 | 사회보장연금 재정운용방식의 유형

전통적 부과방식은 서유럽 복지국가들과 미국이 채택하고 있으며, 확정급여형으로 운용되고 있다. 완전적립방식은 칠레 등 남미 국가들이 채택하고 있는데, 확정기여형으로 운용되고 있다.

부분적립방식(partial funding system)은 일부 개발도상국가(한국, 이집트, 과나, 온두라스, 요르단, 멕시코, 필리핀, 튀니스)가 채택하고 있는 것으로 보험료율을 부과방식보다는 높게 책정하여 연금수급자와 지출이 적은 제도 시행 초기에 적립금이 누적되게 한다.[2] 이 자금을 경제개발에 사용한다. 적립금 규모가 그렇게 크지 않기 때문에 자본시장에 충분히 흡수된다(Beattie and McGillivray, 1995 : 14).

명목확정기여형(Notional Defined Contribution, NDC)은 선진국에서는 스웨덴과 이탈리아, 개발도상국에서는 라트비아, 폴란드, 몽고가 채택하고 있다(Williamson and Deitelbaum, 2005 : 269). 이 중 스웨덴의 NDC가 비교적 성공적인 것으로 평가받고 있다.

스웨덴은 연금재정적자에 선제적으로 대응하기 위해 1994년 연금개혁을 단행하여 기존의 법정 부과방식 소득비례연금을 법정 근로자연금(the mandatory employee's pension)과 확정기여 완전적립방식의 프리미엄연금(the premium pension)으로 분리했다. 이 중 법정근로자연금의 재정방식이 세계 최초의 NDC이다.

2) 부과방식연금을 시행하고 있는 나라도 지불준비금 형태로 약간의 적립금을 보유하고 있다.

법정 근로자연금은 확정급여형에서 확정기여형으로 단계적으로 전환해야 한다. 스웨덴 정부는 이행기간을 40년으로 잡았다(2001년부터 2040년까지). NDC는 이행기간 동안의 재정운용방식이다. NDC에는 적립방식처럼 개인계정(통장)이 있다. 개인계정은 가입자 개인별로 개설되며, 여기에 가입자가 내는 보험료가 적립되고 또 정부가 고시한 이자율(평균임금상승률)이 가산된다. 그러나 개인계정에 실제로 돈이 적립되는 것은 아니다. 가상적으로 적립될 뿐이다. 개인계정에서의 실질적인 현금지출은 가입자가 퇴직한 후 사전에 규정된 연금산식에 의거 정해진 연금액만큼 이루어진다. 이에 필요한 돈은 신규 가입자의 개인계정에서 충당한다. 이와 같이 개인계정에 보험료가 적립된다는 점에서는 적립방식이지만, 개인계정에 실제로 적립된 돈이 아니라 타인의 적립금에서 연금이 지급된다는 점에서는 부과방식인 것이다. 그래서 '명목'확정기여형이라고 한다.

NDC는 부과방식연금의 재정적자로 곤란을 겪고 있는 나라가 추가적인 재정부담 없이 적립방식으로 전환할 수 있는 유력한 대안이다. NDC의 장점은 다음과 같다(Oksanen, 2010 : 16).

첫째, NDC는 재정부담을 현 세대와 미래 세대가 분담하는 효과가 있다. 완전적립 개인계정으로 전환할 경우 근로자의 보험료 부담은 배 이상이 되고, 부과방식을 유지할 경우 재정부담은 다음 세대로 이전된다. 이에 비해 NDC는 보험료 부담을 세대 간 분산시켜 현 퇴직자와 장래 퇴직자 모두에게 일정수준의 연금을 보장해 주고, 현 근로자의 이중부담(현 퇴직자 연금과 미래 자신의 연금까지 부담)도 없다.

둘째, NDC는 금융위기의 영향을 받지 않으며, 일정한 수익률이 보장된다. 확정기여형은 적립금 투자수익에 의해 수익률이 정해지지만, NDC 적립금 이자율은 사전에 설계된 비율(평균임금상승율과 동일하게 설계하는 것이 가장 적합)에 따라 결정된다. 그리고 소득대체율과 연금지급개시연령이 법에 정해져 있는 확정급여형연금은 고령화가 심화되면 조정(대개 정치적으로 조정)되고, 그 과정에서 세대 간 갈등 같은 진통이 뒤따르지만, NDC는 이런 조정이 거의 자동적으로 이루어지기 때문에 그런 문제가 없다.

셋째, 대규모 적립금이 불필요하다. 연금급여는 퇴직연령과 평균수명에 따라 조정되며, 따라서 재정적 지속가능성은 반자동적으로 보장된다. NDC는 잠재적인 부채, 즉 구세대로부터 상속된 부채(legacy debt)를 명시적인 부채로 드러낼 필요도 없다.

Summery 사회보장연금 재정운용방식의 유형

유 형	내 용
부과방식	• 매년 전체 가입자가 낸 보험료로 연금 지불액 충당 • 수지 차액이 없기 때문에 적립금 불필요 • 연도별 수지균형의 원칙(매년 수입과 지출이 균형을 이룸)에 따름 • 세대 간 소득재분배 기능
완전적립방식	• 근로기간 중 규칙적으로 저축한 것을 퇴직 후 되돌려 받는 일종의 강제저축 • 수지상등의 원칙에 입각해 소득재분배 기능은 없음
부분적립방식	• 일부 개발도상국가 채택 • 보험료율을 부과방식보다 높게 책정하여 제도의 시행 초기에 적립금을 누적시키고, 이를 경제개발에 사용
명목적립방식	• 가입자 개인계정에 보험료를 가상적으로 적립하고 실제 지불되는 연금은 신규 가입자의 적립금으로 충당 • 개인계정에 개인별 보험료가 적립된다는 점에서는 적립방식이지만, 급여가 개인계정에 실제로 적립된 돈이 아니라 타인의 적립금에서 지급된다는 점에서는 부과방식

2) 적립방식과 부과방식의 장단점

사회보장연금 재정운용방식에 관한 전통적인 견해는 사회보험에서는 적립방식이 필요하지 않다는 것이다. 민간보험에서는 완전적립이 반드시 필요하지만, 사회보험은 그렇지 않다는 Rejda(1984 : 27-28)의 견해가 대표적이다. 그에 의하면, 민간보험과 같은 적립 프로그램에서는 축적된 자산(기금)의 가치가 가입자의 제반 권리(수급 권리)를 충족시킬 정도로 충분해야 한다. 민간보험이 완전적립을 강조하는 가장 큰 이유는 민간보험이 언제든지 종료될 수 있기 때문이다. 보험회사의 파산을 생각하면 된다.

하지만 국가 책임하에 운영되는 사회보험은 그럴 필요가 없다. 사회보험 기금은 경우에 따라서 수지불균형이 일어날 수도 있다. 사회보험이 적립방식을 택할 필요가 없는 것에는 몇 가지 이유가 있다.

- 사회보험은 일정 기간만 운용되는 것이 아니라 영속적인 프로그램이다. 따라서 완전적립이 불필요하다.
- 사회보험은 강제적용이기 때문에 신규 가입자가 계속해서 생긴다.
- 사회보험은 중앙정부가 궁극적인 책임을 지므로 재정문제가 발생하면 보험료를 인상하는 등의 방법을 통해 해결할 수 있다.
- 경제적인 측면에서도 완전적립은 바람직하지 않다(과도한 적립금 누적이 가져오는 문제).

Barr(1987 : 211-212)는 부과방식과 적립방식의 장단점을 비교했다. 그는 부과방식의 장점으로 다음과 같은 세 가지 점을 들었다.

- 인플레로부터 연금의 가치를 보호할 수 있다.
- 경제성장에 비례하여 연금의 실질가치를 높일 수 있다.
- 완전연금을 즉각적으로 지불할 수 있다(과거 연금보험료 납부 요건과 무관하므로).[3)]

그리고 적립방식의 단점을 다음과 같이 지적했다.

3) 영국이 대표적이다. 원래 베버리지는 국민연금의 재정을 부과방식으로 할 것을 권고하였는데, 제도의 시행 첫 해에 소요되는 금액만을 부과하면 되므로 보험료는 그리 많지 않을 것으로 예상했다. 그는 또 연금수급에 필요한 가입기간 요건을 두는 것을 전제했는데, 이렇게 되면 연금 시행 초기에는 연금수급자의 수가 많지 않을 것이 확실했다. 그러나 2차 세계대전 후 집권한 노동당 애틀리 정부는 이를 무시하고 곧바로 모든 연금수급 연령층에게 연금을 지급하였다. 이로써 부과방식은 연금급여를 신규 연금수급자들에게 즉각적으로 지급하는 수단이 되었다.

- 인플레에 취약하다. 정확한 인플레 예측에 입각하여 연금급여액을 결정하면 문제가 없겠으나, 인플레가 예상치를 상회할 경우 문제가 생긴다.[4]
- 경제성장의 과실을 연금수급자에게 배분할 수 없다.
- 완전연금을 받기 위해서는 장기간의 보험료 적립이 필요하다.

부과방식과 적립방식의 장단점은 정확히 정반대이다. 부과방식의 장점이 적립방식의 단점이고, 부과방식의 단점이 적립방식의 장점이다. 두 방식 장단점의 가장 큰 쟁점은 인구구조의 변화(장래 노동력의 변화)이다. 부과방식은 인구구조의 변화에 취약하다는 큰 단점을 지니고 있는 반면에 적립방식은 인구구조의 변화에 강하다는 것이 가장 큰 장점이다.

하지만 Barr는 적립방식의 장점으로 알려진 연금과 인구구조의 변화에 관한 통상적인 관념, 즉 인구구조의 변화 = 노동인구의 감소 = 부양률의 증가 때문에 적립방식이 부과방식에 비해 인구구조의 변화에 강점을 지닌다는 것은 잘못된 가정이라고 주장하였다. 그에 의하면, 적립방식이건 부과방식이건 현재 연금수급자가 받는 연금은 인구구조의 변화와 관계없이 과거 또는 현재의 일하는 사람이 소비하지 않은 부분(생산한 것에서 소비한 부분을 뺀 것)이다. 과거의 근로자가 소비하지 않은 부분이 현재의 연금수급자에게 이전되는 것이 적립방식이고, 현재의 근로자가 소비하지 않은 부분이 현재의 연금수급자에게 이전되는 것이 부과방식이다.

이 문제는 소득재분배에 연관된다. 부과방식은 현재 일하는 젊은 근로자들의 부담으로 퇴직한 노인인구의 연금재정을 충당하도록 설계되어 있고, 노인의 연금총액이 그들의 청년기에 부담한 보험료총액을 상회하므로 세대 간 소득재분배가 발생한다. 반면에 적립방식은 개인별로 청년기에 적립한 것을 퇴직 후 되찾는 것이므로 원칙적으로 세대 간 소득재분배는 일어나지 않는다.

---

4) 적립방식이 인플레에 취약하다는 사실은 1929년 미국의 대공황이 극적으로 보여주었다. 대공황이 나기 전인 1920년대 미국에는 이른바 복지자본주의라는 관념 아래 기업들, 특히 대량생산업체들이 자체적인 복지 프로그램을 운용하였다. 정부가 확인한 기업연금 프로그램만 4백여 개에 달했다. 그러나 대공황으로 수많은 기업이 도산함에 따라 기업연금도 휴지조각이 되고 말았다.

4 사회보장연금의 개혁방향

많은 나라들이 고령화로 인한 연금재정의 악화에 대처하기 위해 노력하고 있다. 연금 성숙기에 있는 선진국은 기존 부과방식연금의 재정을 강화하거나(보험료 인상, 급여 인하, 수급개시연령 인상 등), 확정급여형을 확정기여형으로 대체하거나, 부과방식에 적립방식을 접목하는 등의 개혁을 실시했다. 일부 선진국은 대중의 강한 반대에도 불구하고 정연연장을 도모하고 있다. 남미의 거의 모든 나라는 기존의 부과방식을 적립방식으로 바꿨고, 러시아와 중국 등 계획경제에서 시장경제로 이행한 나라들은 적립방식을 신설해 기존의 부과방식과 병행 운영하고 있다.

세계의 연금개혁에 대해 각별한 관심을 보이는 World Bank(2012)는 기존 부과방식연금을 부분적으로 개혁해서는 공적연금의 지속가능성 문제를 해결할 수 없다고 하면서 부과방식연금의 적립방식연금으로의 전면적 개편과 연기금 관리운영의 민영화를 주장하고, 각국의 연금개혁에 적극적으로 간여하고 있다.

적립방식연금이 성공하기 위해서는 투명성과 예측가능성이 보장된 자본시장이 있어야 하고, 자본시장으로부터 안정적인 투자수익을 거둘 수 있어야 한다. 관건은 수익성이다. 적립방식연금펀드의 자금은 주로 채권이나 주식 등의 형태로 자본시장에 투자되는데, 여기서 발생하는 수익은 지급되는 연금의 중요한 재원이 된다. 투자수익의 가장 중요한 변수는 노동생산성과 실질 GDP의 증가이다. 생산성이 향상되고 경제성장이 이루어져야 자본 투자수익률도 좋아지기 때문이다. 수익성은 적립방식연금의 성패를 좌우한다.

한편 2011년 유럽의회는 EU 회원국의 공적연금과 민간연금을 분석한 보고서를 발표했다. 이 보고서는 선진국 연금시스템의 개혁 실태를 종합적으로 정리·소개하고 있을 뿐만 아니라 지속가능한 연금을 위한 현실적인 정책대안을 제시하고 있어 범세계적인 연금개혁에 많은 것을 시사한다(European Parliament, 2011).

유럽의 공적연금은 대부분 3층 구조로 되어 있다. 1층은 법정연금(public mandatory pension)으로 부과방식연금이다. 2층은 기업연금(occupational pension)으로 임의도 있고 법정도 있으며, 임의와 법정을 병행하는 나라도 있다. 기업연금만 시행하는 나라는 하나도 없다. 3층 개인연금(private savings plan)은 임의가입이다. 정부가 가입자에게 조세감면 혜택을 부여해 권장하고 있다.[5)]

이를 전제로 EU 국가들의 공적연금개혁 추세를 요약하면 다음과 같다. 부과방식의 법정연금을 적립방식으로 전환한 나라가 있고(EU 회원 27개국 중 9개국), 부과방식과 적립방식을 혼합한 나라가 있으며, 2층 기업연금을 준법정연금(a semimandatory occupational pension system)으로 만든 나라도 있다. 가입기간을 연장한 나라도 있고, 퇴직연령을 높인 나라도 있다. 명목확정기여방식(NDC)을 도입한 나라도 있다.

최근 추세는 부과방식과 적립방식, 공적연금과 민간연금, 임의연금과 법정연금 간의 전통적 구분이 점차 모호해진다는 것이다.[6)] 공적연금의 전통적 역할이 아직은 중요하지만 적립방식연금과 확정기여형연금의 역할이 점차 커지고 있는 것도 주요한 변화이다.

보고서는 확정급여형연금에서 확정기여형연금으로의 전환이 연금의 충분성과 지속가능성 문제를 극복하기 위한 1990년대 이후 연금개혁의 핵심이라고 주장한다(이것이 이 보고서의 핵심이다). 확정기여형 하에서는 기여와 급여 간의 균형, 즉 수지균형이 이루어져 만성적인 재정적자에서 근본적으로 벗어날 수 있고 따라서 정부도 재정적 부담에서 자유로워질 수 있다. 보고서는 민간연금은 물론 공적연금도 확정기여형이 가능하다고 본다.

다음은 정책 권고이다. 보고서는 EU 국가들이 고령화로 연금의 충분성(adequacy)을 유지하는 데 곤란을 겪고 있고, 연금시스템의 지속가능성(sustainabi- lity)도 심각한 위협을 받고 있어 어떤 형태로던 개혁이 불가피한 실정이라고 하면서 다음과 같은 정책대안을 제시했다.

5) 연금개혁을 위해 연금구조를 3개 층으로 나눈 것은 World Bank의 작품이다. World Bank는 유명한 1994년 연금개혁보고서에서 연금시스템을 1층 법정 공적연금(부과방식연금), 2층 법정 민간연금(기업연금), 3층 개인저축계정(임의 개인연금)으로 구분했는데, 이 3층 구조는 범세계 연금개혁의 기본 틀이 되었다.

6) 스위스가 그렇다. 스위스는 민간연금인 기업연금이 법정연금이다. 민간연금의 재정규모도 매우 커서 법정 부과방식연금과 비슷할 정도이다. 호주도 법정 기업연금을 시행하고 있다.

첫째, 근로기간의 연장과 노동시장 참가율의 제고이다. 연금의 재정적 건전성을 제고하고 충분한 연금을 유지하기 위해서는 더 많은 근로자가 더 오래 일하는 것이 가장 효과적이다. 근로기간 연장의 가장 확실한 방법은 퇴직연령의 상향조정이다. 더 많이 일하는 만큼 보험료 납부기간이 늘어나고, 늦게 퇴직하는 만큼 연금수급 기간이 줄어들기 때문이다. 퇴직연령 연장은 정치적으로 예민한 문제이다. 사용자는 물론 근로자도 반대할 수 있다. 따라서 근로자와 사용자에게 인센티브를 줘야 한다. 퇴직연령 연장에 상응해 연금급여액을 인상시키거나 고령근로자의 임금을 삭감하는 임금피크제를 예로 들 수 있다.[7] 근로자의 노동시장 참가율 제고도 근로기간 연장과 유사한 효과가 있다. 취업자 수가 많아지면 보험료 수입이 증가하고 연금수급자 수는 감소하여 연금지출이 줄어든다. 고령근로자를 활용하는 것이 좋은 방법이다. 정부가 고령근로자를 대상으로 직업훈련 프로그램을 실시해 이들이 새로운 기술을 익히도록 지원하고, 이들이 새로운 직장을 찾을 수 있도록 직업소개를 하면 효과적일 것이다.

둘째, 3층 구조의 합리적 안배이다. 3층 구조 연금시스템을 적절히 배합하여 재정위기를 정부, 개인, 연금펀드 삼자가 공유하면, 연금의 충분성을 훼손하지 않으면서 연금 재정적자문제에 대응할 수 있다. 인구구조의 변화와 경기변동에 완벽하게 대응하는 연금시스템은 없다. 하지만 위기를 공유해서 위험을 분산시킬 수는 있다. 위기의 공유는 불확실한 환경변화에 대응할 수 있는 합리적인 대안이다. 방법은 세 가지가 있다. 정부와 개인, 개인과 연금시스템, 세대 간 위기의 공유가 그것이다.

정부와 개인이 위기를 나눈다는 것은 정부는 정부의 역할을, 개인은 개인의 역할을 하는 것이다. 정부는 1층 연금을 충실히 유지해야 한다. 정부라고 해서 재정적자를 피하면서 모든 시민에게 충분한 연금을 변함없이 지급할 수는 없고, 연금펀드의 수익률이 항상 좋을 수는 없다. 따라서 일정한 소득대체율을 보장하고, 기본적인 연금을 지속적으로 지급함으로써 노인의 빈곤을 방지하는 1층 연금이 반

7) 호주는 평균 퇴직연령을 1년 연장했다. 그 결과 연금지출 총액이 2.4~3.0% 감소했고, GDP는 0.5% 증가했다. 근로자 수가 증가했기 때문이다. 이것은 정년연장의 고용 효과가 상당하다는 것을 의미한다.

드시 필요하다. 이것은 정부가 할 일이다. 개인은 기업연금과 개인연금에 가입함으로써 위기를 공유할 수 있다. 정부가 1층 연금을 유지하고, 개인은 민간연금에 가입하면 개인의 연금은 일정 수준 이상으로 보장된다.

개인과 연금시스템 간의 위기 공유도 필요하다. 사실 이것은 이미 이루어지고 있다. 사회보장연금은 모든 사람에게 동일한 보험료율을 적용함으로써 이를 이미 실현하고 있다. 기업연금과 개인연금은 하나의 펀드에 보험료를 적립하고 손실과 이익을 공유함으로써 이를 실현하고 있다. 최저(기초)연금에서도 위기 공유가 있다. 노동시장에는 성별과 종사상의 지위(정규직/비정규직. 풀타임/파트타임)에 차별이 존재한다. 하지만 기초연금은 모든 사람에게 평등한 권리를 부여한다.

세대 간 위기 공유도 중요하다. 세대 간 위기 공유는 부과방식연금에서 잘 실현되고 있다. 적립방식연금에서는 세대 내 위기 공유가 이루어지고 있다. 장기간 보험료가 적립되는 과정에서 손실구간과 수익구간이 믹스되어 위기가 세대 내에서 분산되고 있는 것이다. 하지만 고령화와 같은 인구구조의 변화로 대규모 연금지출이 발생하면 손해를 보는 세대와 이익을 보는 세대가 반드시 생긴다.[8] 연금의 지속가능성을 위해서는 세대 간 위기 공유가 필수적이다. 세대 간 보험료 부담은 공평(fair)해야만 한다. 평균수명의 증가로 향후 연금지급이 증가할 경우 세대 간 비용 분담은 더욱 공평해야 한다. 개혁 비용을 미래 세대에 전가해서는 안 된다.

8) 고령화로 인한 연금재정적자에 대해 가장 불안한 게 청년근로자이다. 이들은 현재 약속된 연금이 앞으로도 계속해서 유지될 것인지에 대해 의구심을 갖고 있으며, 자신이 낸 보험료총액보다 적은 연금을 받게 되지나 않을지 우려한다.

CHAPTER

15 국민연금

1 도입과정

우리나라 국민연금은 처음부터 적립방식으로 추진되었다. 정부가 적립방식을 채택하려 했던 근본적인 이유는 국민연금을 노인의 소득보장과 국민복지 향상을 위한 사회복지정책이 아니라 내자(內資) 동원수단으로 이용하려고 했기 때문이다.

우리나라가 국민연금에 대해 논의하기 시작한 것은 박정희 정권 시절인 1970년대 초였다. 박정희 정권은 사회보장제도를 국가재정에 부담을 주는 소비성 제도로 인식했다. 당시 국민연금의 도입을 주도했던 KDI[1]는 이런 우려를 불식시키기 위해 연금의 투자효과를 부각시켰다. KDI 원장 김만제는 박정희 대통령에게 "우리나라의 경제사회 여건으로 보아 단기적으로는 국민의 조세저항이 점차 강해지며 또한 민간저축의 제고뿐만 아니라 국가재정을 위한 투자재원의 조달에도 크게 기여할 수 있다"고 설득했다(1972년 11월 30일 청와대). 이를 수용한 박 대통령은 1973년 1월 12일 연두기자회견에서 연금제도의 도입을 공식적으로 천명하였다. 보건사회부, 경제기획원, KDI가 공동으로 작성한 국민복지연금제도(안)를 보면, 제도 실시의 기대효과로 ① 소득재분배에 의한 국민들의 복지균점을 실현하고, ② 적립된 기금은 경제개발에 필요한 내자로 활용하여 국가경제부흥에 이바지하며, ③ 본격적인 사회보장체제를 구축하여 복지국가 건설에 기여한다는 것이 적시되어 있는데, 연금기금을 내자로 동원하려는 정부의 의지가 노골적으로 드러나 있

1) 당시 KDI는 산업화로 인한 근로자 계층의 급증과 이들에 대한 노후대비책의 미비 그리고 제2차 경제개발 5개년계획의 성공에 따른 경제적 여력의 확보를 바탕으로 연금제도를 도입해야 할 시기가 되었다고 판단했다고 한다.

다.[2] 1973년 11월 국민복지연금법은 국회를 통과하였다. 그러나 중동전쟁과 석유파동으로 인한 심각한 경기불황으로 국민복지연금의 실시는 보류되었다.

전두환 정권이 들어선 후인 1980년대 중반 GNP의 증대와 물가안정으로 경제여건이 크게 호전되자 국민연금의 도입논의가 재개되었다. 1986년 정부 의뢰 하에 KDI는 다시 국민연금의 도입방안에 대해 연구하여 1988년부터 실시토록 정부에 건의하였다. 1986년 8월 11일 전두환 대통령은 하계기자회견을 통해 제5차 사회경제발전5개년계획의 일환으로 국민연금의 도입, 전 국민 건강보험, 최저임금제의 도입 등을 골자로 한 국민복지 3대 정책을 발표하였다.[3] 그런 다음 내부 검토를 거쳐 1986년 12월 국민연금법이 국회를 통과하였다.[4] 국민복지연금법에서 '복지' 자가 빠지고 국민연금법이 된 이유는 가난한 노인을 적용대상에서 제외하고, 정부가 재정지원을 거의 하지 않는다는 사실 때문이었다(국민연금공단, 1998 : 96).

국민연금은 2년간의 준비기간을 거쳐 1988년에 시행되었다. 그런데 중요한 것은 1973년의 국민복지연금법의 제정배경과 1986년의 국민연금법의 제정배경이 좀 다르다는 것이다. 국민복지연금법의 가장 중요한 목적은 내자동원이었다. 그러나 국민연금법은 적어도 외면적으로는 연금 본래의 목적인 근로계층의 노후생활보장에 초점을 두었다. 1986년 입법예고 시 정부는 "성장의 과실을 국민 각 계층에 균형 있게 배분하기 위한 사회복지 확충정책의 일환으로, 그리고 평균수명 연장 및 핵가족화에 따른 국민의 노후생계를 보장하고 산업화에 따른 각종 사회적 위험으로 인한 소득능력 상실자와 그 가족의 생활을 보장"하기 위해 국민연금을 실시한다고 했다. 그 무렵 경제여건이 무척 좋았기 때문이었겠지만(이른바 저 유가, 저 환율, 저 국제금리 3저 호황) 실무적인 논의 과정에서도 내자동원 논리는 나오지 않았다. 그리고 당시 이해원 보건사회부장관이 국회 보건사회위원회에서 제안 설명을 하

2) 당시 언론의 반응은 상당히 부정적이었다. 대부분의 언론들이 연금이 시기상조이고, 내자동원책(중화학공업에의 투자)이며, 연금 급여액이 적은 데 비해 부담은 많고, 영세근로자들과 여성근로자들에 대한 배려가 없다는 점 등을 지적하였다(국민연금공단, 1998 : 64-65, 83-85).

3) 전두환 대통령은 서구 복지국가의 재정적자를 보고 사회보장제의 도입에 부정적인 인식을 갖고 있었으나 경제와 사회의 균형발전이 필요하다는 김만제 부총리와 사공일 청와대 경제수석의 말을 듣고 설득 당했다고 한다(국민연금공단, 1998 : 111).

4) 전두환 정권이 내자동원의 필요성이 별로 없었음에도 국민연금법의 시행을 추진한 진정한 이유는 취약한 정권정당성을 다소라도 제고하기 위해서였을 것이다.

면서, "국민복지연금법이… 실시가 유보되어 왔으나, 그간 물가가 안정되고 국민소득 수준이 향상되는 등 여건이 성숙됨에 따라" 국민연금을 시행하겠다고 그 배경을 밝혔다(국민연금공단, 1998 : 94-107).

그리하여 시행 초기에는 저율의 보험료율로 출발하되 향후 단계적으로 인상하는 수정적립방식을 채택하였는데, 이는 내자동원의 필요성이 별로 크지 않았다는 데 대한 증거가 될 수 있다. 그리고 정부 입장에서 부과방식 대신 적립방식(수정적립방식이긴 하지만)을 선택한 이유는 "정부의 개입을 가능한 한 최소화하는 것"에 있었다(국민연금공단, 1998 : 96). 그럼에도 이후 진행된 상황을 보면 정부의 내자 동원 의지가 없었다고 보기 어렵다. 국민연금 시행 후 매년 수조 원에 달하는 막대한 자금이 조성되고, 조성된 자금의 반 이상을 정부가 차입해 사용했기 때문이다.

2 부분적립방식

우리나라 국민연금은 기금을 조성한다는 점에서 적립방식이 분명하지만 완전한 적립방식이라고 하기는 어렵다. 시행 초기에 보험료율을 낮게 책정했다가 점진적으로 상향 조정(3% → 6% → 9%)했고, 일정한 재분배 기능도 갖고 있는데, 이는 부과방식의 특징이다.

국민연금이 재분배적 요소를 갖고 있는 사실은 급여산식에서 확인된다. 즉 전 가입자에게 동일한 액수의 연금을 지급하는 균등부분(A 부분)이 전체 연금액의 상당 부분(평균적으로 50% 정도)을 차지하는데, 전체 가입자의 표준소득월액의 평균치보다 낮은 사람은 이 부분 때문에 상대적으로 유리하고, 그 반대인 경우는 불리하다. 여기서 소득계층 간 소득재분배가 발생한다.

이 때문에 우리나라 국민연금을 수정적립방식, 혼합방식 또는 부분적립방식이라고 한다. 부분적립방식의 문제점에 대해서는 이정우(1999 : 60)가 다음과 같이 잘 지적하였다. 첫째, 기금의 완전한 적립이 요구되는 적립방식과 기금을 전혀 필요로 하지 않는 부과방식 사이에서 기금규모 설정의 임의성 여지가 너무 넓어 적립기금의 절대규모가 아무런 객관적인 기준이 없이 정치적·자의적으로 결정될 가능성이 높다. 둘째, 보험료의 수준이 정치적 고려에 의해 책정될 위험성이 있다. 보험료는 적립방식의 경우 개인별로 부담과 수혜의 기대 값이 상호 균형을 유지할 수 있는 수준에서, 부과방식은 매년도 연금재정이 수지균형을 유지할 수 있는 수준에서 결정이 된다. 반면에 부분적립방식의 보험료는 일정한 기준이 없이 정치·경제·사회적 여건에 따라 자의적으로 결정될 수 있다.

3 적용대상

국민연금은 1988년 상시 근로자 10인 이상의 사업장 근로자를 대상으로 시작했다. 1992년에는 5인 이상 사업장으로 확대되었고, 1995년 7월부터는 농어촌 지역주민으로, 1999년 4월부터는 도시 지역주민으로 확대됨으로써 전 국민연금이 달성되었다(2003년 7월부터 모든 사업장으로 확대). 다른 나라에 비해 이례적으로 빠른 적용확대였다.

국민연금의 가입자는 사업장가입자와 지역가입자로 구분된다.[5] 사업장가입자란 근로자를 상시 고용하는 사업장의 18세 이상 60세 미만의 근로자와 사용자를 말한다. 지역가입자는 사업장가입자가 아닌 자로서 18세 이상 60세 미만인 자인데, 도시 자영업자, 농민, 임시직, 일용직, 파트타임 근로자 등 유급종사자와 실업자, 학생, 군인 등 비경제활동인구까지 포함한다.

당연한 말이지만 다른 공적연금의 적용대상이 되는 직업계층과 공공부조대상자인 국민기초생활보장수급자는 국민연금에서 제외된다. 이를 적용제외자라 하는데, 공적연금(국민연금, 공무원연금, 군인연금, 사립학교교직원연금, 별정우체국연금) 가입자 및 수급자의 무소득배우자, 18세 이상 27세 미만의 학생과 군인, 기초생활수급자, 1년 이상 행방불명자 등을 말한다.

5) 임의가입자(적용제외자 중 본인이 희망하여 가입한 자)와 임의계속가입자(60세 이후부터 65세까지 본인이 희망하여 가입한 자)도 있지만 소수이다.

4 급여

우리나라 국민연금 급여는 노령연금, 장애연금, 유족연금, 반환일시금으로 구성되어 있다. 노령연금은 기본연금에 부양가족연금을 가산한 금액으로 정해진다. 기본연금액은 다음 산식에서 보듯이 전체가입자의 평균소득(A값)과 개별 가입자의 평균소득(B값)을 기준으로 산정된다. 노령연금 기본연금액 산정에 전체 가입자의 평균소득(A값)을 반영하기 때문에 소득계층 간 소득재분배(수직적 재분배)가 발생한다.

$$P = 1.38\times(A + B)\times(1 + 0.05n)/12$$

P : 기본연금액
A : 균등부분(연금수급 직전 3년간의 전체가입자 평균소득월액의 평균액)
B : 소득비례부분(가입자의 가입기간 중 기준소득월액의 평균액)
n : 20년 초과 가입 월수

한편 국민연금 재정적자에 대비하기 위해 2013년부터 연금수급연령을 60세에서 65세로 단계별 연장하였다. 즉 1953–1956년생 61세, 1957–1960년생 62세, 1961–1964년생 63세, 1965–1968년생 64세, 1969년생 이후 65세로 연장한 것이다.

5 보험료

국민연금 보험료는 가입자의 소득에 부과된다. 사업장가입자의 경우 소득이란 근로소득에서 비과세근로소득을 차감한 소득을 말하고, 지역가입자의 경우 농업소득, 임업소득, 어업소득, 사업소득(도매업, 소매업, 제조업, 기타의 사업에서 얻는 소득)을 말한다.

국민연금의 보험료율은 사업장가입자와 지역가입자가 다르다. 사업장가입자의 현재 보험료율은 표준소득월액의 9%인데, 시행 초기(1988~1992년)에는 3%로 시작하여 1993년 6%로 인상되었고, 1998년부터 9%로 인상되었다. 그리고 1999년 3월까지는 가입자 본인과 사용자가 각각 3%씩을 부담했고, 여기에 퇴직금전환금에서 3%가 더해졌다. 그러다가 1999년 4월부터 퇴직금전환금제도가 폐지되고 근로자와 사용자가 4.5%씩을 부담하는 것으로 바뀌었다.

퇴직금전환금제도가 폐지된 이유는 재직기간 1년 미만 등 근로기준법 미적용 근로자의 퇴직금전환금 납부문제, 퇴직금에서 퇴직금전환금을 공제하는 방식에 따른 이견, 국민연금법상 퇴직금전환금의 소급납부 등에 따른 노사 간의 갈등, 연봉제도 도입 급증 및 퇴직금의 기업연금제도화 등의 추세 감안 등 여러 가지였다. 이로써 근로자는 종전 6% 부담에서 4.5%로 부담이 경감되었고, 사용자는 종전 3%에서 4.5%로 부담이 늘었으나, 매월 납부 시 자금운용 측면에서 자금부담이 완화되는 효과가 발생하여 큰 불만은 없었다.

지역가입자는 본인이 보험료를 전액 부담하는데, 보험료율은 소득의 3%에서 시작하여 2000년 7월부터 매 1년마다 1%씩 상향조정되어 2005년 7월 9%로 인상되었다.

〈표 15-1〉 국민연금 보험료율

사업장가입자	1988~1992년	1993~1997년	1998~1999년 3월	1999년 4월 이후
근로자	1.5	2.0	3.0	4.5
사용자	1.5	2.0	3.0	4.5
퇴직금 전환금		2.0	3.0	
합 계	3.0	6.0	9.0	9.0

지역가입자	1995~1999년	2000~2004년	2005년 이후
합 계	3.0	6.0	9.0

6 기금운용

우리나라 국민연금은 부분적립방식을 채택하고 있기 때문에 시행 초기에 상당한 액수의 적립금이 축적되며, 적립금의 운용이 재정안정에 관건이 된다. 따라서 적립금을 적재적소에 투자하여 최대의 수익을 올리는 것이 감독기관인 보건복지부와 관리운영기관인 국민연금공단의 중요한 책무가 된다.

국민연금은 제도의 연륜이 오래지 않아 노령연금 수급자가 많지 않고 따라서 적립금이 급하게 누적되고 있다. 국민연금 적립금은 2015년 500조를 돌파하였고, 정부 추계에 의하면 2020년 847조원, 2043년에는 2,561조원까지 증가할 것으로 예상된다.

국민연금 적립금은 대부분 금융부문에 투자된다. 국민연금 시행 초기에는 채권, 금전신탁, 수익증권 등 주로 채권 관련 상품 위주로 운용하였으나, 1990년부터 주식형 수익증권 투자사업을 시작했고, 1993년부터 본격적으로 주식투자를 시작하였다. 현재는 국공채, 금융채권, 회사채 등의 채권 투자, 주식에의 직접 투자, 수익증권과 금전신탁, 단기금융상품 등 다양한 금융상품에 투자하고 있으며, 해외 주식에도 투자하고 있다.

국민연금 적립금은 가입자 모두의 공동 자금이기 때문에 신중하게 다루어야 한다. 국민연금공단은 기금운용 규정을 두고 기금을 엄격하게 관리하고 있다. 국민연금 기금운용원칙은 수익성, 안정성, 공공성, 유동성, 운용 독립성 등 다섯 가지이다.

〈표 15-2〉 국민연금 기금운용원칙(기금운용규정 Ⅱ-2)

원 칙	내 용
수익성의 원칙	가입자의 부담, 특히 미래세대의 부담 완화를 위하여 가능한 한 많은 수익을 추구하여야 한다.
안정성의 원칙	기금은 투자하는 자산의 전체 수익률 변동성과 손실위험이 허용되는 범위 안에 있도록 안정적으로 운용하여야 한다.
공공성의 원칙	전 국민을 대상으로 하는 제도이고, 적립규모가 국가경제에서 차지하는 비중이 크므로 국가경제 및 국내금융시장에 미치는 파급효과를 감안하여 운용하여야 한다.
유동성의 원칙	기금은 연금급여의 지급이 원활하도록 유동성을 고려하여 운용하여야 하며, 특히 투자한 자산의 처분 시 국내금융시장 충격이 최소화되는 방안을 사전에 강구하여야 한다.
운용 독립성의 원칙	기금은 상기 원칙에 따라 운용하여야 하며, 다른 목적을 위하여 이러한 원칙이 훼손되어서는 안 된다.

국민연금기금의 운용에서 가장 중요한 것은 안정성과 수익성이다. 국민의 노후를 대비하기 위한 자금이란 점에서 무엇보다도 투자의 안정성이 요구되고, 또 일정한 수익이 보장되어야 한다는 점에서 그렇다.

그런데 투자수익이 높은 금융상품은 안정성이 떨어지고, 반대로 투자 안정성이 높은 금융상품은 투자수익이 떨어지는 게 현실이다. 그리고 정부 채권과 같은 공공부문에의 투자는 안정성이 높은 반면에 수익성은 낮고, 주식과 같은 민간부문에의 투자는 수익성은 높지만 안정성이 낮다. 이렇게 볼 때 안정성과 수익성을 동시에 담보할 수 있는 방법을 찾는 것이 국민연금기금운용자의 최대 과제라 할 수 있다.

국민연금기금의 수익성과 공익성을 놓고 수익성을 중시하는 사람이 있는가 하면 공익성을 강조하는 사람도 있다. World Bank는 공적연금기금에서 중요한 것은 수익성이며 공익을 추구할 필요는 없다고 한다. 반면에 국제사회보장협회(ISSA)는 교육, 보건의료, 교통 등과 같은 공익성이 있는 사업에 투자해도 좋다고 한다(정창률, 2010 : 57-58).

Summery 국민연금

구 분	내 용
부분적립방식	• 기금을 조성한다는 점에서 적립방식 • 시행 초기에 보험료율을 낮게 책정했다가 점진적으로 상향 조정했고, 일정한 재분배 기능을 갖고 있는 것은 부과방식
적용대상	• 사업장가입자 : 근로자를 상시 고용하는 사업장의 18세 이상 60세 미만의 근로자와 사용자 • 지역가입자 : 사업장가입자가 아닌 자로서 18세 이상 60세 미만인 자. 도시자영업자, 농민, 임시직, 일용직, 파트타임 근로자 등 유급종사자와 실업자, 학생, 군인 등 비경제활동인구까지 포함
급 여	• 노령연금, 장애연금, 유족연금, 반환일시금
보험료	• 가입자의 소득에 부과 • 사업장가입자의 소득 : 근로소득에서 비과세근로소득을 차감한 소득 • 지역가입자의 소득 : 농업소득, 임업소득, 어업소득, 사업소득(도매업, 소매업, 제조업, 기타의 사업에서 얻는 소득)을 포함

CHAPTER

16 기초연금

1 기초연금의 성격

우리나라 기초연금[1)]은 노인에게 연금을 지급하여 안정적인 소득기반을 제공함으로써 노인의 생활안정을 지원하고 복지를 증진하는 데 목적이 있다. 기초연금 수급자는 65세 이상 노인으로 일정 소득 이하인 사람이고, 공무원, 사립학교교직원, 군인, 별정우체국직원 등 직역연금 수급권자 및 그 배우자는 제외한다. 기초연금 재정은 가입자가 내는 보험료가 아니라 조세로 충당한다.

공적연금은 재정조달방식(조세방식 또는 사회보험방식)과 대상자 범위(보편주의 또는 선별주의)에 따라 분류되는 것이 일반적이다. 우리나라 기초연금은 조세로 재정을 조달하고 일정 소득 이하 노인을 수급대상으로 한다. 조세방식의 선별주의제도란 것이다.

하지만 선별주의로 규정하는 데는 다소 문제가 있다. 기초연금은 전체 65세 이상 노인의 70%를 선정대상으로 한다. 노인의 70%는 노인의 다수를 의미한다. 다수를 대상으로 하는 제도를 선별주의로 보는 것은 무리가 있다. 대표적인 선별주의제도인 공공부조와 비교해 보면 된다. 그렇다고 보편주의제도로 보기도 어려운 것이 모든 노인을 대상으로 하고 있지 않기 때문이다. 이러한 모호성이 우리나라 기초연금의 가장 큰 문제점이다.

1) 기초연금법은 2015년 9월에 제정되었다. 이 법은 2008년 실시된 기초노령연금법을 명칭과 내용의 일부를 개정한 것이다.

2 도입배경

2007년 기초연금법(제정 당시에는 기초노령연금법)이 국회를 통과함으로써 2008년부터 저소득 65세 이상 노인에게 기초연금이 지급되었다. 기초연금의 도입은 노인의 노후소득보장 정책으로서 획기적인 조치였다.

기초연금은 중하위 소득계층 노인(전체 노인의 70%)을 대상으로 하기 때문에 상당한 재정이 필요하다. 막대한 재정 부담에도 불구하고 정부가 기초연금을 신설한 데는 이유가 있다. 무엇보다도 급격한 고령화에 대한 대책이 절실했기 때문이다.

고령화는 경제와 사회 전반에 영향을 주고 있는데, 가장 심각한 것 중의 하나가 노인의 노후생계보장 문제이다. 서구 복지국가의 경우 공적연금의 연륜이 오래되고 또 보장의 수준이 높아 노인의 노후생계는 공적연금으로 충족되고 있다. 반면에 우리나라는 기초연금이 도입되기 전에는 소수의 가난한 노인을 대상으로 하는 경로연금만 시행되었고, 대표적인 노후소득보장제도인 국민연금은 사각지대가 넓어 많은 수의 노인, 특히 중하위 소득계층 노인이 제대로 된 생계보장을 못 받고 있었다.

이런 상황에서 경로연금이 제대로 된 공적노후소득보장제도로서 역할을 다하기 위해서는 금액인상은 물론 대상자도 대폭 확대되어야 한다는 요구가 노인단체와 시민사회단체로부터 줄기차게 제기되었다. 경로연금은 1998년 국민연금이 전국민으로 확대될 즈음에 당시 65세 이상 노인이 연령요건으로 인해 국민연금에 가입하지 못하게 됨에 따라 이들의 소득을 보충적으로 지원해주기 위해 도입된 제도였다. 주된 대상은 65세 이상 생활보호대상자(현 국민기초생활수급자)와 65세 이상 저소득노인이었다. 그러나 경로연금은 제도가 도입된 지 10년이 지났음에도 금액 면에서나 지급대상자 수에 있어서 개선된 게 별로 없었으며, 경로연금의 액수가 용돈도 안 될 정도로 너무 적어 소득보장의 기능을 제대로 하지 못했다.

경로연금대상자 확대 문제는 국민연금사각지대와 연결되어 있었다. 국민연금에 법적으로는 가입해야 함에도 불구하고 소득부족과 실업 등의 다양한 이유로 인해 많은 사람이 납부예외를 인정받았다(납부예외는 소득이 일시적으로 없을 경우 보험료 납부를 면제해주는 제도로 연금액 산정 시 가입기간에서 제외된다). 당시 500만 명에 가까운 가입자가 납부예외자로 분류되었으며, 특히 지역가입자의 경우 절반에 가까운 수가 납부예외로 보험료를 내지 않았다. 납부예외자가 장기간 이런 상태에 머물 경우 이들은 노후에 국민연금을 받지 못하게 될 것이고, 다른 대책이 없다면 많은 가입자들이 '소득 없는 장수'라는 위험에 직면하게 될 게 확실했다.

결국 국민연금사각지대에 있는 노인들에 대한 공적노후소득보장을 기존 제도인 경로연금제도의 확대를 통해서 해결할 것인지 아니면 새로운 제도를 만들어서 해결할 것인지를 놓고 논의가 진행되었으며, 노후소득보장체계의 재구축이라는 측면에서 결정된 것이 기초연금이었다.

3 수급대상

기초연금의 수급대상자는 한국 국적으로 가지고 주민등록이 되어있는 65세 이상 노인으로서 가구의 소득인정액이 선정기준액 이하여야 한다. 말하자면 국가가 정한 기준액보다 적은 소득(재산 환산 소득 포함)을 가진 노인이 기초연금의 수급대상자라는 것이다.

선정기준액은 단독가구와 부부가구가 다르다.[2] 소득인정액은 다음에서 보듯이 월 소득평가액과 재산의 월 소득환산액을 합산한 금액이다.

소득인정액 = 소득평가액 + 재산의 소득 환산액

1) 소득평가액

월 소득 평가액은 근로소득에 기타소득을 합산한 것이다. 산정방식은 다음과 같다.

2) 2017년 선정기준액은 단독가구 월 119만 원, 부부가구 월 190만 원.

월 소득 평가액 = {0.7 × (근로소득 - 60만원)} + 기타소득

산정대상 월 소득은 근로소득에서 기본공제액인 60만원을 공제한 금액에서 30%를 추가로 공제한 것이다. 일용근로소득, 공공일자리소득, 자활근로소득은 근로소득에서 제외된다.

기타소득은 사업소득, 재산소득, 공적이전소득, 무료임차소득을 합산한 것이다. 구체적인 것은 〈표 16-1〉과 같다.

〈표 16-1〉 기초연금 소득평가액 산정 기타소득

구 분	내 용
기타소득	사업소득 + 재산소득 + 공적이전소득 + 무료임차소득
사업소득	기타사업소득 + 임대소득 기타사업소득 : 도매업 · 소매업, 제조업, 농업 · 어업 · 임업, 기타 사업에서 얻는 소득 임대소득 : 부동산, 동산, 권리, 그 밖의 재산의 대여로 발생하는 소득
재산소득	이자소득 + 연금소득 이자소득 : 예금 · 적금 · 주식 · 채권의 이자와 배당 또는 할인에 의하여 발생하는 소득 연금소득 : 민간 연금보험, 연금저축 등에 의해 정기적으로 발생하는 소득
공적이전소득	각종 법령의 규정에 의해 정기적으로 지급되는 각종 수당 · 연금 · 급여 · 기타 금품, 즉 국민연금, 공무원연금, 군인연금, 사립학교교직원연금, 산재급여를 말함(일시금으로 받는 금품은 재산으로 산정)
무료임차소득	자녀 소유의 고가 주택에 거주하는 본인 또는 배우자에 대하여 임차료에 상응하여 소득으로 인정하는 금액. 본인 또는 배우자의 주민등록상 주소지 주택이 자녀명의이고, 시가표준액 6억 원 이상인 경우, 연 0.78%의 소득이 적용됨

2) 재산의 월 소득 환산액

재산을 소득으로 환산하는 산식은 다음과 같다.

> 재산의 월 소득 환산액 = [{(일반재산 − 기본재산액) + (금융재산 − 2,000만원) − 부채} × 0.04(재산의 소득환산율, 연 4%) ÷ 12개월] + 고급 자동차 및 회원권의 가액

이 산식에서 보듯이 재산의 월 소득 환산액은 ① 일반재산에서 기본재산액을 공제하고, ② 여기에 금융재산에서 2천만 원을 뺀 금액을 합한 다음, ③ 부채를 공제하고, ④ 그렇게 산출된 금액에 재산의 소득환산율인 연 4%를 곱한 후, ⑤ 이를 12개월로 나누어 월 소득 환산액을 산출하고, ⑥ 고급 자동차 및 회원권의 가액을 합한 것이다.

기본재산액은 지역별로 다르다. 대도시는 1억3,500만 원이고, 중소도시는 8,500만 원이며, 농어촌은 7,250만 원이다.

〈표 16-2〉 **지역별 기본재산액**

구 분	공제액
대도시(특별시 · 광역시의 구, 도 · 농복합군 포함) 예 서울특별시 관악구, 부산광역시 해운대구, 대구광역시 달성군	1억3,500만원
중소도시(도의 시, 세종특별자치시) 예 경기도 성남시, 경상북도 안동시, 충청남도 천안시	8,500만원
농어촌(도의 군) 예 전라남도 고흥군, 강원도 영월군, 충청북도 음성군	7,250만원

고급자동차 및 회원권은 그 가액(시가표준액)을 그대로 적용한다. 회원권은 지방세법에 의한 골프회원권, 승마회원권, 콘도미니엄회원권, 종합체육시설이용회원권, 요트회원권을 포함한다.

4 급여와 재정

1) 급여

기초연금은 기준연금 대상자와 소득재분배 급여 대상자에 따라 다르다. 기준연금 대상자는 국민연금 비 수급자(무연금자), 국민연금 월 급여액이 기준연금액의 150% 이하인 사람, 국민연금의 유족연금이나 장애연금 수급자, 장애인연금 수급자이다. 이들에게는 매월 정액의 기준연금이 지급된다.

기준연금은 2017년 월 20만원이었으나, 2017년 대통령 선거에서 각 당 대선후보들이 기초연금액 인상을 공약함에 따라 2018년부터 월 25만원으로 인상되었다.

여기에 해당되지 않는 사람은 소득재분배 급여(A급여)에 따른 산식에 의해서 산정된 기초연금을 받는다. 산식은 다음과 같다.

소득재분배 급여(A급여) 기초연금 = (기준연금액 − 2/3 × A급여) + 부가연금액 * A급여는 국민연금의 노령연금 산식 요소 중 하나로 연금 가입자 전체의 평균소득(균등부분)이다.

여기서 보듯이 기준연금액에서 A급여의 2/3를 공제하고, 여기에 부가연금액을 합해서 정한다. 부가연금액은 기준연금액의 50%이다. 이 산식으로 계산한 금액이 기준연금액을 초과하더라도 최고액인 기준연금액으로 기초연금액이 산정된다.

2) 재정

기초연금의 재정은 국가와 지방자치단체가 부담한다. 국가는 지방자치단체의 노인인구 비율 및 재정여건 등을 고려하여 100분의 40 이상 100분의 90 이하의 범위 안에서 대통령령으로 정하는 비율을 부담한다. 국가가 부담한 금액을 차감한 액수는 특별시·광역시·도 또는 특별자치도(시·도) 및 시·군·구(자치구)가 상호 분담하되, 그 부담비율은 노인인구 비율 및 재정여건 등을 고려하여 시·도의 조례로 정한다.

Summery 기초연금

구 분	내 용
수급대상	• 한국 국적으로 가지고 주민등록이 되어있는 65세 이상 노인으로서 가구의 소득 인정액이 선정기준액 이하인 사람
급 여	• 기준연금 대상자와 소득재분배 급여 대상자에 따라 다름 • 기준연금 대상자 : 국민연금 비 수급자(무연금자), 국민연금 월 급여액이 기준연금액의 150% 이하인 사람, 국민연금의 유족연금이나 장애연금 수급자, 장애인연금 수급자에게 매월 정액의 기준연금 지급 • 소득재분배 급여 대상자 : 기준연금 대상자에 해당되지 않는 사람에게 소득재분배 급여(A 급여)에 따른 산식에 의해서 산정된 기초연금 지급
재 정	• 국가와 지방자치단체가 부담

CHAPTER

17 퇴직연금

1 퇴직연금의 개념

퇴직연금(retirement pension)은 근로자가 소득의 일정 부분을 매월 금융기관에 적립해 두었다가 퇴직 시 누적 적립금과 적립금 투자수익을 합한 적립총액을 연금 또는 일시금으로 되돌려 받는 근로자 노후소득보장제도이다.

퇴직연금은 임의가입 민간보험이다. 사회보험처럼 본인의 의사와 관계없이 의무적으로 가입하는 것이 아니라 본인이 원하지 않으면 가입하지 않아도 된다. 임의가입임에도 선진국은 근로자의 반 이상이 가입해 있다. 정부는 기업과 근로자의 퇴직연금 가입을 적극 권장한다. 근로자 노후소득보장 기능이 사회보장연금 못지않기 때문이다. 정부는 퇴직연금 가입을 유도하기 위해 노사 모두에게 세금감면 혜택을 준다. 세금감면은 퇴직연금의 가장 큰 인센티브이다. 근로자 다수가 가입하고, 세금감면이 있는 등 공익성이 커지자 이를 일정 부분 감독하기 위한 법령을 제정한 국가도 있다(미국).

퇴직연금을 법정화한 국가도 있다. 법에 따라 의무적으로 가입해야 하는 퇴직연금을 법정퇴직연금(mandatory retirement pension)이라 한다. 법정퇴직연금은 호주와 스위스가 대표적이다. 호주는 법정 완전적립 민간보험으로 사회보장연금을 대신하고 있고(사용자만 기여금 부담. 근로자 부담은 없음), 스위스는 사회보장연금과 법정 기업연금을 병행 실시하고 있다. 우리나라도 퇴직연금을 법정화한 나라에 속한다. 우리나라는 소규모 사업장 근로자를 포함한 모든 근로자는 퇴직연금에 의무적으로 가입해야 한다. 싱가포르와 말레이시아도 법정시스템이다. 퇴직연금뿐만 아니라 공공주택 구입자금, 의료비, 교육비, 자본시장 투자까지 포괄하는 개인저축계정방식으로 운영하고 있다.

퇴직연금은 회사 또는 노조가 운영하는 경우도 있지만, 대부분 민간금융회사(은행, 보험회사, 투신사 등)가 판매하는 퇴직연금 상품을 구매하는 형태로 운영한다. 금융회사가 판매하는 퇴직연금을 보통 연금플랜이라 한다. 이 연금플랜을 근로자가 구매하는데, 구매비용, 즉 기여금은 노사가 공동부담 하고, 분담비율은 노사합의로 정한다. 퇴직연금급여는 확정급여형과 확정기여형이 있다. 확정급여형은 연금급여가 사전에 확정되어 있기 때문에 근로자는 적립금 수익에 신경쓰지 않아도 된다. 확정기여형은 매월 내는 액수만 정해져 있을 뿐 급여액은 확정되어 있지 않고, 통장에 적립된 돈의 투자도 가입자의 몫이다. 확정급여형과 확정기여형 선택도 노사합의로 한다.

퇴직연금은 좁게는 기업연금(occupational pension)을 말하고, 넓게는 개인연금(private savings plans)까지 포함한다. 퇴직연금과 기업연금은 거의 구별없이 사용되고 있다. 퇴직연금이 기업연금에서 시작되었기 때문이다. 개인연금은 기업연금과 아주 유사하다. 가입자가 금융회사가 판매하는 퇴직플랜을 자유의사에 따라 구매하고, 확정기여형과 확장급여형 중 하나를 선택할 수 있으며, 정부의 세금감면 혜택을 받는다는 점에서 그렇다. 하지만 역할은 조금 다르다. 개인연금은 기업연금에 가입한 근로자가 더 많은 노후자금을 마련하기 위해 추가로 가입하는 저축제도이다(기업연금이 2층이라면 개인연금은 3층). 또한 근로자가 아니어서 기업연금에 가입할 수 없는 자영업자와 자영업자에게 고용된 근로자가 가입한다. 이들도 노후자금이 필요하고 세금감면 혜택도 원한다. 이렇게 볼 때 개인연금은 기업연금을 보충하는 제도라 할 수 있다.

퇴직연금의 기여금(부금)은 개인계정(individual account)에 적립된다. 정기적(매월)인 부금과 그 투자수익이 누적된 개인저축계정에서 사유(퇴직, 장애, 사망 등)가 발생하면 연금 또는 일시금으로 가입자에게 지급된다. 개인통장이지만 마음대로 인출할 수는 없다. 법이 정한 합당한 사유일 경우만 가능하다. 개인계정의 명칭은 개인투자계정(Individual Capitalization Accounts, ICA), 개인계정(Individual Account, IA), 개인퇴직계정(Individual Retirement Account, IRA) 등 나라별로 다양하다.

퇴직연금은 신자유주의자가 선호한다. 퇴직연금이 노후소득보장제도인 동시에 저축제도이기 때문이다. 신자유주의자는 1980년대 이후 재정적 지속가능성 문제로 위기에 빠진 서구 사회보장연금(부과방식)을 적립방식으로 전환하고 민영화하길 원한다. 퇴직연금은 사회보험을 대체하거나 보완하는 연금개혁의 모델이 되었다.

Summery 퇴직연금의 개념

구 분	내 용
퇴직연금의 정의	근로자가 소득의 일정 부분을 매월 금융기관에 적립해 두었다가 퇴직 시 누적 적립금과 적립금 투자수익을 합한 적립총액을 연금 또는 일시금으로 되돌려 받는 근로자 노후소득보장제도
퇴직연금의 성격	• 임의가입 민간보험 • 퇴직연금을 법정화한 국가도 있음 • 퇴직연금의 가장 큰 인센티브는 세금감면 • 퇴직연금은 노후소득보장제도인 동시에 저축제도이기 때문에 신자유주의자가 선호

2 퇴직연금과 사회보장연금

퇴직연금과 사회보장연금은 전혀 다른 제도이다. 사회보장연금은 1889년 독일 노령폐질보험, 1911년 영국의 국민보험, 1935년 미국 사회보장에서 시작된 사회보험이다. 사회보험은 국가의 법률에 의거해 정부가 관장하는 완전한 공적시스템이다. 반면에 퇴직연금은 1920년대 호황기에 미국의 기업이 근로자복지 차원에서 시행한 기업연금이 시원이다. 기업연금은 정부와 무관한 완전한 민간시스템이다. 양자의 비중도 다르다. 시민의 노후소득보장시스템에서 주는 어디까지나 사회보장연금이고, 퇴직연금은 이를 보완하는 것에 불과하다. 근로자를 예로 들면, 법정 사회보장연금에 자동 가입하고, 회사가 기업연금을 실시하고 있다면 기업연금에도 가입하고, 나아가 본인이 더 많은 노후자금을 원하면 임의로 개인연금에 가입한다.

하지만 이처럼 확연히 다른 사회보장연금과 퇴직연금의 경계가 모호해지고 있다. 임의보험인 퇴직연금이 법정화하고, 민간보험인 퇴직연금이 사회보험인 사회보장연금을 완전히 대체하는 상당히 이례적인 일 때문이다. 칠레를 필두로 한 남미국가에서는 이 두 가지가 동시에 일어났다. 남미국가는 1980년대 들어 부과방식 사회보장연금을 적립방식 민간투자펀드로 완전히 대체한 엄청난 개혁을 단행한 동시에 퇴직연금을 법정화하여 모든 근로자를 민간투자펀드에 강제로 가입시켰다(자영업자는 임의가입). 이유는 기존의 부과방식 사회보장연금의 만성적인 재정적자 때문이었다. 더 많이 내고 적게 받는 부분적인 개혁으로는 빚더미에 올라앉은 사회보장연금을 해결할 수가 없었던 것이다.

싱가포르는 퇴직연금으로 사회보장연금을 대체한 것이 아니라 처음부터 사회보장연금 대신 법정 퇴직연금을 도입했다. 싱가포르는 1955년 모든 근로자를 의무가입자로 하는 법정 퇴직준비금(퇴직연금)제도를 실시했다. 이후 단계적으로 공공주택 구입자금, 의료비, 교육비, 자본시장 투자로 확대하여 현재는 퇴직연금은 물론 의료보장, 교육복지, 재테크까지 담당하고 있다. 시스템 운영자인 공적공제기금은 법에 의해 설립된 공공기관이지만 정부기구는 아니다. 그럼에도 정부 대신 포괄적인 복지국가 기능을 수행한다. 홍콩도 싱가포르의 공적공제기금을 모델로 삼아 2000년 완전적립방식의 법정 개인퇴직연금인 강제성공적금계획을 사회보장연금 대신 신설했다(근로자, 자영업자 의무가입).

선진국 중에서 퇴직연금을 법정화한 나라는 호주와 스위스이다. 호주는 1992년 법정 완전적립 민간보험인 퇴직보장제를 도입했다. 퇴직보장제는 법정 퇴직연금임에도 정부 규제는 거의 없다. 기여금 전액을 기업이 부담하고, 운영은 사용자와 근로자로 구성된 투자신탁이사회에서 자율적으로 한다. 완전한 민간 뮤추얼펀드이다. 스위스는 사회보장연금(1층)과 퇴직연금(2층)을 병행하고 있는데, 퇴직연금이 법정연금이다(근로자 의무가입, 자영업자 임의가입). 재정은 사용자와 근로자가 공동으로 부담하고, 운영은 기업 자체 운영펀드, 보험회사, 노조가 한다. 퇴직연금의 재정규모도 매우 커서 법정 부과방식 사회보장연금과 비슷할 정도이다. 우리나라도 퇴직연금을 법정시스템으로 운영한다. 하지만 사회보장연금(국민연금)에 비해 규모가 매우 작다.

이상에서 보듯이 여러 나라가 법정 퇴직연금을 실시하고 있다. 이것은 사회보장연금은 법정보험, 퇴직연금은 임의보험이라는 공식이 더 이상 통용되지 않음을 뜻한다. 또한 사회보장이 주역이고 퇴직연금이 조역이라는 생각도 틀린 게 되었다. 퇴직연금이 사회보장연금을 대체할 수도 있게 되었기 때문이다.

사실 과거 싱가포르의 공적공제기금은 후진적인 것으로 간주되어 별로 주목을 받지 못했다. 하지만 남미를 비롯한 세계 각국이 사회보장연금개혁을 모색할 때 재정적자가 구조적으로 발생할 수 없는 강제저축제도인 공적 공제기금은 아주 중요한 모델이었으며, 신자유주의자가 가장 선호하는 대안이 되었다. 앞으로 법정 퇴직연금은 사회보장연금의 미래가 될 수도 있다. 유럽 여러 나라가 기존의 확정급여형 사회보장연금을 확정기여형으로 전환하여 사회보장연금의 만성적인 재정적자에서 벗어나려 하고 있기 때문이다. 확정기여형은 내는 돈만 정해져 있을 뿐 받는 돈은 미정이므로 재정적자가 발생하지 않는다. 또 받는 돈은 가입자의 투자결정에 좌우되기 때문에 정부는 책임지지 않아도 된다. 이런 점에서 확정기여형은 퇴직연금과 다를 바 없다. 만약 사회보장연금이 확정기여형으로 바뀌면 모든 근로자가 가입한 초대형 퇴직연금이 탄생한다. 그런 의미에서 퇴직연금이 사회보장연금의 미래라는 것이다.

Summery **퇴직연금과 사회보장연금**

구 분	내 용
사회보장연금	1889년 독일 노령폐질보험, 1911년 영국의 국민보험, 1935년 미국 사회보장에서 시작된 사회보험
퇴직연금	1920년대 호황기에 미국의 기업이 근로자복지 차원에서 시행한 기업연금이 시원
경계의 모호성	임의보험인 퇴직연금이 법정화하고, 민간보험인 퇴직연금이 사회보험인 사회보장연금을 완전히 대체하는 상당히 이례적인 일 때문에 발생

3 한국의 퇴직급여

우리나라는 퇴직연금을 퇴직급여라고 한다. 퇴직급여는 사용자가 퇴직근로자에게 지급하는 현금급여로서 시행여부를 노사가 자율적으로 결정하는 임의 부가급여(임금 외 복지후생 급여)이다.

우리나라 퇴직급여는 두 가지이다. 하나는 퇴직금이고, 다른 하나는 퇴직연금이다. 이 두 급여는 뿌리가 다르다. 퇴직금은 상당히 이른 시기인 1961년 근로기준법 상의 퇴직금 규정에 의거 실시되었고, 퇴직연금은 2005년 12월 근로자퇴직급여보장법으로 시행되었다.

근로자퇴직급여보장법은 기존의 퇴직금제도를 퇴직급여시스템에 흡수했다. 퇴직금제도를 폐지하지 않고 존치하되 법적 근거를 근로기준법이 아니라 근로자퇴직급여보장법으로 옮긴 것이다. 퇴직연금과 성격이 매우 유사한 퇴직금을 퇴직급여로 일괄해서 법으로 규정하기 위한 조치였다.

정부가 퇴직연금을 도입한 이유는 기존의 퇴직금제도가 근로자의 노후소득보장 기능을 다하지 못하고 있었기 때문이다. 연령에 관계없이 퇴직과 동시에 무조건 일시금으로 퇴직금을 수령하고, 근로자 근속연수의 하락과 연봉제·중간정산제의 확산으로 퇴직금이 근로자의 노후생활보장의 재원으로 활용되기보다는 조기에 소진되었다. 게다가 퇴직금을 사내에 장부상으로만 적립함에 따라 기업이 도산하면 근로자는 일자리도 잃고 퇴직금도 떼이는 이중의 고통을 당하는 사례가 적지 않았으며, 근로자 퇴사 시 일시금으로 지급해야만 하는 퇴직금은 기업에게도 상당한 부담을 주었다. 더욱이 퇴직금제도는 5인 이상 사업장 근로자를 적용대상으로 하고 있어 많은 근로자가 퇴직금 수혜대상에서 제외되었다.

근로자퇴직급여보장법은 이런 문제들을 해결하기 위해 다음과 같은 규정을 두었다.

- 기업이 퇴직금과 퇴직연금 중 하나를 선택해 의무적으로 시행한다.
- 퇴직연금의 사외 적립을 의무화한다.

- 퇴직연금은 중도해지 할 수 없다.
- 5인 미만 사업장 근로자에 대해서도 퇴직급여(연금)를 확대 적용한다.

기업이 퇴직금 대신 퇴직연금을 선택할 경우 노사합의에 의해 확정급여형과 확정기여형 두 가지 중 하나를 선택해야 한다.

확정급여형은 퇴직급여의 수준과 내용이 사전에 확정되어 있는 대신 적립금의 운용수익에 따라 기여금은 가변적이다. 따라서 적립금의 운용수익이 예상보다 좋으면 기업은 기여금 부담을 줄일 수 있다. 근로자는 자신이 퇴직 시 받게 되는 금액이 정해져 있어 안정적이나 기업은 기여금 부담이 확정되지 않아 그만큼 위험부담이 있다. 확정급여형은 최소한 예상퇴직연금액의 일정부문(60% 이상)을 사외에 적립해야 하고, 감독기관으로부터 퇴직연금 운용과 관련된 건전성 감독을 받도록 하는 등 기업의 파산위험에 대한 안전보장장치를 두고 있다. 그러나 기금적립이 부족한 상황에서 기업이 도산할 경우 수급권이 완전히 보호되지는 않는다.

확정기여형은 기여금이 사전에 확정되어 있는 대신 급여는 확정되어 있지 않고 적립금의 운용수익에 의해 좌우된다. 근로자가 직접 기금운용방식을 선택할 수 있으며 기금운용수익이 좋을수록 근로자는 기존의 퇴직금보다 높은 수익을 얻을 수 있다. 그렇지만 적립금 운용결과가 좋지 않으면 근로자가 책임을 전적으로 져야 하는 위험도 있다. 확정기여형은 반드시 적립금을 사외에 특별계정형태로 적립・운용하여야 하며, 엄격한 운용규제를 받아 기업 도산 시의 위험에 대해서도 가장 안정적으로 대응할 수 있다.

확정기여형과 확정급여형 외에 개인퇴직계좌(IRA : Individual Retirement Account)가 있다. 개인퇴직계좌는 보충적인 제도로서 개인형과 기업형이 있다. 개인형은 중도퇴직자를 위한 것이고, 기입형은 소규모사업장을 위한 것이다. 개인형은 중도 퇴직하는 근로자가 퇴직 또는 직장을 옮길 때 받은 퇴직금을 자기명의 계좌에 적립했다가 노후자금으로 활용할 수 있도록 한 연금통산장치이고, 기업형은 10인 이하 소규모사업장이 노사협약 없이 퇴직금이나 퇴직연금 대신 선택하는 특례제도이다. 운용방식은 확정기여형과 거의 같다.

우리나라 퇴직급여의 가장 큰 특징은 근로자 부담이 전혀 없다는 것이다. 일반적으로 사용자와 근로자가 퇴직연금 기여금을 공동부담 하는 서구 퇴직연금과 다른 점이 이것이다. 이유는 퇴직금제도에 있다. 우리나라 퇴직금제도는 사용자가 재정을 모두 부담(근로자 1년 임금총액의 1/12)하고 또 기업이 의무적으로 시행해야 하는 법정시스템으로 유명했다. 퇴직급여가 이런 퇴직금제도를 계승했기 때문에 근로자 부담이 없게 된 것이다.[1)]

〈표 17-1〉 한국의 퇴직금과 퇴직연금

구 분	퇴직금	퇴직연금	
		확정급여형	확정기여형
비용부담주체	사용자	사용자	사용자
퇴직급여 형태와 수준	일시금	연금 또는 일시금 (퇴직금과 같음)	연금 또는 일시금 (퇴직금보다 많거나 적을 수 있음)
비용부담 수준	연간 임금총액의 30일분 (1/12)	경제상황 등에 따라 변동	퇴직금과 같은 수준
적립방식과 수급권 보장	사내적립, 불안정	부분사외적립, 부분 보장, 도산위험 존재	전액사외적립, 보장
사용자의 관리부담	인사노무관리 경직적	퇴직 후에도 관리 필요	적립 후 부담 없음
직장이동시 통산	불가능	어려움	쉬움
세금감면 혜택	사용자 : 전액 공제	사용자 : 전액 공제 근로자 : 과세 이연	좌동
적합 기업	도산위험이 없고, 임금상승률이 높은 근로자	도산위험이 없고, 퇴직연금 수급자 관리능력이 있는 기업	연봉제, 체불위험이 있는 기업, 직장이동이 빈번한 근로자

1) 퇴직급여는 세 가지 이론이 있다. 첫째, 공로보상설이다. 퇴직급여를 장기근속에 대한 공로를 인정해 사용자가 지급하는 것으로 본다. 둘째, 생활보장설이다. 퇴직급여를 퇴직 후의 생활을 보장하는 수단으로서 보는 것이다. 셋째, 임금후불설이다. 퇴직급여를 근로자의 근로기간 중 적립한 임금을 퇴직 후에 지급하는 것으로 간주한다. 우리나라 판례는 임금후불설을 채택하고 있다.

4 주요국의 퇴직연금

1) 칠레의 개인투자계정

개인저축계정으로 사회보장연금을 완전 대체한 나라는 남미의 작은 나라 칠레가 최초였다. 1981년 칠레는 만성적 재정위기에 빠진 사회보장연금을 근본적으로 개혁하기 위해 기존의 부과방식연금을 적립방식의 민간투자펀드로 전환했다. 이것은 사회보장 역사상 두 가지 점에서 놀라운 사건이었다. 하나는 정책의 시행주체가 정부로부터 민간부문, 즉 민간투자신탁회사(투신사)로 바뀐 것이다. 사회보장의 주체는 정부여야 하고, 영리를 목적으로 하는 민간부분은 사회보장의 주체가 되어서는 안 된다는 상식을 뒤집었다. 다른 하나는 재정운용방식을 전통적인 부과방식에서 완전적립방식으로 바꾼 것이다. 뮤추얼펀드, 개인연금, 기업연금과 같은 민간보험의 전형적인 재정운용방식인 적립방식을 사회보장연금에 적용한 것으로 이 역시 놀라운 일이었다.

칠레의 연금 민영화를 주도한 세력은 당시 칠레 군사정권 내부의 신자유주의자들이었다. 미국 시카고학파 경제학의 영향을 크게 받은 신자유주의 성향의 전문가들은 시장 메커니즘과 민간부문의 참여를 강조하면서 연금을 민영화시킬 것을 주장했다. 이들은 군인연금을 개혁대상에서 제외함으로써 최대 기득권층인 군부를 포섭했고, 일반시민은 연금혜택이 늘어나고 부담은 감소한다는 논리로 설득했다. 공공부문 근로자, 교사, 보건부문 근로자 등 기득권을 가진 여러 이익집단들은 여기에 거세게 반대했지만, 민주화 이후 연기금 수익률과 저축률이 크게 개선되는 등 개혁의 성과가 가시화되면서 저항은 사라졌다.

칠레 연금개혁의 주요 내용을 간추리면 다음과 같다.

- 핵심은 개인투자계정(Individual Capitalization Accounts, ICA)이다. 개인투자계정은 가입자 명의로 개설된 저축계정을 말하는데, 가입자가 매월 납부하는 기여금이 여기에 적립된다.

- 임금근로자는 의무가입, 자영업자는 임의가입이다.
- 기여금은 임금(근로자)이나 소득(자영업자)의 10%이고, 사용자 부담은 없다.
- 급여는 노령연금, 장애 및 유족연금이 있다.
- 연금 수급연령은 남자 65세, 여자 60세이다.
- 연금은 개인투자계정의 적립금 총액을 보험수리적으로 계산하여 월단위로 지급(programmed withdrawal)한다. 생명보험회사와 계약하여 사망할 때까지 연금(life annuity)으로 받을 수도 있다.
- 개인투자계정 적립금은 연기금운용회사(pension fund administrators, AFP)인 투자신탁회사가 관리한다. 가입자는 AFP 선택권이 있다. AFP는 연기금 관리 이외의 다른 사업을 할 수 없다.
- AFP는 노동사회복지부 산하의 연기금감독청(Superintendency of Pension Funds Administrators, SAFP)의 감독을 받는다. SAFP는 AFP의 인허가권, 감독권, 해산권을 보유하고 있으며, AFP가 투자하는 상품의 투자비율(국채, 사채, 주식 등의 비율)과 종류(특정 회사의 주식만을 보유하도록 할 수 있다)까지 규제한다.

칠레의 연금개혁은 1990년대 들어 연기금 투자수익률과 보유자산이 크게 증가하고, 저축률과 투자율도 증가했으며, 정부 재정적자는 감소하고, 나아가 경제성장에도 기여하는 등 기대 이상의 성과를 거두었다.

칠레 연금개혁의 성공에 가장 고무된 것은 World Bank이었다. World Bank는 1994년 사회보장연금을 민영화하는 방안을 담은 〈고령화 위기로부터의 탈출 : 노후보장과 경제성장을 위한 정책〉(Averting the Old Age Crisis : Policies to Protect the Old and Promote Growth)을 발표했다. 이 보고서는 기존의 부과방식연금이 노후 소득보장에 실패했을 뿐만 아니라 과도한 재정 부담으로 경제성장에 큰 장애가 되고 있다고 비판하고, 이의 해결을 위해서는 사회보장연금을 민영화시키는 길밖에는 없다고 주장했다.

칠레의 성공에 자극받은 인근 남미국가들도 칠레를 모델로 해서 연금개혁에 나섰다. 1990년대 말 모든 남미국가들이 개인저축계정을 수용한 연금개혁을 완료하였다. 칠레의 연금개혁은 선진국 연금개혁에도 상당한 영향을 미쳤으며, 계획경제에서 시장경제로 이행한 러시아와 중국의 연금개혁에서도 중요한 참고사례가 되었다.

2) 미국의 퇴직연금

미국의 퇴직연금은 1920년대 장기호황기에 이른바 복지자본주의(welfare capitalism)라는 이름 아래 여러 대기업들이 근로자복지 차원에서 시행한 기업연금(기업의 퇴직금제도)이 효시이다. 기업연금은 1929년 대공황의 여파로 크게 위축되었다. 기업연금의 주체인 기업이 수없이 파산했기 때문이다.

1935년에는 사회보장법이 도입되었다. 이 법에 의해 국가가 운영하는 사회보장연금이 도입됨으로써 국가복지 차원의 근로자 노후소득보장시스템이 수립되었다. 이로 인해 민간연금의 입지가 현저히 줄어들었다.

하지만 2차 세계대전 후 퇴직연금 가입자는 증가하기 시작했다. 퇴직연금 가입자는 1935년 비농업부문 근로자의 6%에서 1950년 20%로 15년 사이 3배 이상 증가했고, 1970년대가 되면 40%를 넘어선다. 1974년에는 개인퇴직계정(Individual retirement account, IRA)이 도입되고, 이후 가장 대중적인 기업연금으로 발전하였다. 1978년에는 임의가입 개인연금 401(k) 플랜도 도입되었다. 대공황으로 명맥만 유지했던 기업연금이 1970년대 들어 완벽하게 부활한 것이다. 퇴직연금의 자산가치도 치솟았다. IRA 자산가치는 1996년 GDP의 18%, 401(k)는 11%에 달하게 된다(Hacker, 2002 : 89).

민간연금 가입자 수가 늘어난 주된 이유는 사회보장연금이 미약했기 때문이다. 퇴직근로자가 받는 사회보장연금의 액수가 생활수준과 임금 상승에 비해 너무 적었다. 백인 고임금 정규직 근로자의 불만이 특히 컸다. 하지만 사회보장연금의 인상은 공공복지의 팽창을 싫어한 공화당과 민주당 의원들의 반대로 어려운 일이었다. 회사와의 단체교섭을 통해 퇴직연금을 인상하거나 개선하는것이 훨씬 현실적이었다. 노조 지도자들이 이에 주목했다. 이들은 회사와의 단체교섭에서 퇴직연금을 주요 교섭대상으로 삼았다. 교섭에 성공하면 노조와 지도부의 위상이 공고해질 수 있었기 때문이다.

퇴직연금의 과세 혜택도 큰 매력이었다. 퇴직연금 갹출금은 소득세 과세대상에서 제외되었다. 퇴직연금 사용자 부담금도 면세대상이었다. 사용자가 퇴직연금의 확충에 강하게 반대하지 않은 것도 이 때문이었다.[2] 게다가 사용자 입장에서 퇴직연금은 여전히 유능한 직원을 모집하고 확보하는 데 유용한 부가급여였다.

미국의 퇴직연금은 법정 퇴직연금이 아니다. 그럼에도 워낙 많은 미국인들이 가입하고 있고, 세금감면 혜택이 있는 등 공공성이 강해 법률(ERISA)의 일정한 규제를 받고 있다. 미국의 퇴직연금은 위기에 처한 공적연금 개혁의 모델이 되었다. 우리나라 퇴직급여도 미국 퇴직연금의 영향을 많이 받았다.

미국의 퇴직연금은 개인퇴직계정, 401(k) 플랜, Keogh 플랜으로 대별된다. 개인퇴직계정(individual retirement account, IRA)은 미국에서 가장 대중적인 근로자 노후대비 기업연금이다. IRA는 금융기관이 판매하는 다양한 형태의 퇴직플랜을 근로자가 구매하는 것이 핵심이다. 퇴직플랜 구매비용(보험료)은 근로자와 회사(사용자)가 분담한다. 분담비율은 노사가 합의해서 정한다. 노사가 낸 보험료는 조세감면 혜택이 있다. 조세감면 혜택이 가장 큰 인센티브이다.

IRA는 법정 퇴직연금이 아닌 임의 민간보험이다. 그럼에도 공익성이 강하기 때문에 정부가 근로자퇴직소득보장법(the Employee Retirement Income Security Act, ERISA)을 제정해 규제하고 있다(수급연령 65세, 가입연령 21세 이상, 근속연수 1년 이상 등).

IRA는 확정기여형과 확정급여형 두 가지 형태가 있다. 선택은 노사합의로 한다. 확정급여형은 정부 규제가 비교적 강하고, 장기적으로 재정부담이 커 기업은 확정기여형을 선호한다. 적립금 투자수익을 원하는 근로자도 확정급여제보다는 확정기여형을 더 선호한다.

IRA는 여러 형태가 있다. 가장 오래되고 일반적인 것이 기본형(traditional IRA)이다. 기본형은 1974년 도입되었다. IRA 거래와 수익은 모두 과세소득에서 공제된다. 단, 퇴직 시 수급하는 연금(일시금)은 과세대상이다. 2위 IRA는 Roth IRA이다

2) 사회보장연금도 같은 세금감면 혜택이 있다. 사회보장연금과 퇴직연금의 과세 특혜는 미국 세금감면 규모 중 가장 크다.

(1998년 도입).[3] Roth IRA도 세금공제 혜택이 있지만 기본형과는 반대로 기여금에는 세금공제 혜택이 없고 연금(일시금) 수령 시 전액 비과세 혜택을 받는다. 미국 IRA는 미국 중산층이 주로 가입하는 노후대비 저축계정으로서 미국인의 주요 가계자산 중 하나로 자리 잡고 있다.

401(k) 플랜은 임의가입 개인연금이다. 401(k) 플랜 명칭은 개인퇴직저축 규제 조항 명에서 유래한 것이다(1978년 도입). 401(k) 플랜은 은행, 증권회사, 기타 금융기관에서 취급하며, 가입자가 자신의 근로소득 중 일정비율을 정기적으로 적립하고, 사용자도 일정 액수를 지원한다(대개 근로자가 납부하는 금액과 같은 수준).

개인별 적립금은 주식이나 채권, 뮤추얼펀드 등에 투자된다. 개인의 투자종목 선택을 허용하는 401(k) 플랜도 있다. 401(k)에 납부하는 기여금은 근로자나 사용자 모두 세금감면 혜택(과세대상 면제)을 받는다. 대부분의 401(k) 플랜이 60세에 적립금을 상환하며, 일시금이나 연금의 형태로 지급한다. 가족의 의료비 등 긴급하게 지출해야 할 일이 생겼을 경우 계정 내 적립금을 사용할 수 있으며, 한도 내에서 대출도 받을 수 있다.

401(k)는 엄격하게 말해서 연금제도라기보다는 근로자 자산형성을 위한 저축제도이다. 그러나 퇴직자 입장에서 보면 401(k) 적립금은 사회보장연금에 버금가는 훌륭한 노후대비책이다.[4]

Keogh 플랜은 IRA에서 제외된 소규모 회사 운영 자영업자와 그 근로자를 위한 세제혜택이 있는 개인연금이다.[5] Keogh 플랜은 IRA와 같이 확정기여형와 확정급여제가 있으며, 선택은 가입자의 자유이다. 개인별 적립금은 주식, 채권, 뮤추얼펀드, 부동산 등 다양하게 투자된다. 사용자 기여금이 있어야 법적 제도로 인정받고 또 조세감면 혜택을 받는다.

3) Roth IRA의 근거가 된 1997년 납세자구호법(the Taxpayer Relief Act) 입법을 주도한 상원의원 William V. Roth, Jr.의 이름을 딴 것이다.

4) 비영리조직 근로자를 위한 403(b) 플랜도 있고, 공무원을 위한 457(b) 플랜도 있다. 내용은 같다.

5) Keogh 플랜은 이의 도입을 주도한 뉴욕 주 하원의원 Eugene James Keogh의 이름을 딴 것이다.

〈표 17-2〉 미국의 퇴직연금

구 분	내 용
IRA	• 가장 대중적인 근로자 노후대비 기업연금 • 금융기관이 판매하는 다양한 형태의 퇴직플랜을 근로자가 구매. 퇴직플랜 구매비용은 근로자와 사용자가 분담. 분담비율은 노사합의로 결정 • 보험료 조세감면 혜택
401(k) 플랜	• 임의가입 개인연금 • 근로자 자산형성을 위한 저축제도 • 가입자 근로소득 중 일정비율 적립, 사용자 일정액 지원
Keogh 플랜	• IRA에서 제외된 소규모 회사 운영 자영업자와 그 근로자를 위한 세제혜택이 있는 개인연금 • 확정기여형과 확정급여형 중 가입자 자유 선택 • 사용자 기여금이 있어야 법적 제도로 인정

퇴직연금은 사용자와 근로자 간의 단체협약에 의해 시행 여부와 재정분담이 결정되는 민간보험이다. 개인연금은 시장에서 판매되는 상품이다. 따라서 정부가 간여할 수 없다. 그럼에도 미국 정부는 퇴직연금에 간여하고 있다. 퇴직연금이 가입자 수나 재정규모, 노후소득보장 기능 면에서 사회보장연금에 버금갈 정도로 공익성이 크기 때문이다.

정부가 퇴직연금을 규제하는 법률이 근로자퇴직소득보장법(ERISA)이다. ERISA는 퇴직연금을 기업에게 의무화하는 법률이 아니라 퇴직연금의 최저기준을 정한 법률이다. 퇴직연금을 일정 범위 안에서 규제함으로써 퇴직연금 가입자의 이익을 보호하는 데 목적이 있다.

ERISA는 포드 정부 때인 1974년 9월에 제정되었다. 시작은 1963년 자동차제조업체 스튜드베이커사(the Studebaker Corporation)의 폐업으로 인한 퇴직연금 미지급사태로 소급된다.[6] 당시 동사가 관리한 퇴직연금 재무 상태에 큰 문제가 있었다. 이미 60세에 도달하여 완전연금을 받는 근로자 3,600명과 반환일시금(연금급여의 15%)을 받을 수 있는 권리를 가진 40~59세의 10년 근속자 4,000명을 제외한 근로자 2,900명

6) 1961년 케네디 대통령이 퇴직연금개혁을 위해 대통령기업연금위원회(the President' Committee on Corporate Pension Plans)를 설치했으나 그의 암살로 진전을 이루지 못했다.

은 퇴직연금을 전혀 받을 수 없게된 것이다. 민주당 소속 아칸소 상원의원 John L. McClellan이 상원 조사위원회를 통해 퇴직연금 실태조사에 나섰다. 그는 노동계 지도자 George Barasch가 400만 달러의 노동조합퇴직급여펀드를 오용·유용한 혐의를 잡아 3년간 조사했지만 증거를 찾지 못했다. 하지만 퇴직연금을 규제하는 법률이 반드시 필요하다고 생각한 그는 1965년 10월 법안을 제출했다. 공화당 뉴욕 상원의원 Jacob K. Javits도 퇴직연금펀드 규제 법안을 제출했다. 기업계와 노조는 퇴직연금 규제법에 반대했다. 퇴직연금에 대한 회사와 노조의 재량권을 제한해서는 안 된다는 것이었다. 기업과 노조의 반대로 퇴직연금 규제법은 무산되었다. 7년 후인 1972년 9월 12일 NBC 방송이 퇴직연금에 관한 특집을 방영했다. 근로자 수백만 명이 가입한 퇴직연금펀드의 부실을 폭로한 사회고발 프로그램이었다. 퇴직연금 규제 필요성에 대한 여론이 조성되었다. 1973년 의회는 퇴직연금에 관한 일련의 청문회를 개최했다. 연방정부 차원의 일정한 규제가 필요하다는 데 의견이 모아졌다. 1974년 9월 2일 ERISA는 의회를 통과했다.

ERISA는 기업이 준수해야 할 퇴직연금의 최저기준, 퇴직연금에 관한 재무 및 기타 정보의 고지 의무, 연방법정에서의 법률구제와 법적 접근방법을 규정하고 있다. 퇴직연금의 최저기준은 퇴직연금 시행 최저기간, 기업의 최저부담, 퇴직급여의 운용방식을 포함한다.

ERISA에 의해 퇴직연금급여보증공단(the Pension Benefit Guaranty Corporation, PBGC)도 설립되었다. PBGC는 기업 파산 등으로 퇴직연금펀드가 파산하여 연금을 지급할 수 없을 경우 가입자에게 연금을 대신 지급하는 연금공단이다. PBGC는 연금수급권을 보호하기 위해 퇴직연금펀드의 완전적립을 의무화했다. 퇴직연금펀드의 자산가치가 연금 지급에 필요한 액수를 넘어서면, 사용자는 적립을 중단할 수 있지만, 반대로 부족하면 반드시 적립해야 한다. PBGC는 사용자가 최저 기여조건을 충족시키지 못할 경우와 퇴직연금펀드가 약속된 연금급여를 지급하지 못할 경우 퇴직연금플랜을 중단시킬 수 있는 권한(비자발적 종료)도 있다.

3) 싱가포르의 공적공제기금

공적공제기금은 개인연금을 법정화한 것이다. 싱가포르는 공적공제기금(the public provident fund)으로 사회보장을 대신하는 가장 대표적인 나라이다. 싱가포르의 공적공제기금은 포괄적인 강제저축제도(a compulsory comprehensive savings plan)이다.

근로자와 사용자가 공동 부담하는 기여금이 개인계정에 적립되고, 가입자에게 지급사유(퇴직, 질병 등)가 발생하면 정해진 절차에 따라 적립금과 그 이자수입을 합한 금액을 반환(월정연금이나 반환일시금)한다. 연금의 경우 수급권자가 사망하면 수급권이 유족에게 승계된다. 개인계정에 적립된 돈을 계정보유자(가입자)에게만 지급하기 때문에 소득재분배 효과가 없다.

싱가포르 공제기금 관리운영기관은 중앙공제기금(the Central Provident Fund, CPF)이다. CPF는 정부 대신 포괄적인 복지국가 기능을 수행한다. CPF는 1955년 사용자와 근로자가 각각 월 임금의 5%를 적립한 퇴직준비금으로 시작했으며, 단계적으로 공공주택 구입자금, 의료비, 교육비, 자본시장 투자로 확대되었다.

CPF 계정은 세 종류다.

- **보통저축계정**(Ordinary Account, OA) : 주택구입비, 교육비, 금융자산투자에 사용된다.
- **의료저축계정**(Medisave Account, MA) : 의료비 및 건강보험료 지불에 사용된다.
- **특별저축계정**(Special Account, SA) : 은퇴 후 생계비, 은퇴 관련 금융상품 투자에 사용된다.

각 계정은 별도로 관리된다. 하지만 계정 간 이체가 가능하다. 한 계정에 적립금이 부족하면 여유가 있는 계정의 적립금을 이체한다.

계정 기여금은 소득비례제이고 소득상한선(ceiling)이 있다. 기여율은 가입자(근로자)의 연령에 따라 다르다. 가입자 연령이 낮을수록 기여율이 높고, 사용자보다 근로자의 부담이 많다.[7] 이 기여금이 세 가지 계정, 즉 보통저축계정, 의료저축계정,

7) 예컨대 50세 이하는 사용자 17%, 근로자 20%, 합계 37%이다. 51~55세는 이 비율이 각각 16%, 19%, 합계 35%이고, 56~60세는 12%, 13%, 합계 25%이며, 61~65세는 8.5%, 7.5%, 합계 16%이고, 66세 이상은 7.5%, 5%, 합계 12.5%이다.

특별저축계정에 할당된다. 계정별 할당비율도 가입자 연령별로 다르다. 가입자 연령이 낮을수록 보통저축계정에 더 많이 할당되고, 연령이 높을수록 의료저축계정에 더 많이 할당된다.

한편 가입자가 55세가 되면 기초연금(minimum sum, MS)을 받는다. 기초연금은 퇴직 후 일상생활에 필요한 자금을 매월 지급하는 것이다. 인플레, 평균수명, 싱가포르 삶의 질을 고려해 매년 인상된다. 기초연금은 퇴직계정(retirement account, RA)에서 지급된다. 퇴직계정은 가입자가 55세가 되면 보통저축계정과 특별저축계정의 적립금을 이체해 개설된다. 기여금은 없다.

가입자가 질병에 걸리면 의료저축계정에서 의료비, 즉 가입자와 부양가족의 입원비용과 화학치료와 방사선치료와 같은 일부 외래진료비가 지급된다. 의료저축계정은 신체상해보험인 MediShield와 장기요양보험인 ElderShield의 보험료를 납부하는 데도 사용할 수 있다. MediShield는 고가의 의료비용과 중증질병 진료비를 커버한다. ElderShield는 중증장애보험으로 장기간의 케어가 필요한 노인을 대상으로 한다.

보통저축계정은 주택구입제도(home ownership)에 따라 주택을 구입하는 데 사용할 수 있다. 주택구입비의 전부 또는 일부, 주택구입 월 납부금으로 사용한다. 가입자는 자신의 보통저축계정과 특별저축계정 적립금을 CPF 투자제도에 따라 보험, 신탁, 펀드, 고정자산, 채권, 주식 자산펀드, 금 등에 투자할 수 있다. CPF 적립금 이자율은 시중은행 기본금리수준이고 정부가 보장한다.[8)]

4) 홍콩의 강제성공적금계획

홍콩은 싱가포르의 공적공제기금과 유사한 강제성공적금계획(强制性公積金計劃), 약칭 강적금(强積金)으로 사회보장연금을 대신하고 있다. 강적금은 완전적립방식의 법정 개인퇴직계정이다. 홍콩의 강적금은 1995년 8월에 제정된 강제성공적금계획조례(强制性公積金計劃條例, the Mandatory Provident Fund Schemes Ordinance)에 의해

8) http://www.mycpf.cpf.gov.sg/ (Singapore central provident fund 2017/2/10)

2000년 12월 시행되었다.[9] 강적금제도의 주요 내용은 다음과 같다.

- 강적금 적용대상은 18~65세의 모든 근로자 및 자영업자이다(강제가입). 공무원·사립학교교사 퇴직연금 가입자, 외국인 근로자는 적용제외 한다.
- 기여금은 근로자 임금 또는 자영업자 소득(평가수입)의 5%이다. 사용자도 임금의 5%를 부담한다. 단, 최저임금 미만 근로자는 가입이 선택적이다. 소득상한선이 있어 일정 소득 이상인 사람은 일정 소득의 5%만 부담한다.
- 기여금과 투자수익은 가입자 계정에 65세까지 적립된다. 65세가 되면 계정에 적립된 돈에서 연금이 지급된다.
- 근로자는 사용자가 선택한 펀드에 자동적으로 가입한다. 근로자가 직장을 옮길 경우 자신의 누적 적립금을 새로운 직장의 펀드로 이전하거나, 전 직장의 펀드에 잔류할 수 있다.
- 사용자, 근로자, 자영업자가 납부한 기여금은 세금공제를 받고, 연금은 면세이다.
- 강적금 관리감독기관은 1998년 설립된 강제성공적금계획관리국(强制性公積金計劃管理局, the Mandatory Provident Fund Schemes Authority)이다.

홍콩의 강적금은 2000년에야 실시되었다. 게다가 강적금은 사회보험이 아니라 개인저축계정이다. 이처럼 개인저축계정으로 시민의 노후소득보장을 기하고, 그것도 매우 늦은 시기에 시행한 것에는 다음과 같은 이유가 있다.

시기적으로 지체된 것은 식민지 홍콩정부가 견지했던 자유방임정책과 홍콩주민의 대다수가 중국난민과 그 후손이라는 역사적 사실로 설명할 수 있다. 영국 출신 홍콩총독이 중국에서 피난해온 중국인들을 위해 복지국가 수준의 사회복지를 제공할 이유가 없었고, 유교적 가족주의 관념을 가진 주민은 가족의 문제는 가족이 책임져야 한다고 생각해 정부의 사회복지제도에 의존하려 하지 않았다.

9) http://www.mpfa.org.hk/ (香港强制性公積金計劃管理局 2017/2/10)

그러나 1980년대 들어 이런 상황에 변화가 생겼다. 고령화가 진행되어 노인복지와 노후보장제도의 필요성이 제기되고, 중국의 개혁개방과 함께 홍콩의 제조업이 대륙으로 대거 이전함에 따라 실업자가 급증하여 사회복지 수요가 증가한 것이다. 경제발전으로 역량을 갖춘 시민사회는 정부에 대해 적극적으로 사회복지의 확충을 요구했다. 정부가 나서서 적극적으로 대책을 강구해야 한다는 여론이 조성되었고, 정부도 노후보장제도의 도입이 불가피하다는 것을 인정했다.

사회보험이 아닌 강제저축제도를 선택한 것에는 영토반환이라는 특수한 이유가 있었다. 홍콩반환(1997년)을 앞둔 1992년 홍콩의 마지막 총독 패튼(Christopher Patten)은 영토반환 전에 홍콩시민을 위한 노후 소득보장제를 신설하려고 했다. 그는 서구식 사회보험시스템을 제안했다. 그러나 기업과 중국정부는 사회보험에 반대했다. 기업계는 노동비용의 증가를 원치 않았고, 중국정부는 향후 자국의 영토로 편입될 홍콩이 관대한 서구식 사회보장제도를 갖추는 것을 부담스러워했다. 결국 홍콩정부는 법정 공제기금(the mandatory provident fund)을 선택했다. 이에 대해 노동비용의 증가를 우려한 노동집약적인 중소기업과 소규모 서비스업계가 반대했다. 그러나 홍콩경제에서 차지하는 이들의 비중과 영향력은 미미했다. 홍콩경제의 핵심으로 부상한 금융자본은 적립금이 새로운 금융상품이 될 것으로 생각해 찬성했다.

참고문헌

강 인. 2003. "성공적 노화의 지각에 관한 연구". 노인복지연구, 20.

고령화 및 미래사회위원회. 2004. 고령화 및 미래사회위원회 목표와 비전.

고승덕 외. 1999. "노인의 죽음준비교육이 죽음의 불안도에 미치는 요인분석". 보건교육건강증진학회지, 16(2).

고양곤 외. 2001. "노인자원봉사활동 활성화 방안". 한국노년학, 21(1).

________. 2003. 노인과 자원봉사활동. 학지사.

고양곤. 1999. "노인자원봉사활동의 활성화 방안". 노인복지연구, 6.

_____. 2007. "노인장기요양보험제도의 현장대응을 위한 준비와 성공과제 기조강연". 교보생명·한국노년학회 노인장기요양보험제도의 현장대응을 위한 준비와 성공과제 자료집.

공적노인요양보장기획단. 2004. 공적노인요양보장체계 개발연구 Ⅱ.

공적노인요양보장제도실행위원회. 2005. 공적노인요양보장제도 실시모형 개발연구.

국무총리실. 2002. 고령사회 대비 노인보건복지종합대책(안).

국민연금관리공단 국민연금연구센터. 1997. 각국의 공적연금제도비교연구 Ⅲ.

국민연금관리공단. 1998. 국민연금 10년사.

국제노동법연구원. 2007. 연령차별 금지제도의 사회경제적 영향분석 및 도입방안.

권중돈 외. 2007. 자원봉사의 이해와 실천. 학지사.

권중돈. 2009. 노인복지론. 학지사.

김경호. 2004. 노인의 여가활동 참가유형과 가족의 건강성, 무력감, 자긍심 및 행복감과의 관계. 국민대학교 대학원 박사학위논문.

김기태 외. 2009. 노인복지론. 공동체.

김동배. 2000. "노인과 자원봉사". 한국노년학회 편. 노년학의 이해. 대영문화사.

_____. 2008. "한국노인의 성공적 노화척도 개발을 위한 연구". 한국사회복지학, 60(1).

김미령. 2008. 여성노인의 삶의 만족도에 영향을 미치는 성공적 노화의 구성요소. 한국노년학, 28(1).

김미혜 외. 2001. "재가노인의 우울증 예방 프로그램 개발과 효과성 연구". 한국사회복지학, 44.

김미혜. 2001. "노인학대의 이해와 해결을 위한 첫 걸음". 까리따스방배종합사회복지관. 노인학대세미나자료집 : 노인학대의 실태 및 방향성 모색.

김미혜·신경림. 2005. "한국 노인의 성공적 노후척도 개발에 관한 연구". 한국노년학, 25(2).

김병하·남철현. 1999. "유배우 노인의 우울정도와 관련요인분석". 한국노년학, 19(2).

김선화. 2003. 죽음준비교육이 노인 삶의 질에 미치는 영향. 단국대학교 대학원 석사학위논문.

김숙응·이의훈. 2007. 실버산업의 이해. 형설출판사.

김승용. 2004. "한국 노인자살률 변동과 사회구조적 요인에 관한 연구". 사회복지정책, 19.

김신미 외. 2003. "노인과 성인이 인식하는 '좋은 죽음'에 대한 연구". 한국노년학, 23(3).

김영모. 2005. "노인요양보험제도의 문제점과 정책과제 : 노인요양보험제도의 도입을 반대한다". 사회정책연구, 31.

김영숙 · 서경현. 2002. "생활환경에 따른 한국 노인들의 생활만족과 우울수준". 노인복지학 겨울호.

김영호 외. 2002. 자원봉사의 이론과 실제. 창지사.

김 욱. 2002. "한국 노인차별에 관한 탐색적 조사연구". 한국노인과학학술단체연합회. 2002년도 학술대회자료집.

______. 2003. "노인차별의 실태 및 관련요인에 관한 탐색적 조사연구". 한국노년학, 23(2).

김원경. 2001. "노년기의 신체적 건강과 우울에 대한 사회적 지지의 효과". 한국노년학연구 10.

김원배. 2009. 한국노인의 생활만족도 결정요인에 관한 연구 : 활동이론과 자원이론을 중심으로. 인제대학교 대학원 박사학위논문.

김윤정 외. 2009. "한국 중 · 노년 성인들의 성공적인 노화척도 개발에 관한 연구". 한국가족관계학회지, 13(4).

김은미. 2002. 노인의 죽음에 대한 태도 및 임종서비스 개발에 관한 연구. 강남대학교 대학원 석사학위논문.

김정애. 2009. "자원봉사활동 지속에 영향을 미치는 요인". 한국정책논집, 9.

김태현. 1994. 노년학. 교문사.

김한구 외. 2000. 자원봉사실무론. 백산출판사.

김현주. 2003. 노인의 생활만족도가 죽음에 대한 태도에 미치는 영향. 한림대학교 사회복지대학원 석사학위논문.

김형수. 1996. "자살관념을 통해 본 노인문제의 심각성과 그 정책적 대응". 한국보건연구소연구논총, 6(1).

______. 2000. "노인과 자살". 노인복지연구, 10.

______. 2002. "한국노인의 자살생각과 관련요인 연구". 한국노년학, 22.

남기민 · 최화강. 2009. "취업노인의 생산적 활동요인과 성공적 노화 간의 관계". 노인복지연구, 45.

노유자. 2000. "죽음, 임종, 호스피스". 한국노년학회 편. 노년학의 이해. 대영문화사.

대통령자문정책기획위원회. 2006. 사회비전 2030 : 선진복지국가를 위한 비전과 전략.

대한민국정부. 2006. 새로마지 플랜 2010 : 저출산고령사회 기본 계획.

박경란 · 이영숙. 2002. "성공적 노화에 대한 인식 조사연구". 한국노년학, 22(3).

박광준. 2004. 고령사회의 노인복지정책. 현학사.

박윤자. 2008. 재가노인의 죽음불안 요인 구조모형. 중앙대학교 대학원 박사학위논문.

박재간. 2002. 노인의 자원봉사활동 : 고령자 취업과 자원봉사활동. 한국노인문제연구소 편. 노인복지정책연구총서, 25.

박종순 외. 2003. "우리나라에서 경제성장률과 실업률이 자살률에 미치는 영향". 예방의학회지, 36(1).

박차상 외. 2002. 한국노인복지론. 학지사.

박태영. 1999. 노인자원봉사활동의 활성화 방안. 대구대 사회복지연구소. 사회복지개발연구, 5(2).

배강대. 2006. 회상을 활용한 지지적 집단상담이 노인의 자아통합감, 무력감, 죽음불안, 우울 및 자자존중감에 미치는 효과. 영남대학교 대학원 박사학위논문.

배지연 외. 2005. "노인의 우울 및 자살생각에 있어서 사회적 지지의 완충효과". 한국노년학, 25(3).

백지은 · 최혜경. 2005. "한국노인들이 기대하는 성공적인 노화의 개념, 유형 및 예측요인". 한국가정관리학회지, 23(3).

보건복지가족부. 2008a. 2007 보건복지가족백서.

______________. 2008b. 노인보건복지사업안내.

______________. 2008c. 노인장기요양보험 : 오해와 진실.

______________. 2009a. 2009년 노인일자리사업안내.

______________. 2009b. 노인보건복지서비스매뉴얼.

보건복지부. 2000. 고령화관련 국제행동계획과 노인을 위한 유엔원칙.

_________. 2004. 노인요양보장체계시안.

_________. 2006a. 일본개호보험 판정 · 평가체계.

_________. 2006b. 노인수발보험제도소개.

_________. 2007a. 기초노령연금법령집.

_________. 2007b. 노인장기요양보험법의 주요 내용.

_________. 2007c. 노인장기요양보험 인프라 확충 안내 : 요양시설 설치 · 요양보호사 양성 · 복지용구 사업.

보건복지부 · 참여복지기획단. 2004. 참여복지 5개년계획.

보건복지부 · 한국보건사회연구원. 2003. 공적노인요양보장체계 발전방안 연구.

보건사회연구원 · 보건복지부. 2005. 2004년도 전국 노인생활실태 및 복지욕구조사.

사회공공연구소. 2009. 노인장기요양보험 1년 평가 : '시장화' 비판과 제도정책을 위한 과제.

삼성경제연구소. 2002. 고령화사회의 도래에 따른 기회와 위협.

서울대학교 보건대학원. 2005. 공적 노인요양보장제도 도입의 경제성 평가.

석재은 외. 2007. "한국의 노인장기요양 인력 수요와 양성방안". **교보생명 · 한국노년학회 노인장기요양보험제도의 현장대응을 위한 준비와 성공과제 자료집.**

선우덕 외. 2001. 노인 장기요양보호 욕구실태조사 및 정책방안. 한국보건사회연구원.

_________. 2003. 공적노인요양보호체계 발전방안 연구 : 노인기능평가도구의 개발 · 적용. 시설기능 재정립 및 재원운용계획 중심. 한국보건사회연구원.

양옥남 외. 2009. **노인복지론.** 공동체.

양점도 외. 2003. **케어복지실천기술론.** 양서원.

엄규숙. 1999. 경제사회변동에 따른 사회보장제도의 재구성과 노조의 대응전략 : 독일 연금제도를 중심으로. 한국노총 중앙연구원.

엄태완. 2007. "노인자살관련 요인 : 무망감과 우울증이 자살생각에 미치는 영향에 대한 사회적 지지와 자아통제감의 효과를 중심으로". **한국사회복지학,** 59.

오미나. 2002. 재가노인과 시설노인의 자아존중감, 죽음불안 및 우울에 관한 연구. 영남대학교 대학원 박사학위논문.

오진주. 1998. "노인의 성생활 경험에 대한 서술적 연구". **한국보건간호학회지,** 12(2).

______. 2000. "노인과 성". 한국노년학회 편. **노년학의 이해.** 대영문화사.

원석조. 2008. **사회보장론**(개정판). 양서원.

______. 2009. **사회복지개론**(개정판). 양서원.

______. 2010. **사회복지정책론**(제3판). 공동체.

유희옥. 2004. 중노년기의 죽음불안태도 : 내세관, 죽음준비도를 중심으로. 성신여자대학교 대학원 박사학위논문.

윤현숙. 2006. **의료사회사업론.** 나남.

윤현숙 · 구본미. 2009. "노인의 건강상태가 우울에 미치는 영향에 대한 사회적 지지의 매개효과". **한국사회복지학,** 61(2).

이가옥 외. 1989. 노인가구의 구조적 특성에 관한 연구. 한국보건사회연구원.

이가옥 편. 1999. **노인복지의 현황과 과제.** 나남.

이근홍. 2001. “노인의 사회참여와 자원봉사”. 노인복지연구, 12.
______. 2007. “한국적 케어매니저의 역할과 인력양성방안”. 교보생명 · 한국노년학회 노인장기요양보험제도의 현장대응을 위한 준비와 성공과제 자료집.
이금룡. 2003. “노인 자원봉사 활성화를 위한 모집전략 방안”. 한국노년학, 23(3).
이수애 · 김경미. 2002. “농촌노인의 우울증 결정요인에 관한 연구”. 한국노년학, 22(1).
이영찬. 2000. 영국의 복지정책 : 구빈법 개혁부터 제3의 길까지. 나남.
이유리 · 박미석. 2005. “시설거주노인의 여가 프로그램 참여 제약요인에 관한 연구”. 한국노년학, 25(3).
이윤로. 2004. “여성의 노인보호노동 지원확대를 위한 가족지원정책방안에 관한 연구”. 가족문제에 대한 사회복지정책적 조망. 2004년도 전기 한국사회복지정책학회 학술대회 자료집.
이인수. 1999. 현대노인복지론. 양서원.
이정우. 1999. 국민연금의 적용확대와 정책과제. 신정부의 사회정책 평가. 한국사회복지정책학회 · 한국사회정책학회 공동정책토론회 자료집.
이지영 · 이가옥. 2004. “노인의 죽음에 대한 인식”. 한국노년학, 24(2).
이해영. 2003. 케어복지개론. 양서원.
이현심 · 김승용. 2009. “노년기 남성의 성생활에 관한 질적 연구”. 노인복지연구, 45.
이혜원. 1996. 노인복지론. 유풍출판사.
인제대학교 산학협력단. 2006. 고령자의 점진적 은퇴 지원을 위한 보충소득지원제도 연구, 63.
임춘식 외. 2008. 노인복지학개론. 학현사.
임춘식. 2003. 고령화사회의 도전. 나남.
______. 2004. “고령화 시대의 노인복지정책 과제와 대응방향”. 문화일보 · 바른 사회를 위한 시민회의 정책심포지엄 발표논문.
장인협 · 최성재. 2006. 노인복지학. 서울대학교출판부.
장재선. 2006. 노인의 죽음에 대한 인식과 수용에 관한 연구. 공주대학교 대학원 석사학위논문.
전광석. 1994. 독일사회보장법론. 법문사.
전국노인복지단체연합회 · 한국노년학회. 2004. “공적노인장기요양제도 도입의 필요성과 방향”. 노인복지학술대회 자료집.
정경희 외. 2001. 장기요양보호대상 노인의 수발실태 및 복지욕구. 한국보건사회연구원.
_________. 2003. 지역별 노인복지 현황과 정책과제. 한국보건사회연구원.
정경희. 2002. “가족변화에 따른 노인부양실태와 정책적 함의”. 보건복지포럼, 제68호.
______. 2003. “고령화 시대의 노인보건복지정책”. 고령화 시대의 사회정책 방향설정을 위한 토론회 자료집.
정순둘. 2010. “한국의 사례관리 교과과정 : 사회복지학의 맥락에서”. 한국사회복지교육, 11.
정연택. 1999. 1970년대 이후 독일 사회정책의 역사. 한국사회과학연구소 사회복지연구실 편. 세계의 사회복지. 인간과 복지.
정창률. 2010. “국민연금 기금의 근본 성격에 관한 연구 : 다양한 위상과 가능성 고찰”. 사회복지정책, 37(1).
조명옥. 1997. “노인이 인식한 죽음의 의미와 준비에 관한 문화기술적 탐색 사례연구”. 한국노년학, 17(3).
차흥봉 외. 2006. “노인수발보험의 재정 및 서비스관리운영체계 모형 연구 : 지역사회중심형 케어매니지먼트의 실험”. 사회복지정책, 27.
최병호. 2004. “노인장기요양보장제도의 도입방안과 평가”. 참여정부 사회복지정책의 조망과 과제. 한국사회복지정책학회 2004년 후기학술대회 자료집.

최성재. 2000. "실버산업". 한국노년학회 편. 노년학의 이해. 대영문화사.
통계청. 2005a. 장래인구추계.
______. 2005b. 2005년 고령자통계.
______. 2007. 2007년 사회통계조사.
______. 2009. 2009년 고령자통계.
______. 2015. 2015년 고령자통계.
한국고용정보원. 2007. 고령자 우선고용직종 분석 및 재선정.
______. 2016. 인생 2막, 새로운 도전.
한국보건사회연구원. 2005a. OECD 국가의 노인장기요양서비스 체계 비교와 정책적 함의.
______. 2005b. 전국 노인 생활실태 및 복지욕구조사.
______. 2014. 중국 방문요양서비스정책의 현황과 시사점 : 북경지역을 중심으로. 1-129.
한국보건사회연구원 · 보건복지부. 2005. 2004년도 전국 노인생활실태 및 복지욕구조사.
한국자살예방협회. 2008. 노인자살 예방을 위한 실천적 정책수립방안을 위한 연구.
한국직업능력개발원. 2006. 중 · 고령자 능력개발을 위한 제2의 인생설계 지원 프로그램 연구.
허준수 외. 2002. "노인의 우울에 영향을 미치는 요인에 관한 연구". 정신보건과 사회사업, 13.
현외성 외. 1998. 노인복지학강론. 유풍출판사.
______. 2003. 노인케어론. 양서원.
황성철. 2005. 사회복지 프로그램 개발과 평가. 공동체.
황진수. 2000. "고령사회와 노년공학". 한국노년학회 편. 노년학의 이해. 대영문화사.

Adams, K. B., Leibbrandt, S. and Moon, H. 2011. "A Critical Review of the Literature on Social and Leisure Activity and Wellbeing in Later life." *Ageing and Society*. 31.

ADB(Asian Development Bank). 2016. "Strengthening Public Pension Systems in Asia." Proceedings of the 2015 ADB-PPI Conference on Public Pension Systems in Asia, Focus : Cambodia, Lao People's Democratic Republic, Myanmar, Viet Nam, and Thailand. Metro Manila, Philippines.

Alzheimer's Disease International. 2015. *World Alzheimer Report 2015 : The Global Impact of Dementia, An Analysis of Prevalence, Incidence, Cost and Trends*. London : ADI.

Ambrosino, R. et al. 2005. *Social Work and Social Welfare : An Introduction*. Belmont, CA : Wadsworth.

American Academy of Actuaries. 2015. "Issue Brief." Washington, DC : American Academy of Actuaries.

American Psychiatric Association. 2013. *Diagnostic and Statistical Manual of Mental Disorders*. 5th ed. Washington, DC : American Psychiatric Association.

American Psychological Association. 2012. *Elder Abuse and Neglect: In Search of Solutions*. Washington, DC: APA.

Anti-Ageism Task Force. 2006. *Ageism in America*. New York : International Longevity Center- USA.

APEC. 2017. "The Role of Standards and Innovation for Driving APEC's Silver Economy." An Issues Paper for the 2017 APEC Workshop on Standards and Innovation.

Arai, S. and Pedlar, A. 2003. "Moving beyond Individualism in Leisure Theory : A Critical Analysis of Concepts of Community and Social Engagement." *Leisure Studies*. 22(3).

Atchley, R. C. 1989. "A Continuity Theory of Normal Aging." *Gerontologist*. 29.

______. 1993. "Critical Perspectives on Retirement." in Cole, T. R., Achenbaum, W. A., Jakobi, P. L. and

Kastenbaum, R. eds. *Voices and Visions of Aging : Toward a Critical Gerontology.* New York : Springer.

Atchley, R. C. 2000. *Social Forces and Aging : An Introduction to Social Gerontology.* 9th ed. Belmont, CA : Wadsworth.

Baker, A. A. 1975. "Granny Bashing." *Modern Geriatric.* 5.

Baldwin, P. 1990. *The Politics of Social Solidarity : Class Base of the European Welfare State 1875～1975.* Cambridge : Cambridge Univ. Press.

Ball, R. M., and Bethell, T. N. 1998. *Straight Talk about Social Security.* New York : Century Foundation Press.

Baltes, P. B. and Baltes, M. M. eds. 1990. *Successful Aging : Perspectives from the Behavioral Sciences.* New York : Cambridge University Press.

Baltes, P. B., and Baltes, M. M. eds. 2000. *Successful Aging : Perspectives from the Behavioral Science.* Cambridge : Cambridge University Press.

Barr, N. 1987. *The Economics of the Welfare State.* London : Weidenfeld and Nicolson.

Bateman, H. and Piggott, J. 1997. "Mandatory Retirement Saving : Australia and Malaysia compared." in Valdes-Prieto, S. ed. *The Economics of Pensions : Principles, Policies, and International Experience.* Cambridge : Cambridge University Press.

Baumeister, R. F. 1990. "Suicide as Escape From Self." *Psychological Review.* 97(1).

Beard, J. R., Biggs, S., Bloom, D. E., Fried, L. P., Hogan, P., Kalache, A., and Olshansky, S. J. eds. 2011. *Global Population Ageing : Peril or Promise.* Geneva : World Economic Forum.

Beattie, R. and McGillivray, W. 1995. "A Risky Strategy : Reflections on the World Bank Report Averting the Old Age Crisis." *International Social Security Review.* 48(3/4).

Beck, A. T., Kovacs, M. and Weissman, A. 1979. "Assessment of Suicidal Ideation : The Scale for Suicide Ideation." *Journal of Consulting and Clinical Psychology.* 47.

Becker, E. 1973. *The Denial of Death.* New York : Free Press.

Bender, K. A. and Jivan, N. A. 2005. "What makes Retirees Happy?" *An Issue in Brief.* 25(5). Boston : Center for Retirement Research at Boston College.

Berkowitz, E. D. 1991. *America's Welfare State : From Roosevelt to Reagan.* Baltimore : Johns Hopkins Univ. Press.

Berman, A. L., and Jobes, D. A. 1991. *Adolescent Suicide : Assessment and intervention.* Washington, DC : American Psychological Association.

Bernstein, M. C., and Bernstein, J. B. 1988. *Social Security : The System that Works.* New York : Basic Books.

Beveridge, W. 1942. *Social Insurance and Allied Services.* Reprinted. 1984. London : HMSO.

Beyene, Y. Becker, G., and Mayen, N. 2002. "Perception of Aging and Sense of Well-being among Latino Elderly". *Journal of Cross Cultural Gerontology*, 17.

Bloom, D. E. Canning, D. and G. Fink, G. 2011. "Implications of Population Aging for Economic Growth." *Oxford Review of Economic Policy.* 26(4).

Bloom, D. E., Börsch-Supan, A., McGee, P., and Seike, A. 2011. "Population Ageing : Macro Challenges and Policy Responses." in Beard et al., eds. *Global Population Ageing : Peril or Promise.* Geneva : World Economic Forum.

Boudiny, K. 2013. "Active Ageing : From Empty Rhetoric to Effective Policy Tool." *Ageing and Society.* 33.

Bowling, A. and Dieppe, P. 2006. "What is Successful Ageing and Who should define it?" http://bmj.com/cgi/content/full/331/7531/1548#BIBL

Bradshow, J. 1977. "The Concept of Social Need". in N. Gilbert, and H. Spect. eds. *Planning for Social Welfare*. Englewood Cliffs, NJ : Prentice-Hall.

Brief, A. P., Butcher, A. H., George, J. M. and Link, K. E. 1993. "Integrating Bottom-up and Top-down Theories of Subjective Well-being : the Case of Health." *Journal of Personality and Social Psychology*. 64(4).

Butler, R. N, and Lewis, M .I. 1982. *Aging and Mental Health*. St. Louis : Mosby.

Butler, R. N. 1969. "Ageism : Another Form of Bigotry." *Gerontologist*. 9(4).

Bytheway, B. and Johnson, J. 1990. "On defining Ageism." *Critical Social Policy*. *10*(2).

Campbell, A., Converse, P. E. and Rodgers, W. L. 1976. *The Quality of American Life*. New York : Russell Sage Foundation.

Campbell, J. C. 2003. "Population Aging : Hardly Japan's Biggest Problem." *Asia Program Special Report*. Woodrow Wilson International Center for Scholars. No. 107.

Carstensen, L. L., and Fried, L. P. 2011. "The Meaning of Old Age." in Beard et al., eds. *Global Population Agein g : Peril or Promise*. Geneva : World Economic Forum.

Chalise, H. N. 2017. Abuse of the Elderly : A Neglected Issue in Developing Countries. *Jacobs Journal of Gerontology*. *3*(1).

Charmaz, K. 1980. *The Social Reality of Death*. London : Addison-Wesley.

Chéon, E. 2011. Elderly Consumers in Japan : the most mature "Silver market" worldwide. in Haghirian, P. ed. *Japanese Consumer Dynamics*. New York : Macmillan.

Clark, R. L. and Quinn, J. F. 2002. "Patterns of Work and Retirement for a New Century." *Generations*. 26(2).

Clayton, S. 1983. "Social Need Revisited." *Journal of Social Policy*. *12*(2).

Cohen, A. 1966. *Deviance and Control*. NJ : Prentice-Hall.

Comas-Herrera, A., Pickard, L., Wittenberg, R., Malley, J. and King, D. 2010. "The Long-term Care System for the Elderly in England." European Network of Economic Policy Research Institutes.

Conwell, Y. 2001. "Suicide In Later Life : A View and Recommendation For Prevention". *Suicide and Life-Threatening Behavior*, 31.

_________. 2004. "Suicide". in Rose, S. P., and Sackeim, H. A. eds. *Late-life Depression*. New York : Oxford University Press.

_________. 2014. "Suicide Later in Life Challenges and Priorities for Prevention." *American Journal of Preventive Medicine*. 7(3S2). US Centers for Disease Control and Prevention(CDC). 2015. "Definitions : Self-Directed Violence." http://www.cdc.gov/violenceprevention/suicide/definit
ions.html (CDC 검색일 2017/11/21).

Conwell, Y. et al. 2002. "Risk Factors for Suicide in Later Life". *Bio Psychiatry,* 52(3).

Coren, S., and Hewitt, P. L. 1999. "Sex Differences in Elderly Suicide Rates : Some Predictive Factors". *Aging and Mental Health,* 3(2).

Coyne, J. C. and Downey, G. 1991. "Social Factors and Psychopathology : Stress, Social Support, and Coping Processes." *Annual Review of Psychology*. 42.

Crosnoe, R., and Elder Jr, G. H. 2002. "Successful Adaptation in the Later Years : A Life Course Approach to Aging". *Social Psychology Quarterly,* 65(4).

Cumming, E. and Henry, W. 1961. *Growing old : The Process of Disengagement*. New York : Basic Books.

Daniels, N. 2011. "Ageing and Intergenerational Equity." in Beard et al., eds. *Global Population Ageing : Peril or Promise*. Geneva : World Economic Forum.

DeLeon, M. J. and Reisberg, B. 1999. *An Atlas of Alzheimer's Disease. The Encyclopedia of Visual Medicine Series*. Parthenon Publishing, Carnforth.

Diener, E. 1984. "Subjective Well-being." Psychological Bulletin. 95(3).

DiNitto, D. M. 2000. *Social Welfare : Politics and Public Policy*. 5th ed. Boston : Allyn and Bacon.

Dixon, J., and Macarov, D. eds. 1998. *Poverty : A Persistent Global Reality*. London : Routledge.

Dolgoff, R., and Feldstein, D. 2000. *Understanding Social Welfare*. 5th ed. Boston : Allyn and Bacon.

Douglas, P. H. 1936. *Social Security in the United States*. Washington, DC : Bear Books.

Doyal, L. and Gough, I. 1984. "A Theory of Human Needs." *Critical Social Policy*. *10*(4-1).

EC. 1999. "Towards a Europe for All Ages." Brussels : European Commission.

EC. 2007. "Healthy Ageing : A Challenge for Europe." Brussels : European Commission.

EC. 2009. "Dealing with the Impact of an Ageing Population in the EU(2009 Ageing Report)." Brussels : European Commission.

EC. 2010. "Long-Term Care for the Elderly : Provisions and providers in 33 European countries." Luxembourg : Publications Office of the European Union.

EC. 2015a. "Silver Economy." Business Innovation Observatory. Active Age Case Study 48. Luxembourg : EU.

EC. 2015b. "Growing the Silver Economy in Europe." Background Paper. Brussels : European Commission.

Ehnes, J. 2011. "Ageing and Financial (In) Security." in Beard et al., eds. *Global Population Ageing : Peril or Promise*. Geneva : World Economic Forum.

Engel, G. L. 1977. "The Need for a New Medical Model : A Challenge for Biomedicine." *Science*. 196.

Esping-Andersen, G. 1990. *The Three World of Welfare Capitalism*. Princeton, NJ : Princeton Univ. Press.

Estes, C. and Binney, E. 1989. "The Biomedicalization of Aging : Dangers and Dilemmas." *Gerontologist*. 29(5).

Euro Health Net. 2012. "Healthy and Active Ageing." Brussels : EHN.

European Commission. 2007. "Commission staff working document accompanying the White Paper Together for Health." http://ec.europa.eu/health-eu/doc/working_doc_strategy.pdf

European Parliament. 2011. *Pension Systems in the EU : Contingent Liabilities and Assets in the Public and Private Sector*. Directorate General for Internal Policies, Policy Department A : Economic and Scientific Policy.

Feifel, H. 1959. *The Meaning of Death*. New York : McGraw-Hill.

_______. 1990. "Psychology and death : meaningful rediscovery". *American Psychologist*, 45(4).

Ferrara, P. J., and Tanner, M. 1998. *A New Deal for Social Security*. Washington, DC : Cato Institute.

Fischer, L. R., and Schaffer, K. B. 1993. *Older Volunteers : A Guide to Research and Practice*. CA : Sage.

Florian, V. and Mikulincer, M. 1993. "The Impact of Death-Risk Experiences and Religiosity on the Fear of Personal Death : The Case of Israeli Soldiers in Lebanon." *Omega*. 26.

Foner, A. 1975. "Age in Society : Structure and Change." *American Behaviorist*. 19.

Forman, D. E., Berman, A. D., McCabe, C. H., Baim, D. S. and Wei, J. Y. 1992. "PTCA in the Elderly : The 'Young-old' versus the 'Old-old'." *Journal of the American Geriatrics Society*. 40(1).

Foster, L. and Walker, A. 2014. "Active and Successful Aging : European Policy Perspective." *Gerontologist*. 55(1).

Gallo, J. J. and Rabins, P. V. 1999. "Depression without Sadness : Alternative Presentations of Depression in Late Life." *American Family Physician*. 60(8).

Gates, B. L. 1980. *Social Program Administration*. Englewood Cliffs, NJ : Prentice-Hall.

Gendell, M. and Siegel, J. S. 1992. "Trends in Retirement Age by Sex, 1950 - 2005." *Monthly Labor Review*. 115(7).

Gilbert, N., and Terrell, P. 2002. *Dimensions of Social Welfare Policy*. 5th ed. Boston : Allyn and Bacon.

Godbey, G. 1999. *Leisure in Your Life : An Exploration*. 5th ed. State College, PA : Venture Publishing.

Goldsmith, T. C. 2014. *An Introduction to Biological Aging Theory*. Crownsville MD : Azinet Press.

Greenberg, J., Pyszczynski, T. and Solomon, S. 1986. "The Causes and Consequences of the Need for Self-esteem : A Terror Management Theory." in Baumeister, R. F. ed. *Public Self and Private Self*. New York : Springer-Verlag.

Guhan, S. 1994. "Social Security Options for Developing Countries." in Figueiredo, J. B. and Shaheed, Z. eds. *New Approaches to Poverty Analysis and Policy*. Geneva.

Hank, K. and Erlinghagen, M. 2010. "Dynamics of Volunteering in Older Europeans." *Gerontologist*. 50(2).

Hareven, T. K. 1995. "Changing Images of Aging and the Social Construction of the Life Course". in Featherstone, M., and Weernick, A. eds. *Images of Aging*. London : Routledge.

Haroontyan, R. A. 1996. Volunteer Activity by Older Adults. in Birren, J. E. et al. eds. *Encyclopedia of Gerontology* Vol. 2. New York : Academic Press.

Hasenfeld, Y. ed. 1992. *Human Services as Complex Organization*. Newbury Park, CA : Sage.

Haski-Leventhal, D. 2009. "Elderly Volunteering and Well-Being : A Cross-European Comparison Based on SHARE Data," *Voluntas*. 20(4).

Havighurst, R. J,, Neugarten, B. and Tobin, S. S. 1968. "Disengagement and Patterns of Aging." in Neugarten, B. L. ed. *Middle Age and Aging : A Reader in Social Psychology*. Chicago : University of Chicago Press.

Havighurst, R. J. 1961. "Successful Ageing." *Gerontologist*. 1.

Hawkins, B., Foose, A. K. and Binkley, A. L. 2004. "Contribution of Leisure to the Life Satisfaction of Older Adults in Australia and the United States." *World Leisure Journal*. 46(2).

Hawton, K., Saunders, K. E. A. and O'Connor, R. C. 2012. "Self-harm and Suicide in Adolescents." *Lancet*. 379.

Healy, J. 2004. *The Benefits of an Ageing Population*. Discussion Paper Number 63. Australian National University.

Hewitt, P. S. 2003. "The Gray Roots of Japan's Crisis." *Asia Program Special Report*. Woodrow Wilson International Center for Scholars. No. 107.

Hoelter, J. W. and Hoelter, W. J. 1978. "The Relationship between Fear of Death and Anxiety." *Journal of Psychology*. 99.

Holstein, M. B. and Minkler, M. 2007. Critical Gerontology : Reflections for the 21st Century. in Bernard, M. and Scharf, T. eds. *Critical Perspectives on Ageing Societies*. Cambridge : Polity Press.

Hooyman, N. R., and Kiyak, H. A. 1993. *Social Gerontology : A Multidisciplinary Perspective*. 3rd ed. Boston : Allyn and Bacon.

Hugman, R. 1995. "The Implications of the Term 'Elder Abuse' for Problem Definition and Response in Health and Social Welfare." *Journal of Social Policy*. 24(4).

Hutchinson, S. L. and Nimrod, G. 2012. "Leisure as a Resource for Successful Aging by Older Adults with Chronic Health Conditions." *The International Journal of Aging and Human Development*. 74.

Iliffe, S., See Tai, S., Haines, A., Gallivan, S., Goldenberg, E., Booroff A. and Morgan, P. 1992. "Are Elderly People living alone an at Risk Group?" *British Medical Journal.* 305.

Illich, I. 1976. *Medical Nemesis : The Expropriation of Health*. New York : Pantheon Books.

ILO. 1999. "Ageing and labour Markets for Older Workers." Employment and Training Paper 33. Geneva : International Labour Office.

___. 2001. *Social Security : A New Consensus.* Geneva : International Labour Office.

James, E. 1996. "Providing Better Protection and Promoting Growth : A Defence of Averting the Old Age Crisis." *International Social Security Review*. 49(3).

Janke, M. C., Nimrod, G. and Kleiber, D. A. 2008. "Leisure Activity and Depressive Symptoms of Widowed and Married Women in Later Life." *Journal of Leisure Research*. 40.

Johnson, N. 1990. *Reconstructing the Welfare State : A Decade of Change 1980～1990*. London : Harvester.

Kalache, A., and Blewit, R. 2011. "Human Rights in Older Age." in Beard et al., eds. *Global Population Ageing : Peril or Promise*. Geneva : World Economic Forum.

Kalwij, A. and Vermeulen, F. 2005. "Labour Force Participation of the Elderly in Europe : The Importance of Being Healthy." Discussion Paper 1887. Bonn : The Institute for the Study of Labor(IZA).

Karger, H. J., and Stoesz, D. 2002. *American Social Welfare Policy : A Pluralist Approach.* 4th ed. Boston : Allyn and Bacon.

Katz, S. 2000. "Busy Bodies : Activity, Ageing and the Management of the Everyday life." *Journal of Ageing Studies.* 14(2).

Keigher, S. et al. eds. 2000. *Aging and Social Work : The Changing Landscapes*. Washington, DC : NASW Press.

Kelly, J. 1996. *Leisure*. Boston : Allyn and Bacon.

Kessel, B. 2001. "Sexuality in the Old Person." *Age and Ageing*. 30.

Kim, M. S. 2000. "Life Satisfaction, Acculturation, and Leisure Participation among Older Urban Korean Immigrants." *World Leisure.* 42(2).

Kingson, E. R., and Berkowitz, E. D. 1993. *Social Security and Medicare : A Policy Primer.* Westport, Connecticut : Auburn House.

Kinloch, G. C. 1977. *Sociological Theory : Its Development and Major Paradigm.* New York : MacGraw-Hill.

Kiriakidis, S. P. 2015. "Elderly Suicide : Risk Factors and Preventive Strategies." *Annals of Gerontology and Geriatric Research*. 2(2).

Kirst-Ashman, K. K. 2003. *Introduction to Social Work and Social Welfare : Critical Thinking Perspectives*. Belmont, CA : Wadsworth.

Kitashiro, K., and Ollila, J. 2006. *Creative and Aging Societies : Views from Japan and Finland.* Joint Report of EVA and Keizai Doyukai.

Kleiber, D. and Nimrod, G. 2009. "'I can't be very sad' : Constraint and Adaptation in the Leisure of a 'Learning in Retirement' Group." *Leisure Studies*. 28.

Krause, N. 2009. "Church-Based Volunteering, Providing Informal Support at Church, and Self-Rated Health in Late Life," *Journal of Aging and Health.* 21(2).

Kubler-Ross, E. 1980. *Living with Death and Dying*. New York : Macmillan.

____________. 1997. *On Death and Dying : What the Dying have to teach Doctors, Nurses, Clergy, and their own*

Families. New York : Simon and Schuster.

Kunz, J. 2007. "Population Aging – Problem or Opportunity? Lessons from the Case of Finland." *Journal of Sociology,* 1(1).

Laboul, A. 2011. "Financial Education and Older Adults." in Beard et al., eds. *Global Population Ageing : Peril or Promise*. Geneva : World Economic Forum.

Lahey, J. N. 2005. "Do Older Workers Face Discrimination?" *An Issue in Brief*. 33(7). Boston : Center for Retirement Research at Boston College.

Lange, H. R. 2003. "Elder Suicide : a Selective Guide to Resources". *Reference Services Review,* 31(2).

Lapid, M. I. and Rummans, T. A. 2003. "Evaluation and Management of Geriatric Depression in Primary Care." *Mayo Clinic Proceedings*. 78.

Lebret, S. E. et al. 2006. "Elderly Suicide Attmpters : Characteristics and Outcomes". *International Journal of Geriatric Psychiarty*, 21.

Lemon, B., Bengtson, V. L. and Peterson, J. A. 1972. "An Exploration of the Activity Theory of Aging : Activity Types and Life Satisfaction among In-Movers to a Retirement Community." *Journal of Gerontology*. 27.

Leonesio, M. V., Bridges, B., Gesumaria, R. and Bene, L. D. 2012. "The Increasing Labor Force Participation of Older Workers and its Effect on the Income of the Aged." *Social Security Bulletin*. 72(1).

Lester, D. 1994. "The Collett–Lester Fear of Death Scale." in Neimeyer, R. A. ed. *Death Anxiety Handbook : Research Instrumentation and Application*. New York : Taylor and Francis.

Lewis, J. 1994. "Choice, Needs and Enabling : the New Community Care". in Oakley, A., and A. S. Williams, A. S. eds. *The Politics of the Welfare State*. London : UCL Press.

Litwak, E. 1985. *Helping the Elderly : the Complementary Role of Informal Networks and Formal Systems*. New York : Sage.

Lum, T. Y. and Lightfoot, E. 2005. "The Effects of Volunteering on the Physical and Mental Health of Older People." *Research on Aging*. 27(1).

Luoh, M. C. and Herzog, A. R. 2002. "Individual Consequences of Volunteer and Paid Work in Old Age : Health and Mortality." *Journal of Health and Social Behavior*. 43(4).

Marshall, V. W. 1986. *The Social Psychology of Aging*. Beverly Hills, CA : Sage.

Maslow, A. H. 1970. *Motivation and Personality*. 2nd ed. New York : Harper and Row.

May, R. 1961. *Existential Psychology*. New York : Random House.

McGuire, F. A., Boyd, R. K. and Tedrick, R. E. 2009. *Leisure and Aging*. 4th ed. Champaign, IL : Sagamore Publishing.

McPherson, B. 1990. *Aging as a Social Process : An introduction to Individual and Population Aging*. 2nd ed. Toront o : Butterworths.

Menefee, D. 2000. "What Managers Do and Why They Do It". in Patti, R. J. ed. *The Handbook of Social Welfare Management*. Thousand Oaks, CA : Sage.

Menninger, K. 1938. *Man against Himself*. New York : Harcourt, Brace.

Merrill Lynch. 2016. "Leisure in Retirement : Beyond the Bucket List : A Merrill Lynch Retirement Study conducted in partnership with Age Wave." Bank of America.

Michael, A. S. 1979. *Dying : Facing the Fact-Social and Psychological Aspects of Dying*. New York : Hemisphere.

Miller, M. 1979. *Suicide after Sixty : The Final Alternative*. New York : Springer.

Milner, C., Norman, K. V., and Milner, J. 2011. "The Media's Portrayal of Ageing." in Beard et al., eds. *Global Population Ageing : Peril or Promise*. Geneva : World Economic Forum.

Mooney, L. A. Knox, D., and Schacht, C. 2002. *Understanding Social Problems*. 3rd ed. Belmont, CA : Wadsworth.

Morrow-Howell, N. 2010. "Volunteering in Later Life : Research Frontiers." *The Journals of Gerontology Series B : Psychological Sciences and Social Sciences*. 65(4).

Muramatsu, N. and Akiyama, H. 2011. "Japan : Super-Aging Society Preparing for the Future." http://gerontologist.oxfordjournals.org/content/51/4/425.full (Gerontologist 검색일 2016/2/16)

Muramatsu, N., and Akiyama, H. 2011. "Japan : Super-Aging Society Preparing for the Future." http://gerontologist.oxfordjournals.org/content/51/4/425.full (gerontologist 검색일 2016/2/16)

Musick, M. A. and Wilson, J. 2008. *Volunteers : A Social Profile*. Bloomington, IN : Indiana University Press.

NAIC(National Association of Insurance Commissioners). 2013. *A Shopper's Guide to Long-Term Care Insurance*. Kansas City : NAIC.

National Institute on Aging, National Institutes of Health, U.S. Department of Health and Human Services and WHO. 2011. *Global Health and Aging*. NIH Publication no. 11-7737. 1-32.

Nelson, G. et al. eds. 1995. *The Field of Adult Services*. Washington, DC : NASW Press.

Nelson, T. D. 2005. "Ageism : Prejudice Against Our Feared Future Self." *Journal of Social Issues,* 61(2).

Netting, F. E., Kettner, P., and McMurtry, S. 2004. *Social Work Macro Practice*. 3rd ed. Boston : Allyn and Bacon.

Neugarten, B. L., Havighurst, R. J. and Tobin, S. S. 1961. "The Measurement of Life Satisfaction." *Journals of Gerontology*. 16.

Ney, S. 2005. "Active Ageing Policy in Europe : Between Path Dependency and Path Departure." *Ageing International*. 30(4).

O'Brien, M. et al. 2015. *Elder Abuse Context and Theory: Finland, Ireland, Italy and Romania*. Erasmus Plus.

OECD. 2006. *Live Longer, Work Longer*. Paris : OECD.

_____. 2013. *Addressing Dementia : The OECD Response*. Paris : OECD.

Oizumi, K. 2006. "An Aging Population with a Declining Birthrate and Economic Development in Developing Countries." in Oizumi, K., Kajiwara, H. and Aratame, N. eds. *Facing up to the Problem of Population Aging in Developing Countries : New Perspectives for Assistance and Cooperation*. Institute for International Cooperation Japan International Cooperation Agency.

Orimo, H., Ito, H., Suzuki, T., Araki, A., Hosoi, T. and Sawabe, M. 2006. "Reviewing the Definition of Elderly." *Geriatrics and Gerontology International*. 6.

Ossewaarde, M. 2014. "Sociological Imagination for the Aged Society." *Canadian Journal of Sociology,* 39(2).

Paillard-Borg, S., Wang, H.-X., Winblad, B. and Fratiglioni, L. 2009. "Pattern of Participation in Leisure Activities among Older People in relation to their Health Conditions and Contextual Factors : A Survey in a Swedish Urban Area." *Ageing and Society*. 29.

Palazzolo, J. 2015. "Cognitive-Behavioral Therapy for Depression and Anxiety in the Elderly." *Annals of Depression and Anxiety*. 2(6).

Parry, E., and Harris, L. 2011. "The Employment Relations Challenges of an Ageing Workforce." The Future of Workplace Relations : discussion paper series. Advisory, Conciliation and Arbitration Service.

Patti, R. et al. eds. 1988. *Managing for Service Effectiveness in Social Welfare Organization*. New York : Harworth.

Patti, R. J. 1983. *Social Welfare Administration : Managing Social Programs in a Developmental Context*. Englewood Cliffs, NJ : Prentice-Hall.

________. 2000. "The Landscape of Social Welfare Administration". in Patti, R. J. ed. *The Handbook of Social Welfare Management*. Thousand Oaks, CA : Sage.

Pattison, E. M. 1977. *The Experience of Dying*. Englewood Cliffs, NJ : Prentice-Hall.

Pavot, W. and Diener, E. 1993. "Review of the Satisfaction with Life Scale." Psychological Assessment. 5(2).

Penhale, B. 1993. "The Abuse of Elderly People: Considerations for Practice." *British Journal of Social Work*. *23*.

Perrin, N. and Polowy, J. eds. 2008. *The Role of the Social Worker in the Long-Term Care Facility*. The Missouri Long-Term Care Ombudsman Program.

Piliavin, J. A. and Siegl, E. 2007. "Health Benefits of Volunteering in the Wisconsin Longitudinal Study." *Journal of Health and Social Behavior*. 48(4).

Pillemer, K. et al. 2016. Elder Abuse: Global Situation, Risk Factors, and Prevention Strategies. *The Gerontologist*. 56(2).

Popple, P. R., and Leighninger, L. 2002. *Social Work, Social Welfare, and American Society*. 5th ed. Boston : Allyn and Bacon.

Prasoon, R. and Chaturvedi, K. R. 2016. "Life Satisfaction : A literature Review." *The Researcher : International Journal of Management Humanities and Social Sciences*. July-Dec 1(2).

Pressman, S., Matthews, K. A., Cohen, S., Martire, L. M., Scheier, M., Baum, A. and Schulz, R. 2009. "Association of Enjoyable Leisure Activities with Psychological and Physical Well-being." *Psychosomatic Medicine*. 71.

Pruchno, R. A. et al. 2010. "Successful Aging : Early Influences and Contemporary Characteristics." *Gerontologist*. 50.

Quinn, J. F. and Burkhauser, R. V. 1994. "Retirement and Labor Force Behavior of the Elderly." in Martin, L. G. and Preston, S. H. eds. *Demography of Aging*. Washington, DC : National Academy Press.

Reid, W. 1978. *The Task Centered System*. New York : Columbia Univ.

Rein, M., and Turner, J. 1999. "Work, Family, State and Market : Income Packaging for Older Households". *International Social Security Review,* 52(3).

Reisberg, B. et al. 1982. "The Global Deterioration Scale for Assessment of Primary Degenerative Dementia." *American Journal of Psychiatry*. 139(9).

Reisch, M., and Gambrill, E. eds. 1997. Social Work in the 21st Century. Thousand Oaks, CA : Pine Forge Press.

Rejda, G. E. 1999. *Social Insurance and Economic Security*. 6th ed. NJ : Prentice-Hall.

Roadburg, A. 1985. *Aging, Retirement, Leisure and Work in Canada*. Toronto : Methuen.

Roberts, J. and Devine, F. 2004. "Some Everyday Experiences of Voluntarism : Social Capital, Pleasure, and the Contingency of Participation." *Social Politics*. 11.

Rodrigues, R., Huber, M. and Lamura, G. 2012. eds. *Facts and Figures on Healthy Ageing and Long-term Care*. European Centre for Social Welfare Policy and Research : Vienna.

Rowe, J. W. and Kahn, R. L. 1987. "Human Aging : Usual and Successful." *Science*. 237.

________________________. 1997. "Successful Aging." *Gerontologist*. 37(4).

________________________. 1998. *Successful Aging*. New York : Pantheon.

Rudd, M. D., Berman, A. L., Joiner, T. E. Jr., Nock, M. K., Silverman, M. M., Mandrusiak, M., Van Orden, K. A. and Witte, T. 2006. "Warning Signs for Suicide : Theory, Research, and Clinical Applications." *Suicide and Life-Threatening Behavior.* 36(3).

Russell, R. V. 1990. "Recreation and Quality of Life in Old Age : A Causal Analysis." *The Journal of Applied Gerontology*. 9(1).

Schieber, S. J. and Shoven, J. B. 1999. *The Real Deal : The History and Future of Social Security.* New Haven : Yale Univ. Press.

Schneider, R. L., et al. 2000. *Gerontological Social Work.* 2nd ed. Belmont, CA : Wadsworth.

Schulz, E. 2010. "The Long-term Care System for the Elderly in Germany." European Network of Economic Policy Research Institutes.

Smith, G. 1980. *Social Need : Policy, Practice and Research*. London : RKP.

Social Work Policy Institute. 2010. *Hospice Social Work : Linking Policy, Practice and Research*. Washington, DC : National Association of Social Workers.

Storz, C. and Pascha, W. 2011. "Japan's Silver Market : Creating a New Industry under Uncertainty." The Frankfurt Working Papers on East Asia. Interdisciplinary Centre for East Asian Studies, Goethe University Frankfurt am Main.

Strawbridge, W. J., Wallhagen, M. I. and Cohen, R. D. 2002. Successful Aging and Well-being : Self-rated compared with Rowe and Kahn. *Gerontologist*. 42.

Szinovacz, M. E. 2003. "Contexts and Pathways : Retirement as Institution, Process, and Experience." in Adams, G. A. and Beehr, T. A. eds. *Retirement : Reasons, Processes and Results*. New York : Springer.

Thompson, E. H. ed. 1994. *Older Men's Lives*. Thousand Oaks, CA : Sage.

Tokuda, Y. and Hinohara, S. 2008. "Geriatric Nation and Redefining the Elderly." *International Journal of Gerontology*. 2(4).

Torres, S. 2002. "Relational Values and Ideas Regarding Successful Aging". *Journal of Comparative Family Studies,* 33(3).

UN Economic Commission for Europe. 2002. "Regional Implementation Strategy for the Madrid International Plan of Action on Ageing." http://www.unece.org/fileadmin/DAM/pau/_docs/ece/2002/ECE_AC23_2002_2_Rev6_e.pdf. (UN 검색일 2017/12/4)

UN Economic Commission for Europe. 2012. "Active Ageing and Quality of Life in Old Age." New York and Geneva : UN.

UN Economic Commission for Europe. 2015. "Active Ageing Index 2014 : Analytical Report." New York and Geneva : UN.

UN. 2012. "UNFPA Report." https://www.unfpa.org/webdav/site/global/shared/documents/publications/2012/UNFPA-Report-Chapter1.pdf. (UN 검색일 2017/11/21)

___. 2015. *World Population Prospects : The 2015 Revision*. New York : UN Department of Economic and Social Affairs/Population Division.

___. 2017. *World Population Prospects : The 2017 Revision*. New York : UN Department of Economic and Social Affairs/Population Division.

___. 2019a. *World Population Prospects 2019: Highlights*. New York: Department of Economic and Social Affairs/Population Division.

___. 2019b. *World Population Ageing 2019: Highlights*. New York: Department of Economic and Social Affairs/Population Division.

___. 2022. World Population Prospects 2022: *Summary of Results*. New York: Department of Economic and Social Affairs/Population Division.

US Census Bureau. 2017. "Annual Survey of Public Pensions : State and Locally Administered Defined Benefit Data Summary Brief : 2015." Suitland, Maryland : US Census Bureau.

US Department of Health and Human Services. 2013. "Long-Term Care Services in the United States : 2013 Overview." Hyattsville, Maryland : US Department of Health and Human Services.

US DHHS and WHO. 2011. *Global Health and Aging*. NIH Publication 11-7737.

US Senate Commission on Long-Term Care. 2013. "Report to the Congress." Washington, DC : Senate Commission.

Usui, C. 2003. "Japan's Aging Dilemma?" *Asia Program Special Report*. Woodrow Wilson International Center for Scholars. No. 107.

Vernon, G. M. 1970. *The Sociology of Death : An Analysis of Death-Related Behavior*. New York : Ronald.

Walker, A. and Maltby, T. 2012. "Active Ageing : A Strategic Policy Solution to Demographic Ageing in the European Union." *International Journal of Social Welfare*. 17.

Westefeld, J. S., Range, L. M., Rogers, J. R., Maples, M. R., Bromley, J. L. and Alcom. J. 2000. "Suicide : An Overview." *Counseling Psychologist*. 28.

Whiteman, V. L. 2001. *Social Security : What Every Human Services Professional Should Know*. Boston : Allyn and Bacon.

WHO. 1999a. "Men Ageing And Health : Achieving Health across the Life Span." Geneva : WHO.

_____. 1999b. "Ageing and Health Programme." Geneva : WHO.

_____. 2000. "Home-based Long-term Care." Report of a WHO Study Group. Geneva : World Health Organization.

_____. 2002. "Active Ageing : A Policy Framework." Geneva : WHO.

_____. 2002. "Defining Sexual Health." Report of a Technical Consultation on Sexual Health. http://www.who.int/reproductivehealth/publications/sexual_health/defining_sexual_health.pdf (WHO 검색일 2017/12/8)

_____. 2012. "International Guidelines for the Determination of Death : Phase I." Montreal Forum Report. Geneva : WHO.

_____. 2013. "Mental Health Action Plan 2013−2020." http://apps.who.int/iris/bitstream/10665/89966/1/9789241506021_eng.pdf (WHO 검색일 2017/11/22)

_____. 2014. "Preventing Suicide : A Global Imperative." Geneva : WHO.

Wilson, J. and Musick, M. 1997. "Who Cares? Toward an Integrated Theory of Volunteer Work." *American Sociological Review*. 62(5).

World Bank. 1994. *Averting the Old Age Crisis : Policies to Protect the Old and Promote Growth*. Oxford : Oxford Univ. Press.

__________. 2008. "Live Longer, Work Longer : Making it Happen in the Labor Market." Discussion Paper 0803.

__________. 2012. "World Bank Support for Pensions and Social Security." Discussion Paper 1208. Washington, DC : World Bank.

Worldwide Palliative Care Alliance. 2014. *Global Atlas of Palliative Care at the End of Life*. London : WPCA.

Wormer, K. V. 2006. *Introduction to Social Welfare and Social Work*. Belmont, CA : Wadsworth.

Wu, W. C. H., and Bond, M. H. 2006. "National Differences in Predictors of Suicide among Young and Elderly Citizens". *Archives of Suicide Research, 10*(1).

Yang, B. 1992. "The Economy and Suicide : A Time Series Study of USA". *American Journal of Economics and Sociology*, 51.

Zastrow, C. 2000. *Introduction to Social Work and Social Welfare.* 7th ed. Belmont, CA : Wadsworth.

_________. 2000. *Social Problems : Issues and Solutions.* 5th ed. Belmont, CA : Wadsworth.

Zizza, C. A., Ellison, K. J. and Wernette, C. M. 2009. "Total Water Intakes of Community-Living Middle-Old and Oldest-Old Adults." *The Journals of Gerontology Series A : Biological Sciences and Medical Sciences*. 64A(4).

찾아보기

[이름]

[내용]

저/자/약/력

원석조
중앙대학교 사회복지학 전공 학사, 석사, 박사
오스트리아 빈 경제대학 객원교수
행정고시 출제위원, 사회복지사 1급 국가시험 출제위원
대통령자문정책기획위원회 위원
한국사회복지정책학회 회장
원광대학교 복지보건학부 교수

[주요 저서]
사회복지정책의 궤적, 사회복지정책학원론, 사회보장론, 사회복지행정론, 사회문제론, 사회복지발달사, 노인복지론, 사회복지조사론 외

노인복지론 【제4판】

4판 1쇄 2023년 3월 31일

지은이 원석조

펴낸이 김동근
펴낸곳 지식터
등록 2022년 10월 19일(등록번호 제396-2022-000170호)
주소 경기도 고양시 일산동구 정발산로 24 웨스턴타워 3차 417호(장항동)
전화 031-811-8500
팩스 031-811-8600
이메일 jster22@naver.com
홈페이지 http://www.jster22.com
ISBN 979-11-92845-37-1

정가 23,000원
잘못된 책은 구입처에서 바꾸어 드립니다.